SUPERBUR
SAGGI

FREDIANO SESSI

AUSCHWITZ 1940-1945

L'ORRORE QUOTIDIANO IN UN CAMPO DI STERMINIO

BUR

ISBN 88-17-17296-0

prima edizione: agosto 1999

Questo libro è dedicato alla memoria
di Primo Levi e di tutti gli ebrei italiani,
vittime di Auschwitz.

Mantova, maggio 1999

AUSCHWITZ, LA SCOPERTA DELL'INFERNO IN TERRA

Il 17 gennaio 1945 nel *complesso concentrazionario di Auschwitz* ebbe luogo l'ultimo appello generale che, secondo le informazioni del movimento di resistenza degli internati totalizzò 67.012 presenti tra uomini donne e bambini, di cui 31.894 rinchiusi nel *campo principale* (Auschwitz I) e a Birkenau, e 35.118 tra Monowitz e i restanti quaranta sottocampi.[1]

La massiccia offensiva dell'Armata rossa, anticipata di otto giorni rispetto alle previsioni, costrinse le autorità del campo a mettere in pratica le operazioni «Karl», contenenti le direttive per l'evacuazione degli internati ebrei ancora in grado di lavorare, e «Krebs» e «Amerika», riferite ai prigionieri di guerra e ai lavoratori coatti.

Le colonne di deportati dovevano essere composte «esclusivamente da persone sane e forti»,[2] in grado di sopportare decine o centinaia di chilometri di marcia, ma i resoconti ci informano che si presentarono anche

[1] Archivio del Museo Statale di Auschwitz (d'ora in avanti APMO, vale a dire *Archivium Panstwowego Muzeum w Oswiecimiu*), Materiale del movimento di resistenza interno al campo (Mat. RO), t. III, k 208.

[2] Archivio Militare Storico di Praga, direttiva del 21 dicembre 1944 del commissario alla difesa del Reich per l'Alta Slesia, Fritz Bracht, in Andrzej Strzelecki, *Evacuazione, liquidazione e liberazione del KL Auschwitz*, Oswiecim, ed. del Museo Statale di Auschwitz-Birkenau 1982, pag. 265-275.

gli internati sfiniti e infermi, nel timore sufficientemente fondato che coloro che fossero rimasti all'interno dell'*area di interesse del campo*, sarebbero stati destinati alla liquidazione.

Nei quattro giorni seguenti, circa 56.000 prigionieri vennero incolonnati e fatti marciare in direzione Ovest, attraverso i boschi, i terreni coltivati e le strade dell'Alta e della Bassa Slesia (Tab. I/I). Il 23 gennaio, furono evacuati altri 2.200 internati che usufruirono fin da subito di un trasporto ferroviario, seppure in condizioni disumane: vagoni aperti e comunque non riscaldati con un freddo terribile e temperature fino a 25 gradi sotto lo zero. Il più lungo tratto a piedi, di 250 chilometri, venne imposto a un gruppo di 3.500 ebrei diretti al campo di *Gross Rosen*. Le SS uccidevano sul posto sia coloro che tentavano la fuga, sia chi si fermava spossato dal gelo e dalla fatica e non era più in grado di proseguire il viaggio. Era possibile ripercorrere il tragitto di queste lunghe *marce della morte* perché cosparso di migliaia di cadaveri. I testimoni tra le popolazioni delle regioni interessate all'operazione furono molti, ma il più delle volte tacquero o finsero di non vedere. Così sono ben pochi i documenti del periodo sull'evacuazione del più grande complesso concentrazionario nazista destinato all'eliminazione degli ebrei d'Europa e dei nemici del Reich.

«Osservai insieme ai familiari la tragica marcia dei prigionieri dalla finestra della casa dove tuttora abito. Le detenute venivano spinte lungo via Pszczynska. Sul lato sinistro della strada, una donna in stato avanzato di gravidanza si staccò dalla colonna e, appoggiandosi al muro si reggeva la pancia. La colonna proseguì senza fermarsi. Un SS sopraggiunto spinse con forza la donna incinta sul ciglio destro della strada. Noi corremmo verso un'altra finestra, dalla quale si vedeva meglio. La prigioniera giaceva supina nella neve. L'SS le sparò un

18 gennaio 1945: avanzata dell'Armata Rossa ed evacuazioni del territorio di Auschwitz
Campi
Confini del dopoguerra 1945
0 km 200
MAR BALTICO
MARE DEL NORD
DANIMARCA
Rostock
Danzica
Stutthof
Neuengamme
Amburgo
Brema
GERMANIA EST
Ravensbrück
Sachsenhausen
Bergen-Belsen
Hannover
Salzwedel
Gardelegen
Berlino
OLANDA
POLONIA
Poznan
Varsavia
GERMANIA OVEST
Dora-Mittelbau
Nordhausen
Elba
Lipsia
Forze sovietiche il 23 gennaio 1945
Colonia
Buchenwald
Ohrdruf
Rhemsdorf
Dresda
Groß Rosen
Wrocław (Breslau)
Częstochowa
6000 evacuati
Fulda
Reno
Francoforte
BELGIO
Forze americane e inglesi
Loslau
Cracovia
Praga
Flossenbürg
Plzeň
4200 fucilati (20 gennaio)
Birkenau
Auschwitz
98 000 evacuati
Norimberga
FRANCIA
Strasburgo
Forze francesi
Schömberg
Stoccarda
CECOSLOVACCHIA
Danubio
Schörzingen
Spaichingen
Tuttlingen
Dachau
Monaco
Gusen
Mauthausen
Gunskirchen
Ebensee
Schlier
Salisburgo
Vienna
Zurigo
Budapest
SVIZZERA
AUSTRIA
UNGHERIA

Tabella I/I

colpo di rivoltella in faccia e poi nella pancia. Quando la strada fu deserta, uscimmo a vedere la detenuta uccisa. Era una giovane donna di circa 25 anni.»[3]

«Una notte, fummo svegliati da colpi di arma da fuoco, provenienti dalla strada vicina alla nostra casa. Il fatto ci inquietò ma non avemmo il coraggio di uscire. Dalle finestre non si vedeva niente.

«La mattina, verso le 7,30-8,00 [...] partii con un carretto in direzione di Kobielice per trasportare il mio latte e quello dei vicini in un posto convenuto [...]. Non lontano dalla mia casa, vidi sul ciglio della strada il cadavere di un uomo con la casacca a righe. Giaceva sulla scarpata ed era visibile il sangue. In seguito ne vidi altri. [...] Incontrai anche colonne di uomini con indosso casacche e tute che andavano in direzione opposta alla mia. Due o tre gruppi di alcune decine di persone che, scortate da sorveglianti armati, camminavano molto lentamente, trascinandosi a malapena sulle gambe. Sul margine del bosco vidi con i miei occhi un sorvegliante sparare a un detenuto che si trovava alla fine della colonna. All'improvviso gli andò dietro un uomo della scorta, che gli sparò con la pistola (non con la carabina). Nessuno dei prigionieri si voltò. Questa scena accrebbe il mio spavento. Finito il trasporto del latte sul luogo convenuto, feci ritorno a casa.»[4]

Dopo avere conosciuto l'inferno in terra, i pochi sopravvissuti allo sterminio si preparavano a sopportare una nuova serie di violenze e di fatiche oltre i limiti dell'umano.

Durante l'evacuazione del complesso concentrazionario di Auschwitz che si estendeva per oltre 40 chilo-

[3] APMO, IZ-27/3, 11. Testimonianza di Maria Sleziona, abitante a Jastrzebie.

[4] APMO, Zespol Oswiadczenia, t. 115, k. 204-5. Testimonianza di Teofil Balcarek, un contadino di Branica, presso Zory.

metri quadrati (Tab. II/I e III/I), era diventata familiare la vista di cataste di documenti e registri che andavano in fumo. Gli uomini delle SS sorvegliavano gli internati incaricati di trasformare in cenere le prove del crimine commesso, ma poiché le truppe nemiche incalzavano, la vigilanza a tratti si allentava, consentendo ai prigionieri di salvarne una parte.

Il 20 gennaio furono fatti saltare i forni crematori I e III con annesse le camere a gas e, inoltre, venne appiccato il fuoco alle baracche dei magazzini «Canada» che contenevano i beni e gli indumenti degli ebrei e delle vittime dello sterminio (il crematorio V ancora in funzione fu distrutto un giorno prima della liberazione).

Rimasero nell'area del campo circa 9.000 internati (7.000 tra il lager principale e Birkenau), ammalati e sfiniti, incapaci di camminare, che gli uomini delle SS non avevano fatto in tempo a eliminare.

Una parte di loro, per lo più i componenti del personale medico e paramedico che aveva servito negli *ospedali*, con le poche forze rimaste, tentò di regolare la vita del campo, cominciando a prelevare il cibo nei magazzini del comando e a razionarlo. Venne riattivata una cucina e si cercò di somministrare medicine e cure agli infermi.

Alcuni giorni dopo, il sogno della liberazione divenne realtà.

La Sessantesima Armata sovietica del I fronte Ucraino che da Cracovia si spingeva in direzione della Vistola e dell'Alta Slesia, insieme alla Centesima Divisione di fanteria di Leopoli, comandata dal generale Fedor Krasavin, la mattina del 27 gennaio 1945 mandò un'avanguardia a cavallo in località Monowitz, dove aveva sede il sottocampo costruito per dare lavoro schiavo alla I. G. Farben. Nel pomeriggio, i soldati sovietici raggiunsero rispettivamente l'area del campo principale (Au-

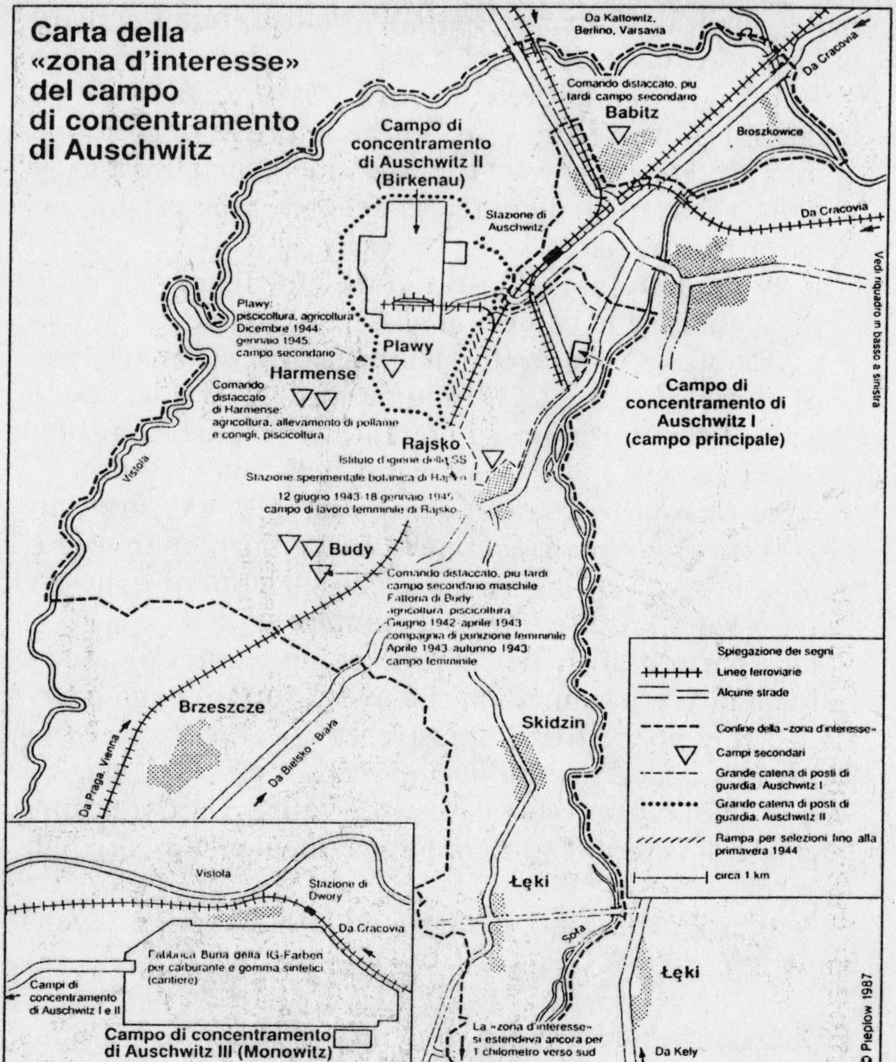

Tab. II/I
(in: Danuta Czech, Kalendarium der Ereignisse im konzentratisnslager Auschwitz-Birguenan 1539-45 ed. Rowonlt, Hamburg, 1989, pag. 25)

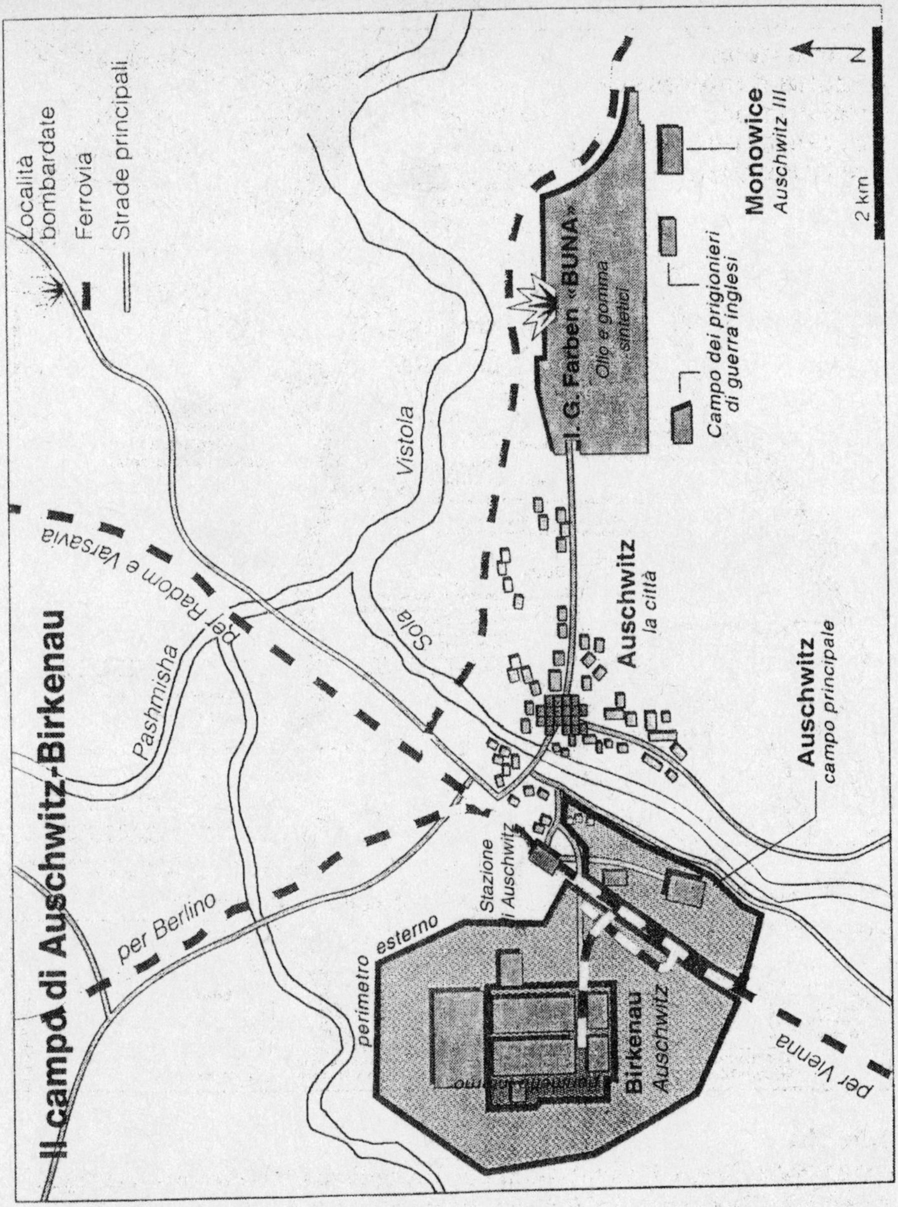

Tab. III/I. All'interno della zona di interesse come da Tab. II/I la dislocazione dei tre maggiori lager.

schwitz I) e l'area del campo di sterminio (Auschwitz-Birkenau), incontrando soltanto nel primo una breve resistenza dei reparti tedeschi in ritirata. Intorno alle 15,00 nell'area che aveva inglobato il grande lager di concentramento e sterminio non c'era più alcuna traccia della presenza germanica.

«Sentimmo la detonazione di una granata proveniente dalle vicinanze del cancello d'entrata – racconta Anna Chomicz, internata nel campo principale –; ci affrettammo a uscire dai blocchi e vedemmo alcuni soldati venire verso di noi. Alzammo subito delle bandiere con dei pezzi di stoffa e delle croci rosse. Quando ci videro, abbassarono le armi. Seguirono saluti spontanei. Poiché conoscevo il russo mi rivolsi a loro dicendo: "Salve, vincitori e liberatori". E in risposta udimmo dire "Uze vy svobodnyie!" [Ormai siete liberi].»[5]

I soldati guardavano increduli quegli esseri umani, ammassati vicino al filo spinato, avvolti in coperte e stracci, simili a scheletri e nei cui occhi si percepiva un profondo sentimento di dolore e sofferenza, che impediva ogni sorriso o atto di gioia, comprese le lacrime. Centinaia di mani si tendevano verso di loro, voci supplicanti chiedevano soccorso, cibo, in polacco, ungherese, francese, olandese, italiano, tedesco, yiddish, ceco, rumeno...; era una babele di lingue che si fondevano in un unico grido di disperazione, in una supplica che lasciava i liberatori ammutoliti.

Bisognava abbracciare quegli uomini, donne e bambini, soccorrerli, portarli in un luogo caldo e ascoltarli, curarli per guarirli da una ferita che attimo dopo attimo si apriva agli occhi dell'intera umanità, proprio attraverso quel varco conquistato dai giovani soldati delle truppe sovietiche. Tra le baracche di Birkenau e del campo principale, 600 cadaveri morti di sfinimento, fa-

[5] APMO, Zespol Oswiadczenia, t. 75, k. 13, testimonianza della ex internata Anna Chomicz.

me e torture, qualche ora prima della liberazione; 200 bambini, per lo più gemelli, salvati dalle camere a gas solo per subire le sevizie del dottor Mengele; una montagna di capelli di donne e uomini di circa sette tonnellate, pronti a essere spediti alle industrie del Terzo Reich e, nei sei locali dei magazzini «Canada» scampati all'incendio, 368.820 abiti da uomo, 836.255 cappotti e vestiti da donna, 5.525 paia di scarpe da donna, 13.964 tappeti e una notevole quantità di indumenti da bambino, spazzolini da denti, dentiere, pentole e casseruole, valigie. In alcuni vagoni abbandonati sulla rampa interna (*Judenrampe*), migliaia di occhiali e centinaia di migliaia di altri articoli di abbigliamento e protesi.[6]

Le maggiori difficoltà a organizzare il soccorso dei sopravvissuti si incontrarono a Birkenau. «Per mantenere la temperatura adatta nelle baracche si fu costretti a tenere accese le stufe notte e giorno. Dai pavimenti si dovettero raschiare con le pale gli escrementi lasciati dai malati di diarrea e solo in seguito si passò a lavarli. L'acqua necessaria per i malati e per cucinare veniva trasportata da pozzi e da vasche antincendio molto distanti e in alcuni casi la si otteneva sciogliendo grosse quantità di neve. A causa della penuria di infermieri e di ausiliari, non fu possibile portare via subito tutti i cadaveri che giacevano davanti alle baracche né, tanto meno, si riuscì a spazzare dall'intera area del campo gli onnipresenti mucchi di escrementi e i rifiuti d'ogni tipo.»[7]

A Birkenau inoltre c'erano pochi medici, infermieri e ausiliari della Croce rossa polacca per i 2.200 ebrei sopravvissuti, cosicché ogni sanitario ne aveva in carico

[6] A. Strzelecki, *Evacuazione, liquidazione e liberazione di Auschwitz*, Oswiecim 1982, ed. Museo Statale Auschwitz-Birkenau, pag. 244-262. Anche Raul Hilberg, *La distruzione degli Ebrei d'Europa*, ed. italiana a cura di Frediano Sessi, Einaudi, Torino 1995, pag. 1045.

[7] A. Strzelecki, cit., pag. 255.

circa 200 e si vedeva costretto a lavorare giorno e notte, senza riposo, per due o tre giorni di seguito.

Poiché le condizioni di quello che era stato il luogo deputato allo sterminio degli ebrei d'Europa e del vicino campo di Monowitz, nonostante gli interventi di pulizia, non garantivano un minimo di igiene necessario a escludere qualsiasi epidemia, tutti gli infermi vennero trasferiti negli edifici in muratura del campo principale, adattato a ospedale con grandi sforzi del personale sanitario sovietico e polacco.

Centinaia di ebrei e internati vennero prelevati dalle brande appiccicose e sporche di feci e trasferiti nei blocchi da poco ripuliti, per essere curati e abituati gradualmente al cibo, somministrato a piccole dosi, come le medicine: un cucchiaio di zuppa di patate tre volte al giorno e solo in seguito più cucchiai.

Maria Rogoz, infermiera volontaria della Croce rossa polacca racconta così la sua prima esperienza di cura di 80 internati infermi: «Fin dal primo turno notturno nella sala morirono undici donne. Dovetti personalmente togliere le spoglie dalle brande e la mattina presto gli infermieri portantini le portarono fuori dal blocco. Per tutta la notte da ogni angolo della camerata mi giungevano invocazioni "Sorella, pane". I malati erano affetti da diarrea e ho impiegato tutto il tempo a portare loro il pappagallo. Non c'era nessuno che mi aiutasse».[8]

Ecco quanto scrive Primo Levi, raccontando il suo primo ingresso nel campo principale: «A Buna [Monowitz] non si sapeva molto del Campo Grande, di Auschwitz [I] propriamente detto [...]. Quando il carro varcò la soglia famosa, rimanemmo sbalorditi. Buna-Monowitz, con i suoi dodicimila abitanti, era un villaggio al confronto: quella in cui entravamo era una sterminata metropoli. Non "*Blocks*" di legno a un piano,

[8] APMO, Zespol Oswiadczenia, t. 74, k. 175-76.

ma innumerevoli tetri edifici quadrati di mattoni nudi, a tre piani, tutti uguali tra loro; fra questi correvano strade lastricate, rettilinee e perpendicolari, a perdita d'occhio. Il tutto era deserto, silenzioso, schiacciato sotto il cielo basso, pieno di fango e di pioggia e di abbandono».[9]

Lo stato fisico e psichico degli internati si presenta fin da subito drammatico. Per molte settimane dopo la liberazione il personale sanitario trovò nascoste sotto i paglierìcci le razioni di pane che i sopravvissuti non riuscivano a credere fossero giornaliere. Al solo sentire la parola «bagno» molti tentavano la fuga, associando ai bagni la sauna del lager in cui avevano luogo le selezioni che condannavano gli inabili al lavoro a morire nelle camere a gas.

Ancora Primo Levi descrive bene la situazione in cui si trovavano molti dei sopravvissuti allo sterminio: «Di tutto quanto avveniva intorno a me io non mi rendevo conto che in modo saltuario e indistinto. Pareva che la stanchezza e la malattia, come bestie feroci e vili, avessero atteso in agguato il momento in cui mi spogliavo di ogni difesa per assaltarmi alle spalle. Giacevo in un torpore febbrile, cosciente solo a mezzo [...] e tormentato dalla sete e da alcuni dolori alle articolazioni. [...] Avevo anche male alla gola e metà della faccia mi si era gonfiata: la pelle si era fatta rossa e ruvida e mi bruciava come per una ustione. Forse soffrivo di più malattie a un tempo».[10]

Auschwitz sembrava trasformato in un enorme lazzaretto. «Era intanto sopravvenuto il disgelo, che da tanti giorni temevamo, e a misura che la neve andava scomparendo il campo si mutava in uno squallido acquitrino. I cadaveri e le immondizie rendevano irrespirabile l'aria nebbiosa e molle. Né la morte aveva cessato di mie-

[9] Primo Levi, *La tregua*, in *Opere*, volume I, pag. 212-13, Einaudi, Torino 1997, collana NUE, a cura di Marco Belpoliti.
[10] *Ibid.*, pag. 210-11.

tere: morivano a decine i malati nelle loro cuccette fredde, e morivano qua e là per le strade fangose, come fulminati, i superstiti più ingordi, i quali seguendo ciecamente il comando imperioso della nostra antica fame, si erano rimpinzati delle razioni di carne che i russi [...] facevano irregolarmente pervenire al campo.»[11]

Il medico polacco Tadeusz Chowaniec entrò nel campo principale di Auschwitz come sanitario al servizio degli infermi il 30 gennaio, tre giorni dopo l'arrivo delle truppe sovietiche e così descrisse quanto vide: «In alcune costruzioni in muratura [i famosi *Blocchi*] trovammo delle internate che giacevano in coppia o in più di due in ciascuna branda. Si era proprio al terzo giorno della liberazione? Per queste donne il tempo si era fermato, non era cambiato nulla? La sola cosa diversa era che non si udivano sparare gli uomini delle SS o i loro cani abbaiare [...].

Ma le donne indossavano ancora le divise zebrate. Si muovevano con difficoltà. Davano l'impressione che ogni loro movimento fosse ben meditato e calcolato. I loro occhi, per lo più freddi e privi di espressione, nei quali non si poteva leggere alcun barlume di gioia, destavano in noi vergogna. Avevano consumato tutta la gioia e l'entusiasmo nel primo giorno della liberazione, quando tutti i prigionieri si erano gettati tra le braccia dei soldati russi? Sulle brande erano le stesse, ma ora erano libere, sapevano che il cibo non sarebbe più stato un problema. Ero sicuro che la loro indifferenza sarebbe scomparsa e che sarebbero arrivate a godere del piacere della libertà quando le loro ossa doloranti, i muscoli cascanti e molli, i loro corpi stremati dalla fame sarebbero ritornati in uno stato normale. Quando cioè sarebbero state veramente e interamente riportate alla vita».[12]

[11] *Ibid.*, pag. 210.
[12] In Hermann Langbein, *Uomini ad Auschwitz*, Mursia, Milano 1984, pag. 486.

Come e perché si era giunti a tutto questo orrore?

Sembrava scesa la notte su quel lembo di terra e nei cuori di centinaia di uomini comuni trasformati in carnefici, capaci di tanto male al di là degli scopi della guerra. Alla visione dei primi soldati che si presentarono ai cancelli di alcuni degli oltre quaranta campi dell'universo concentrazionario che aveva nome Auschwitz tutto sembrò assurdo, irreale: erano davanti a un'offesa inferta innanzitutto al genere umano, e la cui natura parve fin da subito insanabile.

Quattro uomini a cavallo, giovani soldati russi, avevano scoperto per primi quei chilometri di reticolati e baracche e per primi si erano avvicinati senza violenza a tutti quegli esseri umani che dell'uomo avevano poco più che le sembianze. «Non salutavano, non sorridevano; apparivano oppressi, oltre che da pietà, da un confuso ritegno che sigillava le loro bocche, e avvinceva i loro occhi allo scenario funereo. Era la stessa vergogna a noi ben nota, quella che ci sommergeva dopo le selezioni, ed ogni volta che ci toccava assistere o sottostare a un oltraggio; vergogna che i tedeschi non conobbero quella che il giusto prova davanti alla colpa commessa da altri e gli rimorde che esista, che sia stata irrevocabilmente introdotta nel mondo.»[13]

[13] P. Levi, *La tregua*, cit., pag. 206.

PRIMA PARTE

IL CAMPO DI CONCENTRAMENTO DI AUSCHWITZ NEGLI ANNI 1940-1942

1.

ORIGINI E PROGETTI DI AMPLIAMENTO DEL CAMPO

«Quando fu costruito Auschwitz, era già nella tradizione dei campi di concentramento nazisti formare un'orchestra degli internati. Mentre le squadre si avviavano al lavoro o tornavano, i musicisti dovevano suonare delle marce e non solo perché gli uomini delle SS ci tenevano a dare una parvenza pseudo-militare alla vita del lager.»[1] Già nel mese di gennaio del 1941, i prigionieri rinchiusi nel Blocco 24 del campo principale avevano cominciato a eseguire le prove, con strumenti che si erano fatti mandare da casa.

La morte fu fin da subito un evento quotidiano che falciava gli uomini come mosche; le scie di sangue sulla strada all'interno del campo e di ritorno dai luoghi di lavoro erano considerate un fatto normale e non facevano alcun effetto; la fame e le torture imperversavano, ma l'orchestra e la musica non potevano mancare!

Nei primi giorni del gennaio 1940, Richard Glücks, ispettore generale dei campi di concentramento, *SS-Oberführer* (General Maggiore), inviò a Oswiecim, cittadina polacca nel territorio del *Governatorato generale*, denominata Auschwitz in lingua tedesca, una commissione guidata dallo *SS-Sturmbannführer* (Maggiore)

[1] H. Langbein, *Uomini ad Auschwitz*, cit., pag. 137.

Walter Eisfeld, direttore del *Lager di custodia preventiva* (*Schutzhaftlager*) di Sachsenhausen (in Germania).

La commissione fece un'accurata ispezione dei locali della vecchia caserma e affermò che erano adatti per un campo di concentramento. «L'ambiente circostante, ai piedi dei primi contrafforti collinari dei Carpazi, era straordinariamente bello, un mosaico di stagni punteggiati di fiori selvatici»,[2] anche se particolarmente malsano: «la falda acquifera era inquinata, le zanzare un incessante tormento e le costruzioni della caserma periodicamente inutilizzabili»,[3] per ragioni igieniche. C'erano intere parti degli edifici in muratura che pullulavano di parassiti.[4]

Il 21 febbraio del 1940 Glücks[5] informò il *Reichsführer* delle SS (Feldmaresciallo) Heinrich Himmler[6] che la caserma polacca, con opportuni lavori di ristrutturazione e l'aggiunta di servizi igienici poteva essere trasformata in un *campo di quarantena*, se fossero andate in porto le trattative con la *Wehrmacht* per la cessione dei fabbricati.[7]

«Per portare a termine le trattative tra la Wehrmacht

[2] Otto Friedrich, *Auschwitz, storia del lager 1940-1945*, Baldini & Castoldi, Milano 1994, pag. 7.

[3] *Ibid.*, pag. 7.

[4] Rudolph Höss, *Comandante ad Auschwitz*, Einaudi, Torino 1987[2], pag. 86.

[5] Richard Glücks (1889), *SS Obergruppenführer* (Generale di corpo d'armata), ispettore dei campi di concentramento nazista, ebbe la responsabilità dell'allestimento del campo di concentramento di Auschwitz e del campo di sterminio di Auschwitz-Birkenau. Muore suicida nel 1945.

[6] Heinrich Himmler (1900) capo supremo delle SS (*SS-Reichsführer*) e delle polizie del Reich del Commissariato speciale del Reich per tutti i campi di concentramento (branca del RSHA, vale a dire l'Ufficio centrale per la sicurezza) a partire dal 1938. Fu uno dei maggiori gerarchi del nazismo e ricoprì anche incarichi di Ministro dal 1943. Catturato dagli Alleati, si suicidò in carcere il 23.5.1945, prima dell'inizio del processo di Norimberga.

[7] APMO, D-RF/RSHA/117a, Zespol Allgemeine Erlasse des Reichssicherheitshaupt-amtes, k. 59 (trattasi del fascicolo che raccoglie la corrispondenza sulla decisione di adattare la caserma polacca di Oswiecim in lager per prigionieri).

e le SS, il 18 e il 19 aprile 1940 si tenne ad Auschwitz una riunione, capeggiata questa volta da Rudolf Höss, *SS-Hauptsturmführer* (Capitano) e nuovo comandante del lager di Sachsenhausen.»[8] Nel corso del viaggio, in una sosta fatta a Wroclaw, la commissione valutò nei dettagli il progetto di organizzare ad Auschwitz un campo provvisorio per 10.000 prigionieri, nel quale fare trascorrere la quarantena ai detenuti polacchi destinati ai lager situati in territorio tedesco.

Soltanto il 27 aprile 1940, Himmler diede l'ordine di realizzare un campo di concentramento ad Auschwitz e di ampliare la capacità di reclusione della vecchia caserma militare, che lo avrebbe ospitato, ricorrendo al lavoro dei prigionieri.

Glücks affidò i lavori a Höss che giunse a Oswiecim (Auschwitz) il 30 aprile, con cinque SS e con l'incarico di dirigere l'opera di adattamento e ristrutturazione dell'intero complesso edilizio (in seguito, il 4 maggio, «quel noioso di Höss, avrebbe avuto modo di sfogare a suo talento la mania del lavoro» in qualità di comandante del campo).

«Auschwitz era molto lontano, in Polonia [...] – scrive lo stesso Höss nel suo memoriale – quanto a me non avrei mai pensato di essere promosso comandante così in fretta, dato che vi erano alcuni miei pari grado, più anziani, che ancora aspettavano che si rendesse vacante un posto. Il mio compito non era facile. In uno spazio di tempo brevissimo dovevo creare [...] un *campo di transito* per diecimila prigionieri. Già a Oranienburg [sede di un campo di punizione delle *Sturmabteilung*/Reparto d'Assalto, a venti chilometri dal Lager di Sachsenhausen] avevo compreso che non avrei dovuto aspettarmi molto aiuto; dovevo perciò

[8] Danuta Czech, *Genesi, costruzione e ampliamento del campo di Auschwitz*, ed. Museo Statale di Auschwitz-Birkenau, Oswiecim 1995, pag. 19.

imparare a cavarmela da me. Avrei dovuto trovare sul posto tutto ciò che nel Reich mancava da anni.»[9]

Il primo atto del nuovo responsabile del campo fu quello di disporre l'evacuazione di 1.200 abitanti delle case situate nelle vicinanze, perché il terreno diventava zona militare, mentre per la ristrutturazione il borgomastro del luogo gli fornì 300 ebrei in lavoro coatto, che lavorarono dall'inizio di maggio a metà giugno (furono i primi ebrei, per lo più polacchi, che varcarono il cancello di Auschwitz, costretti a un duro lavoro).

Il 20 maggio 1940, il *Rapportführer* [sottufficiale di collegamento] Gerhard Palitzsch, condusse ad Auschwitz 30 delinquenti comuni di nazionalità tedesca, scelti per ordine di Höss, fra gli internati di Sachsenhausen, e destinati alla funzione di sorveglianti. A loro vennero assegnati i numeri dall'1 al 30 e furono alloggiati nel Blocco 1. Saranno gli aguzzini delle SS e svolgeranno azione di comando e di controllo sulle squadre di lavoro e sui detenuti, tenendo sempre un comportamento crudele.[10] Quanto all'*SS-Hauptscharführer* (Maresciallo capo) Palitzsch, la sua insensibilità e violenza era tale che lo stesso Höss lo descriverà come il peggiore tra tutti: «Camminava letteralmente sui cadaveri per soddisfare la sua sete di potere».[11]

[9] R. Höss, *Comandante ad Auschwitz*, cit., pag. 86.

[10] Diamo di seguito i nomi di questi trenta aguzzini, con il rispettivo numero di registrazione: Bruno Brodniewitsch (1); Otto Küsel (2); Artur Balke (3); Fritz Biesgen (4); Hans Bock (5); Bernard Bonitz (6); Karl Benna (7); Arno Böhm (8); Senza nome (9); Michael (Miki) Galas (10); Erick Grönke (11); Arnold Hartwing (12); Hans Henning (13); Winant Jansen (14); Dietrich Jüchter (15) Bruno Kellert [o Kehlert] (16); Max Küserow (17); Konrad Lang (18); Johannes Lachenich (19); Willi Meyer (20); Berthold Missun (21); August Müller (22); Kurt Müller (23); Kurt Pachala (24); Herbert Roman [o Romann] (25); Johann Siegruth (26); Paul Schikowski (27); Otto Stiel [o Stiell oppure Still] (28); Albin Vogel [o Vogl oppure Voigt] (29); Leo Wietschorek [Witschorek] (30). L'infamia cada sopra di loro. In D. Czech, *Kalendarium der Ereignisse*, cit., pag. 32.

[11] R. Höss, *Comandante*, cit., pag. 88. Occorre aggiungere che Gerhard Palitzsch, sparava di persona con armi di piccolo calibro agli

Il 29 maggio, giunsero ad Auschwitz un gruppo di uomini, detenuti nel famigerato lager di Dachau (situato in Germania, nei pressi di Monaco) per costituire la cosiddetta squadra esterna (*Aussenkommando*), incaricata della recinzione del campo. Un prigioniero polacco era il *kapo*, mentre il resto del gruppo era costituito da 39 giovani ginnasiali, in maggioranza provenienti dalla città di Lódz. Sistemati nelle baracche cucina al comando dell'*SS-Unterscharführer* (Sergente) Beck ogni giorno avevano il compito di stendere il filo spinato intorno all'area del lager. In questo lavoro, i detenuti non potevano avere contatti con gli ebrei e con i civili che operavano in zona. Proprio questi ultimi, di nascosto, lanciavano loro del cibo.

La rapidità con cui il campo venne ultimato fu dovuta tutta all'attivismo e alla capacità organizzativa del suo comandante, capace di superare ogni tipo di intoppo e di conflitto burocratico.

«A Berlino, continuavano a discutere a chi spettasse la costruzione di Auschwitz, poiché secondo gli accordi, tutto il complesso apparteneva ancora alla Wehrmacht [l'esercito], ed era concesso solo in prestito alle SS per la durata della guerra.

«L'RSHA [sigla per *Reichssicherheitshauptamt*, vale a dire l'Ufficio centrale per la sicurezza del Reich – vedi *Glossario*], il comandante della polizia di Cracovia, l'Ispettore della Polizia di sicurezza e del Servizio di sicurezza di Breslavia non cessavano di chiedere quando saremmo stati pronti a ricevere contingenti di prigionieri, e intanto io non sapevo ancora dove avrei potuto procurarmi anche soltanto cento metri di filo spinato. A

internati condannati a morte, all'interno del cortile del Blocco 11, al Muro della Morte. Dopo l'apertura del campo per famiglie zingare, a Birkenau, settore BIIe, ne divenne il responsabile. Si impossessò di grandi quantità di soldi e gioielli di proprietà degli ebrei destinati allo sterminio e per questo, poiché sottraeva oro e valori al Reich, venne trasferito. Se ne ignora la fine.

Gleiwitz esistevano montagne di filo spinato nei depositi del Genio, presso il porto, ma non potevo toccarne neppure un pezzetto, perché dovevo prima ottenere il permesso del comando superiore del Genio a Berlino. L'Ispettorato rifiutava di muovere un dito, cosicché dovetti letteralmente andare a rubare il quantitativo di filo spinato più urgente. Dovunque trovassi resti di fortificazioni volanti, le facevo smontare, abbattendo i bunker per ricavare il ferro delle armature. Dovunque trovassi depositi coi materiali più indispensabili, li facevo senz'altro saccheggiare, senza preoccuparmi delle competenze. Dovevo pur pensare ai casi miei!»[12]

In meno di due mesi il nuovo lager nazista in terra polacca era pronto a ricevere i primi detenuti. Sul cancello in ferro battuto, la scritta «*Arbeit mach frei*» [Il lavoro rende liberi], quasi certamente, voluta da Höss per emulare il motto che accoglieva le squadre di lavoro e gli internati del campo di Dachau.[13] Parole che il giova-

[12] R. Höss, *Comandante*, cit., pag. 90-91.

[13] Il *Konzentrationslager* (KL) di Dachau (abbreviato anche con KZ) è da considerarsi il modello di un sistema terroristico destinato a espandersi a macchia d'olio sull'intera area di influenza della Germania nazista. La stampa locale (il campo sorge all'interno dell'omonimo villaggio a pochi chilometri da Monaco) dà notizia della sua apertura il 21 marzo 1933. Theodor Eicke ne è il comandante e con il suo metodo farà da scuola per tutti i campi aperti successivamente. «La scuola di Dachau sviluppata da Eicke, ha due volti: da una parte richiede ai propri uomini spietata durezza nei confronti dei detenuti; dall'altra impegna gli uomini alla disciplina più rigorosa nei confronti dei superiori» (in H. G. Richardi, *Schule der Gewalt. Das Konzentrationslager Dachau 1933-1934*, Verlag C.H. Beck, Monaco 1983). A Dachau, dove Höss vive e presta la sua opera come *Blockführer* e poi come *Rapportführer* (con il grado di Sergente – *Unterscharführer*), la sua permanenza è di quattro anni, dal 1934 al 1938. Sotto i tetti delle baracche e dei blocchi spesso si poteva leggere: «C'è una strada che conduce alla libertà. Le sue pietre miliari si chiamano obbedienza, ordine, senso dell'onore, sobrietà, disponibilità, precisione, spirito di sacrificio, onestà, amor di patria» (in A. Kaminski, *I campi di concentramento dal 1896 a oggi*, Bollati Boringhieri, Torino 1997). Come a dire che la libertà fisica e spirituale poteva essere ottenuta solo attraverso

ne comandante del lager sente profondamente, se nella sua biografia dedica intere pagine al valore del lavoro nella vita di un uomo, anche quando è prigioniero: «Il lavoro occupa uno spazio considerevole nella vita del detenuto, può servire a rendergliela più tollerabile [...]; quando il detenuto lo accetta, quando lo compie volentieri – per disposizione interiore – esso gli dà soddisfazione [...]. Senza dubbio, il lavoro in prigione e nel campo di concentramento è un dovere, una costrizione, ma in generale, quando sia instradato alla mansione giusta, ogni prigioniero lo compie volentieri, e la soddisfazione che ne ritrae influisce beneficamente sulle sue condizioni generali».[14] Un modo quasi sadico di esaltare la vita operosa dei campi nazisti, dove morirono per lavoro centinaia di migliaia di uomini e donne, sfruttáti fino all'estremo. E tuttavia, per tornare alla scritta divenuta famosa, «*Arbeit mach frei*», l'intento di Höss all'inizio non è certo sarcastico se diamo credito alla sua mistica del lavoro: «Quanto a me ho lavorato volentieri e di buona voglia per tutta la vita. Ho compiuto lavoro fisico duro, spesso durissimo, in condizioni altrettanto dure, nelle miniere di carbone, nelle raffinerie, nelle fornaci, ho tagliato legna, spianato alture, scavato torba [...]. Posso quindi affermare con pieno diritto che so bene ciò che significa lavorare, e che sono perfettamente in grado di valutare l'efficienza nel lavoro».[15]

Auschwitz era il primo campo di concentramento ubicato al di fuori delle frontiere del Reich. Nei sei

il sacrificio di sé nella totale dedizione al lavoro. «È bene precisare inoltre che a Dachau fu fatta la prima sperimentazione di massa del genocidio, sebbene il KL non possa essere definito come campo di sterminio. In questo senso Dachau nel 1934 è già potenzialmente la Auschwitz del 1943-44» (in E. Collotti, *Ricerca storiografica e recupero di memoria storica: il caso di Dachau*, in *La deportazione nei campi di sterminio nazisti*, a cura di F. Cereja e B. Mantelli, Angeli, Milano 1992).

[14] R. Höss, *Comandante*, cit., pag. 55-56.

[15] *Ibid.*, pag. 56.

campi attivi in Germania e Austria[16] erano rinchiusi circa 25.000 prigionieri. I 10.000 che doveva accogliere il nuovo lager in territorio polacco proponevano un ordine di grandezza fino ad allora sconosciuto. L'obiettivo dello sterminio di massa, tuttavia non era ancora ipotizzato. Ecco che cosa scrive Höss: «Se prima della guerra i campi di concentramento erano stati fine a se stessi [vi si imprigionavano, prevalentemente, oppositori al regime e, dopo la "notte dei cristalli", anche ebrei], ora che eravamo in guerra [a partire dalla fine del 1939], secondo la volontà di Himmler, erano diventati mezzi per raggiungere un fine. Dovevano infatti servire, in primo luogo, alle necessità stesse della guerra, agli armamenti. Per quanto era possibile, ogni prigioniero doveva diventare un operaio della produzione bellica».[17]

Il 14 giugno 1940, arrivano ad Auschwitz dalla prigione polacca di Tarnow i primi 728 detenuti: in maggioranza si tratta di giovani tra i 18 e i 19 anni, soprannominati «i turisti» perché avevano cercato di raggiungere l'armata polacca in Francia. Originari di zone differenti della Polonia, erano stati arrestati alla frontiera. Insieme a loro ci sono anche degli ebrei deportati per ordine della Sipo e del SD [sigla per *Sicherheitsdienste*, vale a dire servizio di sicurezza] di Cracovia.[18]

I primi internati vengono registrati con i numeri dal 31 al 758. Per tutto il periodo di quarantena sono rinchiusi nell'edificio dell'ex tabacchificio di stato (sede del Monopolio tabacchi), vicino al raccordo ferroviario e separato dagli altri Blocchi da una recinzione di filo

[16] Dachau fu il primo campo, aperto nel 1933 alla periferia di Monaco. Gli altri erano: Sachsenhausen a nord di Berlino, Mauthausen nei pressi di Linz, in Austria (sede anche del famigerato castello di Hartheim dove si diede attuazione al progetto eutanasia), Flossenburg nel territorio dei Sudeti, Ravensbrück, il campo femminile, a nord di Berlino, e Buchenwald nei pressi di Weimar.

[17] R. Höss, *Comandante*, cit., pag. 95.

[18] D. Czech, *Kalendarium*, cit., pag. 35-36.

spinato (Tab. IV/I). Proprio mentre le armate tedesche entravano a Parigi e sfilavano sugli Champs Élysées, cominciava a funzionare quello che sarà il più grande complesso concentrazionario, simbolo per eccellenza del terrore nazista e del genocidio.

Il tenente delle SS Karl Fritzsch (*SS-Obersturmführer*), proveniente dal lager di Dachau e primo direttore di Auschwitz, accoglie i nuovi arrivati con un discorso in cui, tra l'altro, afferma: «Non siete venuti in un sanatorio, ma in un campo di concentramento tedesco, da cui non si esce che per il camino del crematorio».[19]

La funzione di aiuto del comandante Höss, viene affidata al capitano delle SS Josef Kramer,[20] in servizio fino a quel momento nel KL di Mauthausen; vicedirettore diventa Franz Xaver Maier, sottotenente SS (*SS-Untersturmführer*) che appartiene alla famigerata divisione «Teste di morto» (*Totenkopf*) delle SS; responsabile degli alloggi, dell'equipaggiamento SS e degli internati è il maresciallo capo SS Otto Reinicke che proviene dal lager di Flossenburg; Willi Rieck, anch'egli maresciallo SS (*SS-Oberscharführer*), è incaricato dei rifornimenti alimentari e proviene dal campo di Dachau. Tra i responsabili del nuovo campo, i medici Max Popiersch, capitano delle SS e Robert Neumann, sempre appartenente alle SS con il grado di tenente.[21]

[19] *Ibid.*, pag. 36.

[20] Josef Kramer rimase in carica fino al novembre del 1940 e in seguito divenne direttore a Dachau. Tornò ad Auschwitz come comandante dal maggio al novembre del 1944 e in seguito venne trasferito con lo stesso incarico a Bergen-Belsen. Venne condannato a morte dal tribunale militare britannico che processò a Lüneburg, a partire dal 17.11.1945, il personale SS del KL di Bergen-Belsen. La sentenza fu eseguita un mese dopo, il 13.12.1945, ad Hameln (in D. Czech, *Genesi, costruzione e ampliamento*, cit., pag. 21 in nota 12).

[21] APMO, D-RF-3/RSHA/117/2, Zespol Allgemeine Erlasse RSHA, k. 166. Tutti i nomi e i cognomi della gerarchia del campo di Auschwitz sono raccolti in un registro del comando dell'1.7.1940. Ovviamente sono indicati altri funzionari SS, quali il responsabile amministrativo, Max Meier, il cassiere Herbert Minkos eccetera.

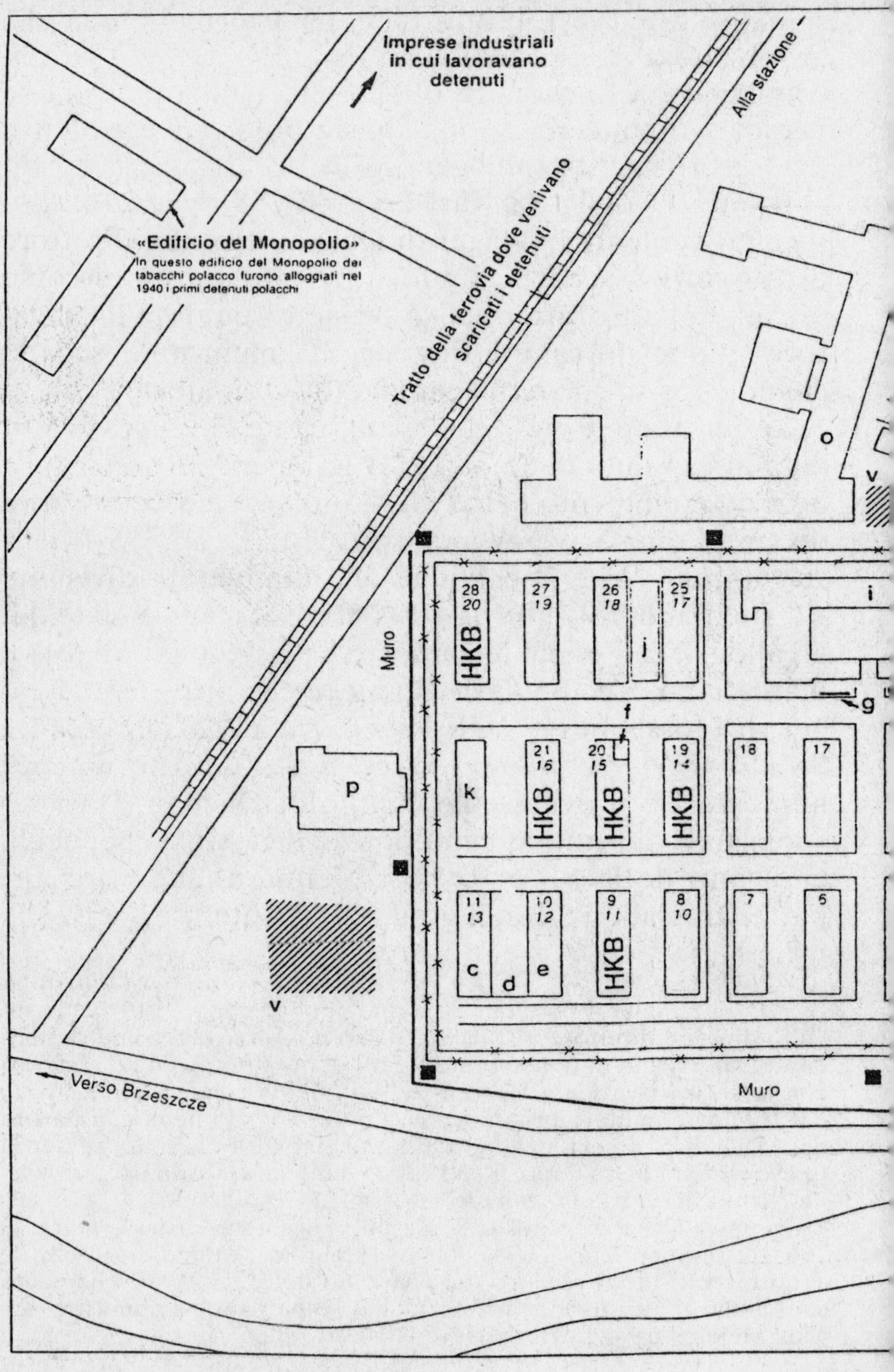
Imprese industriali
in cui lavoravano
detenuti
Alla stazione
Tratto della ferrovia dove venivano
scaricati i detenuti
«Edificio del Monopolio»
In questo edificio del Monopolio dei
tabacchi polacco furono alloggiati nel
1940 i primi detenuti polacchi
o
v
i
g
f
j
Muro
28
20
HKB
27
19
26
18
25
17
p
k
21
16
HKB
20
15
HKB
19
14
HKB
18
17
11
13
c
d
10
12
e
9
11
HKB
8
10
7
6
v
Verso Brzeszcze
Muro

Campo di concentramento di Auschwitz I (Campo principale) Stato della sistemazione 1943-44 (Rielaborazione di Frediano Sessi)

Doppio filo spinato con corrente elettrica
«Campo dei prigionieri di guerra russi» (ottobre 1941-2° marzo 1942)
12 Baracche con numerazione
4 Vecchia numerazione
■ Torrette di guardia
a Porta d'ingresso al campo con la scritta Arbeit macht frei
b Camera a gas e crematorio
c Baracca 11, «baracca della morte»
d Muro delle fucilazioni nel cortile della baracca 11
HKB Ospedale dei detenuti (baracche 9, 19, 20, 21, 28 di cui la baracca 20 reparto infettivo e la baracca 28 infermeria dello HKB
e Baracca 10, stazione sperimentale
f «Stanza di cura» nella baracca 20, nella quale si uccideva con iniezioni di fenolo
g Forca per esecuzioni collettive (installata nel 1943
h Baracca 24, locale di scrittura dei detenuti
i Cucina dei detenuti
j Baracca della posta
k Baracca lavanderia (per le SS)
l Locale dei capibaracca
m Comando del campo di sicurezza
n «Reparto politico» della Gestapo del campo
o Edificio di accettazione (parzialmente usato dall'estate 1944)
p «Teatro» (usato come magazzino)
q Infermeria delle SS
r Edificio amministrativo
s Comando del campo
t Posto di guardia principale
u Villa del comandante del campo
v Luoghi di esecuzione all'esterno del recinto del campo (cave di ghiaia)

Nel frattempo si procede a evacuare la zona intorno al campo e vengono abbattute 123 case dei dintorni, per facilitare la caccia agli eventuali evasi. Gli sfrattati, vengono inviati al lavoro coatto nei Sudeti e molte case non demolite sono assegnate alle famiglie degli ufficiali e dei sottufficiali SS.

Fin da subito, Himmler e il capo della RSHA, Reinhard Heydrich[22] avevano chiari alcuni progetti di ampliamento della nuova struttura concentrazionaria:

a) in primo luogo, la creazione intorno al campo di un distretto (*Gutsbezirk*) destinato a sviluppare attività sperimentali nel settore dell'agricoltura, dell'allevamento e della pesca;

b) la costruzione di un secondo campo, per i detenuti più pericolosi;[23]

c) la realizzazione del progetto di Hermann Göring[24] che prevedeva l'apertura di un complesso industriale della I. G. Farbenindustrie per la produzione di caucciù e benzina sintetica.

Il 10 febbraio 1941, una commissione speciale, guida-

[22] Reinhard Heydrich (1904), ucciso dai partigiani cecoslovacchi a Praga il 6.2.1942, era il capo supremo dell'RSHA *(SS-Obergruppenführer)* e insieme *Reichprotektor* della Boemia e Moravia. Fu uno dei più potenti uomini del Reich, fedelissimo di Hitler.

[23] Secondo una iniziale classificazione, operata da Heydrich con una ordinanza del 2 gennaio del 1941, i lager nazisti erano suddivisi in tre categorie: nella prima, Auschwitz I, Sachsenhausen e Dachau, destinati a detenuti pericolosi ma «in grado di migliorare»; nella seconda, Buchenwald, Flossenbürg, Neuengamme e Auschwitz II (che all'epoca non esisteva ancora), riservati a detenuti un po' più pericolosi ma comunque «suscettibili di essere educati e migliorati»; nella terza, Mauthausen destinato ai soggetti di massimo pericolo, tra i quali gli asociali. In APMO, D-RF-3/RSHA/118/9, Zespol Erlass-Sammlung RKPA, k. 607.

[24] Hermann Göring (1893) tra i primi nazisti a fianco di Hitler, ricoprì numerosi incarichi di responsabilità, tra i quali quello di Maresciallo del Reich dal 1935, Responsabile del «Piano dei quattro anni» dal 1936, e titolare delle «Göring Hermann Werke» (Industrie Göring, enorme complesso industriale che comprendeva raffinerie, acciaierie, industrie chimiche, dell'alluminio e imprese di costruzione). Si suicidò in carcere durante il processo di Norimberga nel 1946.

ta dallo stesso comandante del campo, Rudolph Höss, definì l'area del territorio da evacuare e il numero di persone da trasferire altrove. Circa 40 chilometri quadrati (Tab. II/I), definiti *Interessengebiet* (zona di interesse del campo), da pattugliare costantemente con militi delle SS e compresi in un triangolo formato dalla confluenza del fiume Sola nella Vistola e delimitato dal villaggio di Broszkowice e dal corso del Sola fino a Bielany e, poi, dai villaggi Leki, Skidzin e Wilczkowice fino alla Vistola. L'ampiezza dell'area, utilizzata in seguito in gran parte della sua estensione per i vari sottocampi (vedi *Glossario*), viene giustificata da Höss per motivi di sicurezza: «La popolazione locale – scrive il comandante a Glücks, – è fanatica e nazionalista, pronta a ogni azione contro gli odiati uomini SS, e ogni prigioniero che riesca a fuggire, può essere soccorso non appena giunge alla prima fattoria».[25]

L'ultimo atto di questo inizio di funzionamento del lager che prefigura in modo esplicito il suo futuro assetto, è costituito dalla prima visita ad Auchwitz del comandante supremo delle SS Himmler, il quale dopo una minuziosa ispezione del campo (lo accompagnavano diversi dignitari nazisti e personalità di spicco della I. G. Farbenindustrie), ordina:

a) di ampliare il campo base, perché possa ospitare 30.000 internati;

b) di costruire nell'area del villaggio di Brzezinka (in tedesco Birkenau), una volta rase al suolo le abitazioni, un campo di vaste dimensioni per 100.000 prigionieri di guerra;

c) di fornire 10.000 operai detenuti al consorzio industriale della I. G. Farben per la costruzione nella zona del centro abitato di Dwory di un complesso industriale;

d) infine, di potenziare lo sfruttamento del terreno e

[25] APMO, *Proces Hössa*, t. 12, k. 10.

ampliare produttività e dimensioni delle industrie e delle officine artigianali che lavorano per l'economia di guerra con manodopera di internati.

Il piano di ampliamento del campo originario di Auschwitz (detto ora campo principale o campo base – *Stammlager*) sarà pronto nel giugno del 1941.[26]

[26] Sulla visita di Himmler, APMO, D-RF-3/RSHA/11/7/1, Zespol Allgemeine Erlasse RSHA, k. 91.

2.

LA VITA DEGLI INTERNATI NEL KL

Il polacco Wojciech Barcz, fu internato ad Auschwitz dal primo all'ultimo giorno di vita del campo. «È un fatto che la maggior parte degli internati nel Lager moriva nei primi tre mesi dal momento dell'arrivo. La causa che era l'effetto demoralizzatore del sistema si abbatteva con enorme violenza su persone impreparate e in un certo senso le schiacciava moralmente fino a renderle pronte a una morte ravvicinata. Dopo tre mesi, si creava qualcosa di simile alla capacità di resistenza che si acquista in seguito a una vaccinazione, per lo meno dal punto di vista morale.»[1]

Quando ancora il KL funzionava solo come campo di concentramento, chi riusciva a superare il periodo iniziale, che era il più spaventoso, vedeva aumentare le sue possibilità di sopravvivenza. Secondo una statistica elaborata dal Museo di Auschwitz-Birkenau, la mortalità nelle prime settimane raggiungeva anche l'11,04% degli internati, per attestarsi sul 3,3% o ancora sul 2% nelle settimane successive alla dodicesima.[2]

Nonostante il progetto di sterminio non fosse ancora avviato (e secondo le recenti ricerche degli storici, nem-

[1] In H. Langbein, *Uomini ad Auschwitz*, cit., pag. 72.

[2] In Tadeusz Iwaszko, *Le condizioni di vita dei prigionieri*, in F. Piper, T. Swiebocka, *Auschwitz il campo della morte*, Edizioni del Museo Statale di Auschwitz-Birkenau, Oswiecim 1995 (ed. in lingua italiana), pag. 63-77.

meno ipotizzato),[3] e la circolare Heydrich del 2 gennaio 1941[4] che inseriva il KL di Auschwitz tra i campi della prima categoria, destinati a detenuti in grado, sicuramente, di «migliorare» (il che, a parole, presupponeva un programma di riabilitazione e il ritorno alla libertà) la vita quotidiana all'interno del lager era un inferno.

L'arrivo e la quarantena

Dopo il primo contingente di prigionieri, gli arrivi al campo si susseguirono con una certa regolarità. Il 20 giugno, toccò a 313 polacchi; il 22, a ventitré prigionieri arrestati su ordine della Sipo e del SD di Cracovia; gli internati del 24 giugno furono registrati con i numeri dal 1.095 al 1.121. Il 6 di luglio i prigionieri erano già 1.311.

Il giorno successivo, 7 luglio 1940, dopo un appello durato più di diciannove ore e ordinato a causa della fuga di un detenuto (si trattava di Tadeusz Wiejowski), muore David Wingoczweski. È il primo ebreo polacco che perde la vita ad Auschwitz; vi era giunto da poco più di due settimane, con il secondo convoglio.

Auschwitz è ancora un campo di transito, nel senso burocratico del termine, ma già le condizioni di vita sono ai limiti della sopravvivenza. Ecco come racconta il fatto un sopravvissuto, Henryk Krol: «Notte macabra [...], verso la mattina tutti tremavano dal freddo [...]. I raggi del sole sorgente portarono un po' di sollievo ma in breve l'arsura aumentò le nostre sofferenze. Perdevamo i sensi uno dopo l'altro. Agli svenuti veniva gettata acqua in faccia. La notte vi fu uno spiacevole incidente. L'inter-

[3] Si veda per esempio lo studio monumentale di R. Hilberg, *La distruzione degli Ebrei d'Europa*, cit., in cui vengono esplicitate le tappe storiche e burocratiche di quel processo che condurrà allo sterminio di quasi sei milioni di ebrei.

[4] Vedi nota 22, cap. 1.

prete, il detenuto Baworowski, a un certo punto, uscì dai ranghi e pregò l'SS che ci sorvegliava di farlo andare alla latrina. Invano. L'SS gli rispose di rientrare subito nelle file. Dopo un po' di tempo avvertimmo un gran fetore. Baworowski non aveva resistito e se l'era fatta addosso. La guardia, scoperto il trasgressore, gli ordinò di togliersi le mutande, di arrotolarle e di mettersele in bocca, tra i denti. Gli ordinò inoltre di mettersi a quattro zampe e di abbaiare. [...] Si trattava solo di un assaggio di quello che ci aspettava nel campo».[5] Qualche mese dopo, nel novembre del 1940, in seguito a un'altra evasione, i prigionieri, a piedi nudi, senza berretto e cappotto, furono costretti a un appello che durò dal pomeriggio a notte inoltrata, e alla fine, dal piazzale dell'appello, vennero portati via 120 uomini tra morti e svenuti.

«L'inizio della prigionia era accompagnato da una prima esperienza sconvolgente. Al loro arrivo, i deportati venivano sottoposti a una procedura di accoglienza che li spogliava di colpo di tutto il loro passato.»[6] Attese snervanti, cariche di incertezza, insulti, percosse e una serie di trattamenti più o meno logoranti adottati dai sorveglianti, preparavano gli eventi. Chi reagiva ai maltrattamenti o cercava di accorrere in aiuto di un compagno, veniva picchiato selvaggiamente; «i prigionieri, fin da subito, dovevano rendersi conto della loro totale impotenza, nel senso cioè di essere privati di qualsiasi capacità di azione e di essere in completa balia della prepotenza fisica. Il primo atto di violenza subito, il primo colpo ricevuto facevano crollare in essi l'assunzione di fondo della invulnerabilità del proprio corpo e la speranza di trovare aiuto nel momento del bisogno.

[5] Testimonianza dell'ex internato Henryk Krol, in APMO, Zespol Oswiadczenia, t. 76, k. 199.

[6] Wolfgang Sofsky, *L'ordine del terrore*, Laterza, Bari 1995, pag. 123.

Cancellando queste certezze basilari dell'esistenza quotidiana, la violenza compiva il primo passo per la trasformazione degli esseri umani in oggetti di iniziazione»[7] alla vita del campo.

Dopo lo shock iniziale (il calvario di molti cominciava già con il trasporto, soprattutto quando ebbero inizio le deportazioni da altri territori, in successione: cechi, prigionieri russi, jugoslavi, ed ebrei di ogni Paese d'Europa a cominciare dalla Francia), i prigionieri erano obbligati a spogliarsi e a rinunciare a ogni effetto personale. Nudi, rimanevano ancora in attesa per poi subire la prima metamorfosi fisica con la rasatura dei capelli e di tutti i peli del corpo. Le parti così rasate, venivano passate con spatole luride, intinte nel disinfettante. Subito dopo, la doccia, quasi sempre bollente o molto fredda, mai a giusta temperatura e questo senza che venisse considerato il clima esterno (i detenuti potevano essere sottoposti a una doccia gelida in pieno inverno). La mutilazione simbolica era così compiuta e si completava con la distribuzione del vestiario del campo: per Auschwitz, nei primi anni, la nota divisa a righe grigio azzurre, composta di un paio di pantaloni, una casacca, zoccoli di legno al posto delle scarpe e, con un po' di fortuna anche calze. Cappello e cappotto, finirono presto per sparire dalla dotazione del detenuto. Nella maggior parte dei casi, non era possibile scegliere la taglia dei vestiti e la misura degli zoccoli, cosicché spesso la divisa sfigurava la persona, riducendola a un esemplare uguale di una specie senza più segni esteriori di riconoscimento. Quando in un secondo tempo, verranno rinchiuse ad Auschwitz anche delle donne, sarà difficile distinguere a un primo sguardo la differenza di sesso.

Ogni prigioniero diventava così l'immagine speculare

[7] *Ibid.*, pag. 124.

dell'altro, e cominciava a perdere seriamente i caratteri della propria identità.

Alla fine di queste operazioni iniziali, arrivava la registrazione, con l'assegnazione di un numero che privava definitivamente gli internati del nome.

«Durante la formalità della registrazione non erano risparmiate ai prigionieri esperienze di ferocia e degradazione. I novizi erano introdotti a piccoli gruppi in un edificio, dove uno alla volta dovevano fornire le proprie generalità, senza parlare a voce troppo bassa o perdere la rigidità del contegno, pena ulteriori percosse. La procedura di accettazione, l'apertura della pratica, la classificazione e l'assegnazione del numero di matricola avevano molti elementi in comune con gli interrogatori di polizia, con il loro contorno di insulti e di lezioni violente. Una volta per tutte il prigioniero doveva capire che l'unico atteggiamento possibile nei confronti dei detentori del potere era la sottomissione, sicché la formalità burocratica diventava allo stesso tempo un test di obbedienza, una prima prova della riuscita trasformazione della persona umana in un oggetto senza volontà e in balia del potere. Chi non superava l'esame, veniva punito immediatamente e in maniera visibile a tutti.»[8]

In genere la procedura d'ingresso si concludeva con l'assegnazione della baracca e del posto letto. Ma durante la guerra, in tutti i campi, entrò in uso la *quarantena*, un periodo di isolamento che durava dalle due alle tre settimane (a volte anche sei, otto) e che costituiva la seconda fase dell'iniziazione alla vita del campo. Le SS, infatti temevano il diffondersi di epidemie, già presenti in molti lager, prigioni e altri luoghi di detenzione da cui provenivano i deportati.

[8] *Ibid.*, pag. 126.

La fase della *quarantena* (cui a seconda del bisogno e del periodo verranno adibiti uno o più Blocchi o un intero settore del campo, come avvenne nel 1943 a Birkenau) era anch'essa traumatica: di solito, in questa occasione, il detenuto imparava le norme di vita del campo. Risveglio brutale alle 4 del mattino, quando i prigionieri lasciavano i giacigli accompagnati da percosse e imprecazioni. Assai poco tempo per lavarsi, sistemare il letto e fare colazione. Tutto, come del resto nei Blocchi del campo, accadeva freneticamente e la ressa impediva a molti di toccare l'acqua o di bere la brodaglia, di caffè o tè, che veniva servita dall'anziano del Blocco (*Blockältester*). Poi ore e ore di esercizi fisici, allineamento sul piazzale, apprendimento corretto di qualche canzone e della pronuncia di alcune espressioni tedesche, con botte, angherie e umiliazioni di ogni genere. Le condizioni degli ambienti, insalubri e pieni di parassiti, il sovraffollamento, la sporcizia e il terrore provocato dal personale (l'*SS-Blockführer*, coadiuvato da internati con l'incarico di capo blocco o capo camerata – *kapo*) contribuivano a dare un duro colpo al morale dell'internato che, ogni giorno vedeva il tempo scandito sempre allo stesso modo, senza alcuna possibilità di cambiamento. Poiché durante la quarantena gli internati non lavoravano, ricevevano un pasto ridotto, rispetto alle già insufficienti razioni che venivano distribuite ai prigionieri ordinari.

A proposito di questo periodo di vita nel lager, ecco una testimonianza: «Tutto era considerato mal fatto e la punizione consisteva nel saltare, rotolarsi per terra, correre, fare piegamenti ecc. Dopo tutto questo, doveva essere un godimento marciare cantando, a piedi nudi, sopra cocci, vetri rotti e altre simili cose che causavano nuove ferite, difficilmente guaribili per la sporcizia».

E ancora: «Le SS e i loro scagnozzi si gettavano su di noi come su vittime prescelte. Venivamo bastonati terribilmente. Dovevamo correre, saltare, arrampicarci, strisciare sulle ginocchia su pezzi di pietra appuntiti. I più deboli cadevano a terra, i più anziani e i più corpulenti svenivano. Il sangue affluiva alla testa, il cuore scoppiava dalla fatica eccessiva e per la debolezza, tanto più che dopo l'arresto passava molto tempo prima che ricevessimo qualcosa da mangiare».[9]

All'inizio, anche chi veniva liberato, doveva sottoporsi a un periodo di quarantena e, naturalmente, bastava poco perché i medici rifiutassero il permesso di dimissione: gonfiori, ulcere, difficoltà motorie, sospetto di malattie infettive, insomma la normalità quotidiana per Auschwitz, oltre alla già caratteristica magrezza, dovuta al tanto lavoro, e all'alimentazione molto poco calorica. A tal proposito, Antoni Cenek, ricorda: «Quando, dopo l'uscita dal campo, rimanemmo soli alla stazione, si avvicinarono a noi delle ragazzine che ci diedero del pane e, a quelli più deboli, anche del latte [...]. Sul treno che ci portava a casa, ci furono ancora scene simili».[10]

Nei primi mesi di funzionamento del campo, i discorsi violenti delle SS facevano spesso seguito alle angherie e alle percosse: «Per noi tutti voi non siete uomini, ma soltanto un mucchio di spazzatura. Vi puniremo come si deve, e di questo vi convincerete voi stessi tra poco. Per nemici del Reich della vostra fatta, come voi siete, noi tedeschi non avremo alcuna compassione ed è con vero piacere che vi metteremo tutti a cuocere nei forni crematori. Dimenticate le vostre mogli, i figli, le vostre famiglie. Qui creperete come cani».[11]

[9] Testimonianze riportate in Kazimierz Smolen, *Auschwitz, 1940-1945, Guida del museo*, PMO Krajowa Agencja Wydawnicza, Katowice 1979, pag. 45.
[10] In APMO, Zespol Oswiadczenia, t. 27, k. 149.
[11] In H. G. Adler, H. Langbein, E. Lingens-Reiner (a cura di), *Auschwitz, Zeugnisse und Berichte*, Frankfurt 1984, pag. 14.

Proprio nel mese di luglio, nell'edificio dell'ex caserma della Wehrmacht che era adibito a bunker delle munizioni, a sinistra della torretta d'ingresso, e in mezzo al verde, iniziano i lavori di costruzione del primo forno crematorio, modello D57753 della ditta J. A. Topf e figli di Erfurt.[12]

La giornata tipo

«Ogni detenuto registrato, riceveva un numero di matricola che, impresso su un pezzo di tela, veniva cucito sul lato sinistro della casacca, all'altezza del torace, e sulla cucitura esterna della gamba destra dei pantaloni. La prima serie di registrazioni, iniziata nel maggio del 1940, raggiunse il numero 202.499.»[13] Senza più nome il prigioniero si trovava inserito brutalmente nell'ingranaggio della vita quotidiana, al solito regolata con uno schema fisso che si ripeteva costantemente, annullando così anche il senso del tempo. I nazisti, in tal modo, si garantivano la possibilità che i loro internati non potessero concepire piani a lunga scadenza (come fughe, progetti di ribellione eccetera).

Nel campo tutto avveniva sulla base di ordini, urlati con violenza o di segnali appositi. Quegli internati che non riuscivano a decifrarne il significato e non li eseguivano prontamente, rischiavano di essere percossi o sottoposti a una serie smisurata di angherie, sia da parte delle SS che dei kapo.

Dopo la sveglia alle 4 del mattino, come per la quarantena, e la sistemazione dei letti (quelli a castello andavano fatti secondo l'uso militare, senza una piega o

[12] D. Czech, *Kalendarium*, cit., pag. 46. La data di riferimento è il 25 luglio 1940.

[13] T. Iwaszko, *Deportazione e registrazione dei prigionieri*, in F. Piper, T. Swiebocka, *Auschwitz*, cit., pag. 55.

un difetto anche minimo) ci si doveva lavare, far colazione, bisognava pulire la camerata, passare le latrine e raggiungere in squadra la piazza dell'appello; il tutto nel giro di mezz'ora, 45 minuti al massimo. Chi si attardava, anche a causa di un'infermità fisica, veniva picchiato. Alla frenesia dell'inizio di giornata (spesso d'inverno la sveglia scattava un'ora prima) seguiva un periodo di lunga attesa, per lo più in una posizione scomoda, per anziani e ammalati: in piedi sull'attenti. La durata dell'appello con tutti i detenuti allineati in file di dieci per facilitare il conteggio, dipendeva dalla presenza di tutti. In caso contrario si ricominciava daccapo e la procedura poteva continuare ore. A volte le SS si facevano aspettare e allora i prigionieri, sotto i riflettori, dovevano mantenere l'immobilità, pioggia, neve o grandine, freddo o caldo, non aveva alcuna importanza. Nel conteggio dovevano rientrare anche i reclusi morti nella notte o i prigionieri trasferiti all'infermeria.

Seguiva l'ordine di formare le squadre di lavoro (*«Arbeitskommando-formieren»*) e subito i prigionieri correvano verso i posti di adunata stabiliti, da dove partivano, accompagnati dall'orchestra del campo, verso la propria destinazione. Chi non era ancora stato assegnato a una squadra e per paura di ricevere punizioni, non voleva rimanere fermo sulla piazza dell'appello, aggregandosi a un kommando qualsiasi, veniva cacciato in malo modo. Una volta varcato il cancello, le squadre venivano prese in consegna da uomini delle SS, destinati alla sorveglianza.

«Nella prima fase del campo, il lavoro doveva essere spesso eseguito di corsa. Le SS e i sorveglianti urlavano e percuotevano senza sosta i prigionieri che erano letteralmente terrorizzati, spesso inseguiti da cani aizzati contro di loro. Alcune sentinelle, per ottenere un buon numero di giornate di ferie, ordinavano ai detenuti di allontanarsi dal terreno sorvegliato e poi li uccidevano a colpi di pistola; nel rapporto ai superiori sostenevano di averli uccisi mentre tentavano la fuga e se solo erano in grado di dimostrare il loro comportamento responsabile, ricevevano lodi e licenze premio. Non stupisce, pertanto che durante il lavoro morissero molti prigionieri, le cui spoglie dovevano essere riportate al campo dai compagni.»[14]

Anche la marcia di andata e ritorno dal luogo di lavoro era una opportunità per le SS di esercitare il sopruso e la violenza. Spesso i prigionieri venivano costretti a un passo di corsa, durante il quale c'era l'obbligo di cantare canzoni. Chi stonava o rimaneva indietro veniva preso a calci o a pugni. «Cadere poi significava morire [...] Appena le SS con il loro macabro senso dell'umorismo vedevano qualcuno vacillare o staccare a fatica i piedi dalla melma ai bordi della strada, con un calcio lo facevano cadere in quella melassa nera e appiccicaticcia. In simili condizioni era impossibile riuscire a risollevarsi e non c'era speranza di ricevere aiuto da qualcuno. Così ogni giorno durante i trasferimenti delle colonne dirette al lavoro, venivano abbandonati nel fango decine di prigionieri stremati. [...] Si poteva soltanto restare nel fango lungo la strada finché una squadra speciale arrivava a raccogliere i corpi e a gettarli nel mucchio dei cadaveri, anche se qualcuno era ancora vivo.»[15]

La giornata lavorativa, secondo le disposizioni della direzione, durava dalle 6 del mattino alle 17 ed era di 11 ore, con mezz'ora di pausa per il pranzo. Un tempo che sembrava non finire mai: eccetto le guardie e i prigionieri addetti al controllo, i famigerati «verdi», di cui lo stesso Höss diceva valessero dieci volte un soldato SS, nessuno portava orologi, così che non si poteva cal-

[14] *Ibid.*, pag. 73.
[15] Testimonianza di P. Lewinska, in V. Pozner, *Abstieg in die Hölle. Zeugnisse über Auschwitz*, Berlino 1982, pag. 6.

colare quanto ancora restasse da lavorare. Ai prigionieri che lavoravano all'aperto rimaneva soltanto il sole come punto di riferimento, dato che il tempo di lavoro andava comunque dall'alba al tramonto.[16] Dall'inizio alla fine, il lavoro procedeva senza interruzioni e pause, sicché l'unico rimedio per il prigioniero era quello di costruirsi un proprio sistema di riferimento mentale fondato su spazi e su tempi calcolati in base a un ritmo di fatica accettato dalle guardie: se per esempio si sapeva che una determinata operazione di scavo durava 20 minuti, si poteva calcolare il tempo di lavoro in base al succedersi di queste operazioni. Strategia di difesa che solo pochi riuscivano ad adottare e che certo non cancellava l'incubo e l'angoscia di una fatica che sembrava non finire mai. Inoltre: «il tempo di lavoro era sempre un tempo di terrore, all'interno del quale erano possibili ovunque e in qualsiasi momento violenze, maltrattamenti e incidenti provocati con dolo»[17] da parte dei sorveglianti e delle guardie. E benché bisognasse orientare la mente al peggio, questi incidenti arrivavano sempre inaspettati. «Quanto più a sorpresa giungeva la violenza, quanto più fulminee avvenivano le irruzioni e le aggressioni, tanto maggiori erano l'impotenza e il terrore suscitati nelle vittime.»[18]

Concluso il lavoro, tutto accadeva in senso inverso all'inizio della giornata, come se si dovessero rivivere a ritroso i momenti di terrore e di trepidazione. Gli internati si radunavano in file ordinate e venivano contati; subito dopo, cominciava la marcia di ritorno con i morti

[16] In una circolare del 21.11.1943, Pohl ordinava di estendere la giornata lavorativa di 11 ore anche ai mesi invernali. Ma la circolare poté essere applicata soltanto nelle fabbriche o negli spazi chiusi. Nei cantieri all'aperto il lavoro doveva essere sospeso comunque al tramonto per evitare pericoli di fughe. Atti del processo di Norimberga contro i grandi criminali di guerra, NO-1290.

[17] W. Sofsky, *L'ordine del terrore*, cit., pag. 116.

[18] *Ibid.*, pag. 116.

caricati su carretti o portati a spalla dai compagni. «Benché molti fossero completamente sfiniti e tormentati dalla sete, da ferite e da dolori ai piedi, spesso si procedeva di corsa.»[19] Al cancello del lager, cominciava la perquisizione che serviva a verificare se per caso i detenuti non avessero in tasca sigarette o denaro, recuperati da eventuali contatti con lavoratori civili. Seguiva l'appello della sera. Ancora una volta, la banda suonava marce militari, per imporre un'idea di ordine e di ritmo tra persone che spesso trascinavano piedi e gambe senza più forze.

L'appello serale non era soltanto un rito burocratico, come poteva sembrare quello della mattina: la comunità degli internati era riunita al completo, con migliaia di persone che se ne stavano in piedi sull'attenti e in file ordinate, schierate in formazione davanti alle SS. Persino i morti e i moribondi non potevano esimersi dal presenziare al rito dell'appello serale, affermazione del potere assoluto degli aguzzini sulle proprie vittime. Spesso, accadeva anche che la presenza dei morti, soprattutto nei periodi invernali, favorisse una sorta di atto di resistenza allo strapotere SS: «In mezzo ai quadrati dei plotoni, sorretti da mani invisibili, si ergevano con baldanza i corpi dei morti [...]. Le SS non si accorgevano di niente anche dopo un doppio appello, e li inserivano nel calcolo delle razioni da distribuire il giorno successivo».[20]

Quelli che crollavano durante gli appelli serali, venivano portati all'obitorio con i morti, anche se in loro c'era un alito di respiro. Ma a che cosa poteva servire ancora un uomo incapace di reggersi in piedi, febbricitante e senza più energia? Era una «bocca inutile da sfamare». L'appello serale costituiva la rappresentazione scenica, all'interno del recinto del lager, del trionfo

[19] *Ibid.*, pag. 117.
[20] *Ibid.* pag. 435, n. 19.

del potere degli aguzzini: «I signori del lager stavano piantati a gambe larghe di fronte allo schieramento, con le ginocchia tese, il busto piegato leggermente in avanti, il frustino teso contro il gambale. Il loro sguardo scorreva velocemente sulla massa, la loro voce, amplificata dagli altoparlanti, arrivava fino all'ultimo uomo dell'ultima fila. Alcuni aguzzini si aggiravano per i quadrati, alla ricerca di irregolarità, riuscendo sempre a trovare qualcosa che non andava: un piede che sporgeva di pochi centimetri oltre la riga, una testa senza berretto, uno sguardo non sufficientemente fisso».[21]

L'appello serale durava anche molte ore e spesso non aveva limiti, protraendosi fino alla mattina successiva (in caso di fughe o di altre gravi infrazioni); comunque ogni minuto in più significava meno tempo a disposizione per cena e riposo. Quando i conti non tornavano e si sospettava una fuga (il più delle volte si trattava di prigionieri crollati per la fatica in qualche angolo del campo) si costituivano subito le squadre di ricerca e lo schieramento dei prigionieri rimaneva in attesa. A partire dal 1941, per ogni evasione avvenuta, e verificata durante l'appello serale, per rappresaglia, venivano condannati a morte per inedia dieci o più internati scelti tra quelli che appartenevano allo stesso Blocco dei fuggiaschi. Gli sfortunati venivano rinchiusi in una cella dei sotterranei del Blocco 11, dove senza ricevere né cibo né acqua, dopo alcuni giorni (al massimo dodici) morivano tutti tra atroci tormenti. Sulla base del registro dei detenuti del Blocco 11, conservato presso il Museo di Auschwitz-Birkenau, è possibile stabilire alcune date in cui accaddero simili fatti: il 23 aprile e il 17 giugno del 1941, per esempio. Durante una di queste selezioni, avvenute tra il luglio e l'agosto del 1941, il sacerdote francescano padre Maksymilian Rajmund Kolbe, uscì volontariamente dallo schiera-

[21] *Ibid.*, pag. 118.

mento e chiese al *Lagerführer* – l'SS direttore del campo – Karl Fritzsch di venire scelto al posto di uno dei condannati a morte, Franciszek Gajowniczek. Dopo essere sopravvissuto per quasi due settimane nel bunker, assistendo alla morte di quasi tutti i suoi compagni di sventura, il sacerdote venne assassinato con una iniezione di fenolo nel cuore, il 14 agosto 1941.[22]

Concluso l'appello, i prigionieri entravano nei Blocchi e nelle camerate, dove il kapo distribuiva il cibo, mentre alcuni andavano alle latrine, si aggiustavano vestiti e zoccoli, si curavano le ferite con mezzi di fortuna. Alle 21 entrava in vigore il silenzio notturno, durante il quale era assolutamente vietato lasciare i Blocchi. I trasgressori venivano assassinati dalle SS di guardia alle torri, e gli echi di quegli spari, squarciavano il silenzio angoscioso della notte.

«Nel regime di terrore instaurato dalle SS, un ruolo particolare aveva l'articolato punitivo. Fra le punizioni più frequenti vi erano: il divieto di spedire e ricevere lettere [infatti nei primi tempi, era possibile farlo], gli addestramenti forzati, il lavoro durante il tempo libero [la notte, la Domenica mattina o le pause di pranzo], la fustigazione anche pubblica durante la quale il prigioniero doveva contare in tedesco il numero delle frustate, la punizione detta del *palo*, al quale il malcapitato veniva appeso con le mani legate dietro le spalle, l'invio alla *Strafkompanie*, la *Compagnia penale* [vedi oltre, pag. 64 e 110], la detenzione nella prigione del campo. Le pene che, non solo provocavano sofferenze fisiche e

[22] APMO, Mat. 605/47a. Testimonianze sulla vicenda di Padre Kolbe nelle relazioni di ex detenuti tra i quali Gajowniczek (n. 5.659 di registro del campo). All'interno del campo, padre Kolbe spesso divideva le sue misere porzioni di cibo con altri, mostrando in questo modo come si potesse resistere anche al tentativo di cancellare un ultimo anelito di umanità nei prigionieri (in APMO, Materiali su padre Kolbe, t. 147a, k. 16, 48 e 52).

umiliazioni psichiche, ma in molti casi affrettavano o determinavano la morte, erano di due tipi: quelle inflitte in qualche modo formalmente e di cui restava traccia nella richiesta di punizione [*Strafmeldung*] e poi in un apposito registro che ne confermava l'esecuzione [*Strafverfügung*]; e quelle decise autonomamente da singoli SS, di cui non restava traccia nella documentazione, ma soltanto sul corpo della vittima.»[23]

Le condizioni abitative

I Blocchi destinati fin da subito ai prigionieri del campo furono 20, di cui sei a due piani mentre gli altri quattordici a un solo piano. Si trattava di edifici in muratura della dimensione di 43,38 metri di lunghezza e 17,75 di larghezza, inadatti per spazio e per mancanza di servizi igienici a ospitare le centinaia di prigionieri che cominciavano ad affluire. Proprio le proibitive condizioni abitative causarono, fin da subito, epidemie e il diffondersi di malattie infettive che spesso portavano gli uomini già stremati alla morte. La prima numerazione dei Blocchi da 1 a 20 (vedi tab. IV/I) cambiò con la costruzione di nuovi Blocchi (agosto 1941) e passò dall'1 al 28. Tuttavia non tutti i fabbricati erano destinati ad alloggio: alcuni fungevano da deposito, bagni, spaccio, uffici, centro di spidocchiamento, ospedale, infermeria, prigione, tribunale speciale, luogo di tortura eccetera.

Nell'autunno del 1941, le già difficili condizioni abitative peggiorarono con l'arrivo dei prigionieri di guerra sovietici, cui vennero assegnati 9 Blocchi, che furono recintati e separati dagli altri.

Gli internati dormivano su pagliericci distesi sul pavimento (e questo per i primi quindici mesi) che al matti-

[23] F. Piper, T. Swiebocka, *Auschwitz*, cit., pag. 74-75.

no, dopo la sveglia delle 4, andavano sistemati in un angolo della camerata. L'operazione ripetuta due volte al giorno, provocava lo sbriciolamento della paglia e polvere, fortemente irritativa delle vie respiratorie. Le camerate erano larghe 5 metri e i detenuti dormivano su tre file, spesso pigiati a tal punto da dovere rimanere su un fianco tutta la notte, senza la possibilità di muoversi. Höss e i suoi uomini erano a conoscenza di questa situazione, tant'è vero che in occasione della prima ispezione al campo di Himmler (1° marzo 1941) in un Blocco (allora il n. 6 poi, con la nuova numerazione, il 14), furono costruiti in fretta dei letti a castello di tre piani, dotati di coperte e fatti alla maniera militare. A ciascun prigioniero fu assegnato un posto in modo da far credere che il campo non fosse sovraffollato (Höss, voleva dare innanzitutto un'idea di efficienza). In seguito i letti a castello furono installati in tutti i Blocchi abitativi ma, ogni giaciglio accolse sempre più di due prigionieri. Secondo un inventario che risale a due anni dopo (del 25 gennaio 1943) i Blocchi destinati a uso abitativo erano ventuno (il n. 24 e il 25 solo in parte) e nel Blocco n. 2 c'erano 234 letti, con 702 paglericci e 1.193 internati, per cui 982 di loro si trovavano costretti a dormire in due nello stesso giaciglio.[24] Il locale dei servizi igienici era costituito da 22 water, orinatoi e lavandini con 42 rubinetti, ma durante l'estate del 1940 e fino ad autunno avanzato, per alcune migliaia di prigionieri c'erano latrine provvisorie fuori dai fabbricati e due soli pozzi che potevano essere utilizzati per lavarsi. Ancora, nell'inverno del primo anno di funzionamento del campo, a causa della difficoltà di rifornire il vestiario e le calzature, gli internati erano costretti a lavorare e a camminare a piedi scalzi, rimanendo al freddo e nella neve anche durante i lunghi appelli. Il tasso di mortalità, a cau-

[24] *Ibid.*, pag. 65. Anche in APMO, D-Aul 4/34, n. inventario 161197.

sa di ciò, aumentò. Molti detenuti imbottivano la giacca con pezzi di carta ricavata dai sacchi di cemento vuoti. Un anno dopo, nel settembre del 1943, i detenuti polacchi poterono avvertire a mezzo lettera le loro famiglie che avevano la possibilità di spedire al campo vestiario di lana e biancheria invernale.[25] In ogni caso vestiti e biancheria non venivano lavati e cambiati per intere settimane e mesi.

Quanto alle scarpe, esse costituivano un problema, soprattutto per quei prigionieri che erano aggregati a kommando di lavoro che percorrevano lunghe distanze. Durante la marcia, gli zoccoli, quasi sempre troppo larghi o troppo stretti piagavano i piedi e aprivano ferite difficili da rimarginare anche a causa della situazione di avitaminosi in cui si veniva a trovare l'internato. Durante le selezioni, che destinavano a morte certa coloro che erano scartati, le ferite agli arti inferiori erano considerate dai medici causa irrimediabile di inabilità.

L'alimentazione giornaliera

In base alle testimonianze di alcuni prigionieri che sono vissuti nel campo fin dall'inizio, e agli elenchi del rancio distribuito, è possibile ricostruire un pasto tipo dei primi anni di funzionamento del lager. Innanzitutto i prigionieri «mangiavano» tre volte al giorno: mattino, mezzogiorno e sera. A pranzo, quattro giorni alla settimana era prevista una zuppa di «carne», che spesso era fatta di grasso e ossa spolpate, o di salsicce a basso contenuto di grassi, mentre le altre tre volte veniva distribuita una zuppa di verdure, fatta di patate, rape con l'aggiunta di orzo, semola di miglio o farina di segala. La zuppa, 3/4 di litro aveva un valore di 300-400 calorie,

[25] APMO, D-RF, 9/WVHA/8, Zespol Sammlung von Erlassen, pag. 20.

era molto acquosa e assai poco appetitosa, tanto che i nuovi arrivati, non ancora stremati dalla fame, non riuscivano a finirla. Il suo sapore peggiorava quando veniva distribuita fredda, a sera inoltrata o di notte, dopo un lavoro durato più del previsto o un lungo appello.

A cena, venivano assegnati 300 grammi di pane con l'aggiunta di 25 grammi di salsiccia o margarina e a volte un cucchiaio di marmellata o un pezzo di formaggio per un totale di 900-1.000 calorie. La razione di pane comprendeva quella della colazione del mattino, alla quale si aggiungeva una brodaglia nera che fungeva da caffè o da tè.

Le razioni previste dal regolamento erano superiori in quanto a calorie e ne prevedevano un apporto giornaliero tra le 1.700-2.150, in ragione del lavoro eseguito. In realtà, ad Auschwitz, quando le cose andavano bene, si sfioravano appena le 1.700, ma di norma l'apporto calorico si aggirava intorno alle 1.300-1.500 calorie giornaliere.

«I depositi dei generi alimentari e le cucine dipendevano dal personale delle SS le quali, come risulta dai rapporti scritti [...], prelevavano dai magazzini i prodotti e gli alimenti migliori (carne, margarina, zucchero, salsicce). Pertanto, già la preparazione dei pasti avveniva con una quantità di prodotti minore di quella prevista.»[26] Inoltre la regola del lager prevedeva che la distribuzione dei pasti fosse fatta dai prigionieri responsabili di Blocco, che prelevavano i pentoloni dalle cucine e li destinavano agli internati non prima di avere preso per sé e per i propri collaboratori le parti migliori e più nutrienti.

La penuria di alimenti del periodo di guerra, fece sì che dopo il 1942, venissero usati per cucinare le zuppe anche gli alimenti ricavati dai bagagli degli ebrei che venivano inviati alle camere a gas.

[26] F. Piper, T. Swiebocka, *Auschwitz*, cit., pag. 70.

Come in tutti i campi nazisti, anche ad Auschwitz esisteva uno spaccio, in cui i detenuti in possesso di denaro potevano fare acquisti. In questi negozi, tuttavia, si poteva reperire assai poco: insalata marcia, rape acide, fette di pane ammuffito, e a volte il necessario per la barba e per i denti, ma anche francobolli e roba di scarso valore (l'insalata marcia spesso causava la diarrea e accresceva lo stato di debolezza del detenuto).

Al momento dell'arresto e della deportazione in un campo, era fatto divieto da parte delle autorità di inviare pacchi con alimenti ai detenuti «perché i prigionieri possono comprare tutto nel campo», ma con la difficile situazione del fronte, nell'inverno del 1942, le autorità del RSHA decisero di abolire il divieto;[27] questo migliorò solo la condizione di quei prigionieri di nazionalità polacca che avevano familiari in condizione di permettersi un simile lusso. Non potevano comunque usufruire di questa agevolazione i prigionieri sovietici, gli ebrei e coloro che provenivano da altri territori occupati dai nazisti.

A tale proposito vale la pena di aprire una parentesi che sposta la nostra ricostruzione della vita del campo agli anni 1943-44, quando le camere a gas di Birkenau funzionavano a pieno ritmo e inghiottivano migliaia di ebrei ogni giorno. Dal 1943, la Croce rossa internazionale cominciò a inviare pacchi dono alimentari a singoli prigionieri, i quali dovevano compilare un modulo prestampato da rispedire al mittente per confermare il ritiro della merce. In realtà i beneficiari di questa iniziativa erano pochi e per lo più si trovavano al campo base (Auschwitz I) e tuttavia la cosa fece scalpore tra i detenuti e la stessa direzione del campo: sul pacco erano in-

[27] APMO, D-RF-9/WVHA/8, Zezpol Sammlung von Erlassen, p. 52.

fatti specificati il numero di matricola e il nome del prigioniero e ciò a dimostrazione (quantomeno apparente) del fatto che le vittime dei nazisti non erano finite, come era nell'intenzione degli aguzzini, in un buco nero. Il problema fu demandato anche all'autorità centrale delle SS che in data 1° agosto 1944 autorizzò la direzione del lager a requisire i pacchi.[28] Con questa iniziativa, si voleva evitare che il prigioniero firmasse la ricevuta e compilasse il modulo per il ritiro, dimostrando in tal modo la sua presenza al campo. Nell'autunno del 1944, senza informare la direzione di Auschwitz, la Croce rossa internazionale fece una visita al lager (l'unica di cui si abbia riscontro)[29] con lo scopo di ricevere assicurazioni circa la consegna dei pacchi ai prigionieri. Il delegato, Maurice Rossel, attraversò lo sbarramento di polizia della zona di interesse del campo il 29 settembre e, con la sua automobile, proseguì da solo in direzione del campo base.

Lungo la strada, Rossel incrociò dei kommando di lavoro di uomini e donne con la divisa a righe e guardati a vista da SS. Ecco quanto scrive nel suo rapporto: «Questa gente, nonostante il lavoro all'aria aperta, hanno tutti un aspetto cadaverico. Marciano in fila per quattro; i guardiani con i fucili in spalla sono SS della divisione *Totenkopf*. Non cercherò di descrivere l'*atmosfera* dell'incontro, perché si può immaginare senza fatica che tra quei detenuti non ci sono più esseri umani, ma numeri. Ogni internato del KL, uomo o donna che sia, è vestito con una divisa a strisce blu e grigie. Il numero di matricola è scritto sul petto e sul braccio sinistro [si avvicina così tanto ai detenuti, fino a notare un particolare così poco visibile? parla con loro? trent'an-

[28] APMO, *Proces Hössa*, cit., t. 12, k. 141.

[29] Jean Claude Favez, *Un mission impossible? Le CICR, les déportation et les camps de concentrations nazis*, Payot, Losanna 1988, pag. 102-104.

ni dopo, intervistato da Claude Lanzmann, dirà che non riuscì a parlare con nessuno degli internati[30]. Le donne indossano una sorta di tunica, gli uomini pantaloni e casacca. Tutti portano un berretto tipo basco. Quando un gruppo di loro passa davanti a un drappello nero di SS, a un ufficiale o a una sentinella, tutti si tolgono il berretto con un gesto meccanico e rapido e poi con una sincronizzazione impressionante se lo rimettono in testa. Con il cranio rasato a distanza non si distinguono gli uni dagli altri. Visti da vicino, [...] i volti scarni e affaticati, danno l'impressione di avere capito tutto. Senza muovere la testa, solo con gli occhi mi scrutano incuriositi e stupiti». Il delegato della Croce rossa, raggiunge in breve tempo la *Kommandantur*, dove si intrattiene con il comandante di Auschwitz I, l'*SS-Sturmbannführer* Baer.

«Del campo riuscii a vedere 6, 8 grandi casermoni di mattoni rossi. Le costruzioni sembrano nuove, tutte le finestre hanno delle inferiate, il campo è circondato da un muro, in blocchi di cemento, molto alto e sormontato da filo spinato.

«Colloquio con il comandante: come a Oranienburg e a Ravensbrück, gli ufficiali sono al tempo stesso gentili e reticenti. Ogni parola è ben ponderata, e si percepisce il timore di non lasciarsi scappare la ben che minima informazione.»

Rossel chiede al comandante rassicurazioni circa la consegna dei pacchi dono destinati ai prigionieri; la risposta delle autorità è beffarda e tuttavia tranquillizza il delegato della Croce rossa. Un'ordinanza generale, scriverà nel suo rapporto, autorizza il ritiro dei pacchi, che se indirizzati personalmente a un internato sono

[30] Claude Lanzmann, *Un vivant qui passe*, Parigi 1997. Ringrazio il regista francese di avermi concesso copia del suo film, girato al tempo di Shoah e per ora inedito. Copia del film è presso la Società Letteraria di Verona e presso il CDEC di Milano.

consegnati a lui. Inoltre esisterebbero uomini di fiducia, diversi a seconda della nazionalità dei prigionieri, ebrei compresi, che si incaricano della equa distribuzione degli arrivi collettivi. A questo punto, Rossel, conclude la sua nota, scrivendo: «La distribuzione dei pacchi spediti dal Comitato internazionale della Croce rossa ci sembra un fatto certo. Non ne ho le prove ma il comandante pare sincero anche quando dice che i furti sono severamente puniti». Ad Auschwitz non sono mai esistiti «uomini di fiducia» tra gli internati, ma quel che è peggio è che il delegato della Croce rossa non si accorge delle migliaia di ebrei che vengono uccisi nelle camere a gas e bruciati nei forni crematori.

Soltanto quando si troverà a Ravensbrück, il delegato britannico gli farà sapere che su Auschwitz corrono voci sinistre: il 90% degli ebrei verrebbe ucciso in camere a gas. Ecco il suo appunto, in data 14 ottobre 1944: «Camere a gas: [si riferisce che] la signora Solomon ha assistito a delle scene di terrore raccapriccianti, sentito urla di molti internati. I disgraziati destinati alla camera a gas sono rinchiusi in un Blocco speciale, e da quel momento sanno bene quale sarà la loro sorte. Più o meno abbandonati per un certo periodo, muoiono lentamente di fame fino al momento in cui vengono condotti in gruppo al gas».[31]

Claude Lanzmann, intervistandolo a distanza di trent'anni, chiese a Maurice Rossel se per caso non avesse sentito odore di carne bruciata. Dai documenti del campo, sappiamo infatti che a Birkenau il 29 settembre di quell'anno le SS si apprestavano a sottoporre a «trattamento speciale» 2.499 ebrei provenienti da Theresienstadt; inoltre sappiamo ancora che in quel periodo c'era molto «lavoro» arretrato. Forni crematori e camere a gas funzionavano a pieno ritmo. Rossel nega di

[31] J. C. Favez, *Un mission impossible?,* cit., pag. 103-104. Anche in D. Czech, *Kalendarium,* cit., pag. 890.

aver sentito puzzo di carne bruciata e ne attribuisce la colpa, non alla sua «disattenzione», ma al «vento che spingeva altrove quel fumo» carico di corpi.

La fame e la speranza di vita raccontata da un SS

Hans Münch era stato medico SS ad Auschwitz. Durante la sua detenzione in una prigione polacca, nel 1947, redasse per i giudici del tribunale uno studio accurato sulla fame e sulla conseguente speranza di vita nel lager. Ecco quanto scrive. «Per quanto concerne il consumo di energia, esisteva una grande varietà di condizioni per il prigioniero di Auschwitz. Egli infatti poteva essere destinato a un lavoro *pesante*, *medio* o *leggero*, a seconda del favore della sorte. Con la maggior buona volontà del mondo egli non era in grado di fornire un rendimento di 3.000 calorie con una razione [regolare] di sole 1.500. In un *lavoro medio*, come artigiano o operaio di una fabbrica di armamenti, poteva cavarsela con 2.500 calorie. In un *lavoro leggero*, e a sedere, aveva bisogno di 2.200 calorie. Se per singolare fortuna, era destinato a mansioni che non comportavano lavoro fisico, poteva contentarsi di 1.800 calorie.

«Ciò premesso, ne consegue che la durata media della vita di un lavoratore pesante era di 52 giorni, dato che il deficit calorico quotidiano di 1.500 calorie si risolveva in un prelievo giornaliero di 193 grammi di grasso dalle riserve organiche. Questa conclusione, però contiene l'errore fondamentale di non tenere conto del fatto che, in concreto, un prigioniero affamato non poteva continuare a fornire il rendimento iniziale di 3.000 calorie. Il suo rendimento non poteva che decrescere rapidamente, con il progredire del suo stato di debilitazione, per cui veniva a diminuire altresì il deficit calorico. Il processo si riproduceva finché il prigioniero, poco prima di diventare *musulmano,* non era in grado di fornire solo quel rendimento assolutamente indispensabile, per far finta di lavorare. In queste condizioni, il lavoratore pesante si manteneva in vita per un periodo doppio dei 52 giorni di cui si è detto. La diminuzione del consumo di calorie veniva quindi a esercitare la funzione di una misura protettiva dell'organismo, che prolungava l'esistenza, contro la minaccia della morte per inazione.»[32] Secondo il dottor Hans Münch, questo quadro poteva variare solo grazie a un miglioramento dell'alimentazione di base. Con un supplemento di 300 calorie al giorno (pari a 150 grammi di pane) si poteva ottenere, nell'ipotesi di un lavoro pesante, un mese in più di vita; nell'ipotesi di un lavoro leggero, fino a sei mesi di vita oltre il limite della media degli internati.

Alimentazione supplementare	**Lavoro pesante**	**Lavoro medio**	**Lavoro leggero**
300 calorie	1 mese di vita in più	2,2 mesi di vita in più	6 mesi di vita in più
600 calorie	3,5 mesi	8 mesi	sopravvivenza!
1.000 calorie	16 mesi	sopravvivenza!	sopravvivenza!

«Il numero degli internati in grado di alimentarsi normalmente [vale a dire con il pasto di 1.500 calorie] era in funzione della portata assunta dalla corruzione, in quanto solo un'alimentazione supplementare consentiva di compensare il deficit calorico [...] In genere, ogni 1.000 razioni di zuppa venivano sottratte 1.000 x 100 = 100.000 calorie. Poiché un lavoratore leggero abbisognava di un minimo di 600 calorie in aggiunta per sopravvivere, supponendo che i lavoratori leggeri, in quanto "vecchi prigionieri" fossero in grado di "organizzare" [vale a dire di garantire per sé o per altri la

[32] Léon Poliakov, *Auschwitz*, Ed. Veutro, Roma 1968, pag. 196-7.

parte di razioni sottratte], la decurtazione del valore calorico della zuppa poteva far sopravvivere 166 internati. Ne deriva la conseguenza sorprendente [!] che la razione normale di 1.500 calorie, assunta come base dei nostri calcoli, consentiva la sopravvivenza di soli 166 detenuti su 1.000, considerando una sottrazione di 100 calorie dalla zuppa.»[33]

Münch fa calcoli complessi per dimostrare che la percentuale di coloro che potrebbero riuscire, più o meno, a cavarsela (sempre tra i lavoratori leggeri, privilegiati) si aggira intorno al 24 per cento. E tuttavia, anche il prigioniero medio, capace di arrangiarsi, alla fine diventava un *musulmano* e la sua speranza di vita non superava mai i sei mesi. Questo perché le condizioni di privilegio, ad Auschwitz, in particolare per certe categorie di internati (ebrei, zingari, prigionieri di guerra russi) non erano mai garantite. E tuttavia, le analisi del dottor Münch meritano un'altra riflessione: la vita di un qualsiasi internato, una volta preso nella morsa del sistema concentrazionario di Auschwitz, era strettamente legata alla morte di un altro sventurato prigioniero. Sopravvivere, significava contribuire, in modo più o meno consapevole, alla fine di qualcuno. Vedremo, nella seconda parte, come questa logica infernale che arriva ad annullare il senso di solidarietà tra i prigionieri, fino a farne dei complici dei carnefici, si acutizzi con la deportazione di massa degli ebrei e il sistema delle selezioni, operate all'arrivo, sulla rampa ferroviaria.

Inutile aggiungere che i calcoli di Münch affrontano solo tecnicamente il problema della sopravvivenza nel lager di Auschwitz; egli calcola la speranza di sopravvivenza per un essere umano come se si trattasse di valutare la durata del percorso di un treno, tenendo conto esclusivamente delle riserve di carbone della locomoti-

[33] *Ibid.*, pag. 205-6.

va e del peso del treno. In realtà, la macchina umana è assai più fragile e nel funzionamento dei suoi ingranaggi entra in gioco anche la capacità dello spirito di lottare per la vita. Senza considerare che nel lager avevano un peso enorme le condizioni igienico-sanitarie, la protezione dal caldo e dal freddo, la diffusione di malattie, la possibilità di riposo, le torture e le violenze subite dagli internati quotidianamente. Insomma, ad Auschwitz si moriva molto prima di quanto non ipotizzasse il dottor Münch e a volte bastavano due settimane per finire tra i *musulmani*, esseri annientati nel corpo e nello spirito, morti viventi forse anche incapaci di aspettare la fine come liberazione dal dolore e dall'inferno.

Il lavoro degli internati[34]

A differenza di quanto era scritto sul cancello d'ingresso di Auschwitz, il lavoro non rendeva liberi, ma si presentò fin da subito come un mezzo per spezzare la resistenza dei detenuti e per affermare il potere assoluto dei carnefici. Infatti, il lavoro coatto nel lager, da un lato, comportava indubbiamente alti profitti e assicurava il funzionamento del campo stesso ma, dall'altro lato veniva impiegato consapevolmente come strumento di sterminio.

Fino al 1941, mancavano piani precisi e le autorità del campo, in mancanza di un programma generale, avviavano al lavoro i prigionieri in base alle necessità del momento. A differenza di altri campi nazisti costruiti in territorio tedesco e austriaco, e comunque prima del

[34] Testo di riferimento di questo capitolo sono i saggi di F. Piper, attuale direttore responsabile del settore ricerche del Museo Statale di Auschwiz-Birkenau: *Der Arbeitseinsatz des Häftlinge aus dem KL Auschwitz*, Oswiecim 1981; *Die Zahl der Opfer von Auschwitz*, Oswiecim 1993, Edizioni Museo Statale di Auschwitz-Birkenau.

1939, il lager di Auschwitz non fu subito in grado di utilizzare i prigionieri su larga scala, in quanto nei progetti della prima ora si pensava di dar vita a un campo di transito in cui i detenuti, provenienti dalle carceri della Slesia e dal Governatorato generale, dopo aver trascorso un periodo di quarantena, sarebbero stati trasferiti in territorio tedesco.

La ristrutturazione della ex caserma costituì anche l'oggetto dell'impiego iniziale dei prigionieri arrivati con i primi convogli. In merito, oggi sappiamo solo quello che ci racconta Höss nelle sue memorie: che il campo doveva ospitare 10.000 internati. Gli edifici da ristrutturare non avevano servizi igienici e fognature e inoltre erano stati danneggiati dai bombardamenti del 1939. Altre decisioni di ampliamento furono prese con la prima visita di Himmler e anche in questo caso, fu il lavoro dei prigionieri a garantire nell'arco di cinque anni la costruzione del più grosso complesso concentrazionario dell'universo nazista (comprendente Auschwitz I, Auschwitz-Birkenau, Auschwitz-Monowitz e i diversi sottocampi).

I lavori di ampliamento e di manutenzione del primo anno del campo furono svolti dunque dagli internati con l'apporto di un numero limitato di civili. Essi comportarono: la recinzione del lager, la costruzione delle torrette di guardia, il livellamento del terreno, e la riparazione dei danni di guerra. Per spianare quello che doveva essere il piazzale dell'appello e le strade che collegavano i vari edifici del campo, si fece ricorso a un grande rullo di cemento trainato dai prigionieri (più di sessanta per volta), incalzati per tutto il tempo da un capo gruppo, il kapo Krankemann, un criminale che assassinava sul posto chi perdeva il ritmo. Il materiale edile necessario, fu ricavato dalla demolizione delle case di Oswiecim e di altri villaggi che si trovavano all'interno della zona di interesse del campo. Uno dei lavori tra i più pericolosi dell'epoca. La squadra (*Abbruchkommando*) si serviva di picconi, pale e tronchi d'albero per abbattere i muri delle case e dei palazzi, che spesso piombavano addosso a chi non riusciva a scansarsi in tempo. Alla fine della giornata, trascorsa nei mesi invernali al gelo e sotto ogni genere di intemperie, i detenuti dovevano trasportare al campo il materiale recuperato nei lavori di demolizione.

Tra le squadre di lavoro che rientravano al tramonto c'era anche la famigerata «Compagnia penale», nella quale venivano mandati quei prigionieri che avevano compiuto lievi trasgressioni alla regola. A volte i componenti di questa *Strafkompanie* venivano uccisi in massa nelle cave di ghiaia dove erano costretti a lavorare. «A tutt'oggi, intorno all'ex campo sono visibili le grosse fosse dalle quali furono estratte migliaia di tonnellate di ghiaia e sabbia, indispensabile per la costruzione dei Blocchi, dei crematori, delle camere a gas, di strade ed altro. Una di queste cave venne chiamata *Palitzschkiesgrube*, dal nome del famigerato *Rapportführer* e boia del campo Palitzsch che abitava nei dintorni.»

I prigionieri prima scavavano e raccoglievano ghiaia, poi la setacciavano e la trasportavano con rudimentali carriole sul bordo dello sterro, passando sopra tavole di legno piuttosto traballanti. Spesso le mani si piagavano e allora il prigioniero non riusciva più a spingere la carriola, o a reggere il piccone, così moriva di botte sotto la sferza dei kapo, o per evitare anche questa ultima tortura tentava la fuga, cadendo sotto i colpi d'arma da fuoco della sentinella. La Compagnia penale era un kommando di lavoro che aveva un suo contingente fisso di morti ogni giorno.

L'altro materiale edile necessario, arrivava con treni merci sulla banchina ferroviaria. Data la carenza di carri e locomotive, si cercava di ridurre al minimo la sosta dei vagoni, ordinando operazioni di scarico da effettuare con la massima rapidità. Nel corso di due ore circa, dieci internati dovevano scaricare 450 sacchi di cemento del peso di 50 chilogrammi e trasportarli in un deposito a centocinquanta metri. In quel lasso di tempo, ogni uomo percorreva una distanza media di quindici chilometri, metà dei quali con un carico di 50 chili. Ovviamente i prigionieri erano incalzati da sferzate e urla delle SS. Un giorno un certo professor Sedlaczek, durante l'operazione di scarico, inciampò e cadde a terra. L'SS addetto alla sorveglianza si chinò su di lui, sollevò il sacco e lo scaraventò con forza sulla sua schiena, uccidendolo sul colpo.

È facile capire come sia stato possibile che 10.000 prigionieri di guerra sovietici, giovani e robusti quando vennero arrestati e trasferiti ad Auschwitz nell'ottobre del 1943, già nei primi cinque mesi fossero quasi tutti morti (ne rimanevano meno di mille – vedi in proposito cap. 8, pag. 158).

In questo periodo iniziale, un numero considerevole di prigionieri veniva impiegato nelle diverse operazioni di gestione del campo. I lavori si differenziavano molto e andavano da quelli meno pesanti nei locali dell'amministrazione o nelle cucine, o nei vari laboratori (vetreria, sartoria, falegnameria, calzoleria, officina meccanica ecc.) a quelli dove era facile rischiare la vita. Tra questi va ricordato l'immagazzinamento in mucchi, a forma di covoni, di patate e rape che giungevano al campo in grosse quantità. Gli ortaggi venivano trasportati in casse enormi da due detenuti che spesso non reggevano il peso da trasportare. Si assisteva giornalmente a scene tragiche: nonostante lo sforzo, c'era chi cadeva a terra sotto il carico e allora il kapo lo uccideva a colpi di manganello. Orribile a vedersi era l'assassinio di quanti, pur reggendosi ancora in piedi, non riuscivano più a tenere la presa della cassa. I kapo o le SS li facevano sedere su uno sgabello e li colpivano con forza alla nuca, provocando la loro morte immediata. I cadaveri venivano gettati in una fossa comune poco distante. In questo tipo di lavoro si contava una media di 20 vittime al giorno.

Senza il minimo dubbio, l'utilizzo di mezzi di trasporto anche rudimentali, e di attrezzature più adeguate avrebbe salvato la vita a molti uomini. E tuttavia lo scopo del lavoro non era solo nella riuscita dell'operazione, quanto nell'eliminazione progressiva degli internati.

Nel 1940 venne istituito anche un kommando agricolo, con il compito di occuparsi delle terre di proprietà dei contadini evacuati dalla zona di interesse del campo. In seguito agli ordini di Himmler del 1941, l'area del campo in breve raggiunse i 4.000 ettari e si dovettero istituire sei aziende specializzate SS, nelle quali si coltivavano i prodotti della terra e si praticava l'allevamento. I fiori, i pomodori e i cetrioli che a primavera giungevano a Berlino dal KL di Auschwitz erano un motivo di orgoglio per Himmler. Il lavoro nei campi prevedeva anche lo sterro, la bonifica e la costruzione di argini. Operazioni molto pesanti, eseguite per lo più da giovani adolescenti o dalle donne (quando si aprì una sezione femminile).

Anche se il lavoro scandiva la vita del KL di Auschwitz come di altri lager nazisti, fino a determinare la morte di molti prigionieri, non si può certo dire che Auschwitz fu un campo di lavoro in senso stretto. Si è calcolato che la durata media di un internato al lavoro non superasse i tre quattro mesi. Inoltre, alle disposizioni date dal WVHA (sigla per *Wirtschaft und Verwaltungshauptamt*, l'Ufficio centrale economico amministrativo SS) di intensificare lo sfruttamento della manodopera ai fini della produzione di guerra e industriale, non seguì il conseguente miglioramento delle condizioni alimentari e di vita dei prigionieri. «Obiettivo non fu la riduzione drastica dei tassi di mortalità [...], ma piuttosto il conseguimento di un equilibrio demografico costante [...] e in materia di alimentazione, vestiario, alloggi e assistenza sanitaria non ci fu nessun miglioramento volto a preservare la capacità lavorativa dei reclusi. [...] Dato che la maggior parte dei detenuti era sostituibile in qualsiasi momento, la loro forza lavoro aveva ben poco valore. Se il lager si svuotava per i troppi decessi, veniva nuovamente riempito nel giro di pochi giorni. Per bilanciare le perdite il KL [anche nei primi tempi] richiedeva continui rifornimenti di manodopera, e anche se i beneficiari privati non consideravano il lavoro come mezzo di distruzione, esso restò uno dei fattori principali dell'annientamento dei prigionieri registrati»,[35] prima dell'arrivo massiccio degli ebrei e del funzionamento delle camere a gas. In pratica, si trattava di una forma di eliminazione di coloro che, prima di venire ridotti in cenere, subivano un periodo di sfruttamento totale delle capacità fisiche o tecniche.[36] Spesso per questi motivi si è parlato di «lavoro schiavo»; in realtà in simili condizioni il detenuto era ancor meno di uno schiavo: egli non aveva né prezzo né valore. Non si può fare riferimento alla «compravendita», nemmeno nel caso delle ditte private che sfruttarono la manodopera degli internati: esse pagavano una tassa amministrativa di affitto, che non attribuiva nessun potere di decisione sulla persona inserita nel processo produttivo. Così, mentre anche in epoca antica la morte di uno schiavo costituiva un danno in termini di capitale, l'assassinio di un prigioniero mediante il lavoro, la tortura, la malattia o la fame era una vittoria.

Il primo ente a usufruire del lavoro dell'internato, come abbiamo visto, fu il lager, che sviluppò progetti di

[35] W. Sofsky, *L'ordine del terrore*, cit., pag. 250-51.
[36] Vedi cap. 1, pag. 175 sulla selezione.

ampliamento fino all'ultimo (vedi cap. 6, pag. 137). Accanto al lager, il secondo beneficiario era costituito dalle industrie delle SS che a fine 1942 confluirono nell'ufficio *W* del WVHA. Il denaro per l'impiego dei detenuti, andava nelle casse del Reich che, in tal modo, poteva finanziare il sistema concentrazionario[37] senza stanziamenti straordinari. Infine, il terzo beneficiario del lavoro degli internati furono le imprese private, tra le quali il gruppo maggiore fu costituito dalla I. G. Farben[38] (la quale, secondo una dichiarazione di Otto Ambros, membro del consiglio di amministrazione dell'azienda dal 1938 al 1945, nel corso di due anni e mezzo pagò alle SS oltre venti milioni di *Reichsmark* di affitto manodopera).

Il lavoro degli internati si caratterizzava per alcune costanti più o meno ricorrenti in tutti i KL nazisti: il sistematico sovraffaticamento, senza possibilità di rigenerazione fisica, per cui in breve tempo il prigioniero anche giovane e robusto poteva esaurire tutte le sue risorse fisiche; il basso livello tecnologico che spesso metteva inutilmente a rischio la vita dei prigionieri. Si usavano solo attrezzi rudimentali e tutto veniva svolto a mano, anche lo spostamento o il trasporto di pesi enormi. Sappiamo che non solo ad Auschwitz, in diverse occasioni, i detenuti venivano usati come animali da tiro. Infine, il terzo elemento era costituito dall'assenza di un

[37] Fino a tutto il 1942, le imprese SS pagarono 0,30 *Reichsmark* (Rm) per ogni internato al lavoro, ogni giorno; dal gennaio 1943 il compenso per gli specializzati salì a 1,30 Rm, mentre le donne e i non specializzati venivano pagati 0,50 Rm al giorno; dall'1.4.1944, il compenso giornaliero salì a 4 o anche 5 Rm per gli specializzati e a 3 o 4 Rm per i manovali e le donne. Le imprese private che affittavano manodopera pagavano le stesse tariffe. Si veda, F. Piper, *Der Arbeitseinsatz*, cit.

[38] Si veda l'elenco dei sottocampi del complesso concentrazionario di Auschwitz, (cap. 4, pag. 284) dove sono indicate oltre alle località dei sottocampi anche le ditte private che usufruivano di manodopera internata.

limite temporale e spesso di una specifica finalità dotata di senso. Anche se le SS perseguivano scopi economici, non sempre le situazioni di lavoro obbedivano a un progetto sensato. «Lavori come trasportare giorno per giorno pezzi di ferro o sacchi, scavare nella roccia una galleria dopo l'altra, metro per metro, rivestire di cemento strade lunghe chilometri, spostare binari, scavare fosse fino a farne crollare le pareti o tirare carriole, non avevano alcun fine sensato»[39] nell'immediato e soprattutto si presentavano improbi e con un compimento che si collocava in un tempo lontano, che il detenuto percepiva come infinito.

Durante lo svolgimento del lavoro, gli internati erano sottoposti a molte forme di controllo e sorveglianza: innanzitutto da parte delle SS che scortavano le colonne di prigionieri e i kommando; a esse si affiancavano i responsabili SS della squadra di lavoro; poi venivano i kapo e i loro aiutanti che godevano anche in questa occasione di ampio potere, esercitato in modo sempre arbitrario; infine i civili e i funzionari delle aziende appaltatrici.

Rapporti con il mondo esterno

Sebbene i nazisti puntassero a far scomparire nel nulla i loro prigionieri, e fin dall'inizio, nonostante fosse possibile per qualcuno sperare nella fine del periodo di detenzione, la direzione del campo di Auschwitz prevedeva nel regolamento interno un minimo di corrispondenza: due lettere al mese in arrivo e in partenza. Ovviamente la posta subiva la censura, ma anche una manipolazione esplicita, prima di lasciare il campo: ogni lettera doveva essere scritta in tedesco, non poteva supe-

[39] W. Sofsky, *L'ordine del terrore*, cit., pag. 284.

rare le quindici righe e alla fine doveva contenere la frase: «*Ich bin gesund und fühle mich gut*» (vale a dire, sto bene e sono in salute). Nelle lettere che arrivavano al campo era vietato accludere foto. Comunque la corrispondenza era vietata a tutti quei detenuti che erano designati con le lettere NN (vale a dire arrestati in seguito a decreto di Hitler del 7.12.1941)[40] o ai prigionieri di guerra sovietici. Nel 1943 agli internati ebrei registrati e destinati al lavoro fu vietato ogni genere di corrispondenza che non fossero cartoline rassicuranti per i parenti su cui scrivere a mano come indirizzo «Birkenau-Arbeitslager», senza indicazione di altre notizie circa la località, in modo da disorientare il destinatario. Un timbro del campo informava che la corrispondenza successiva poteva essere inoltrata alla *Reichvereinigung der Juden in Deutschland* (Associazione degli Ebrei con sede a Berlino). Con questi stratagemmi si intendeva tranquillizzare gli ebrei ancora liberi e l'opinione pubblica; in questa direzione si può leggere anche la *Briefaktion* (azione lettere) disposta nel 1944 e riguardante gli ebrei provenienti dal campo di Terezin. Fu imposto loro di scrivere lettere post-datate, a partire dal 25 marzo, mentre la loro eliminazione cominciò il 9 dello stesso mese. Le famiglie e gli amici così potevano continuare a crederli in vita.

I detenuti di Auschwitz cercarono spesso di aggirare i divieti, avvalendosi dei civili che incontravano nei luoghi di lavoro esterni al lager. Per questo, già nel dicembre del 1942, si raccomandò una particolare sorveglianza sui civili e sui detenuti di orientamento comunista che potevano essere fautori di azioni di resistenza come questa.

[40] NN sta per *Nacht und Nebel* – Notte e Nebbia – decreto in base al quale chiunque fosse sospettato di attività antitedesche poteva essere arrestato e inviato in un KL senza alcun riscontro burocratico. In tal modo l'individuo spariva senza lasciare traccia come se fosse stato inghiottito nelle notte e nella nebbia.

Classificazione degli internati

Nei lager nazisti, e dunque anche ad Auschwitz, gli internati venivano classificati con l'utilizzo di una precisa tassonomia di segni e colori, che consentiva a chiunque di individuare la classe di appartenenza del prigioniero e il valore che gli era attribuito dalla direzione del campo e dalle SS.

Sulla sinistra della casacca erano applicati triangoli, dapprima cuciti poi colorati, che venivano collocati vicino al numero.

Il rosso indicava i prigionieri politici, nei confronti dei quali era stato emesso un mandato di arresto per motivi di sicurezza (*Schutzhaft*), per cui sui registri, questi deportati erano indicati come *Schutzhäftling*. Nel lager di Auschwitz fu la categoria più numerosa fino al 1942, ed era costituita in prevalenza da polacchi che svolgevano attività antinazista. In seguito in questa categoria furono inseriti molti civili, tra cui donne e bambini, caduti nelle retate dei nazisti e provenienti da Varsavia e dai territori dell'Unione Sovietica, o dalle zone in regime di occupazione tedesca.

Il verde, designava i criminali comuni (*Berufsverbrecher – BV*) vale a dire una serie di detenuti di origine tedesca fra i quali spesso venivano scelti i capiblocco (kapo) e i sorveglianti delle squadre di lavoro, incaricati di mantenere l'ordine e fare funzionare il lager.

Il nero veniva attribuito agli asociali (*Asoziale – Aso*) un gruppo non precisato di internati in cui erano compresi gli zingari, le prostitute, i senza fissa dimora eccetera.

Il giallo indicava gli ebrei, dal 1943 la categoria più numerosa rinchiusa nel campo. Portavano un contrassegno a sei punte, formato da due triangoli sovrapposti: quello colorato (nero, rosso ecc.) indicava la distinzione per categorie generali, quello giallo l'appartenenza alla religione ebraica. Per esempio una stella formata da un triangolo giallo e uno rosso, designava un ebreo arrestato anche come politico (*Jüdischer politischer Schutzhäftling*).

Il viola era attribuito agli studiosi delle Sacre scritture o ai religiosi in genere, fatta eccezione per i sacerdoti polacchi considerati antagonisti al regime di occupazione e il più delle volte designati con il triangolo rosso.

Il rosa infine marchiava coloro che erano accusati di omosessualità.

I detenuti soggetti a misure di sicurezza, una volta scontata la pena, venivano internati nel lager e contraddistinti con un triangolo verde rovesciato, vale a dire appoggiato sulla base.

Dentro ogni triangolo, una lettera maiuscola designava la nazionalità (esempio P per Polonia, F Francia ecc.). Ne erano esclusi i prigionieri tedeschi. Coloro che erano stati catturati in seguito al decreto «Notte e Nebbia» vedi la nota a pag. 70, portavano sulla casacca anche le lettere NN, con bande rosse e una croce sulla schiena, mentre i sospettati di fuga venivano segnalati con cerchi rossi e bianchi concentrici, simili a un bersaglio, sul petto e sulla schiena. Coloro che venivano assegnati alla Compagnia penale avevano un cerchio di stoffa nero sulla blusa, mentre i pochi prigionieri da rieducare venivano designati con la lettera E, posta prima del numero. Tra il 1941-42, a causa delle pessime condizioni di vita del campo, delle razioni alimentari da fame, del dilagare delle epidemie di tifo e dei lavori particolarmente pesanti, accompagnati da violenze e torture, la maggior parte di questi detenuti perì prima che fossero trascorsi i 56 giorni di rieducazione.

Una categoria a parte era rappresentata dai prigionieri di guerra russi, che portavano le loro divise, con un contrassegno a strisce dipinto a olio e la sigla SU (Sowjet Union).

Anche Auschwitz, come molti altri lager nazisti, divenne una società cosmopolita con prigionieri provenienti da ogni zona dell'Europa occupata, per cui ben presto si configurò una seconda classificazione, che designava la distanza delle diverse classi di detenuti dal centro del potere, fondata essenzialmente su quattro livelli:[41] al primo livello c'era la distinzione razziale tra uomini e sotto-uomini o esseri inferiori. Il criterio razziale sovrastava qualsiasi altro tipo di distinzione: un ebreo di origine francese, internato come detenuto politico era prima di tutto un ebreo, in tal modo la categoria dei sottouomini o esseri inferiori era così suddivisa: al primo posto, e quindi più vicino agli uomini, c'erano gli *slavi* (suddivisi in ordine dal migliore al peggiore: cechi, polacchi, russi, prigionieri di guerra sovietici); al secondo posto, gli *zingari* e infine al gradino più basso della categoria degli esseri della sottospecie umana gli *ebrei*.

Anche il secondo livello di classificazione che distingueva i prigionieri in categorie nazionali, conteneva elementi di razzismo: pur nella linea degli uomini, prima venivano i tedeschi, poi gli internati del nord Europa, subito dopo quelli di nazioni dell'Europa occidentale (tra cui francesi e italiani al posto più basso), infine quelli dell'Europa del sud, tra cui i comunisti spagnoli.

I detenuti tedeschi, a loro volta erano classificati secondo il grado di pericolosità politica (terzo livello) o di devianza sociale (quarto livello). Queste diverse classificazioni che corrispondevano a differenze, spesso determinanti per la sopravvivenza, non erano il prodotto di una disuguaglianza sociale che riproduceva nel campo le disuguaglianze di classe, ma la sua causa principale. Il potere assoluto del lager dava forma alla società dell'universo concentrazionario in base a un modello preciso. L'obiettivo di questa classificazione era la segregazione e la distru-

[41] W. Sofsky, *L'ordine del terrore*, cit., pag. 186.

IL SISTEMA DI CLASSIFICAZIONE

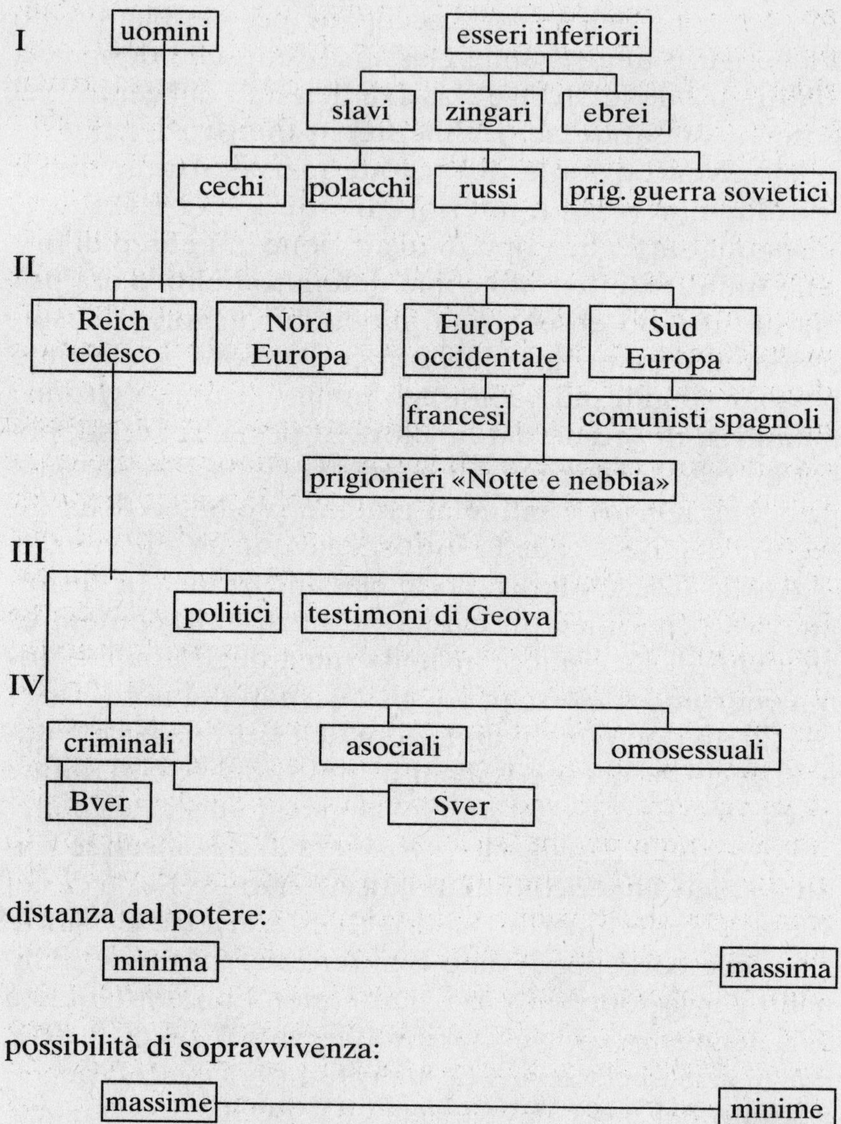

Tab. V/I. (Rielaborazione di Frediano Sessi)

zione degli esseri considerati inutili o dannosi alla razza pura. «La divisione in classi imposta dall'alto suggeriva e accentuava una determinata immagine dell'altro, sicché ogni detenuto con il triangolo nero finiva con l'essere considerato effettivamente un essere asociale, inetto, codardo e sporco, ogni criminale una persona pericolosa, brutale e violenta, ogni testimone di Geova, un individuo zelante nel lavoro, ordinato e dalle inflessibili convinzioni religiose. Lo stesso valeva per le rivalità nazionali. Per molti prigionieri stranieri i detenuti tedeschi [...] continuavano a essere membri di una nazione nemica, e similmente fra molti detenuti tedeschi imperversava lo sciovinismo e l'odio razziale per gli ebrei e gli slavi.»[42] Insomma, benché imposto dalle SS, nella maggioranza dei casi il sistema classificatorio induceva a una passiva interiorizzazione dei valori (o disvalori) che ne derivavano. Le cause erano diverse: le etichette usate dal campo per classificare le persone corrispondevano a molti degli stereotipi in voga nella società anche prima della guerra e dell'avvento dei totalitarismi (era una minoranza a considerarle insensate); inoltre la pressione persecutoria e violenta che si abbatteva sugli internati dall'alba al tramonto, ma che entrava anche nei sonni e nei sogni, e la composizione cosmopolita delle squadre di lavoro o dei Blocchi, riduceva la possibilità di comunicazione tra le persone e gli atti di solidarietà. Infine il senso di impotenza collettiva, induceva i più a una tacita accettazione del presente, unico tempo di vita nel campo. Esistevano tuttavia forme di coesione tra detenuti ma, spesso, erano antecedenti all'ingresso nel lager: per esempio quella che caratterizzava i testimoni di Geova, o i prigionieri di guerra sovietici, o ancora i repubblicani spagnoli e i membri del partito comunista. Quanto agli ebrei, che costituiranno dal 1943 la maggioranza degli internati, era una categoria istituita dalle SS e resa omoge-

[42] *Ibid.*, pag. 179.

nea dall'antisemitismo razzista del nazismo. Tra di essi c'erano sostenitori della destra e della sinistra, uomini e donne di nazionalità diverse. Per essi non valeva nemmeno la comunanza religiosa; il marchio razzista e l'orrore che si abbatteva sulle loro vite in modo assai più violento che sugli altri detenuti (privilegiati rispetto a loro) rendeva impossibile ai più la formazione di qualsiasi senso di identità che non fosse quella della famiglia. Essi vivevano nel punto più basso della degradazione materiale, costretti più degli altri alla lotta per la sopravvivenza, per la conquista del cibo, e di spazi fisici (vedi tab. V/I).

Struttura gerarchica e autorità

La struttura organizzativa del complesso concentrazionario di Auschwitz era identica a quella di tutti i lager nazisti, ed era costituita da cinque dipartimenti (fino al 1942), contrassegnati da numeri romani:

– **I** corrispondente al comando
– **II** politico
– **III** direzione-gestione del campo (ad Auschwitz venne creato anche un **IIIa** per il collocamento al lavoro degli internati)
– **IV** economico amministrativo
– **V** sanitario.

Con la riorganizzazione dell'Ufficio centrale economico e amministrativo delle SS (WVHA) che per ordine di Himmler il 3 marzo 1942 incorporò l'ispettorato dei campi (vedi tab. alla voce WVHA del *Glossario*),[43] si costituì un **VI** dipartimento, per l'assistenza e l'addestramento delle truppe.

[43] La tabella alla voce WVHA del *Glossario*, in R. Hilberg, *La distruzione degli eEbrei d'Europa*, cit., pag. 946-47.

Dipartimento I

Era il comando del campo (*Kommandantur*). La figura prima nella persona del *Lagerkommandant*, fu Rudolf Franz Ferdinand Höss, che svolse questa funzione fino al novembre del 1943, quando assunse la carica di direttore dell'Ufficio centrale SS-WVHA, **DI** (Ispettorato dei campi di concentramento). Höss tornò ad Auschwitz dal maggio al luglio del 1944 per organizzare e dirigere l'eliminazione degli oltre 400.000 ebrei ungheresi. L'11 novembre del 1943, fu sostituito da Arthur Liebehnschel (*SS-Obersturmbannführer* – Tenente colonnello) che dispose la divisione del campo in tre unità: **Auschwitz I**, campo principale o base (*Stammlager*); **Auschwitz II** – Birkenau (campo di sterminio *Vernichtunglager*); **Auschwitz III** – Monowitz e sottocampi (*Aussenlager*). Dal maggio del 1944 e fino alla liquidazione del lager la carica di comandante fu ricoperta da Richard Baer (*SS-Sturmbannführer* – Maggiore).

Il dipartimento I era suddiviso in due sezioni:

- **Ia** che comprendeva, il tribunale delle SS, il comando della sicurezza del campo e il comando della polizia. Queste cariche erano di frequente inglobate nella figura dell'aiutante in campo del comandante.[44]

[44] Sappiamo dai registri del campo chi ricoprì la carica di vicecomandante nei diversi periodi:

maggio, ottobre 1940 – Josef Kramer, *SS-Untersturmführer*;

novembre 1940, primavera 1941 – Erich Frommhagen, *SS-Obersturmführer*;

primavera 1941, giugno 1942 – Edmund Brüning, *SS-Obersturmführer*;

luglio 1942, marzo 1943 – Robert Mulka, *SS-Obersturmführer*;

aprile, novembre 1943 – Ludwig Baumgärtner, *SS-Obersturmführer*;

novembre 1943, maggio 1944 – Viktor Zoller, *SS-Hauptsturmführer*;

maggio 1944, gennaio 1945 – Karl Höcker, *SS-Obersturmführer*.

Aiutante del comandante per il lager di Birkenau – Johannes Schindler, *SS-Untersturmführer*.

Aiutante del comandante per il lager di Monowitz – Rudolf Orlich, *SS-Untersturmführer*. (Dati riportati in: Aleksander Lasik, *Le autorità SS del lager*, in F. Piper, T. Swiebocka, *Auschwitz*, cit., pag. 38-47 e in D. Czech, *Kalendarium*, cit. alle pag. corrispondenti ai periodi indicati.)

• **Ib** gestione tecnica del campo e turni di servizio SS. Anche in questo caso la carica era ricoperta da un ufficiale con il titolo di aiutante del comandante. Di questa sotto sezione facevano parte: l'ufficio del comando, con compiti amministrativi; il reparto armi e attrezzature militari; l'autocolonna di trasporto; l'ufficio comunicazioni; l'ufficio postale; l'ingegnere del campo.

Dipartimento II

Era in pratica una cellula periferica della Sipo e del SD, le due unità di polizia di stato e di partito, fuse nel 1939, nell'Ufficio centrale per la sicurezza del Reich, l'RSHA. Formalmente il personale del dipartimento era agli ordini del comandante del lager, in realtà dipendeva dagli uffici di polizia di Katowice.

Le unità organizzative del dipartimento erano articolate in sette sezioni che esercitavano il loro potere di controllo anche sui funzionari amministrativi del campo:

– sezione accettazione o scarcerazione degli internati;

– sezione registrazione, schedatura e archivio documenti personali internati;

– sezione giuridica che si occupava del funzionamento giuridico del lager;

– sezione di stato civile, che produceva i certificati di morte e che si occupava di fare sparire i cadaveri e di cancellare le tracce dell'eccidio. Da questa sezione (*Standesamt*) dipendevano i crematori e le camere a gas, unità autonome, ma controllate dall'ufficio;[45]

– sezione inchieste e interrogatori che su disposizio-

[45] Il personale SS che operava nelle camere a gas e nei crematori veniva selezionato tra gente particolarmente violenta. I registri del campo, conservati al Museo di Auschwitz ce ne tramandano i nomi: Otto Moll *SS-Hauptscharführer*, Hubert Busch *SS-Oberscharführer*, Ewald Kelm *SS-Unterscharführer*, Erich Muhsfeldt *SS-Oberscharführer*, Walter Quakernack *SS-Oberscharführer*, Robert Seitz *SS-Unterscharführer*, Karl Steinberg *SS-Unterscharführer*, Peter Voss *SS-Oberscharführer*. Su di loro, come su tanti altri l'infamia della storia.

ne della Gestapo o di altri organi di polizia avviava indagini sui prigionieri internati;

– sezione di polizia scientifica che teneva lo schedario dei detenuti con le impronte digitali e le fotografie;

– sezione vigilanza che tra l'altro inseriva spie e confidenti tra gli internati.

I poteri di questo dipartimento erano enormi. Inoltre tutte le SS che appartenevano alla polizia (RSHA) partecipavano alle azioni di sterminio, dalla consegna degli elenchi dei convogli, fino alla dispersione delle ceneri o dei resti. Molti prigionieri che hanno scritto memorie sulla vita nel lager, ricordano spesso i nomi dei più brutali responsabili della sezione politica. Tra essi, Wilhelm Boger *SS-Oberscharführer*, Josef Houstek-Erber *SS-Oberscharführer*, Walter Quakernack *SS-Oberscharführer*, Gerhard Lachmann *SS-Unterscharführer*.

Dipartimento III

Era costituito dalla direzione del campo e, ad Auschwitz, a causa delle dimensioni del complesso concentrazionario, a partire dal 1942, si articolava in una *sezione IIIa*, che si occupava del collocamento al lavoro degli internati.

Era comandato da un ufficiale SS, chiamato direttore (*Lagerführer* o anche *Schutzhaftlagerführer* – superiore del campo). In assenza del comandante, lo sostituiva in ogni sua funzione. Suoi compiti principali erano: «vigilare sull'ordine e sulla disciplina, richiedere al comandante le punizioni da infliggere ai prigionieri, ricevere i rapporti sul numero degli internati, coordinare le azioni connesse all'acquartieramento e all'approvvigionamento dei detenuti».[46]

[46] A. Lasik, *Le autorità SS del lager*, in F. Piper, T. Swiebocka, *Auschwitz*, cit., pag. 42-43. Anche D. Czech, *Kalendarium*, cit., in particolare per i nomi dei responsabili, alle date corrispondenti a nomine o azioni particolari.

L'*SS-Lagerführer* aveva due assistenti, un ufficio con addetti, molti sottufficiali di collegamento (*SS-Rapportführer*) con i rispettivi assistenti ai quali spettava il compito di controllare il numero dei prigionieri durante gli appelli, controllare la loro sistemazione ed eseguire le condanne (la carica corrispondente, nel campo femminile, fu ricoperta da donne, *SS-Rapportfürerin*). La carica più bassa della catena gerarchica del comando del campo era costituita dal *SS-Blockführer*, il capoblocco che sorvegliava i detenuti nei locali adibiti ad abitazione (con il corrispettivo femminile di *SS-Blockführerin*). Alla linea di vigilanza, controllo e repressione SS corrispondeva una struttura parallela costituita da internati (vedi tab. VI/I).

È importante ricordare che negli anni dal 1940 al 1945 l'ampiezza crescente del complesso concentrazionario di Auschwitz determinò l'esigenza di individuare dei responsabili di campo (in particolare dopo la partenza di Höss, o per settori come quello femminile e i sottocampi aggregati alle imprese SS o private).

Così, ad Auschwitz I (campo principale):

– dal maggio 1940 al gennaio 1942, il direttore fu Karl Fritzsch;

– dal gennaio 1942 al settembre 1943, Hans Aumeier;

– dall'ottobre 1943 al novembre 1943, Heinrich Schwarz;

– dal novembre 1943 al maggio 1944 Franz Hossler.

Tutti i *Lagerführer* del campo base avevano il grado di *SS-Hauptsturmführer* (Capitano SS).

Con l'istituzione del campo femminile, aperto nel marzo del 1942, vennero nominati direttori di questa sezione del lager: Paul Heinrich Müller (*SS-Obersturmführer* – Tenente SS) e Johanna Langefeld (*SS-Oberaufseherin* – Ispettrice generale – o Sorvegliante generale) di cui parla ampiamente Margarete Buber-Neumann nel suo diario.[47]

Il campo di sterminio, Auschwitz-Birkenau dal novembre 1943 al settembre del 1944, per la sezione maschile ebbe come direttore responsabile Johann Schwarzhuber; mentre il settore femminile, quando fu trasferito a Birkenau ebbe come direttore Franz Hossler (dall'agosto del 1942 al maggio 1944) che si avvalse della collaborazione delle sorveglianti generali SS Johanna Langefeld (agosto 1942, ottobre 1942), Maria Mandel, nel periodo di maggiore intensità dello sterminio (ottobre 1942, novembre 1944) e infine Elisabeth Volkenrath che dal novembre 1944 rimase fino al gennaio del 1945.

Quanto ad Auschwitz-Monowitz, il lager ebbe un unico direttore nella persona di Vinzenz Schottl, *SS-Obersturmführer*.

La *sezione IIIa* che gestiva la manodopera (unica nel suo genere e non presente in altri campi) aveva un proprio direttore (*Arbeitseinsatzführer*) incaricato di tutto ciò che concerneva il lavoro degli internati; dai contratti di appalto, alla sorveglianza, al controllo dei tempi e della precisione nell'esecuzione. Le SS che dipendevano da questa sezione avevano il ruolo di dirigenti dei lavori (*Arbeitsdienstführer* o per il lavoro femminile *Arbeitsdienstführerin*) e si avvalevano di capisquadra SS (*Kommandoführer* o *Kommandoführerin* per le donne). Ovviamente i capisquadra SS si servivano di kapo per stringere in modo più massiccio la repressione e il controllo sul comportamento efficiente degli internati.

Ci furono due responsabili di questa sezione: Heinrich Schwarz (aprile 1942, agosto 1943) che poi passò alla direzione del campo base fino al novembre del 1943; e

[47] Margarete Buber-Neuman, *Prigioniera di Stalin e Hitler*, Il Mulino, Bologna 1994. Vedi anche cap. 7, I parte, sul campo femminile.

Tab. VI/I
(Il sistema organizzativo era fondato sul *Führerprinzip*, vale a dire il principio gerarchico assoluto)

AUTORITÀ SS		**GERARCHIA TRA INTERNATI**	
1. Comando Lagerkommandant	*Subordinato a:* SS-WHA centrale		
Adjutant	Lagerkommandant		
Führer von Sicherheit Sipo-SD-Gestapo	RSHA		
Autorità SS		**Gerarchia tra internati**	
2. Direzione Lagerführer – Auschwitz I – Lagerführer 2° – Lagerführer 3° Lagerführer – Birkenau Lagerführer – Monowitz Lagerführer Sorvegliante gen.	*Subordinato a:* Lagerkommandant	Blocco/camerata	*Subordinato a:* (A tutte le SS senza distinzione alcuna)
– Lager femminile	Lagerführer campo donne		
Rapportführer – Rapportführer 2°	Lagerführer		
– Rapportführer 3° – Rapportführerin			
	Rapportfürer campo		

Blockführer Blockführerin	donne Rapportführer	*Prominenten* – Kapo – Oberkapo – Unterkapo (detti anche: *Bindenträger*) – Quelli che portano la fascia	*In particolare al* Blockführer o alla Blockführerin
3. Lavoro Arbeitseinsatzführer	*Subordinato a:* Lagerkommandant	Squadre lavoro	*Subordinato a:* (A tutte le SS senza distinzione)
Arbeitseinsatzführer Arbeitseinsatzführerin	Arbeitseinsatzführer	Prominenten Kapo: – Oberkapo – – Unterkapo – – – Vorarbeiter – – – – Schreiber	Arbeitseinsatzführer e Kommandoführer o Kommandoführerin Postenführer Posten
Kommandoführer Kommandorführerin	Arbeitseinsatzführer		
4. Gestione econ. Leiter der Abteilung Verwaltung	*Subordinato a*: Lagerkommandant		
5. Sanità: SS-Standortarzt	*Subordinato a:* Lagerkommandant	Medici e inferm.	*Subordinato a:* (A tutte le SS senza distinzione)
– SS-Sanitär-Staffel – SS-Sanitätsdienst-grade – Zahnarzt – Apotheke –Desinfektionkommando	(*con una buona dose di autonomia decisionale*)	Medici internati Infermieri internati. Lagerältester HKB Sonderkommando (*internati che operano nelle camere a gas*)	A tutto il personale sanitario a partire dai medici

(Fonte: APMO, in particolare: A. Lasik, *Le autorità SS del lager*, Oswiecim 1995; H. Lengbein, *Uomini ad Auschwitz*, Mursia 1984. La tabella mette in evidenza soltanto le cariche di maggior rilievo, che non esauriscono la complessa struttura gerarchica del lager.)

Max Stell che assunse l'incarico nell'agosto del 1943 e lo tenne fino alla fine (gennaio 1945).

Anche questa sezione, come quella politica, era particolarmente temuta, in quanto di lavoro si moriva e in poche settimane; sia per le torture e le violenze inferte da parte dei soldati SS e dei kapo, sia per le fatiche imposte dall'incarico, spesso pensato appositamente per annientare volontà e fisico dei detenuti.

Dipartimento IV

Aveva il compito di gestire economicamente tutto il campo. Oltre a un ufficio amministrativo e legale, ne facevano parte le sezioni approvvigionamento, da cui dipendevano le cucine del campo, la sezione vestiario che amministrava anche i beni dei prigionieri, la sezione magazzini, alloggiamenti e servizi.

Ogni sezione aveva una doppia area di interesse: quella destinata alle SS e ai funzionari del lager e quella che si occupava degli internati.

Data l'ampiezza complessiva dell'universo concentrazionario di Auschwitz, era una delle sezioni più articolate e strutturate del lager.

Dipartimento V

Costituiva il servizio sanitario interno al lager, nato dall'esclusiva preoccupazione di tutelare la salute del personale SS (contro epidemie che potevano scatenarsi da un momento all'altro, dato l'alto livello di concentrazione di persone in mancanza di servizi igienici adeguati e di una corretta alimentazione).

Ben presto l'unità sanitaria sarà addetta a esperimenti medici e allo sterminio; in seguito quando funzionerà Birkenau, i medici saranno i primi responsabili delle selezioni che destinavano alla camera a gas centinaia di migliaia di ebrei.

Il dipartimento era articolato in alcune divisioni mediche: medicina generale, stomatologia (che si occupava anche dei denti in oro e metallo prezioso che venivano estratti ai cadaveri degli internati), farmacia che custodiva fra l'altro i depositi dello Zyklon B (da cui dipendevano medici e infermieri SS addestrati alla manipolazione di sostanze velenose e che operavano nelle camere a gas e nei servizi di disinfestazione del lager).

La sezione era diretta da un ufficiale medico SS coadiuvato da altri medici e infermieri SS e da personale sanitario reclutato tra gli internati. Tra i nomi più noti di coloro che operarono in questa sezione spiccano quello di Eduard Wirths (che la diresse dal 1942 al 1945, nel periodo di maggiore intensità dello sterminio) e quello di Josef Mengele, *SS-Hauptsturmführer*, addetto in particolare alle selezioni e agli esperimenti medici su donne e bambini.

All'operato di questa sezione è dedicato un capitolo a parte (cap. 3, pag. 264).

Dipartimento VI

Nato nel 1942 come costola del dipartimento I e destinato all'addestramento del personale SS del lager. Le sue attività non furono mai essenziali per il funzionamento del campo. Lo diresse fin dall'inizio l'*SS-Oberscharführer* Kurt Knittel.

Il battaglione delle sentinelle SS di stanza nel lager era composto da 14 compagnie di cui una cinofila e una con funzioni di addestramento. Nel novembre del 1943, quando il campo venne diviso in tre diversi tronconi, il battaglione delle sentinelle SS fu ripartito con i suoi vari reparti in ognuno dei tre sottocampi e passato alla responsabilità dei rispettivi *Lagerführer*.

Secondo le stime ricavate dai registri depositati al Museo di Auschwitz, le sentinelle SS costituivano il 75% di tutti i militari SS impiegati nel lager.

Complessivamente al campo si avvicendarono circa 7.000 SS,[48] con la seguente scansione periodica: nel 1940 la guarnigione contava 700 SS; nel giugno del 1942 il numero era salito a 2.000 SS, nell'aprile del 1944 a 2.950 SS e nell'agosto del 1944 a 3.342 SS. La punta massima di personale fu raggiunta durante i giorni della liquidazione e dell'evacuazione del lager 4.481 SS e 71 sorveglianti. In generale il principio organizzativo imponeva una SS ogni 3.040 internati.

Interessante rilevare anche la fede religiosa delle SS in servizio al campo: il 42% si dichiarava cattolico, il 36,5% protestante e il resto ateo o di religioni diverse.

Aleksander Lasik che ha studiato a fondo la composizione sociologica di questo gruppo SS, ha rilevato la sua forte eterogeneità, anche per livello di istruzione (il 75% raggiungeva a malapena un'istruzione elementare) e tuttavia la direzione del campo in poco tempo «riuscì a farne un efficiente apparato di sterminio, i cui crimini hanno lasciato impresso il proprio segno indelebile sull'umanità del XX secolo».[49]

[48] A. Lasik, *Le autorità SS*, cit., pag. 46.
[49] *Ibid.*, pag. 47.

3.

L'OSPEDALE DEL KL

Gli internati si presentavano, dopo l'appello del mattino, all'infermeria del lager, dove si potevano vedere lunghe file di detenuti in attesa di assistenza medica, con uomini che non si reggevano in piedi o erano a terra svenuti; derelitti che mendicavano pietà, aspettando una decisione sulla loro sorte. I primi a intervenire erano i detenuti medici in servizio, che si prodigavano in cure e attenzioni, senza disporre di materiale adatto per fare fasciature o curare piaghe, ferite o malesseri gravi (spesso, per esempio, ricorrevano a bende di carta). Dopo una visita preliminare, nei casi previsti dal regolamento, richiedevano il ricovero in ospedale, ma la decisione finale spettava soltanto al medico SS o, a volte, anche ad altro personale sanitario meno qualificato, come gli infermieri SS (*Sanitätsdienstgrad* – SDG). «Gli ammalati dovevano fare la fila nel corridoio o in anticamera [nudi anche d'inverno], perché il medico SS non voleva respirare aria viziata. Quando il dottore faceva la sua comparsa, gli internati dovevano mettersi in fila davanti a lui. Con un'occhiata egli decideva sul destino del paziente che gli era stato presentato, con quattro parole, dal medico detenuto. A questo punto l'infermo poteva essere ricoverato nell'ospedale, rimandato nel lager perché ritenuto sano, oppure selezionato per essere spedito a morire nel caso il medico delle SS avesse l'impressione che non sarebbe stato in grado di riprendere a lavorare in breve tempo.»[1] L'eccedenza di forza lavoro deportata ad Auschwitz con i convogli ferroviari, sempre più frequenti, permetteva ai responsabili del lager di sopprimere senza eccessive difficoltà coloro che erano distrutti dalla fatica e resi inabili dal lavoro.

L'ospedale per internati veniva chiamato *Krakenbau* (KB) o anche *Häftlingskrakenbau* (HKB) e al suo interno il «responsabile» era un detenuto il cui ruolo corrispondeva a quello del kapo nel Blocco: l'anziano dell'ospedale, il *Lagerältester des HKB*. Da lui dipendevano i capi baracca quando segnalavano i nomi dei detenuti che richiedevano una visita o il ricovero. All'inizio, furono internati di nazionalità tedesca a ricoprire questa mansione (come tedeschi erano i primi kapo), anche se non sufficientemente qualificati al compito (perché infermieri o ausiliari). A essi spettava la decisione sui ricoveri e a volte anche la scelta della cura.

«L'arredamento degli edifici destinati a ospedale non era diverso da quello degli altri Blocchi. I malati erano sistemati su giacigli di carta in pancacci di legno a tre piani, che rendevano difficile l'accesso del medico al malato e allo stesso tempo la discesa a terra. La maggioranza dei ricoverati, oltre a molti altri disturbi, soffrivano di diarrea (*durchfall*) e perciò i paglericci erano spesso sporchi di feci e di pus. Gli ammalati dovevano consegnare vestiario e biancheria e giacevano nudi, spesso in due in un palcaccio, con coperte sporche e piene di pidocchi. Nelle camerate e nei Blocchi ospedale [i numeri 9, 19, 20, 21, 28 – il Blocco 20 era il reparto infettivi e il 28 l'infermeria] regnava un fetore indescrivibile e i lamenti degli agonizzanti si mischiavano alle richieste di acqua e aiuto.»[2]

Naturalmente non c'erano medicine sufficienti, in

[1] H. Langbein, *Uomini ad Auschwitz*, cit., pag. 40.
[2] T. Iwaszko, *La vita dei prigionieri*, in F. Piper, T. Swiebocka, *Auschwitz*, cit., pag. 77.

quantità e qualità, per curare le tante affezioni e malattie degli internati. Mancavano preparati contro la scabbia. Non c'erano cure per combattere il tifo petecchiale, e le bende scarseggiavano. Il più delle volte, si trovava dell'aspirina, pastiglie contro la tosse e per i malati di diarrea.

Per questo gli internati ricorrevano al ricovero ospedaliero solo in casi estremi.

Nei locali dell'infermeria e nell'ospedale, avvenivano le prime selezioni di prigionieri destinati all'eliminazione. Stanislaw Klodzinski, infermiere nel Blocco 20, descrisse accuratamente in sede processuale il destino di coloro che venivano selezionati dal medico SS, perché considerati ormai inadatti alla guarigione o affetti da malattie o infezioni troppo lunghe a guarire:

«Quelli che erano stati selezionati arrivavano al Blocco 20 a mattina inoltrata. Talvolta a mezzogiorno. Indossavano solo una camicia, portavano zoccoli di legno e una coperta: chi non poteva camminare veniva portato in barella. Essi venivano messi in riga nel corridoio, il segretario del Blocco riceveva una lista che doveva controllare, poi arrivava un addetto sanitario; il portiere gridava "*Blocksperre*" [Chiudere il Blocco] e dal quel momento nessuno degli ammalati poteva lasciare la stanza. Nel Blocco regnava un silenzio mortale. Tutti gli ammalati sapevano che cosa sarebbe accaduto. Invece i selezionati generalmente non erano al corrente di quello che li attendeva. L'addetto sanitario [infermiere SS, *Sanitätsdienstgrade* – SDG] andava nella camerata I, un locale che normalmente rimaneva chiuso, e le cui finestre erano dipinte di vernice bianca. A sinistra della porta c'era un tavolino, con una serie di grosse siringhe e aghi molto lunghi, lì accanto una bottiglia con del liquido rosa giallognolo: era fenolo. Nella stanza c'erano anche due sgabelli, su una parete c'era un gancio da cui pendeva un grembiule di gomma. In un angolo c'erano delle scarpe di gomma. Due internati ebrei dovevano portare dentro le prime vittime».[3]

Imre Gönczi, per un certo periodo fu uno dei due addetti a questo compito ingrato, vicino a quello dei futuri *Sonderkommando* (squadre di internati che toglievano i cadaveri dalle camere a gas e li portavano alla cremazione). Ecco come descrive gli ultimi istanti delle vittime:

«Sul petto nudo dei prigionieri selezionati veniva scritto con una matita copiativa il numero di matricola. Poi, dovevo condurli, uno alla volta, oltre la tenda scura che si trovava nel corridoio. Un internato doveva accompagnare la vittima, farla sedere e, a questo punto, Klehr [che era un SDG e si chiamava Josef] che indossava un camice bianco, gli praticava una iniezione direttamente nel cuore».[4]

A volte si metteva la mano destra della vittima dietro la nuca e la sinistra dietro la scapola, qualche volta coprendogli gli occhi con un asciugamano. Lo scopo era chiaro: fare in modo che l'internato stesse il più possibile con il petto in fuori, in modo da favorire la massima facilità di accesso all'area cardiaca.

Josef Klehr riempiva la siringa direttamente dalla bottiglia (lui stesso in una lettera, parlò di iniezioni di fenolo al 30% con una siringa da 10 cc.), poi spingeva l'ago direttamente nel cuore del prigioniero seduto, svuotando il contenuto.[5]

[3] H. Langbein, *Uomini ad Auschwitz*, cit., pag., 40. Anche D. Czech, *Kalendarium*, cit., alla sintesi dei fatti salienti verificatasi nel mese di agosto 1941, pag. 108-9. A tal proposito si afferma che le uccisioni con iniezioni di fenolo avvenivano anche nel Blocco 28 dell'infermeria. Inoltre, in Robert Jay Lifton, *Medici nazisti*, Rizzoli, Milano 1988, pag. 340.

[4] H. Langbein, *Uomini ad Auschwitz*, cit., pag. 41; R. J. Lifton, *Medici nazisti*, cit., pag. 339-40.

[5] Bernd Naumann, *Auschwitz: A Report on the Proceedings Against Robert Karl Ludwig Mulka and Others Before the Court at Frankfurt*, ed. Pantheon, New York 1966, pag. 291.

Ancora agonizzante, la vittima veniva presa sotto le ascelle e gettata in un mucchio di cadaveri, in un'altra stanza di fronte. Spesso gli infermieri si gloriavano della velocità delle loro prestazioni: «Tre in un minuto...».[6]

I corpi dei prigionieri assassinati mediante iniezioni di fenolo al cuore, dopo un breve lasso di tempo assumevano un colore rosso livido, sotto la pelle si verificavano delle emorragie e la congiuntiva si riempiva di sangue. Infine la rigidità cadaverica aveva inizio con un ritardo di varie ore.

Circa un anno dopo dall'inizio di queste uccisioni (da 30 a 60 al giorno), Jean Weiss, uno dei due aiutanti ebrei costretti a entrare nella stanza I, per tenere ferme le vittime del fenolo, si accorse di essere davanti a suo padre. «La porta si aprì e mio padre entrò con un altro prigioniero. Klehr gli parlò, dicendogli: "Adesso riceverai una iniezione contro il tifo". Io piansi e dovetti portare fuori mio padre. Klehr aveva molta fretta. Faceva le iniezioni a due prigionieri per volta, perché voleva tornare dai suoi conigli [che allevava con cura e amore, per hobby].»[7]

Le scorte di fenolo erano immagazzinate in farmacia, come tutti gli altri farmaci (e come accadrà per lo Zyklon B, il veleno in cristalli usato per le camere a gas).

«In principio le quantità di fenolo ordinate erano relativamente piccole; in seguito, però i quantitativi aumentarono a due-cinque chilogrammi al mese.»[8]

Nel corso del processo davanti alla corte di Francoforte, il medico SS dottor Friedrich Entress che aveva ideato il sistema di siringare al cuore le vittime, il 14 aprile 1947, dichiarò: «Nel maggio del 1942 ad Auschwitz venni messo per la prima volta al corrente dell'ordine di ricorrere all'eutanasia. Questo ordine prove-

[6] R. J. Lifton, *Medici nazisti*, cit., pag., 340.
[7] B. Naumann, *Auschwitz*, cit., pag. 295.
[8] R. J. Lifton, *Medici nazisti*, cit., pag. 341.

niva dal dottor Lolling, capo dei medici del campo di concentramento, e disponeva che si dovesse ricorrere all'eutanasia mediante iniezioni nei confronti di ammalati mentali inguaribili, di tubercolitici e inabili al lavoro cronici. Nell'autunno del 1942, l'ordine si estese anche agli internati malati, la cui guarigione non potesse avvenire entro un mese».[9] In realtà Entress si sbagliava sulla data, perché tutti i documenti, compresi quelli emersi durante il processo a Höss, portano il 1941 come anno di inizio dell'eliminazione di prigionieri mediante fenolo.

Questa pratica medica, proseguì fino all'aprile del 1943 (quasi per cinquecento giorni) e provocò un totale di ventimila morti, con punte di duecento uccisioni per giorno.

Come sempre, quando si parla di numeri di vittime nel KL di Auschwitz la cifra proposta sottostima il fenomeno, perché la quantità di documenti rimasti in grado di attestare queste uccisioni è minima. A proposito delle uccisioni con il fenolo, Stanislaw Glowa, segretario del Blocco 20 nella sua deposizione al processo di Francoforte parla di 30.000 vittime, in prevalenza ebrei. Un polacco o un prigioniero di altra nazionalità doveva essere gravemente ammalato (a partire dal 1942) per essere siringato, mentre più dell'80% degli ebrei ricoverati in ospedale subivano quel trattamento.

Stanislaw Klodzinski, per parte sua, calcola il numero delle persone uccise indicando una cifra tra le 25.000-30.000 unità.

In questo stesso anno 1941, tra luglio e agosto, avvengono altri fatti che ci consentono di leggere le uccisioni

[9] H. Langbein, *Uomini ad Auschwitz*, cit., pag. 42. Anche in D. Czech, alla data Agosto, 1941. E in B. Naumann, *Auschwitz*, cit., da pag. 290.

al fenolo come un inizio evidente di pratica dello sterminio a mezzo intervento medico.

Il 28 luglio, nell'ambito della cosiddetta «Operazione T4», vale a dire l'eutanasia delle «bocche inutili da sfamare», 575 prigionieri del lager, ammalati e invalidi, a causa della fame, delle malattie, del lavoro e delle torture subite, vengono selezionati e condotti all'Istituto di Eutanasia a Sonnestein in Sassonia.[10] L'uccisione avviene con il monossido di carbonio in camere a gas camuffate da sala-docce.

Il 29 luglio (la data, secondo i documenti archiviati al Museo di Auschwitz, è probabile)[11] Höss si reca a Berlino per conferire con Himmler. In quell'occasione non dovrà passare dal suo diretto superiore Glücks. L'incontro è segreto e avviene senza la presenza di nessun aiutante. Himmler informa Höss di quanto gli ha ordinato Hitler: «La soluzione finale della questione ebraica. E noi SS dobbiamo eseguire quest'ordine. I centri di sterminio attualmente in funzione a Oriente[12] non sono assolutamente in condizione di far fronte alle grandiose azioni previste. Ho scelto perciò Auschwitz».[13] Le ulteriori informazioni e istruzioni gli verranno dal responsabile per le questioni ebraiche dell'RSHA, Eichmann.

Nell'agosto del 1941, Höss incontra effettivamente Eichmann, per discutere i dettagli del programma di

[10] D. Czech, *Kalendarium*, cit., pag. 105-106 alla data del 28 luglio 1941.

[11] AMPO, *Proces Hössa*, t. 21, k. 3, 4 e 23. Anche R. Höss, *Comandante ad Auschwitz*, cit., pag. 171 e seguenti. Cfr. R. Hilberg, *La distruzione degli Ebrei*, cit., pag. 956 e in particolare il cap. IX sui centri di sterminio nazisti.

[12] Probabilmente Himmler faceva riferimento ai territori dell'Unione Societica e alle azioni degli *Einsatzgruppen* che liquidavano le popolazioni civili nei territori conquistati. All'inizio infatti i gruppi mobili di massacro (*Einsatzgruppen*) adottarono il sistema delle fucilazioni di massa, poi la tecnica del gas mediante l'uso di camion adattati allo scopo. Si veda in proposito R. Hilberg, *La distruzione degli Ebrei*, cit., cap. VII.

[13] In R. Höss, *Comandante*, cit., pag. 171.

annientamento. «Eichmann mi parlò dell'uccisione con gas da scappamento su autocarri, che era il metodo usato fino ad allora in Oriente. Ma era un metodo da scartare ad Auschwitz, dato i trasporti di massa previsti.»[14]

Durante la sua assenza,[15] il capitano delle SS Karl Fritzsch, direttore del lager, utilizza in un luogo non più identificato lo Zyklon B per uccidere un numero imprecissato di prigionieri russi (erano giunti ad Auschwitz per la prima volta il 18 luglio).

Conclude la sequenza macabra di questi due mesi, la data del 3 settembre, durante la quale, sotto gli occhi di Höss, viene eseguita, nelle celle degli scantinati del Blocco 11, la seconda e più strutturata gassazione di massa, nella quale muoiono 600 prigionieri di guerra russi e 250 prigionieri del campo, selezionati dal dottor Siegfred Schwela nell'infermeria.[16]

Ovviamente, ad Auschwitz si uccidono e si annientano i prigionieri, fin da subito, mediante torture, lavori pesanti, organizzazione della vita stessa, fucilazioni e altro ancora. Ma la pratica dello sterminio, come forma di eliminazione di massa prende avvio proprio in questa tarda estate del 1941, e vede tra i suoi protagonisti i medici SS del campo, vale a dire uomini che per mestiere avrebbero dovuto salvare vite umane (comprese quelle del nemico).[17]

Tra i medici nazisti che operarono nell'ospedale del campo base di Auschwitz nei primi anni (1940-41), oltre ai direttori del dipartimento sanitario (l'*SS-Haupsturmführer* Max Popiersch dal giugno 1940 all'ottobre 1941 e l'*SS-Obersturmführer* Oskar Dienstbach dal

[14] *Ibid.*, pag. 172.

[15] D. Czech, *Kalendarium*, cit., pag. 115-16.

[16] *Ibid.*, pag. 117-18.

[17] Sui metodi di eliminazione e sull'uso delle camere a gas, vedi cap. 4, pag. 100 della I parte e cap. 2, pag. 198 della II parte.

novembre 1941 al marzo 1942), Friedrich Entress fu certamente il più famigerato e brutale tra tutti. Tedesco etnico di nascita (vale a dire, era nato nei territori orientali che la Germania perse nella Prima guerra mondiale e che fino al 1939 appartenevano alla Polonia), era entrato quasi subito a far parte di organizzazioni giovanili filonaziste, al tempo della sua frequentazione dell'università di medicina di Poznan. Arruolatosi nelle SS prima ancora di discutere la tesi di laurea, fu subito mandato a svolgere il suo lavoro nei campi di concentramento nazisti, a Gross Rosen, poi ad Auschwitz (nel 1941, quando arrivò a Oswiecim, aveva ventisette anni). Sempre in stretto accordo con il capo della sezione politica, Maximiliam Grabner, Entress interpretò in modo radicale e omicida le direttive centrali dell'RSHA, circa il trattamento dei prigionieri. «Entress si limitava a stabilire chi dovesse essere ucciso e a sorvegliare le operazioni. Non si vergognava di imparare dai medici internati. Con il polacco Wladyslaw Tondos, specialista in malattie polmonari, egli e i suoi colleghi dottor Jäger e dottor Vetter fecero pratica nel trattamento dei malati di TBC sul pneumotorace per circa tre mesi. [...] Inoltre, fece pratica di chirurgia con un altro medico polacco, il dottor Wladyslaw Dering. Una volta ordinò che alcuni internati sani venissero infettati con il sangue di altri ammalati di febbre petecchiale: voleva studiare le conseguenze di un simile contagio.»[18] Nel ricordo di molti sopravvissuti, oltre alle quotidiane uccisioni e violenze chirurgiche contro i ricoverati nell'HKB, rimane la grande selezione del 29 agosto 1942: Entress spedì nelle camere a gas non solo i pazienti malati di tifo, ma anche convalescenti e medici o personale sanitario internati, che non erano affetti da nessuna malattia. Secondo una stima del dottor Jan W., sentito dallo

[18] H. Langbein, *Uomini ad Auschwitz*, cit., pag. 345-6-7.

storico Robert Jay Lifton,[19] Entress quel giorno potrebbe avere selezionato un totale di milleduecento persone. «Uno tra i prigionieri uccisi, fra i pazienti convalescenti, era il dottor Bujalski, ex direttore del Ministero della Sanità polacco. Il dottor Bujalski, aveva chiesto di rimanere nel Blocco medico per lavorarvi e, a quanto si racconta, quel giorno Entress gli disse che lo avrebbe mandato in un reparto di convalescenza o in una clinica, e che non si preoccupasse per lo stetoscopio che si era accorto di avere dimenticato mentre saliva sull'autocarro avviato in realtà alla camera a gas, perché una volta arrivato a destinazione, gliene avrebbero dato un altro.»

Entress era un medico tra i più sanguinari, anche se diversamente da Bodman e da Mengele (che arriveranno ad Auschwitz qualche tempo dopo) preferiva sempre delegare ad altri l'uccisione diretta degli internati.

I medici polacchi, internati nel campo e in servizio presso l'HKB ci hanno lasciato un suo ritratto piuttosto dettagliato (egli fu trasferito dal lager di Auschwitz nel 1943): «Una persona fredda, senza espressività. Per esempio non lo vidi mai sorridere. Per me in realtà è uno dei medici più crudeli in cui mi sia imbattuto in tutta la mia vita». «Non mi vedeva neppure. Io ero per lui come l'aria, non una persona. Ne ero estremamente spaventato.» «Nel campo si trovò spesso faccia a faccia con vecchi amici e conoscenti: polacchi che ora erano prigionieri. Egli non li aiutò né parlò con loro in polacco. Sosteneva di non conoscere la lingua polacca. Era freddo persino con i colleghi che si erano laureati nella sua stessa università.» «Era un nazista particolarmente fanatico, ligio alla sua ideologia, convinto che il nazismo fosse l'unica via di salvezza e che per quella ragione occorreva sacrificare altri popoli.» Di aspetto assai

[19] R. J. Lifton, *Medici nazisti*, cit., anche la citazione seguente, pag. 343.

poco atletico e di natura malaticcia, rappresentò uno dei casi estremi, del primo periodo di funzionamento di Auschwitz, di un medico dedito allo sterminio, capace di rovesciare con passione il rapporto terapia-salute con quello terapia-uccisione. Nel 1946, Friedrich Entress, fu processato da un tribunale degli Stati Uniti e giustiziato mediante l'impiccagione.

Un altro «operatore» del servizio sanitario particolarmente spietato fu Josef Klehr. Manovale senza istruzione e inserviente medico in Alta Slesia, indossò spesso il camice medico, impegnandosi al massimo nelle uccisioni con il fenolo. Al Blocco 10 lo chiamavano professore e quando un giorno gli comunicarono che il medico del lager non si sarebbe presentato all'infermeria, rispose: «Oggi il medico sono io». Escogitò modi efficaci per mettere i prigionieri in una giusta posizione per le siringature al veleno, da attuarsi in meno di trenta secondi. Di solito eseguiva anche esperimenti sugli internati che dovevano ricevere una iniezione di fenolo. In particolare si allenava alle punture lombari e non prendeva nessuna misura precauzionale contro il dolore. Tadeusz Paczula descrive con efficacia, davanti al tribunale di Francoforte, l'accoglienza riservata a Klehr nell'HKB:

«Per prima cosa un internato doveva subito provvedere a pulire la sua moto con la quale solitamente arrivava. Poi lui si recava in una stanza di qualche medico, si faceva togliere gli stivali da un internato e si faceva lavare i piedi. Contemporaneamente un altro detenuto doveva spazzolargli e limargli le unghie. In seguito, si sedeva al centro della stanza, fumava la pipa tenendo i piedi in una tinozza e talvolta si faceva servire da sette od otto prigionieri che dovevano leggergli negli occhi qualsiasi desiderio [...] Faceva così, solo quando non c'era il medico del Lager». Si stima che Klehr abbia partecipato all'assassinio di un numero di internati tra i 10.000 e i 30.000. Al processo di Francoforte per i crimini commessi ad Auschwitz si poté provare una sua responsabilità solo per 475 casi e la sua complicità per altri 2.000. Lo condannarono all'ergastolo e a quindici anni di lavori forzati. Klehr «poteva uccidere qualche centinaio di persone con lo stesso distacco con cui un calzolaio toglie una suola rotta da una scarpa». Era il tipico uomo comune, con moglie e figli, disposto al male, senza tuttavia essere un sadico o un pervertito.[20] Per questa ragione, negli ultimi mesi, trasferito nel lager esterno di Gleiwitz, un sottocampo con più di mille internati, «non si rese più responsabile di brutalità». La Germania stava perdendo la guerra su tutti i fronti e inoltre la moglie invitava Klehr a un comportamento più umano. La paura della pena e il rispetto della famiglia furono, dunque, le cause del «miglioramento» in senso umanitario di un SS che da tutti veniva considerato un mostro.

Tra i molti militi delle SS che si macchiarono di crimini contro l'umanità e contro il popolo ebraico, sempre al Blocco 20, vanno ricordati i nomi di Erbert Scherpe ed Emil Hantl. Anch'essi praticavano le iniezioni al fenolo, ma erano meno sadici di Klehr. «Non picchiavano mai nessuno, agivano con cortesia e, soprattutto dicevano "Buon giorno" quando arrivavano e "Arrivederci" quando se ne andavano», piccoli segni di apparente umanità in un universo completamente degradato, ma che non fermavano la loro mano assassina. Basti un solo episodio, per chiudere questa galleria degli orrori. Nel febbraio del 1943 (occorre ricordare che la macchina dello sterminio era in piena funzione e si abbatteva sugli ebrei con particolare accanimento), vennero con-

[20] *Ibid.*, pag. 348-49; anche in B. Naumann, *Auschwitz*, cit., pag. 184, 264.

dotti al Blocco 20 del campo principale alcuni ragazzi di Zamosc e del circondario. Lo sgombero della zona vicino a Lublino aveva reso necessario il trasferimento della popolazione nei campi di concentramento. «L'addetto sanitario SS Scherpe indica l'età di questi ragazzi tra i dieci e i quindici anni; alcuni internati la valutano tra gli otto e i dodici anni. Il dottor Tadeusz Paczula nota che, probabilmente, nessuno di loro aveva più di quindici anni. Stanislaw Klodzinski che lavorava come infermiere in quel blocco non ha dimenticato il giorno in cui vi furono portati quei ragazzi: "Si dovettero spogliare e mettere in fila. Poi arrivò Scherpe. Regnava un silenzio mortale. L'unico rumore che si sentiva era il tonfo dei corpi nel locale delle docce [dove venivano gettati i cadaveri dei siringati]. Dopo alcuni di quei colpi Scherpe uscì dalla stanza".»

Emil Hantl uccise al posto di Scherpe gli adolescenti che erano ancora in vita. «Era completamente a pezzi, imprecava contro la guerra»[21] racconta un sopravvissuto che lo vide uscire dalla stanza dove si praticavano le iniezioni al fenolo. Ligio nel dovere, come se quelle uccisioni fossero un atto di guerra necessario agli eserciti!

[21] Le due citazioni da H. Langbein, *Uomini ad Auschwitz*, cit., pag. 446-47.

4.

LA VITA QUOTIDIANA COME MEZZO DI ELIMINAZIONE

Le epidemie

Nel campo di Auschwitz, a ondate cicliche, si scatenarono il paratifo, la malaria e la difterite, mentre dissenteria e tubercolosi erano croniche.

Una delle più micidiali affezioni che colpivano gli internati dai giorni della quarantena era la diarrea da fame, riscontrata soltanto nei campi di concentramento e nei ghetti nazisti. «I suoi sintomi principali erano: l'alterazione delle funzioni digestive, un grave deperimento dell'organismo e un notevole calo di peso. I detenuti ridotti a scheletri morivano per le strade del lager, nei blocchi o durante il lavoro.»[1] Pochi di loro venivano ricoverati nell'HKB, l'ospedale per prigionieri che, come abbiamo visto, aveva ben poco a che vedere con una struttura sanitaria il cui scopo fosse la cura e la guarigione degli ammalati (cap. 3, pag. 87).

Il tifo petecchiale, incominciò a diffondersi in maniera massiccia dalla primavera del 1941 e imperversò nel campo fino ai giorni della liberazione (gennaio 1945). Si ha notizia dai documenti pervenutici che la fase peggiore del suo scatenamento si ebbe nel 1942, quando in pochi mesi (da marzo ad agosto) morirono quasi 18.000 internati. La diffusione del tifo, spesso ostacolò anche

[1] F. Piper, *Le condizioni di vita e di lavoro come mezzo di annientamento*, in F. Piper e T. Swiebocka, *Auschwitz*, cit., pag. 129.

lo sfruttamento della forza lavoro dei prigionieri, perché la morte arrivava più rapidamente di quanto non accadesse con lo sfinimento fisico, dovuto alla fatica e alla fame.

Abitualmente, una malattia infettiva si trasforma in epidemia soltanto in presenza di determinate condizioni: quando, per esempio, ci si trova in un ambiente che fa da terreno di coltura degli agenti patogeni e nel quale vive una gran massa di persone. Per questa ragione la società dei lager era una società costantemente ammalata. La densità di popolazione e i frequenti spostamenti di massa, in condizioni igieniche non controllate, favorivano il diffondersi di malattie importate da altri luoghi, a prescindere dalla quarantena, obbligatoria in tutti i campi dall'inizio della guerra (1939).

Inoltre le condizioni materiali del lager si prestavano a essere un terreno ideale per il diffondersi delle infezioni e delle malattie: scarsità di latrine e di canalizzazioni, acqua inquinata e insufficiente, pozzi infetti, cibo guasto, alloggiamenti enormi, sovraffollati e sudici non potevano che moltiplicare i virus e i bacilli delle affezioni che, in assenza di medicine e cure adatte, si moltiplicavano.

In questa situazione, dissenteria, tubercolosi e scabbia venivano accettate come appartenenti alla vita quotidiana del lager. «La direzione del campo agiva contro il tifo e la febbre petecchiale solamente quando cadevano ammalate persone della propria cerchia.»[2] La prevenzione più sicura contro la febbre petecchiale consisteva nella disinfezione di massa di persone, indumenti, alloggi, animali eccetera. Ciò avrebbe interrotto la normale attività del lager e, inoltre avrebbe comportato controlli continui su migliaia di internati. Cosa impossibile. Anche nei momenti in cui si attuavano disin-

[2] W. Sofsky, *L'ordine del terrore*, cit., pag. 311.

fezione e lavaggio per i nuovi arrivati, si trattava di operazioni troppo superficiali. Nelle cuciture dei vestiti, vivevano e si riproducevano intere colonie di lendini, dalle quali, in breve tempo nascevano veri e propri plotoni di pidocchi.

Nel lager, la lotta alle epidemie fu sempre messa in secondo piano, in quanto le SS auspicavano, quando non ne rimanevano indifferenti, la morte degli internati. Fin da subito, i prigionieri furono considerati la feccia dell'umanità, nemici del popolo, parassiti del corpo sociale ariano puro da cui difendersi. Già prima dell'istituzione dei campi di concentramento, l'ideologia nazista faceva ricorso all'idea di «contaminazione» del tedesco puro da parte dell'ebreo e dell'asociale. Il fatto che degli esseri umani della specie dei sottouomini morissero a migliaia, non era altro che una conferma della legge darwiniana della selezione naturale, che dava sviluppo a un'opera necessaria di «igiene razziale».

«All'interno dei Blocchi, i prigionieri tentavano di domare le malattie facendo ricorso a metodi di assoluta fortuna: contro la diarrea si ingurgitavano pezzi di carbone prodotto bruciando croste di pane o schegge di legno; per bloccare le emorragie intestinali si inserivano nell'ano piccoli tamponi di carta o di spago; le parti superiori del corpo infestate dalla scabbia venivano invece frizionate con urina e con una pomata prodotta mescolando calce spenta e grasso lubrificante. Il poco pane disponibile veniva scambiato con sapone o biancheria pulita; gli indumenti intimi, lavati con infusi caldi di erbe medicinali. Di notte si rinunciava anche a dormire per dare la caccia ai pidocchi, ma contro la febbre petecchiale erano d'aiuto soltanto gli impacchi freddi e l'occultamento dell'ammalato.»[3] Ammalarsi significava morire: selezioni e uccisioni di infermi erano quotidia-

[3] *Ibid.*, pag. 310.

ne, per cui anche l'occultamento dell'epidemia che colpiva un intero Blocco era una forma di resistenza.

Con il tempo, le SS istituirono Blocchi di isolamento degli ammalati, con l'obiettivo di diminuire il pericolo di contagio e che costituivano un vero e proprio lager nel lager, uno spazio recintato all'interno del confine del campo. In quella sorta di lazzaretto, la vita diventava un inferno ancor più tremendo: le razioni di cibo venivano ridotte, l'assembramento di persone era al massimo consentito, e i medici internati non avevano niente a loro disposizione per prestare assistenza. Spesso quello spazio era abbandonato anche dal punto di vista burocratico organizzativo e il personale di guardia entrava nel recinto solo per un appello al giorno. Allora, l'epidemia poteva infuriare.

La fame

Il *Muselmann* è il punto estremo d'arrivo della fame che uccide.

L'origine del termine *Muselmann* è ignota ancora oggi.[4] L'espressione che in italiano si traduce con «musulmano», veniva usata ad Auschwitz e forse fa riferimento al presunto fatalismo dei popoli di fede islamica o, probabilmente allude ai movimenti degli arabi in preghiera. A Majdanek questa parola era sconosciuta e per indicare i «morti viventi» distrutti dalla fame e dalla malattia, ridotti a ossa ricoperte da pelle, si usava l'espressione *Gamel* (gamelle); a Dachau, questi stessi internati erano chiamati *Kretiner* (ebeti); *müde Scheichs*

[4] Lo stesso Primo Levi che ne parla a lungo in *Se questo è un uomo* e in *I sommersi e i salvati (Opere*, vol. I e II, cit.), in una nota scrive: «Con tale termine, *Muselmann*, ignoro per quale ragione, i vecchi del campo designano i deboli, gli inetti, i votati alla selezione» (pag. 84, *Opere*, vol. I, cit.).

(vale a dire rammolliti) a Buchenwald; o ancora *Schwinner* a Mauthausen (quelli che galleggiano facendo il morto).[5] Si trattava comunque sempre di uomini giunti al massimo del deperimento fisico e psichico, che annullava la linea di demarcazione tra la vita e la morte. «Alla fine si confondono i vivi con i morti [...]. Noi siamo scheletri che si muovono ancora, loro sono scheletri che non si muovono più» scrive H. Lévy-Hass nel suo diario da Bergen-Belsen.[6]

La fame colpiva i prigionieri del lager già dal viaggio di trasferimento o durante la deportazione (insieme alla sete). Nei primi tempi, una piccola percentuale di detenuti polacchi poteva sperare di sottrarsi alla trasformazione in *Muselmann*, ricevendo con regolarità pacchi alimentari da casa, o da organizzazioni umanitarie. Per gli altri, il lager si trasformava fin da subito in un inferno senza speranza, dato che la qualità e la quantità di cibo distribuito era tale da provocare in poche settimane la morte per fame (abbiamo visto come ad Auschwitz l'apporto calorico giornaliero del prigioniero, che lavorava 11 ore al giorno, non superasse le 1.300 calorie, con punte massime a 1.700 – vedi anche cap. 2, pag. 53-62).

Trovarsi ai limiti vitali, significava perdere anche la connotazione della differenza uomo/donna. Ecco come Désiré Haffner, descrive le donne che per prime arrivano nel campo femminile di Auschwitz (internate a partire dal mese di marzo 1942). Sono trascorsi solo cinque mesi dal loro arrivo: «La loro figura scheletrica, i crani rasati, i corpi imbrattati di macchie di sangue, la loro pelle scagliosa, tutto questo richiedeva un grosso sforzo

[5] Il repertorio potrebbe proseguire con *Krüppel* (storpi) a Stutthof, *Kamele* (cammelli) a Neungamme, per tornare a un termine simile a Ravensbrück, *Muselweiber* (musulmane) a volte sostituito con *Schmuckstücke* (gingilli).

[6] H. Lévy-Hass, *Vielleicht war das alles erst der Afgang*, Berlino 1979, pag. 48.

per poter capire che si trattava di donne. A causa della mancanza di ogni forma di igiene, dai Blocchi occupati da loro proveniva un odore più forte che dal lager maschile».[7]

Fra tutti i medici internati nel lager, Wladyslaw Fejkiel, ha tracciato un quadro clinico completo della malattia da denutrizione che trasformava i detenuti in *Musulmann*:

«Per quanto riguarda i sintomi della malattia da denutrizione, si devono distinguere due fasi. La prima è caratterizzata da dimagramento, debolezza muscolare e progressiva perdita di energia nei movimenti. In questo stadio l'organismo non è ancora profondamente danneggiato. A parte la lentezza nei movimenti e la perdita di forze, non vi sono altri sintomi. A prescindere da una certa eccitabilità e da una tipica irritabilità non si manifestano neppure mutamenti di carattere psichico. Era difficile rilevare il momento del passaggio dall'uno all'altro stadio. Per qualcuno avveniva in modo lento e graduale, per altri molto rapidamente. Si poteva calcolare all'incirca che la seconda fase cominciasse quando un individuo aveva perso un terzo del suo peso normale. Quando poi continuava a dimagrire, anche il viso cambiava. Lo sguardo si faceva opaco e il volto assumeva un'espressione indifferente, meccanica e triste. Gli occhi erano ricoperti da un velo, le pupille profondamente incavate. La pelle assumeva un colorito grigiopallido, diventava sottile, dura, simile alla carta e si desquamava. Era molto sensibile a ogni tipo di infezione e contagio, specialmente la scabbia. I capelli diventavano ispidi, stopposi e si spezzavano facilmente. La testa si allungava, gli zigomi e le orbite diventavano ben evidenti. A seconda dello stato di denutrizione comparivano edemi grandi o piccoli. [...] Man mano che lo stato di

[7] H. Langbein, *Uomini ad Auschwitz*, cit., pag. 101.

denutrizione aumentava, gli edemi si diffondevano soprattutto nelle persone che dovevano stare in piedi per molte ore, prima nella parte inferiore delle gambe, poi nelle cosce, nel sedere, nei testicoli e persino all'altezza dello stomaco. Ai gonfiori, spesso si aggiungeva la diarrea, che a volte precedeva lo svilupparsi delle tumefazioni. In questa fase, gli internati diventavano indifferenti a quanto accadeva intorno a loro. Si autoescludevano da ogni compagnia. Se ancora erano in grado di muoversi questo avveniva al rallentatore, senza piegare le ginocchia. Dato che il clima esterno si manteneva a 26° sotto lo zero, tremavano dal freddo. Se si osservava un gruppo di internati di tal genere, si aveva l'impressione di arabi in preghiera».[8]

Il dolore e il desiderio causato dalla fame, rimaneva fino all'ultimo la sensazione dominante su tutte le altre. Anche prima di andare alla camera a gas o di essere fucilati, molti deportati dicevano «Tutto quello che mi rimane è mangiare, mangiare, per morire con lo stomaco pieno!».

Primo Levi, nei suoi racconti ci lascia un'immagine indimenticabile di questi uomini annientati dalla fatica e dalla fame.

«Sono loro, i Muselmänner, i sommersi, il nerbo del campo; loro, la massa anonima, continuamente rinnovata e sempre identica dei non uomini che marciano e faticano in silenzio, spenta in loro la scintilla divina, già troppo vuoti per soffrire veramente. Si esita a chiamarli vivi; si esita a chiamare morte la loro morte, davanti a cui essi non temono perché sono troppo stanchi per comprenderla. Essi popolano la mia memoria della loro presenza senza volto, e se potessi racchiudere in un'immagine tutto il male del nostro tempo, sceglierei questa immagine che mi è familiare; un uomo scarno, dalla

[8] *Ibid.*, pag. 103.

fronte china e dalle spalle curve, sul cui volto e nei cui occhi non si possa leggere traccia di pensiero.»[9]

«Soccombere» ad Auschwitz, prosegue Primo Levi, «è la cosa più semplice: basta eseguire tutti gli ordini che si ricevono, non mangiare che la razione, attenersi alla disciplina del lavoro e del campo.»[10]

Poteva accadere che, dopo alcune settimane di vita al campo, un uomo alto 180 cm. pesasse meno di quaranta chili o che una donna di trent'anni alta 160 cm. non superasse i 25 chili.

Ad Auschwitz, prima delle camera a gas e della soluzione finale della questione ebraica, uccideva la vita quotidiana, con la fame e la violenza che si abbattevano sui prigionieri come bombe devastanti.

Punizioni e torture

Per Höss che era cresciuto alla scuola di Theodor Eicke, comandante del campo di concentramento di Dachau, valeva il principio che i prigionieri erano «nemici dello Stato». Per questo ogni soldato SS poteva uccidere un detenuto senza essere considerato colpevole di omicidio, consapevole di trovare comprensione non solo nelle autorità del campo ma anche nelle più alte cariche del Reich. Già nel lontano novembre 1935, Hitler in persona aveva graziato i guardiani del lager di Hoenstein, condannati per «avere infierito in modo particolarmente grave e crudele sugli internati».[11]

Nel regolamento di Dachau, si poteva leggere: «Verrà fucilato sul posto o impiccato chiunque attacchi un sorvegliante o un soldato SS, rifiuti di obbedire o di

[9] P. Levi, *Se questo è un uomo*, in *Opere*, vol. I, cit., pag. 91-2.
[10] *Ibid.*, pag. 91.
[11] Documenti prodotti a Norimberga, PS 785-788 (la sigla PS rimanda ai documenti riuniti a Parigi dal Colonnello Storey).

eseguire un lavoro assegnatogli, inciti altri a farlo oppure li aizzi alla rivolta, lasci la colonna in marcia o il posto di lavoro o convinca gli altri a farlo, e chi durante la marcia o il lavoro gridi, chiami, inviti gli altri alla ribellione o tenga discorsi».[12]

Ad Auschwitz non c'era un regolamento disciplinare per i prigionieri che imparavano i divieti a loro spese. Czeslaw Jaworski, arrestato dalla Gestapo come prigioniero politico, scrive in proposito:

«Sulle scale, mi accorsi che in fondo al corridoio c'era una bacheca che ospitava diverse informazioni scritte in tedesco. Vi cercai le regole del campo, credendo che fossero comprese in qualche foglio affisso per conoscenza. Purtroppo non le trovai. Improvvisamente vidi il capo blocco Schreiber e gli chiesi se vi fosse un regolamento per i detenuti del lager, poiché intendevo leggerlo per evitare inconvenienti. Mi guardò come si guarda un pazzo, mi colpì al viso e mi disse: "Eccoti il regolamento". Il chiarimento mi costò due denti».[13]

Fra le cause più frequenti delle punizioni, figuravano: il non avere seguito la propria squadra sul luogo di lavoro, l'allontanamento dallo stesso o il tentativo di nascondersi per evitare la fatica; azioni considerate di sabotaggio anche se frutto di incidenti (per esempio la rottura di un pezzo durante lo scarico); lo scambio di cibo, vestiti o altri oggetti con gli operai civili; il mangiare durante l'esecuzione dei lavori; fumare quando non era consentito, spedire lettere.

Le punizioni venivano eseguite sul luogo dell'infrazione, mediante percosse e maltrattamenti che potevano portare anche alla morte, a opera delle SS, del caposquadra, dell'anziano o di altri prigionieri incaricati della sorveglianza.

Tra le pene prescelte con maggiore frequenza dagli

[12] In F. Piper, T. Swiebocka, *Auschwitz*, cit., pag. 131.
[13] *Ibid.*, pag. 132.

aguzzini, c'era la fustigazione, eseguita quasi sempre durante gli appelli, ricorrendo a uno speciale tavolo su cui giaceva il detenuto al quale era impedito di muovere i piedi. Le scudisciate o le manganellate dovevano essere inferte con la massima rapidità e non dovevano in teoria superare i 25 colpi. In realtà, i 5 prigionieri coinvolti nel primo tentativo di fuga (opera come abbiamo visto di Tadeusz Wiejowski) vennero condannati a 75 frustate. Dopo le prime 25, i malcapitati vennero rinchiusi per quasi un mese nel Blocco della morte (il n. 11) senza alcuna assistenza medica. Le ferite si infettarono gravemente finché non ricevettero le altre 50 scudisciate che provocarono la morte immediata di Stanislaw Mrzyglod.

In pratica, dunque il numero delle frustate, che non verranno risparmiate nemmeno alle donne, quando saranno internate ad Auschwitz, dipendeva dalla volontà dell'SS incaricato di ordinare la punizione.

Molto dura era anche la pena detta del palo; consisteva nell'appendere un prigioniero per le mani, ritorte dietro la schiena. Molti perdevano i sensi per il dolore, ma la conseguenza più grave era la rottura dei tendini delle braccia, che comportava l'inabilità al lavoro e dunque la morte.

La più temuta tra tutte le punizioni, restava comunque la reclusione nella *Stehzelle*, una cella di un metro quadro, ubicata nei sotterranei del Blocco 11 (ce n'erano quattro), nella quale i detenuti erano obbligati a stare in piedi. Vi si accedeva per una minuscola apertura vicino al pavimento. Una volta chiusa la porta, regnava il buio assoluto perché anche la presa d'aria di cinque centimetri era coperta da una lamiera. Le SS vi stipavano fino a quattro internati, in modo da impedire anche il minimo movimento. Dopo la notte trascorsa in quelle condizioni, i prigionieri dovevano andare al lavoro. La detenzione nella *Stehzelle* poteva protrarsi per più di due settimane.

La destinazione alla «Compagnia penale», invece, costituiva un'esplicita condanna a morte. Istituita nel 1940, poteva essere composta, di volta in volta da un minimo di 150 detenuti a un massimo di 600. Complessivamente gli internati che ne fecero parte ammontano alle 6.000 unità. Consegnati in alloggi speciali del Blocco 11 (negli anni dal 1940 al 1942) i detenuti non potevano tenere contatti con il resto dei prigionieri del campo, non avevano diritto alla corrispondenza e non venivano mai ricoverati in ospedale o in infermeria nemmeno se gravemente ammalati. Otto Moll, futuro capo dei crematori di Birkenau, fu uno dei responsabili della Compagnia penale,[14] uno tra i più spietati criminali delle SS in servizio al lager. Quando un internato entrava per la prima vola a far parte della sua squadra, Moll chiedeva d'abitudine il motivo della condanna e poi si accaniva su di lui con violenza fino a farlo stramazzare al suolo; una volta a terra, saltava sul suo corpo o gli aizzava contro il cane lupo con cui era solito girare nell'area del lager.

Il lavoro dei detenuti della Compagnia penale era molto pesante e consisteva nell'estrarre ghiaia da cave intorno al campo, e nel riempire grosse carriole che poi i detenuti dovevano portare, conducendole sul bordo della cava e correndo in equilibrio su assi di legno. Chi rallentava il ritmo di lavoro o cadeva, veniva coperto di botte fino a morirne.

Tra i kapo della compagnia, uno dei maggiori criminali fu il tedesco Ernst Krankemann. Giunto ad Auschwitz il 29 agosto 1940, di professione barbiere, basso e obeso, era in grado di uccidere un uomo con un pugno. Era particolarmente crudele con i sacerdoti e gli

[14] Gli altri comandanti della Compagnia penale furono: l'*SS-Unterscharführer* Gerlach, l'*SS-Rottenführer* (Caporale maggiore) Sternberg, l'*SS-Unterscharführer* Umlauf.

ebrei, inoltre manifestava grande interesse per la morte di quei prigionieri che avevano denti d'oro. Per i suoi continui furti ai danni dell'economia del Reich, venne inviato nell'Istituto per l'Eutanasia di Sonnenstein. Si racconta che non arrivò mai a destinazione perché i prigionieri rinchiusi nel suo stesso vagone ferroviario lo impiccarono prima della fine del viaggio.

Con l'istituzione del campo di Auschwitz-Birkenau (II parte, pag. 173), la Compagnia penale fu trasferita nel Blocco 1 del campo maschile (nel mese di maggio del 1942).

Ecco cosa scrive in proposito F. Piper:

«A Birkenau i membri della Compagnia penale erano utilizzati nei lavori di scavo del canale Königsgraben [chiamato gora dagli italiani], famigerato luogo di efferati assassini, dove il 10 giugno 1942 scoppiò la rivolta dei prigionieri. Questi ultimi, approfittando della confusione provocata da un nubifragio, si diedero alla fuga senza preoccuparsi di essere scoperti dai soldati SS e dai kapo, i quali dopo un primo momento di smarrimento aprirono il fuoco e in breve ripresero in mano la situazione. Tredici detenuti persero la vita, nove riuscirono a evadere, e i restanti furono rinchiusi nel lager dalle SS guidate da Otto Moll. L'indomani, nel cortile della Compagnia penale venne improvvisata un'indagine e, di fronte al rifiuto di rispondere alle domande, diciassette prigionieri vennero fucilati dal direttore del campo, l'*SS-Hauptscharführer* Hans Aumeier e altri tre dall'*SS-Hauptscharführer* Franz Hössler. I restanti 320, le mani legate con il filo spinato, furono mandati alla camera a gas. Al loro posto, vennero selezionati altri prigionieri».[15]

Tornando al campo, ogni giorno, i detenuti della Compagnia penale trainavano un carro carico di cada-

[15] F. Piper, T. Swiebocka, *Auschwitz*, cit., pag. 135.

veri; tuttavia, per loro la giornata non finiva come accadeva per gli altri, con l'appello serale. Infatti, dopo la formalità di rito nella quale venivano inclusi anche i morti, all'aperto e senza alcun attrezzo da lavoro, eseguivano lavori pesanti come, per esempio, rompere mattoni e pietre. In genere era Alfons Göttinger che i detenuti chiamavano Sepp, che sorvegliava il lavoro. Si trattava di un kapo particolarmente sadico, che si divertiva a catturare con una sorta di *lazo* coloro che riducevano il ritmo di lavoro e dopo averli soffocati li gettava in un angolo del cortile dove, con il passare del tempo, i cadaveri si ammucchiavano.

Tra le punizioni, figurava anche lo «sport» (secondo il gergo del campo), vale a dire la ginnastica forzata: esercizi fisici a comando, a ritmi frenetici, marce, corse, e altro (come lo strisciare per terra con i gomiti o il camminare sulle punte dei piedi, o il girare vorticosamente su se stessi con le mani in alto). Uno tra i peggiori aguzzini per questo tipo di punizioni era l'*SS-Oberscharführer* Ludwig Plagge, soprannominato «pipetta», perché teneva in bocca continuamente la pipa. Senza badare all'età e allo stato di salute, sottoponeva per ore e ore i detenuti a esercizi faticosi ed estenuanti. Gli assistenti di Plagge picchiavano coloro che davano segno di cedimento, e uccidevano tutti quelli che dopo un certo tempo si rifiutavano di proseguire nell'esecuzione degli esercizi.

Presso gli archivi del campo esiste una documentazione riferita a molti casi del genere, come ad esempio la storia del comandante dei vigili del fuoco di Varsavia, Stanislaw Gieysztor. Lasciatosi cadere a terra sfinito (era un uomo corpulento che pesava più di 100 chili) venne assalito dal kapo Leo Wietschorek che lo percosse con tutta la forza che aveva in corpo, e con un bastone spesso più di 5 cm. Poiché Gieysztor accennò a difendersi, afferrando il bastone, il kapo si scagliò su di lui con maggiore violenza e infine lo soffocò infilandogli in bocca il bastone.[16]

Altre punizioni erano: la privazione del pasto, nonostante il lavoro pesante, il lavoro durante le pause, stare in piedi o in ginocchio immobili con le mani tese che reggevano pesi, rotolarsi sulla ghiaia, sui frammenti di pietra o sui vetri eccetera.

Il lavoro

Il lavoro (vedi I parte pag. 62 e II parte pag. 281) era soprattutto uno strumento di annientamento. Anche se Himmler e il ministro della Giustizia del Reich Otto Thierack parlano di «*Vernichtung durch Arbeit*» (annientamento mediante lavoro) soltanto nel 1942, il metodo aveva trovato un'applicazione pratica assai diffusa, fin dall'inizio, in tutti i lager nazisti. Nonostante i mezzi di trasporto e le attrezzature a disposizione delle autorità del campo e delle aziende private che usufruivano della manodopera dei lager, i detenuti svolgevano ogni lavoro utilizzando soltanto la forza del loro corpo e spesso mezzi troppo rudimentali per i tipi di mansioni da eseguire. La regola per i nazisti era dunque quella di un massiccio impiego di forza lavoro a fronte di un minimo utilizzo di attrezzature. I detenuti trasportavano a piedi carichi spesso molto pesanti e per distanze anche notevoli; trainavano come animali da soma carretti carichi di cadaveri, pietre, alimentari, materiale edile o ferroviario ecc., per chilometri. Nel campo, anche quando dopo la metà del 1943 ci sarà una penuria di manodopera, non si avrà mai nessun riguardo per un uso razionale e umanitario dei prigionieri impiegati nella produzione. Infatti era in vigore un ricambio (o *rotazione* come veniva chiamata) che garantiva

[16] APMO, *Proces Hössa*, cit., t. 25, k. 5, deposizione dell'ex internato Michal Kala.

ogni due o tre mesi (o anche meno) manodopera fresca e in forze, per cui non valeva la pena di preoccuparsi troppo della salute e della vita dei prigionieri. Non sembra inutile ricordare che le imprese private che assumevano detenuti del campo si erano riservate nei contratti sottoscritti con le SS la possibilità di sostituire gli inabili al lavoro, o gli ammalati, con persone sane e robuste.

La possibilità di vivere oltre il periodo canonico della *rotazione*, veniva riservata a chi riceveva viveri da casa o abiti extra e, nel contempo riusciva a sottrarsi alle percosse o alle punizioni, rimanendo al coperto e al caldo nel periodo invernale. Questi posti erano una rarità se, come racconta Primo Levi, allo stabilimento della Buna-Werke su 10.000 lavoratori solo 300 o 400 potevano considerarsi privilegiati (vale a dire in situazione di lavoro e fatica che consentivano una speranza di sopravvivenza – vedi anche la relazione del dottor Münck, cap. 2, pag. 59-62).

A partire dal 1942, con l'arrivo dei primi trasporti di ebrei (II parte), Auschwitz ebbe sempre un'eccedenza di manodopera, nonostante la grande quantità di aziende e sottocampi che utilizzavano detenuti. Talvolta rimaneva inutilizzato anche il 50% degli internati selezionati per il lavoro. Anche per questo non si provvedeva a curare i prigionieri stremati o ammalati o ad aumentare le razioni di cibo, per consentire un allungamento del periodo di vita.

Mentre la procedura delle uccisioni dei prigionieri non idonei al lavoro, negli altri campi nazisti venne praticamente sospesa nell'aprile del 1943, nel campo di Auschwitz rimase in vigore fino alla fine (in particolare nei confronti degli ebrei).[17]

[17] In F. Piper, *Il lavoro dei prigionieri ad Auschwitz: opportunità per sopravvivere o strumento di annientamento?*, Verona 1997, testo dattiloscritto, inedito, di proprietà della Società Letteraria. Ringrazio il dott. Carlo Saletti per avermelo segnalato.

Le esecuzioni

Rappresentavano uno dei metodi più diretti dello sterminio degli internati, e il loro peso muterà solo in termini quantitativi a partire dalla deportazione e dallo sterminio degli ebrei ad Auschwitz (II parte).

Il luogo destinato alle esecuzioni era il Blocco 11 con il suo cortile ampio e spazioso, chiuso tra alte mura e, sulla sinistra dalla parete di confine del Blocco 10.

Maximilian Grabner, capo dell'Ufficio Politico del campo ne era il responsabile; «grazie alla sua brutalità senza scrupoli, l'amor proprio e il suo orgoglio perverso, come anche alla sua ipocrisia proverbiale, Grabner era diventato il personaggio più importante del lager. Anche lo stesso *SS-Sturmbannführer* Höss, che non gli è certo da meno in crudeltà e sadismo, [...] evita il più possibile tutti i contrasti con questo presuntuoso funzionario della Gestapo».[18]

Uno dei racconti più precisi riguardo al Blocco 11, che all'interno del cortile nascondeva il «muro della morte», è quello dell'SS Pery Broad, in forza nel dipartimento politico dal 1942 alla liberazione del campo. Nato a Rio de Janeiro nel 1921 da padre brasiliano e madre tedesca, tornato in Germania, nel 1941 entra come volontario nelle SS (dopo un periodo di tempo passato nelle file della *Hitler-Jugend*, Gioventù hitleriana), finché non viene distaccato al campo principale di Auschwitz. Arrestato dagli inglesi, dopo la guerra, consegna loro un documento scritto in cui descrive i crimini commessi dalle SS in quel lager.[19]

[18] In, *Auschwitz vu par les SS*, Edizioni del Museo di Stato Auschwitz-Birkenau, Oswiecim 1994, pag. 106-7.

[19] Pery Broad torna presto in libertà e lavora nella Germania Federale fino al 30 aprile 1959, quando viene arrestato di nuovo per il processo sui crimini commessi ad Auschwitz tenutosi a Francoforte sul Meno. Condannato a quattro anni di prigione, torna in libertà nel 1965 e riprende la sua attività di commerciante. Il suo testo è pubbli-

«Chiunque conosca la storia del campo principale di Auschwitz, non può ignorare che cosa significhi il "Blocco 11". Nell'aspetto esteriore, non si distingue dagli altri Blocchi. Qualche gradino in pietra conduce all'entrata. Una semplice targa nera porta il numero 11, e si trova sulla destra di una porta a vetri dalla quale si può scorgere un lungo corridoio che attraversava tutto l'edificio. Contrariamente a quanto accadeva per gli altri Blocchi del campo, la sua porta era sempre chiusa. Suonando o bussando, si poteva vedere apparire un soldato delle SS i cui passi rimbombavano in modo lugubre in tutto il Blocco, deserto. Con un atteggiamento burbero e sospettoso, da una finestrella, scrutava colui che aveva suonato, e lo cacciava via oppure lo faceva entrare soltanto se la motivazione aveva caratteri di estrema necessità. Allora, nella penombra del corridoio, si poteva scorgere una cancellata molto solida, con una porta blindata che isolava la parte posteriore dell'edificio. Ma ancor prima di entrare nel Blocco, si era assaliti dall'angoscia constatando che le sue finestre erano quasi completamente murate e non lasciavano passare che un piccolo raggio di luce, non più largo di una mano. Anche le aperture dei sotterranei erano chiuse.»[20]

Tra il Blocco 11 e il 10, dicevamo, c'è un ampio cortile murato, cui si accede da un portone in legno massiccio. Uno spazio destinato alla tortura e alla morte per esecuzione.

In particolare, il Blocco 10, tra il 1940 e il 1942 era stato adibito ad alloggio: per un breve periodo di tempo nel 1941 aveva ospitato i prigionieri della Compagnia penale, poi dal marzo all'agosto del 1942 aveva fatto parte dei dieci edifici riservati al settore femminile,

cato a cura del Museo Statale di Auschwitz-Birkenau, nel volume: *Auschwitz vu par les SS*, cit., (che contiene anche il diario del dottor Paul Kremer e gli scritti di Rudolf Höss).

[20] P. Broad, in *Auschwitz vu par les SS*, cit., pag. 105.

per essere infine destinato, dal dicembre dello stesso anno, agli esperimenti medici.[21] Le sue finestre sul cortile, come per quelle del Blocco 11, erano bloccate da assi e lamiera, in modo da impedire ogni sguardo su ciò che accadeva in quello spazio.

«Grabner, di solito, approfitta del fine settimana – come dice lui stesso cinicamente – per "ripulire" l'intero bunker», scrive Broad. «Dopo la riunione, tutto il reparto deve recarsi al Blocco 11. Anche se bastano solo tre o quattro di noi, Grabner ci fa andare tutti perché ama essere in gruppo.»[22] Il custode del bunker, l'*SS-Hauptsurmführer* Aumeier con alcuni *SS-Blockführer*, completano la commissione che scende nelle cantine per cominciare le operazioni di «pulizia».

«L'aria sa di muffa e a malapena si riesce a respirare [...] Il sorvegliante apre la porta della cella con una delle chiavi del mazzo [...]. Aumeier appoggia l'elenco degli arrestati sullo stipite e insieme a Grabner li giudica. Il primo prigioniero pronuncia il cognome e dice da quanto tempo si trova nel bunker. Il *Lagerführer* chiede rapidamente al *Rapportführer* il motivo dell'arresto. Se il prigioniero è stato rinchiuso al Blocco 11 dalla Sezione II (Polizia, Gestapo) la decisione finale spetta solo a Grabner. Poi entrambi i dignitari del campo decidono: "pena 1" o "pena 2".

«Così suddivisi, i prigionieri lasciano la cella e si dispongono su due file nel corridoio centrale. Gli altri rimangono in stato di "detenzione preventiva".

[21] Nell'aprile del 1943 il Blocco 10 fu messo a disposizione del professor Carl Clauberg che vi eseguiva i suoi esperimenti sulla sterilizzazione, su internati (uomini e donne) in maggioranza ebrei. Eduard Wirths, vi effettuava esperimenti sul cancro, mentre il dottor Horst Schumann faceva ricerche e interventi chirugici sulle ebree già sterilizzate a mezzo raggi X nel campo di Birkenau. Per un mese, un locale del Blocco 10 fu anche la sede dell'Istituto di igiene delle SS (*Hygiene-Bacteriologiske Untersuchungs-Stelle der Waffen SS für Süd-Osten*), trasferito in seguito a Rajsko, non lontano da Oswiecim.

[22] P. Brood, *Auschwitz vu par les SS*, cit., pag. 107.

«I "delitti" dei detenuti destinati alla pena 1, consistono nel furto di una patata, nel possesso di biancheria supplementare, nell'avere fumato una sigaretta durante le ore di lavoro o in cose simili. Hanno ancora qualche possibilità, se sopravvivono alla fustigazione o al lavoro particolarmente duro nella Compagnia penale.

«Altro destino spetta a coloro che vengono inseriti nell'elenco della "pena 2". Aumeier disegna di fianco ai loro nomi, con una matita blu, in modo che tutti vedano, una grossa croce. Il significato del termine "pena 2" non è più un segreto per nessuno.»[23]

Condotti dai sotterranei ai bagni del pianterreno, i prigionieri condannati alla fucilazione dovevano denudarsi e aspettare il momento della morte. Fino a tutto il 1942, le SS gli legavano i polsi con filo spinato. In seguito, se ne fece a meno e il provvedimento venne adottato soltanto per casi di internati particolarmente ribelli. Il numero di matricola, non ancora tatuato sul braccio, veniva scritto sul torace con una matita copiativa in modo da consentire il riconoscimento e la registrazione del decesso. «In qualsiasi stagione dell'anno i prigionieri venivano fucilati nudi e scalzi [...] e i cadaveri venivano trasportati al crematorio ancora sanguinanti»[24] cosicché lasciavano una traccia inequivocabile per le strade del lager. Le persone venivano assassinate due o tre alla volta con un colpo alla nuca, davanti al muro della morte.

A volte, accadeva che durante l'appello venissero fatti i nomi di una decina di internati cui era fatto l'obbligo di presentarsi al Blocco 24, sede dell'ufficio registro del lager; si trattava di prigionieri per i quali la Gestapo aveva redatto un rapporto su cui figurava la scritta «ritorno indesiderato». Dopo un rapido controllo delle ge-

[23] *Ibid.*, pag. 107-8.
[24] F. Piper, T. Swiebocka, *Auschwitz*, cit., pag. 138.

neralità, venivano portati nel cortile del Blocco 11 e fucilati davanti al muro della morte.

Il decesso di tutti questi uomini (e in seguito anche delle donne rinchiuse nel campo femminile) era attribuito a cause naturali o a particolari malattie. A volte si provvedeva a registrarli qualche tempo prima nelle liste dei ricoverati in ospedale.

«Su disposizione delle massime autorità di polizia del Reich e del Governatorato generale, nel campo spesso venivano eseguite condanne a morte di ostaggi, sia di quelli deportati allo scopo (è il caso dei 40 polacchi fucilati il 22 novembre del 1940) sia di quelli che vi si trovavano già. La loro fucilazione avveniva come rappresaglia contro le azioni di resistenza organizzate nei luoghi di residenza. Tale destino, nel maggio del 1942, toccò a 168 artisti, attori ed ex ufficiali polacchi arrestati in un caffè di Cracovia dopo un attentato a un ufficiale della *Luftwaffe* [Aviazione militare tedesca].»[25]

Un ex prigioniero del lager, il dottor Boleslaw Zbozien, così descrive una di queste esecuzioni di ostaggi: «Un giorno, non ricordo la data precisa, in una strada del campo di Auschwitz, vedemmo Palitzsch insieme a un uomo e a una donna. La donna teneva per mano un bambino piccolo, mentre altri due più grandi, di quattro e sette anni circa, gli camminavano accanto. Il gruppo si dirigeva verso il Blocco 11. Non dimenticherò mai la scena che si svolse sotto i nostri occhi. La donna e l'uomo non opposero resistenza quando Palitzsch li mise davanti al muro della morte. Tutto avvenne nel silenzio più assoluto. L'uomo teneva per mano il bambino alla sua sinistra; insieme alla donna stringevano ugualmente la mano a un altro bambino che era in mezzo a loro. La madre abbracciava il più piccolo. Palitzsch dapprima sparò alla testa del neonato. Il colpo alla nuca gli fece

[25] *Ibid.*, pag. 139.

scoppiare il cranio [...] provocando un enorme scorrimento di sangue. Il piccolo si dibatté come un pesce mentre la madre lo strinse a sé ancora più forte. Palitzsch sparò poi al bambino che stava in mezzo. L'uomo e la donna [...] continuavano a restare immobili come statue di pietra. Palitzsch lottò con il bambino più grande che non voleva farsi sparare. Lo gettò a terra e saltandogli sulle spalle gli sparò alla nuca. Alla fine fucilò la donna e l'uomo».[26]

[26] APMO, Zespol Oswiadczei, t. 70, k. 159-60.

5.

MUSICA, GIOCHI, SESSUALITÀ

L'orchestra, la musica

«Quando fu costruito Auschwitz, era già nella tradizione dei campi di concentramento nazisti il formare un'orchestra degli internati. Mentre le squadre si avviavano o tornavano dal lavoro, l'orchestra doveva suonare delle marce, e non solo perché le SS ci tenevano a dare una parvenza pseudo-militare alla vita del lager.»[1] Le colonne marciavano al ritmo dei tamburi e gli uomini si disponevano in fila per cinque, in modo da rendere il conteggio assai più rapido e semplice.

Nel gennaio del 1941, a pochi mesi dalla data di apertura del campo, nel Blocco 24 gli internati polacchi avevano cominciato a eseguire prove con strumenti musicali che si erano fatti inviare da casa. Nei primi tempi, l'orchestra non fu chiamata soltanto a suonare marce di servizio, ma venne destinata alla realizzazione di concerti che quasi sempre si tenevano la domenica davanti alla villa del comandante. Ecco quanto scrive in proposito Tadeusz Borowski:

«La sala concerti si trova direttamente sotto il bordello [nel Blocco 24]. Qui c'era abbastanza gente e rumore, gli spettatori stavano in piedi lungo le pareti, i musicisti accordavano i loro strumenti [...]. Di fronte al-

[1] H. Langbein, *Uomini ad Auschwitz*, cit., pag. 137.

la finestra c'è un piccolo podio sul quale sale il capo della cucina [che era anche il direttore dell'orchestra], mentre quelli che sbucciavano le patate e il ragazzo che portava via il carretto dei rifiuti iniziano a suonare [gran parte dei musicisti venivano appunto assegnati ai lavori di cucina]».[2] E ancora: «Da alcuni giorni abbiamo nelle ore pomeridiane uno svago fisso: dal Blocco dove sono rinchiusi i tedeschi [i criminali comuni con il triangolo verde come contrassegno], esce fuori marciando una colonna di uomini e, cantando *Morgen nach Heimat* [*Domani in patria*, canto nazista] fa il giro del campo più volte. Il *lagerältester* dirige e con un bastone dà lo *Schritt und Tritt* [il tempo di marcia]. [...] Questa marmaglia cammina per la strada e canta, "Domani in patria". Tutti famosi lestofanti, uno più famoso dell'altro: Seppel, il terrore dei *dachdecker* [gli internati che lavorano ai tetti], quello che senza pietà fa lavorare alla pioggia, alla neve e al gelo e scaraventa giù dal tetto per un chiodo piantato male».[3]

Borowski, internato politico numero 119.198, mostra con queste brevi testimonianze altri utilizzi dell'orchestra: da un lato la prova diviene una sorta di premio-svago per alcuni internati, per lo più polacchi o tedeschi, dall'altro momento di addestramento militare per i criminali tedeschi che si esercitano a marciare per essere poi inviati al fronte.

Un altro testimone d'eccezione è Jerzy Brandhuber:

«Domenica sera, sullo sfondo la cucina, un edificio a mansarda con giardino accanto; davanti ai leggii l'orchestra. Gli internati indossano abiti bianchi con galloni rossi. Una grande orchestra sinfonica. Un'orchestra diligente come in nessun altro luogo con pause solo per girare i fogli. E tutt'intorno una folla di persone, come

[2] Tadeusz Borowski, *Paesaggio dopo la battaglia*, Il Quadrante edizioni, Torino 1988.
[3] *Ibid.*

in una stazione climatica, solo che questa folla è vestita a strisce grigio-blu. Una folla che sta in piedi su tutta la larghezza della strada. E poi c'erano concerti non ufficiali. Quando la domenica pioveva, l'orchestra non usciva a suonare. Nella sala della musica c'era silenzio. Al piano c'era un ungherese, un virtuoso, ebreo».

Quando si aprirono gli altri campi del sistema concentrazionario di Auschwitz, si formarono orchestre d'ogni tipo; nel lager femminile, a Birkenau, dove si suonava durante le selezioni, o mentre migliaia di ebrei bruciavano nei forni crematori o morivano nelle camere a gas, a Monowitz, a Blechhammer e Golleschau, dove si dice ci fossero a disposizione più di venti tipi di strumenti musicali e venissero organizzati concerti per lo svago delle truppe.

Particolarmente famosa fu un'orchestra che si formò a Birkenau nel lager degli zingari. Un dato è comunque da rilevare. A partire dal 1942, gli orchestrali potevano essere scelti in mezzo ai prigionieri di «razza inferiore», ebrei e zingari; il direttore d'orchestra invece, doveva essere un «ariano».

Ecco come descrivono il loro direttore due membri dell'orchestra di Birkenau: «Gli è stata conferita questa funzione, perché come sostiene, è di nazionalità tedesca. Naturalmente ci tiranneggiava (noi e gli orchestrali ebrei) costantemente, ci dava ordini impossibili e rendeva ancora più amara la nostra esistenza che era già abbastanza dura».[4]

Nel 1942 a Birkenau «il nucleo principale dell'orchestra consisteva di circa 15 internati, mandati da Auschwitz I, dove già da un anno funzionava una grossa orchestra. Costoro portavano numeri dal 2.000 al 16.000 e pertan-

[4] H. Langbein, *Uomini ad Auschwitz*, cit., pag. 138. Anche le citazioni precedenti, senza indicazione di nota, sono tratte dal saggio di Langbein.

to rispetto ai nuovi arrivati, erano padroni assoluti. La maggior parte di loro faceva un uso illimitato del proprio potere».

Non era difficile prevedere che, nel giro di pochi mesi, le SS del lager decidessero di sfruttare a loro vantaggio, per divertirsi e distrarsi, le possibilità che poteva offrire un'orchestra. La sala usata per le prove, sia nel Blocco 24 del campo principale che a Birkenau, divenne una sorta di luogo di ritrovo dove cantare e ballare, bevendo grappa e birra servita dagli internati.

Rimane famosa, comunque l'orchestra femminile di Birkenau, dal 1943 diretta da un'ebrea, Alma Rosé, il cui padre era stato primo violino dei *Wiener Philarmoniker*. Rinchiusa nel Blocco 10 degli esperimenti, del lager femminile di Birkenau, un giorno si offrì di concorrere all'organizzazione della festa di compleanno di un pezzo grosso. Il suo scopo era semplicemente quello di ottenere un qualche vantaggio dalla sua prestazione (cibo, medicine, riposo) ma le sue grandi capacità artistiche impressionarono le sorveglianti che riuscirono a ottenere per lei un posto stabile come direttore d'orchestra.

«La banda musicale femminile divenne una vera orchestra nel cui programma erano inclusi brani di Verdi, Chopin, Strauss, Tschaikowski.» Secondo quello che affermano alcune testimonianze (di Manca Svalbova o Seweryna Szmaglewska), la Rosé suonava e dirigeva l'orchestra come se vivesse in un altro mondo, fuori dall'inferno del lager. Forse, come scrive Krystyna Zywulska «aveva l'impressione di essere al teatro di Vienna».

Occorre sottolineare che sempre chi suonava uno strumento o faceva parte dell'orchestra era visibilmente protetto. Secondo quanto riferiscono taluni, «il Blocco dove si trovava l'orchestra era ancora più curato della segreteria o della cucina, il cibo era abbondante e le ragazze della banda femminile vestite bene con abiti di panno e berretti azzurri».

Ben presto i musicisti avranno un gran lavoro: la musica infatti scandirà molta parte della vita del campo. L'orchestra era schierata in bella vista poco prima dell'appello, durante le occasioni ufficiali quando il comandante del lager teneva discorsi, quando si effettuavano selezioni tra i registrati per il lavoro (destinando i non adatti alle camere a gas), quando arrivava un nuovo convoglio di deportati, quando si puniva qualcuno con l'impiccagione, all'ingresso e all'uscita dal campo delle squadre di lavoro, e per svagare le SS, in giorni stabiliti (in genere martedì e venerdì) e tutte le notti.

A Jawiszowice, vicino a Oswiecim, nel sottocampo del lager di Auschwitz, Jawischowitz, che funzionò aggregato a una miniera di carbone di proprietà delle industrie di Hermann Göring, dove vennero impiegati, dal luglio 1942 al 17 gennaio 1945, circa 2.000 internati ebrei al giorno, Lex van Weren, noto suonatore di jazz, venne tolto dalla squadra di lavoro e fu incaricato di suonare un corno, con il quale la notte di Natale fu costretto a ripetere all'infinito *Stille Nacht*. Dei trecento ebrei che erano arrivati con Weren al campo di Jawischowitz, dopo alcune settimane ne erano rimasti in vita solo quindici, compreso lui che era stato nominato servitore di camerata e non scendeva più in miniera.

Oltre alla musica, ad Auschwitz le SS apprezzavano anche il buon canto. Emilio Jani, famoso tenore italiano, internano nel lager con il numero 180.046, racconta nel suo diario come riuscì a salvarsi la vita adattandosi a cantare per le SS, proprio mentre poco lontano fumavano i camini dei crematori.[5]

[5] Emilio Jani, *Mi ha salvato la voce*, Ceschina, Milano 1961. Si veda inoltre: Lasker-Wallfisch, *Inherit the truth 1938-1945*, DLM London 1996 che racconta la storia di una grande violinista internata ad Auschwitz, in particolare cap. 6; e lo studio di Milan Kuna, *Musik an der Grenze des Lebens*, Zweitausendeins, Frankfur am Main, 1993.

Gare sportive e giochi

«La crudeltà dell'uomo è ingegnosa. All'interno del lager essa si presentava sotto infinite varianti; un colpo mortale inferto all'improvviso, la bastonatura di routine, le sevizie compiute per passatempo e ancora i massacri perpetrati durante le battute di caccia all'uomo. Ciò nondimeno gli omicidi compiuti per passione erano pochi. Molti atti di crudeltà venivano portati a termine senza animosità, senza moti d'ira [...] e perciò non è possibile compararli agli eccessi di pazzia.»[6] Attraverso la violenza e gli atti di crudeltà gratuiti, il potere si abbatte sugli inermi e ribadisce la sua superiorità assoluta proprio nel momento in cui le vittime si ritrovano in una condizione di totale impotenza. I giochi e le gare sportive erano stati istituiti ad Auschwitz con questo solo scopo: aggiungere angherie e torture a quelle già in vigore nella vita quotidiana del campo.

Nella primavera del 1941, «in una domenica in cui non si lavorava, i kapo tedeschi organizzarono incontri di boxe tra di loro e le SS fecero da spettatori. Il kapo Walter che era un professionista, sconfisse un suo avversario e a questo punto se ne cercò un altro». Ecco come descrive la scena dell'incontro di boxe tra Walter e Teddy, lo scrittore Borowski: «Nel pomeriggio mi sono recato alla baracca del *Waschraum* [lavatoio – che serviva anche per gli incontri di lotta grecoromana]. Ci hanno fatti entrare con grandi cerimonie, sebbene la sala fosse gremita fino all'orlo [...] i pugili se le davano a più non posso. [...] – Quel Walter – diceva Staszek – guardatelo! Al kommando, quando vuole, con un colpo solo stende un musulmano! E qui, guardate, tre round e niente. Anzi gli hanno gonfiato il muso».[7] Accadeva

[6] W. Sofsky, *L'ordine del terrore*, cit., pag. 329.
[7] T. Borowski, *Paesaggio dopo la battaglia*, cit., pag. 60-61.

spesso che le SS scommettessero sui due pugili e così la boxe si trasformava in un gioco d'azzardo, che favoriva anche l'internato che vinceva, e finché vinceva, in quanto per rimetterlo in forze si ordinava che gli venisse dato cibo in buona quantità: pane, margarina e salsicce. Teddy, per esempio vinse circa quaranta incontri di boxe e quando, nel 1943 venne trasferito nel lager di Neuengamme, il suo kapo gli diede da portare con sé i guantoni.

Il *Rapportführer* Wilhelm Claussen era il responsabile SS delle attività sportive che vedevano protagonisti gli internati e che servivano a divertire la truppa.

Sempre nella primavera del 1941, si ha notizia di partite di calcio disputate nel piazzale dell'appello tra kapo, tedeschi e polacchi. A Birkenau, il campo sportivo era stato ricavato in uno spiazzo immediatamente confinante con i crematori. «Anche Jehuda Bacon, che era allora poco più di un bambino, vi giocò e una volta persino con il temuto comandante di blocco Baretzki.»[8] Alcuni sopravvissuti raccontano di partite di calcio giocate nel lager di Monowitz. Ovviamente soltanto i kapo e gli internati ben nutriti potevano giocare. Marc Klein descrive tornei di calcio in cui i giocatori erano dei pezzi grossi tra i *prominenten*, ben nutriti e allenati. Secondo quando riporta Langbein, il sopravvissuto Miklos Nyiszli, internato polacco, racconta di una partita tra sorveglianti delle SS e uomini assegnati al *Sonderkommando*, vale a dire che facevano parte di quella squadra speciale addetta allo sgombero dei cadaveri dalle camere a gas e a riempire i forni crematori. Primo Levi, commentando il fatto, afferma: «Niente di simile è mai avvenuto, né sarebbe stato concepibile, con altre categorie di prigionieri; ma con loro, i "corvi del crematorio", le SS potevano scendere in

[8] H. Langbein, *Uomini ad Auschwitz*, cit., pag. 141.

campo, alla pari o quasi. Dietro questo armistizio si legge un riso satanico: è consumato, ci siamo riusciti, non siete più l'altra razza, l'anti-razza, il nemico primo del Reich Millenario; non siete più il popolo che rifiuta gli idoli. Vi abbiamo abbracciati, corrotti, trascinati sul fondo come noi [...]. Venite, possiamo giocare insieme».[9]

«Più tardi, la direzione del lager organizzò anche proiezioni di film. Io vidi Zarah Leander per la prima volta proprio ad Auschwitz. Devo anche dire che più che l'attrice o il film, mi è rimasto impresso quel locale sovraffollato e il lezzo che mozzava il respiro.»[10]

Ovviamente, la grigia massa dei musulmani e dei paria non poteva partecipare a nessuna di queste attività di svago o sportive, riservate agli uomini SS o ai kapo.

Per comprendere il ricorso a queste attività di svago, occorre ricordare che ad Auschwitz, come negli altri campi di concentramento, fin dai primi tempi la violenza gratuita esercitata dal soldato SS sull'internato ha tra gli obiettivi primari proprio una sorta di messa in scena del potere: la vittima, allora diventa un trofeo da esibire. Quanto più morti un SS poteva registrare a proprio nome, tanto più grande era la fama che ne otteneva. «E quanto più abilc e ingegnosa la propria brutalità, tanto più prestigiosa la posizione all'interno del gruppo.»[11]

Ad Auschwitz, dunque i giochi, lo sport e la musica, come gli atti di crudeltà gratuita servivano a scacciare la noia e a soddisfare la fame di emozioni, il bisogno di novità e di divertimento. Era facile trasformare una gara sportiva in una tortura: per esempio bastava far cor-

[9] P. Levi, *I sommersi e i salvati*, ed. Einaudi, Torino 1986, pag. 40-1. Sui membri del *Sonderkommando*, vedi II parte, pag. 209.
[10] H. Langbein, *Uomini ad Auschwitz*, cit., pag. 142.
[11] W. Sofsky, *L'ordine del terrore*, cit., pag. 343.

rere un detenuto con una lastra di pietra sulle spalle, su e giù per un pendio, finché non crollava sfinito.

Negli «svaghi», come nella violenza gratuita che le SS esercitavano sugli internati, quotidianamente, non intervenivano in genere sentimenti di odio o collera; e se l'obiettivo della tortura era diretto interamente contro il torturato e aveva come scopo l'annientamento dello spirito attraverso la distruzione del corpo, l'esibizione degli internati, che agivano per il piacere e agli ordini di SS e kapo, aveva come semplice scopo l'affermazione personale del vero attore, vale a dire il padrone del Blocco, del kommando o del campo. Così, per le SS e per le alte gerarchie naziste del lager non c'era molta differenza tra la violenza esercitata in modo diretto, durante l'appello, le ore di lavoro o con gli esperimenti medici e le diverse, improvvise quanto inutili, angherie quotidiane, e gli svaghi, tanto che spesso una fucilazione di massa poteva trasformarsi in una battuta di caccia (dunque in una sorta di macabro svago). Nel luglio del 1941, per esempio, circa 300 prigionieri di guerra sovietici vennero uccisi in giorni diversi nella cava di ghiaia vicino alle cucine. Le SS prendevano posizione sul bordo della cava e sparavano a casaccio sui detenuti che lavoravano di sotto.[12]

Vita sessuale e bordello

Verso la seconda metà di novembre del 1943,[13] una commissione d'inchiesta speciale, guidata dall'avvocato *SS-Sturmbannführer* Konrad Morgen, giunse ad Auschwitz per dare inizio a indagini su furti e appropriazioni indebite di beni ebrei da parte del personale SS del campo, ai danni dello Stato. «Durante le perquisi-

[12] D. Czech, *Kalendarium*, cit., pag. 99-108.
[13] *Ibid.*, pag. 655.

zioni condotte negli alloggi di alcune SS furono rinvenute grosse quantità di preziosi e di altri oggetti di valore defraudati alle vittime dello sterminio. Questi oggetti, corpi del reato e prova del furto ai danni del Reich, furono depositati in alcune stanze della sezione politica, nella baracca vicino al crematorio I.»[14] Nella notte tra il 7 e l'8 dicembre un incendio scoppiato improvvisamente, distrusse completamente i locali e con essi ogni prova di quegli abusi. Fra i membri del personale altolocato di Auschwitz che si impadronirono dei beni ebrei, viene annoverato il medico dottor Johann Paul Kremer, Maximilian Grabner, capo della Gestapo del campo, e lo stesso comandante Höss.[15] Tra l'altro, con il consenso del marito, la signora Hedwig Höss si faceva portare vino, pesce in scatola sigarette e molti generi alimentari pregiati provenienti dal magazzino del lager, e articoli vari (pellicce, borsette, scarpe, poltrone ecc.) che provenivano dai laboratori.

In questa occasione, la commissione d'inchiesta SS dovette affrontare anche il caso della relazione del comandante Höss con la detenuta Nora Mattaliana-Hodys. Nata a Vienna nel 1903, nel 1939 la donna venne condannata per sospetto alto tradimento e incitamento alla rivolta contro lo Stato a due anni e mezzo di prigionia. Scontata la pena, Nora Hodys vennc trasferita prima a Ravensbrück poi ad Auschwitz. Ecco quanto dice il rapporto dell'avvocato Morgen:

«È dimostrato che il comandante Höss abbia tentato in modo evidente di assassinare questa prigioniera, facendola ad esempio rinchiudere in un bunker dov'era costretta a stare sempre in piedi, nuda, al buio completo e quasi del tutto senza cibo. Arrivai giusto in tempo

[14] A. Strzelecki, *Il saccheggio dei beni ebrei*, in F. Piper, T. Swiebocka, *Auschwitz il campo nazista della morte*, cit., pag. 162.

[15] APMO, *Proces Hössa*, cit., t. 22, k. 74; anche «Zeszyty Oswiecimskie», numero speciale I del 1968, pag. 52, dedicato all'argomento.

per salvare questa donna e la trasportai in una clinica di Monaco. Dopo che si fu rimessa in forze, la interrogai. Ella ebbe fiducia in me e mi rivelò tutto».

La Hodys che era l'amante di Höss, era chiamata anche «Nora dei brillanti», perché lavorando al magazzino effetti personali, nascondeva su di sé un gran numero di gioielli che poi venivano consegnati alla famiglia del comandante.

Il caso non stupisce, come non lascia meravigliati la dichiarazione della dottoressa Alina Brewda che conferma alla commissione come fu lo stesso Höss a comandarle di eseguire un aborto sulla prigioniera, ricoverata per l'occasione nel blocco sperimentale, in una camera singola. Anche per queste ragioni (tutto il procedimento contro Höss venne in seguito insabbiato), il primo comandante del campo venne destinato ad altro incarico (la direzione dell'Ufficio DI, cioè l'ufficio centrale SS-WVHA) dal novembre del 1943.[16]

Tuttavia proprio questa relazione tra Höss e la prigioniera Hodys mette in luce un altro aspetto della violenza quotidiana messa in atto all'interno del lager. Nonostante le leggi sulla tutela della razza e le forti proibizioni che facevano divieto ai nazisti di avere rapporti con gli internati e in particolare con le donne ebree o, comunque, non ariane, il commercio e gli abusi sessuali, le violenze e gli stupri erano frequenti anche ai più alti gradi della gerarchia.

«Fece molto scalpore il caso del famigerato *SS-Rapportführer* Gerhard Palitzsch. [...] Sua moglie con la quale egli abitava all'interno del circondario del lager, era morta nell'autunno del 1942 di febbre petecchiale (un indizio che lo stesso Palitzsch avesse rubato degli abiti per lei dai magazzini Canada); [...] a causa di ciò egli perse anche l'ultimo freno interiore – afferma Höss – co-

[16] *Ibid.*, vedi anche H. Langbein, *Uomini ad Auschwitz*, cit., pag. 426-28.

minciò a bere smodatamente e ad avere in continuazione storie di donne. A casa sua le donne, per lo più sorveglianti, entravano e uscivano. [...] Un giorno fu scoperto in una situazione inequivocabile, nel lager degli zingari.»[17] Secondo il capo di questo sottocampo, il *Rapportführer* si era innamorato di una donna zingara di nome Wera Luca e l'aveva nominata kapo nel blocco dei bambini. Höss, al processo, disse che Palitzsch aveva una relazione con una detenuta ebrea lettone, segretaria del lager femminile, Katja Singer. Per questo «reato contro la razza» venne assegnato a una unità di rieducazione (il provvedimento di espulsione dalle SS in data 1° giugno 1944, di cui parla Langbein, venne dunque sospeso).

Oltre a Höss e Palitzsch, molti uomini delle SS costrinsero delle prigioniere ad avere rapporti con loro. Si sa che il medico Franz von Bodmann frequentava un'internata, senza conseguenze negative per lui, come accadde anche al comandante del servizio del lavoro Max Sell e al capo dei farmacisti Viktor Capesius.

Spesso chi pagava le conseguenze di queste relazioni clandestine erano proprio le internate che, se all'inizio potevano godere di alcuni privilegi, poi rischiavano anche di essere torturate o uccise dai loro stessi amanti.

«Il responsabile del kommando femminile addetto alla cava, di nome Storch, aveva messa incinta la sua caposquadra. Quando si venne a sapere la cosa la uccise senza esitazione con un colpo di pistola.»[18] In questo inferno di violenza, alcune testimonianze, riferiscono anche di atteggiamenti diversi e contrari: forme di redenzione di uomini delle SS o di sorveglianti sadici, trasformati in uomini buoni da storie d'amore.

Quando le donne giunsero al campo di Auschwitz,[19]

[17] H. Langbein, *Uomini ad Auschwitz*, cit., pag. 424.
[18] *Ibid.*, pag. 425.
[19] Il 26 marzo del 1942, vennero internate 999 tedesche, provenienti da Ravensbrück e 999 ebree deportate da Poprad in Slovacchia,

compresero ben presto che una relazione con un kapo tedesco, un soldato o un graduato SS poteva significare la possibilità di salvarsi la vita, anche perché gli uomini che sapevano garantirsi un accesso indisturbato al lager femminile erano anche gli stessi che, secondo il gergo del lager, sapevano come «organizzare» (vale a dire rubare, trafugare) merce di ogni tipo. Per molti ufficiali e responsabili di Auschwitz, procurarsi piacere senza nessun ritegno era divenuta una regola. Pure i detenuti tedeschi (asociali o criminali) che ricoprivano incarichi di responsabilità nei Blocchi e nel campo, ne seguivano l'esempio.

Si dice che la margarina, avesse preso il posto dei fiori nei corteggiamenti: quando un uomo andava dalla sua amante, le portava non fiori ma una porzione di margarina. In una situazione così drammatica, dove la fame imperversava, suprema regina, bastava una patata per indurre una ragazza a prostituirsi. Anche le latrine venivano utilizzate come luoghi di incontro e di abuso sessuale sulle donne.

Più spesso, le detenute con cui si intessevano rapporti e su cui si esercitava violenza e potere di coercizione, erano quelle che lavoravano negli edifici del comando e che erano assegnate a incarichi diversi negli uffici delle SS. Occorre inoltre precisare che gli internati e le internate, per il costante senso di paura, una condizione psicologica presente dal primo all'ultimo giorno di vita nel campo, perdevano ogni tipo di impulso sessuale, mentre con molta frequenza le donne non avevano più le mestruazioni.[20] In assenza di questi impulsi, che a detta di

che vennero registrate con i numeri dall'1 al 1.998. Ma già nel corso di un mese il lager contava oltre 6.000 detenute (in D. Czech, *Kalendarium*, cit., da pag. 189 a pag. 204).

[20] Langbein ricorda che la commissione russa che visitò il campo nei giorni immediatamente successivi alla sua liberazione, constatò come il 97% delle donne ancora in vita non aveva avuto le mestruazioni per tutto il tempo dell'internamento. Inoltre quando furono sezionati i cadaveri delle donne morte nel campo, si constatò una riduzione delle dimensioni degli organi genitali e sessuali.

molti sopravvissuti, tardarono a farsi sentire anche dopo il ritorno a casa, la relazione sessuale imposta da un kapo o da un SS era ancor più umiliante e violenta.

Ad Auschwitz, come in molti altri campi di concentramento tedeschi, prima che vi fosse un lager femminile e quindi la possibilità di avvicinare donne, sorveglianti e nazisti adottavano altri sistemi per assecondare il loro appetito sessuale: ne rimanevano vittime i giovani adolescenti,[21] i cosiddetti «favoriti» che erano per questo sollevati dal lavoro più duro e godevano di un trattamento preferenziale. Come ha scritto Thomas Geve, al campo «l'omosessualità era un segreto di Pulcinella, nonostante tutti i tentativi fatti per sopprimerla».

Quando una relazione omosessuale veniva denunciata e, dunque scoperta ufficialmente, «le SS rinchiudevano in un bunker il kapo tedesco, insieme con il suo favorito. Il tedesco doveva sottoscrivere una dichiarazione con la quale acconsentiva di venire castrato. Dopo l'in-

[21] Secondo una ricerca di Helena Kubica, si può affermare che su 1.500.000 internati ad Auschwitz, 234.000 erano bambini e adoloscenti (vale a dire detenuti di età inferiore ai 15 anni – bambini; e detenuti di età compresa tra i 15 e i 18 anni – adolescenti. La distinzione è quella adottata dalle autorità del campo nel redigere i rapporti sul lavoro dei prigionieri). La maggioranza era composta da ebrei e arrivò al campo dopo il 1942, ma ci furono anche 11.000 tra bambini e adolescenti zingari, 3.000 polacchi, bielorussi, ucraini, russi e altri (H. Kubica, *I bambini e i giovani nel KL di Auschwitz*, in F. Piper e T. Swiebocka, *Auschwitz il campo della morte*, cit., pag. 110). «Nei primi anni (1940-43), fatta eccezione per singoli casi non vi furono bambini di età inferiore ai 14 anni. Vi erano invece adolescenti di 15-17 anni internati insieme agli adulti e trattati come tali. Nella seconda metà del 1940, fu loro assegnato un intero Blocco, il n. 5, che li ospitò solo per alcuni mesi, con 300 adolescenti. Questi ragazzi inizialmente non lavoravano, ma imparavano un mestiere nella scuola per muratori [Mauerschule]» (da H. Kubica, cit.); anche molte dichiarazioni in tal senso di ex detenuti adolescenti sopravvissuti, in APMO «Zespol Oswiadczenia», t. 72, k. 18-19; t.73, k.1; t. 74, k. 3-4; t. 96, k.34-37. Inoltre, nei primi tempi dell'istituzione del campo femminile, funzionò un *kinderkommando* di ragazzine tra i 12 e i 14 anni, impiegate nei lavori di giardinaggio (in genere a Rajsko – vedi, I parte, pag. 148).

tervento era lasciato libero e il più delle volte tornava a coprire il suo incarico. Il ragazzo che era stato consenziente per salvarsi la vita, veniva fucilato al muro nero della morte».[22] Quando un kapo o un sorvegliante SS venivano castrati, la comunicazione doveva essere inviata per via burocratica anche all'ufficio Centrale, per cui Himmler in questo modo veniva messo al corrente del numero di tedeschi resi sterili per essersi macchiati del reato di omosessualità. Poiché questo dato era considerato con disappunto, visto che tra le alte gerarchie SS si sosteneva che la depravazione degli ariani era indotta dalle condizioni di detenzione e lavoro, e visto che era necessario non esagerare con la sterilizzazione dei tedeschi, se si voleva diffondere la razza dominante, Himmler ordinò che nei campi di concentramento venissero istituiti dei bordelli. La motivazione di questa decisione era duplice: da un lato combattere l'omosessualità dilagante, e dall'altro indurre gli internati che collaboravano con il Reich a prestazioni sempre migliori in vista del tanto agognato premio; ogni detenuto *prominenten* (che comandava una squadra di lavoro, un blocco o che lavorava per le SS) poteva infatti guadagnarsi la possibilità di accedere al bordello a mezzo di tagliandi premio.

Ufficialmente ad Auschwitz venne aperto il bordello il 30 giugno 1943,[23] e fu collocato nel Blocco 24. Un secondo bordello venne istituito a Monowitz. L'ordine di Himmler risale a qualche mese prima.

Lo scrittore Tadeusz Borowski ci ha lasciato una precisa descrizione del piano attrezzato a bordello, nel Blocco 24 del campo principale:

«Ci sono finestre che rimangono semiaperte anche quando è inverno. Dopo l'appello, da lì si possono vedere teste di donna di molti colori e acconciate diversa-

[22] H. Langbein, *Uomini ad Auschwitz*, cit., pag. 421.
[23] D. Czech, *Kalendarium*, cit., pag. 535. Anche APMO, Mat. RO, t. I, k. 36.

mente [...] Quindici teste mi sembra e trenta braccia, la vecchia "madame" non entra nel conto [si tratta della kapo]. [...] lei se ne sta sulla porta del bordello e compie il proprio servizio con la severità di un cerbero. I pezzi grossi del lager premono impazienti intorno al Blocco 24. Se ci sono dieci Giuliette, da loro arrivano mille Romei [...] Per ogni Giulietta qui c'è una dura concorrenza. [fra i Romei] c'è il capoblocco, il capo lager, i medici dell'ospedale, i kapo dei vari kommando ecc. [...] Dentro ci si arriva soltanto passando per la segreteria e cioè con un tagliando che si riceve come ricompensa quando si è lavorato zelantemente». La tariffa per un incontro era di 2 Reichsmark, di cui 0,45 andavano alla prostituta; 0,05 alla kapo; 1,50 alla cassa del lager.

Che la sessualità nel suo complesso (e non solo la ricerca di una relazione) fosse un privilegio riservato a pochi lo attestano testimonianze struggenti di donne o di adolescenti rinchiuse ad Auschwitz dal 1942:

«Eravamo – scrive Ana Novac – esseri nudi, a migliaia stipati l'uno accanto all'altro. A quel punto non c'era più nulla di umano: eravamo un branco. Ogni sensibilità diventava tanto inutile quanto ridicola».[24]

La morte era una presenza reale ed escludeva ogni pensiero rivolto al desiderio sessuale, e ogni pulsione istintuale che non fosse quella della fame e della sopravvivenza del corpo.

Un giorno davanti a Gracjan Fijalkowski passa una squadra di donne dirette alla latrina: «Questi scheletri ambulanti, nudi, calvi, compressi in un mucchio ci guardavano con occhi opachi, completamente privi di espressione e solo lembi di pelle rinsecchiti sul petto stavano a dimostrare che, un tempo, essi erano stati donne, corpi femminili pieni di vita».

[24] A. Novac, *I giorni della mia giovinezza*, Mondadori, Milano 1994.

6.

NUOVI AMPLIAMENTI DEL CAMPO 1942-1944

I lavori di ampliamento e sistemazione del campo principale (Auschwitz I) proseguiranno fino a tutto il 1944 e a fasi alterne. Il progetto generale prevedeva quattro zone diverse: a Ovest del lager il quartiere SS, con prati verdi, giardini, maneggio, campo sportivo; la seconda zona sempre a Ovest, con il comando e poco distanziati i depositi, le condutture idriche, le officine ecc.; il campo vero e proprio, già in funzione era la terza zona; infine la quarta, confinante a Nord con il lager, doveva ospitare una caserma della guarnigione SS.

La decisione di istallare gli impianti della I. G. Farbenindustrie in località Dwory, era dovuta alla vicinanza con le miniere di carbone, alla non eccessiva distanza dal lager (7 chilometri) e alla caratteristica dell'area, difficilmente oggetto di bombardamenti, perché di scarso interesse militare (Tab. III/I). Nel primo accordo, raggiunto tra i dirigenti della fabbrica, il WVHA e la direzione di Auschwitz, si stabilì che il campo avrebbe garantito per tutto il 1941 la fornitura di circa 1.000 operai qualificati e generici al giorno, mentre per il 1942 ne sarebbero stati forniti altri 3.000 (e fino a un massimo di 8.000). Il lager avrebbe costruito un ponte sul fiume Sola e un tratto di linea ferroviaria fino alla fabbrica. In cambio, per 10-11 ore lavorative giornaliere (9 nel periodo invernale), la I. G. Farben avrebbe pagato all'amministrazione del campo 4 Reichsmark per i lavoratori qualificati e 3 per i generici. Le difficoltà di trasporto, ad alcuni mesi dall'accordo, spinsero la proprietà della I. G. Farben a iniziare la costruzione di un lager nei pressi della fabbrica e sull'area del villaggio evacuato di Monowice (Monowitz), pronto alla fine di ottobre del 1942.[1] Il campo, fino al novembre del 1943 sarà chiamato Buna (successivamente, Auschwitz III-Monowitz).

Ancora, tra il 1941 e il 1943, nella zona di interesse del campo, al posto delle case distrutte dei villaggi di Budy, Plawy, Babice, Harmeze vennero aperte grandi fattorie agricole con annessi allevamenti di animali. A Rajsko venne ubicata una stazione sperimentale con la coltivazione di una pianta dalle cui radici si ricavava una sostanza per ottenere la gomma. In ciascuna di queste località (vedi II parte, pag. 281) vennero costruite baracche o si adattarono edifici per l'alloggio dei detenuti e delle detenute che vi lavoravano.

Sempre sul piano dello sfruttamento del lavoro, nel 1941 si allargò il potenziale produttivo della DAW, un'impresa delle SS, alla quale venivano commissionati lavori per l'esercito.

In questo fermento costruttivo e di lavoro, in cui gli internati erano manodopera senza valore (quando si ammalavano e rimanevano inabili anche per poco tempo, venivano eliminati), verso l'8 di ottobre del 1941 venne avviata la costruzione del lager di Birkenau.[2] Per l'occasione si fece ricorso alla forza lavoro dei prigionieri di guerra russi (più di 10.000 tra il 7 e il 25 ottobre), provenienti da altri due campi (Neuhammer e Lamsdorf). La procedura era sempre la stessa: si cominciava con il demolire le abitazioni, dalle quali si ricavavano i materiali per la costruzione del futuro campo, si preparava il terreno e si dava inizio alla canalizzazione. Per realizzare questi lavori, i prigionieri di guerra

[1] D. Czech, *Kalendarium*, cit., pag. 328-30, in data 30 ottobre.
[2] *Ibid.*, pag. 127-8.

russi percorrevano ogni giorno 3 chilometri dal campo principale a Birkenau, e viceversa. La direzione dei lavori venne affidata all'*SS-Sturmbannführer* Karl Bischoff che, fin da subito, trascurò di preparare adeguatamente il terreno mosso dall'urgenza di finire i lavori, dato l'eccessivo sovraffollamento del campo base.

Il progetto iniziale, approvato da Höss il 15 ottobre[3] (era stato predisposto dall'ufficio tecnico il giorno prima), prevedeva un campo diviso in due dalla strada interna principale «e dal parallelo raccordo ferroviario, con alla sinistra un lager di quarantena e alla destra due altri lager». Tutto circondato da filo spinato e torrette di guardia. Secondo questi piani i tre lager di Birkenau dovevano contenere complessivamente 174 baracche in muratura.

I costi per questi lavori di ampliamento (del campo base) e di costruzione (di Birkenau e Buna) furono molto alti in termini di perdite di vite umane. Dal 20 maggio 1940 al 31 gennaio 1942, vennero internati ad Auschwitz 26.288 detenuti e 9.907 prigionieri di guerra russi (36.285 in totale). Considerando che 76 internati vennero liberati, 5 evasero, 1.755 vennero uccisi (con le iniezioni di fenolo, le fucilazioni, le malattie, la fame ecc.), 2.435 furono trasferiti in altri campi, all'appello mancano 20.565 uomini. La morte per sfinimento o tortura dovuta ai lavori coatti fu dunque la causa di questo flagello che decretò fin dai primi mesi la vera funzione del campo: vale a dire l'annientamento delle persone (in maggioranza ebrei, a partire dal 1942) che vi erano internate. Il 1° marzo del 1942 venne chiuso il campo destinato ai prigionieri sovietici e i 945 sopravvissuti vennero trasferiti a Birkenau, ancora in costruzione.[4]

Venticinque giorni dopo si apriva il campo femminile, con l'arrivo delle prime 1.998 internate, destinate a

[3] *Ibid.*, pag. 129.
[4] *Ibid.*, pag. 179.

raggiungere il numero di 6.000 nel corso di un solo mese. Si trattava di donne in prevalenza ebree e tedesche, mentre le prime detenute polacche giunsero al campo in data 27 aprile (58 dalla prigione di Tarnow e 69 da Cracovia, carcere di Montelupich) e fu loro assegnato un numero dal 6.784 al 6.910.[5]

Himmler ispezionò di nuovo il campo il 17 e il 18 di luglio del 1942, vide con favore i due bunker attivati come camere a gas (la casa rossa e la casa bianca), constatò il buon avanzamento dei lavori e ordinò che entro l'agosto del 1942, in luogo del previsto campo di quarantena a Birkenau, fossero impiantati due settori in muratura (*Bauabschnitt*) il BIa e il BIb (vedi tab. VII/I). Questo significava che Birkenau si preparava a diventare un complesso enorme di sottocampi con altri tre grandi settori il II e il III alla destra del settore I, mentre un settore IV era previsto alla sinistra dei primi due campi già attivi. Pertanto la sequenza dei settori, doveva essere, da sinistra a destra: BIV, BI strada principale e raccordo ferroviario, BII e BIII. Complessivamente il BIV doveva contenere 60.000 internati, il BI 20.000 e nei settori BII e BIII si doveva provvedere rispettivamente a uno spazio per altri 60.000 prigionieri. La cifra da capogiro, raggiunge 200.000 internati. Ogni settore, eccetto il BI a sua volta doveva suddividersi in sei lager autonomi con relativo filo spinato di recinzione.

Il progetto iniziale era dunque cambiato. Auschwitz si preparava a diventare, nel suo complesso, il lager che avrebbe assunto un ruolo determinante nella distruzione degli ebrei d'Europa.

Come vedremo, l'eccidio degli ebrei comincia nei primi mesi del 1942 (vedi II parte, pag. 175) e già nella visita del 17-18 luglio Himmler prende visione personalmente di tutto il processo, dalle operazioni di scarico dai treni

[5] *Ibid.*, pag. 203.

(ancora sulla banchina della stazione merci di Oswiecim, distante un chilometro da Birkenau), alla selezione, all'avvio alle camere a gas (i due bunker), all'estrazione dei cadaveri e al seppellimento in fosse comuni (nei primi tempi non si procedeva ancora alla cremazione).

Dunque la costruzione del nuovo campo con i suoi sottocampi interni a Birkenau seguì solo parzialmente il primo progetto; il piano di edificazione successivo è datato, infatti 15 agosto.[6] È importante notare come fin dall'inizio si volesse nascondere al mondo l'eliminazione degli ebrei, tant'è vero che il campo di Auschwitz-Birkenau, nel suo complesso, sui documenti ufficiali tedeschi mantenne la denominazione d'origine di *Kriegsgefangenelager* (KGL), vale a dire lager per prigionieri di guerra, fino a tutto il 31 marzo del 1944.

Fin dal mese di luglio, la Direzione centrale edile delle SS avviò le trattative per la costruzione di quattro grandi crematori con le rispettive camere a gas. Già il 13 luglio, un'impresa di Katowice (la Hoch und Tiebfau A. G.) si offrì di costruire gli edifici per 133.756,65 Reichsmark, escluso i forni e le camere a gas che furono opera della ditta J. A. Topf und Söhne di Erfut.[7]

La forza lavoro era sempre quella del campo. Nel 1942, per esempio, a quanto risulta dai documenti, venivano utilizzati 8.000 detenuti al giorno come media.[8]

I lavori procedevano molto in fretta e spesso si faceva ricorso anche a contratti con aziende estere (dei Paesi occupati o alleati con la Germania) per importare operai edili specializzati. A tal proposito, il 14 marzo del 1942, la I. G. Farbenindustrie concluse un accordo con quaranta aziende edili italiane, rappresentate per l'occasione dall'ingegner Aurelio Aureli, presidente della Fede-

[6] *Ibid.*, pag. 273-277.
[7] *Ibid.*, pag. 247.
[8] F. Piper, *Arbeitseinsatz der Häftlinge aus dem KL Auschwitz*, cit., in particolare cap. IV, pag. 124-212.

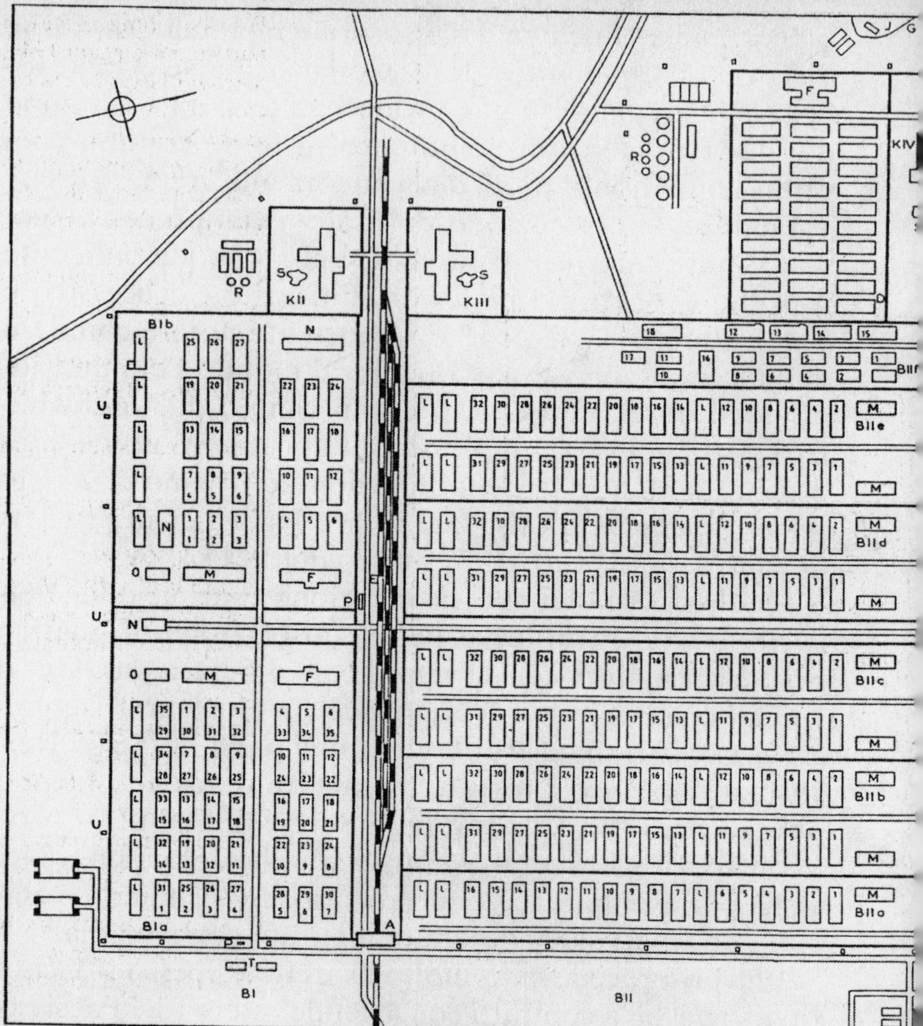

Tab. VII/I (Rielaborazione di Frediano Sessi)

KL AUSCHWITZ
II-BIRKENAU

A la torretta principale di sorveglianza
BI il primo settore edile del campo
BIa il campo per prigioniere di diversa nazionalità
BIb il campo per prigionieri di diversa nazionalità, in seguito campo per prigioniere
BII la seconda parte del campo di Birkenau
BIa il campo della quarantena per prigionieri di diversa nazionalità
BIb il campo per famiglie ebree del ghetto di Theresienstadt
BIIc il campo di transito per ebree, soprattuto d'Ungheria
BIId il campo per prigionieri maschi di diver-

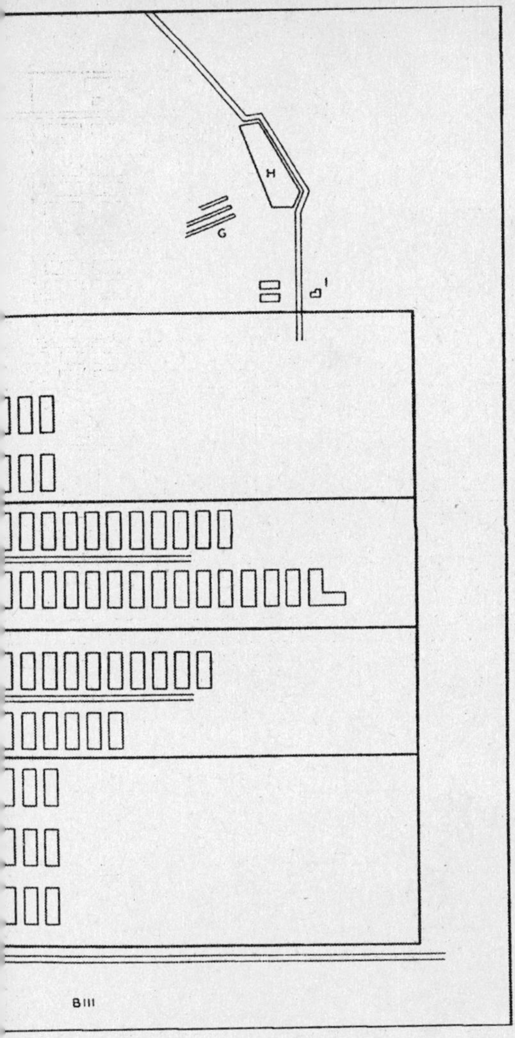

sa nazionalità
BIIe il campo per Zingari
BIIf l'ospedale per prigionieri di sesso maschile
BIII la terza parte del campo di Birkenau (incompleta), detta «Messico», campo di transito per ebree, in prevalenza ungheresi
C il Comando e le baracche per le SS
D il magazzino degli averi depredati ai deportati nel campo, detto «Canada II»
E la banchina su cui, a partire dal maggio 1944, avevano luogo le operazioni di scarico e di selezione degli ebrei
F i bagni, contemporaneamente, luogo di accoglienza dei nuovi convogli
G punti in cui venivano arse all'aperto le spoglie delle vittime
H le fosse comuni dei prigionieri di guerra sovietici
I la prima camera a gas provvisoria
J la seconda camera a gas provvisoria
KII, KIII, KIV, KV – i crematori **II**, **III**, e **IV** e **V** e le rispettive camere a gas
L i gabinetti e i bagni
M le cucine
N i magazzini
O la stanza in cui si pelavano le patate
P le guardiole delle SS
R i depuratori
S luoghi in cui venivano sparse le ceneri dei cadaveri
T la quarantena per le prigioniere in uscita
U le torrette di guardia

Le baracche abitative per prigionieri erano contrassegnate da numeri arabi. Nel settore **Bla,** nella parte inferiore, le baracche sono state contrassegnate con la numerazione introdotta alla metà del 1944; nel **Blb,** allo stesso posto, si è ricorso alla precedente numerazione.

razione nazionale fascista dei costruttori edili e degli imprenditori grandi opere (FNFCE). L'intesa prevedeva che 8.000 italiani venissero impiegati nella costruzione di grandi impianti. 1.196 edili vennero così destinati ad Auschwitz (nel cantiere della I. G. Farben di Monowitz).[9]

Fra il marzo e il giugno del 1943, a Birkenau vennero costruiti i quattro grandi crematori con le camere a gas (II parte, pag. 198, e tab. VIII/I) e già nel corso del 1943 fu ultimato il settore BII, che comprendeva (come si può notare dalla tab. VII/I) sei sottocampi e le baracche del magazzino Canada (*Effektenlager*) che contenevano gli oggetti e i beni confiscati agli ebrei, la cui sigla doveva essere BIIg (i sei sottocampi erano indicati con le sigle: BIIa, BIIb, BIIc, BIId, BIIe, BIIf).

Nei sottocampi BIIb, BIId, BIIe c'erano 32 Blocchi abitativi, mentre nel sottocampo più vicino all'ingresso, il BIIa, c'erano 16 Blocchi abitativi e 16 stalle per cavalli, nelle quali si decise di collocare 400 ebrei.

Ecco quanto ha rilevato Danuta Czech, nella sua ricerca sui documenti d'archivio del campo: «Il primo sottocampo a essere consegnato fu il BIIe, dove nel febbraio del 1943 venne istituito un lager per famiglie di zingari [che accolse tra il 26 febbraio 1943 e il 21 luglio 1944 20.967 internati tra uomini donne e bambini] [...]. Nel luglio del 1943 vennero attivati i settori BIId e BIIf.

«Il primo fu destinato ai prigionieri sani, utilizzati nelle squadre di lavoro [in media vi erano rinchiusi 13.000 detenuti ebrei]. Nel settore BIIf venne aperto un ospedale maschile [...] mal attrezzato e sempre stracolmo; per gli internati era l'anticamera del crematorio [conteneva in media 2.500 detenuti che i medici delle SS selezionavano per le camere a gas].

[9] Brunello Mantelli, «*Camerati*» *del lavoro*, La nuova Italia, Firenze 1992, pag. 274. Occorre rilevare che lo stesso Aureli il 13 giugno 1942 su «Il corriere dei costruttori» organo della FNFCE, scrive la cronaca della sua visita ai cantieri che ospitano le imprese italiane, Auschwitz compreso (già nel numero del 18 aprile si dà ampio spazio all'accordo).

Tab. VIII/I – I crematori e le camere a gas

Campo base Auschwitz I	
Crematorio con camera a gas	utilizzata dall'inizio del 1942 (probabilmente dal 15 febbraio) alla primavera del 1943.
Auschwitz-Birkenau	
Bunker I (casetta rossa)	due piccole camere a gas, con annessa baracca spogliatoio e vicino le fosse in cui venivano arsi all'aperto gli ebrei. Utilizzato nel 1942 (data presunta di inizio 20 marzo).
Bunker II (casetta bianca)	ampia possibilità di gasaggio, spogliatoi, fossa adiacente, utilizzato nel 1942 (data presunta di inizio 30 giugno) e poi riadattato nel 1944.
Auschwitz-Birkenau	
Crematorio I	Camera a gas sotterranea con cinque forni – in funzione dal marzo 1943 al novembre 1944.
Crematorio II	Camera a gas sotterranea con cinque forni – in funzione dal giugno 1943 al novembre 1944.
Crematorio III	Camera a gas in superficie e due forni – in funzione dal marzo del 1943. Distrutto dai detenuti in rivolta il 7 ottobre 1944.
Crematorio IV	Camera a gas in superficie con due forni. In funzione dall'aprile 1943 al novembre 1944.

(Fonte: R. Hilberg, *La distruzione degli Ebrei d'Europa*, cit., pag. 959 – *Vedi anche II parte, cap. 2, pag. 198.)*

«Nell'agosto del 1943 venne istituito il lager di quarantena [*Quarantänelager*] nel settore BIIa, dove i nuovi arrivati selezionati per il lavoro, trascorrevano alcune settimane prima di essere trasferiti in altri settori o sottocampi [mediamente c'erano da 4.000 a 6.000 internati ebrei – Primo Levi stazionerà proprio in questo settore di Birkenau, prima di essere trasferito a Monowitz].

«Nel settore BIIb venne aperto il campo per famiglie ebree, provenienti da Theresienstadt [dal 9 settembre 1943 vennero internati 5.006 uomini, donne e bambini, mentre tra il 16 e 20 dicembre si aggiunsero 4.964 ebrei sempre provenienti da Terezin [abbreviazione di Theresienstadt]. Dopo altri internamenti, il campo per famiglie ebree venne liquidato tra il 10 e 12 luglio 1944».[10]

Nel dicembre del 1943, tra il crematorio III e il crematorio IV con annesse camere a gas, venne costruito un settore con servizi vari: i bagni e la sala di disinfestazione (detta Sauna), i nuovi magazzini per il deposito dei beni sequestrati agli ebrei (Canada II) costituiti da 30 baracche. Nella cernita dei beni ebrei da destinare al Reich e alle truppe al fronte (che spesso andavano ad arricchire la mensa e le case delle SS di stanza al campo) la direzione impiegava più di 2.000 internati ebrei.

Nel 1944 (metà maggio), venne concluso un secondo raccordo ferroviario con una banchina interna al lager che consentiva ai treni di entrare dal portone d'ingresso e di fermarsi a poca distanza dalle camere a gas. La rampa interna aveva tre binari (vedi tab. VII/I). In precedenza gli ebrei venivano scaricati all'esterno del campo presso un'apposita banchina vicino allo scalo merci della stazione di Oswiecim, a circa un chilometro dall'ingresso di Birkenau.[11]

[10] D. Czech, *Genesi, costruzione e ampliamento del campo*, in F. Piper, T. Swiebocka, *Auschwitz*, cit., pag. 30.

[11] P. Helman, L. Meier, *L'album d'Auschwitz*, éd. Seuil, Parigi 1983, pag. 12 e 49. L'album raccoglie 189 fotografie scattate a partire dal 26

Nel maggio del 1944, nel settore BIIc e nel settore III non ancora completato del lager (chiamato Messico) venne istituito un campo di transito per ebree, per lo più ungheresi. Le donne selezionate sulla banchina interna erano rinchiuse nel BIIc, le altre non ancora selezionate e non registrate, rimanevano nel settore III in attesa del loro destino (camera a gas o lavoro coatto) per intere settimane e in condizioni peggiori di quelle degli altri settori. Il numero delle recluse in questo settore III, nonostante le continue selezioni e fucilazioni (guidate dal dottor Josef Mengele e dal dottor Heinz Thilo), si manteneva costante e raggiunse le 30.000 unità.

I settori BIa e BIb costruiti per 20.000 internate ebree, ne contenevano 27.000. Nel 1944, il numero delle internate, nonostante l'alta mortalità e le continue selezioni crebbe ancora e raggiunse le 31.046 unità. Il 3 ottobre dello stesso anno, con l'arrivo di 17.202 ebree in transito raggiunse il numero di 43.462 internate. Un vero carnaio umano, dove le epidemie si diffondevano con una rapidità inconsueta e incontenibile.

Nonostante lo scopo primario del complesso concentrazionario di Auschwitz fosse l'annientamento delle persone che vi erano internate e, dal 1942, degli ebrei provenienti da tutta l'Europa occupata, il lager rappresentava sempre una grande riserva di forza lavoro: per questo dal 1941 al 1945 (vedi II parte, pag. 281) vennero aperti più di 40 *Arbeitslager* (sottocampi di lavoro) annessi a stabilimenti industriali metallurgici e siderurgici, miniere, industrie chimiche, centrali elettriche, fabbriche di materiale edile e industrie di abbigliamento o alimentari (senza escludere i laboratori che eseguivano lavori di riparazione, e gli internati impiegati nell'allevamento e in agricoltura).

maggio 1944 da fotografi SS, e rende conto di tutto il «trattamento» degli ebrei ungheresi dall'arrivo alle camere a gas.

7.

IL CAMPO DELLE DONNE E I BAMBINI

Il 1° marzo 1942[1] venne liquidato definitivamente il settore dei prigionieri sovietici. I 945 sopravvissuti vennero trasferiti al nuovo campo in costruzione a tre chilometri (denominato Birkenau). Subito si avviarono i lavori per la disinfestazione dei locali e per la costruzione di un muro che doveva isolare i dieci Blocchi dagli altri, per ospitare il previsto lager femminile, ancora alle dipendenze del KL di Ravensbrück fino al luglio dello stesso anno, quando divenne un sottocampo di Auschwitz.[2]

Il 26 marzo, arrivarono con un primo trasporto da Ravensbrück 999 tedesche per lo più asociali e criminali, classificate con un triangolo verde o nero, tra le quali vennero prescelte le capoblocco e le kapo. Ecco quanto scrive in proposito lo stesso Höss: «Le verdi erano una razza a parte tra le internate. Credo veramente che in quel periodo Ravensbrück avesse raccolto la schiuma per inviarla ad Auschwitz. Quelle donne superavano di gran lunga i colleghi maschi per resistenza, bassezza, trivialità e depravazione. Per lo più erano prostitute che avevano subito già molte condanne; alcune erano proprio repellenti. Era naturale, ma inevitabile che simili esseri sfogassero le loro basse voglie sulle sottoposte. [...] Non tutte le verdi e le nere erano simili mostri.

[1] D. Czech, *Kalendarium*, cit., pag. 179.
[2] *Ibid.*, pag. 189.

Vi erano tra esse anche creature possibili, capaci di nutrire sentimenti umani verso le compagne di prigionia. Naturalmente ciò le esponeva a crudeli persecuzioni da parte delle peggiori tra loro, né le sorveglianti mostravano la minima comprensione per simili casi».[3]

Se si considera fuori luogo il disappunto che si coglie da queste parole del comandante supremo del lager di Auschwitz, si può notare agevolmente come il metodo adottato per l'apertura e il funzionamento di un campo di internamento sia sempre identico: dapprima arrivano le «collaboratrici» delle SS, cui vengono assegnati i primi numeri di registrazione, crudeli anche più delle sorveglianti che appartengono al corpo militare della guardia SS del lager; poi giungono le prime detenute 999 ebree provenienti dalla Slovacchia registrate con i numeri dal 1.000 al 1.998. In seguito, il flusso degli arrivi divenne molto intenso e in breve tempo il campo ospitò circa 7.000 detenute (le prime politiche polacche provenienti dal carcere di Tarnow e da Cracovia giunsero il 27 aprile del 1942 ed ebbero i numeri dal 6.784 al 6.910).

«Il campo femminile, sovraffollato fin dalla sua creazione, significò per le donne in massa un vero annientamento psichico, al quale presto o tardi seguiva il crollo fisico», scrive Höss.[4]

Tra le ebree slovacche che lasciarono il campo di Poprad il 25 marzo e giunsero ad Auschwitz il giorno successivo, c'erano 116 ragazze tra i 16 e i 17 anni e una di 14.[5] Anche tra le prime detenute politiche polacche, arrestate per attività sovversiva nell'aprile di quell'anno, c'erano molte adolescenti, internate per avere dato la loro collaborazione alla resistenza o, più semplicemente, nell'ambito di azioni repressive sistematiche che i

[3] R. Höss, *Comandante ad Auschwitz*, cit., pag. 116-17.
[4] *Ibid.*, pag. 118-19.
[5] APMO, RSHA-3/128, nr. inw. 155590. Trasporti del RSHA dalla Slovacchia nel 1942. Lista del convoglio.

nazisti attuavano contro la gioventù polacca. La maggior parte di loro non morì, come accadde a molti adolescenti per le iniezioni al fenolo, ma a causa delle condizioni igienico-sanitarie del settore femminile.

Tra le donne arrestate e trasferite ad Auschwitz alcune erano in stato di gravidanza, e ciò accadeva anche in presenza di un divieto espresso, ribadito qualche tempo dopo in un'ordinanza dell'RSHA del 6 maggio 1943, in cui si imponeva ai vari commissariati della Gestapo di non mandare ai campi femminili di Ravensbrück, Auschwitz e Lublino (Majdanek) donne incinte. Tuttavia, le donne che venivano arrestate nelle retate collettive non sembravano soggette a controlli di questo genere; così ad Auschwitz, una volta scoperte, venivano dichiarate inadatte al lavoro e uccise con iniezioni di fenolo. Ecco quanto riferisce in proposito Helena Kubica: la selezione delle donne in stato di gravidanza «avveniva il più sovente nel corso dell'appello serale, durante il quale, esse venivano mandate all'ospedale del campo dove, anche se riuscivano a partorire, venivano eliminate insieme ai neonati».[6] Solo a partire dai primi mesi del 1943, si sostituì questa pratica con quella dell'aborto coatto e questo senza tenere in alcun conto lo stato di avanzamento della gravidanza. «Se nonostante tutto, il parto aveva luogo, i neonati venivano uccisi con iniezioni di fenolo o annegati in acqua, senza che fossero inseriti in alcuna documentazione del lager.»[7]

Solo qualche mese dopo, in seguito a un'ordinanza di Richard Glücks, ispettore generale dei campi di concentramento, che segnalava la decisione di Himmler di limitare le procedure di eutanasia ai malati di mente (questo per preservare forza lavoro preziosa), i neonati di internate non ebree vennero lasciati in vita. Dopo il parto, le madri tornavano al loro Blocco con i figli che spesso

[6] H. Kubica, *I bambini e i giovani nel KL Auschwitz*, cit., pag. 121.
[7] *Ibid.*

morivano a causa della alimentazione insufficiente e delle pessime condizioni igienico-sanitarie.

Le donne che avevano figli, pativano assai più di qualsiasi altro internato del campo perché era frequente che si privassero di cibo destinato a loro, per garantire un'alimentazione più calorica ai bambini. È questo un capitolo della storia dei lager nazisti sul quale poco si è scritto e poco si è scoperto ancora oggi.

Nel campo femminile, per i primi mesi del 1942, funzionò anche un *Kinderkommando*, all'interno del quale erano inserite giovani in età tra i 12 e i 16 anni, impiegate in mansioni di giardinaggio, nei sottocampi delle SS in cui si svolgevano lavori agricoli come a Rajsko.

Krystyna Zywulska, polacca, internata politica con il numero di matricola 55.908 (arrivata ad Auschwitz il 25 agosto 1943),[8] ricostruisce in un libro di memorie molta parte dell'esperienza vissuta all'interno del lager femminile di Auschwitz e di Birkenau (dove il sottocampo delle donne venne trasferito, nel settore BIa alla metà di agosto del 1942). Le testimonianze che raccoglie, le consentono di trasmetterci notizie anche sulla vita al campo nei primi 15 mesi del suo funzionamento.

Arrivo, quarantena, vita quotidiana, lavoro e angherie non differiscono molto dalle pratiche in uso nel settore maschile. Il cibo giornaliero sembra ancor meno calorico («150 grammi di pane, una zuppa di rape molto liquida e una noce di margarina»), le condizioni igieniche più gravi, le vessazioni che subiscono da parte di guardie e kapo più umilianti: si rasenta il sadismo sessuale, si pratica lo stupro, finché dopo settimane di lavori pesanti e di botte, di lunghe e snervanti attese al freddo o sotto il sole, durante interminabili appelli, anche il corpo femminile si piega e diviene uno scheletro senza più fascino e appetibilità, senza più sesso. «Così

[8] D. Czech, *Kalendarium*, cit., pag. 583.

rasate – scrive Krystyna Zywulska – ci assomigliavamo tutte. Non immaginavo che i capelli fossero così importanti per la nostra personalità. Stentavamo a riconoscere anche le internate che ci erano amiche.»

«Ci trascinavamo a fatica, con la divisa del campo. Ognuna di noi aveva il proprio numero [...]. Dopo diverse ore passate in piedi ad aspettare, dopo che ci avevano contate, picchiate e malmenate, [compresi che] in meno di ventiquattro ore, i nazisti avevano fatto di noi delle bestie.»

Rinchiuse in 800 o 1.000 in Blocchi che ne dovevano contenerne al massimo 700, ogni giorno le donne andavano a lavorare in squadra: «Si scavano fosse, o lavoriamo la terra, oppure piantiamo delle rape. A volte ci sottopongono a sforzi inutili, per farci crepare dalla fatica. [...] Ma che fare?, che fare? Soltanto l'odio ci circonda, l'odio che invade ogni cosa, presente ovunque, e che diventava il sentimento dominante del campo».

«Era cominciata la stagione delle piogge. Durante l'appello ci eravamo inzuppate fradice d'acqua e sembrava impossibile asciugarsi. Anche il fango di Auschwitz doveva essere una forma di tortura inventata apposta; non si seccava mai, era appiccicoso, pieno di insidie. Gli zoccoli sprofondavano continuamente in una melma densa e collosa.»

«Una notte, poco prima dell'appello dell'alba, una detenuta venne sorpresa a fare i bisogni nella sua gamella. Era vecchia e ammalata. La kapo del blocco la trascinò per terra e la picchiò fino a farle perdere i sensi. Inoltre, per rappresaglia, ci ordinò di rimanere in ginocchio per più di un'ora nel fango. Avevamo dolori dappertutto, alle gambe, alla testa al cuore. La sera la maggior parte di noi aveva la febbre, e molte dovettero andare all'ospedale.»

Quando nel reparto femminile si scatenavano epidemie di tifo petecchiale, frequenti più che altrove nei primi tempi, a causa del sovraffollamento, i vestiti venivano requisiti e spediti alla disinfestazione. «Restavamo nude per ore e ore. Il tempo dell'appello si avvicinava e fummo costrette a presentarci nude, davanti ai Blocchi.» La disinfestazione degli abiti non era sufficiente per combattere la diffusione del tifo petecchiale. In compenso i vestiti tornavano indietro bagnati. «In tal modo avevamo ancor più freddo.» Quella volta, più del cinquanta per cento delle internate furono selezionate per l'infermeria e in seguito per la camera a gas.

«Nei campi, lavoravamo spesso senza mai fermarci nemmeno per consumare il nostro misero pasto. La sera, al rientro, divoravamo la zuppa fredda e inacidita per il caldo. Avevamo la gola secca e le labbra bruciate e rotte. L'indomani ci colpiva la diarrea. Quando qualcuna di noi si nascondeva dentro un fosso per scaricarsi, le guardie SS le lanciavano contro i cani.»[9]

Ciò che, tuttavia aggravava lo stato di vita delle donne nel lager era anche la presenza di bambini e adolescenti. Tra di essi, quella categoria speciale che ha «visto la luce» al campo. Primo Levi racconta di uno di loro, all'inizio del suo secondo libro sull'esperienza concentrazionaria: *La tregua*. «Hurbinek era un nulla, un figlio della morte, un figlio di Auschwitz. Dimostrava tre anni circa, nessuno sapeva niente di lui, non sapeva parlare e non aveva nome; quel curioso nome, Hurbinek, gli era stato assegnato da noi, forse da una delle donne, che aveva interpretato con quelle sillabe una delle parole inarticolate che il piccolo ogni tanto emetteva. Era pa-

[9] Tutte le citazioni sono tratte da Krystyna Zywulska, *J'ai survécu à Auschwitz*, Polonia éditions, Varsavia 1957, da pag. 13 a 130. Anche l'opera di Charlotte Delbo, francese, politica, finita ad Auschwitz per errore con 230 politiche francesi ai primi del 1943 racconta la vita del settore femminile del campo. Si vedano: C. Delbo, *Le convoi du 24 jouvier*, Minuit, Paris 1965; e la trilogia della stessa autrice dal titolo generale *Auschwitz et apres*; vol. I, *Aucun de nous ne réviendra*; vol. II, *Une connaissance inutile*; vol. III, *Mesure de nos jours*, éd. Minuit, Paris 1970.

ralizzato dalle reni in giù, e aveva le gambe atrofiche, sottili come stecchi, ma i suoi occhi persi nel viso triangolare e smunto saettavano terribilmente vivi, pieni di richiesta, di asserzione, della volontà di scatenarsi, di rompere la tomba del mutismo. La parola che gli mancava, che nessuno si era curato di insegnargli, il bisogno della parola, premeva nel suo sguardo con urgenza esplosiva; era uno sguardo selvaggio e umano a un tempo, anzi maturo e giudice, che nessuno tra noi sapeva sostenere, tanto era carico di forza e di pena.»[10] Secondo una documentazione parziale, i bambini nati all'interno del lager (e registrati) furono 680.[11]

Quando nei primi mesi del 1942, comincia la deportazione degli ebrei, nell'ambito della «soluzione finale», arrivano al campo intere famiglie e il numero dei bambini e degli adolescenti cresce (oggi si calcola che siano più di 220.000 i bambini e i ragazzi ebrei deportati a Birkenau, vale a dire circa il 20% del totale degli ebrei adulti internati – vedi II parte). Quanto agli zingari, il gruppo dei minorenni era molto alto: 11.000 tra adolescenti e bambini di cui 9.432 di età inferiore ai 14 anni. Dal registro principale del campo zingaro maschile e femminile aperto a Birkenau, risulta inotre che 378 bambini nacquero al campo.[12] Sappiamo che il lager per famiglie zigane aveva uno scopo propagandistico e per questa ragione, nei primi tempi le condizioni di vita erano migliori che in altri settori. Josef Mengele, per un certo periodo di tempo medico del settore zingari, nell'estate del 1943, diede disposizioni perché potesse funzionare una scuola materna e un asilo. Inoltre, all'interno dell'area recintata, tra la baracca 31 e il Blocco de-

[10] P. Levi, *La tregua*, in *Opere*, cit., pag. 226-27.
[11] H. Kubica, *I bambini*, cit., pag. 111.
[12] APMO, D.Aull-3/1/1, D.Aull-3/2/1. Inoltre si possono consultare anche gli elenchi dello stato numerico degli internati nel settore BIIe di Birkenau (campo degli zingari).

stinato ai bagni, venne costruito un campo giochi, dove spesso le SS filmavano e fotografavano i bambini sulla giostra o sull'altalena, per diffondere notizie rassicuranti sulla vita nel KL di Auschwitz[13] (vedi anche II parte, pag. 295).

I bambini e gli adolescenti giunsero al campo anche prima che venisse istituito un lager femminile. 100 dei primi 3.000 internati, nel 1940, erano minori (*boyscout* o studenti arrestati insieme agli adulti durante i rastrellamenti). Secondo i registri del campo, il trasporto proveniente da Varsavia il 1° settembre 1941, conteneva 596 detenuti, tra i quali 39 erano minorenni.[14]

Tuttavia è con i primi convogli di donne e di famiglie (non solo ebraiche) che arrivano bambini e adolescenti in numero sempre più alto (quindi dal 1942).

A partire dal 6 gennaio 1943, in rispetto della norma emanata da Himmler per le zone occupate dell'URSS, l'internamento dei minori diventa massiccio.

«Nel corso delle azioni condotte contro le bande [di partigiani], è fatto obbligo catturare uomini, donne e bambini – scrive Himmler – sospettati di essere in contatto con i ribelli, per poi convogliarli ai campi di Lublino [Majdanek] o Auschwitz.»[15] Da quel momento, arrivarono al campo 15 convogli di civili provenienti dai territori occupati dell'Unione Sovietica, arrestati in particolare dall'*Einsatzkommando* numero 9. In assenza di documentazione precisa «il numero dei minorenni è stato parzialmente ricostruito e oggi si può dire che dai quei trasporti vennero deportati al campo approssimativamente 850 tra bambini e adolescenti».[16]

Se la presenza di bambini e adolescenti costituiva un

[13] D. Czech, *Kalendarium*, cit., pag. 603.

[14] Si veda l'elenco dei nuovi arrivati dal periodo 7.1.1941 al 22.12.1941, in APMO, Zespol Zugangliste, t. 1-5.

[15] Documentazione del processo di Norimberga, NO-2031.

[16] H. Kubica, *I bambini*, cit., pag. 122.

ulteriore onere per le detenute, tuttavia, è pur dimostrato che le rendesse più coraggiose; esse, secondo le poche analisi e testimonianze conosciute, si adoperavano in modo quasi eroico per la salvezza di quelle giovani creature rinchiuse nel lager, e questo anche senza un preciso legame di parentela o maternità.

Nonostante le pessime condizioni di vita del lager femminile e le maggiori difficoltà materiali in materia di cibo e igiene, «le donne sono riuscite a creare uno spazio di libertà, di dignità e di aiuto reciproco»; esse, infatti «dimostrano [comunque] più senso pratico e maggiore disponibilità ad aiutarsi reciprocamente».[17] Secondo una detenuta di Ravensbrück, questo sarebbe un dato generalizzabile: «Mi sembra che nei lager femminili il sostegno amichevole sia stato più costante, più solido, più condiviso».[18] E dal canto suo, Evgenija Ginsburg raccontando l'esperienza in un lager, constata: «Poveri nostri compagni! [...] cadevano esanimi la dove noi ci incurvavamo soltanto, resistendo. Ci superavano nella capacità di manovrare scure, piccone o carriola, ma resistevano molto meno di noi alla tortura».[19] Come si spiega tutto ciò? si chiede Todorov. Sembra testimoniato che la forza fisica andasse di pari passo con la forza di reazione e con la solidarietà tra internate, che certo la presenza di adolescenti e bambini favoriva. «I detenuti adulti decoravano le pareti nelle baracche dei bambini con scene colorate tratte da favole. A tutt'oggi si sono conservati disegni del genere nella baracca in muratura numero 16 del campo femminile di Birkenau, nel settore BIa destinato ai bambini polacchi.»[20] Chi facesse visita al campo, ne trarrebbe forti emozioni, ma

[17] Cit. da T. Todorov, *Di fronte all'estremo*, Garzanti, Milano 1992, pag.78-9.

[18] Germaine Tillion, *Ravensbrück*, Seuil, Parigi 1988^3, pag. 196.

[19] E. Ginsburg, *Le ciel de la Kolyma*, Seuil, Parigi 1980^2, pag. 164.

[20] H. Kubica, *I bambini*, cit., pag. 124.

anche un segno di speranza, di gioia, incredibile se si pensa alla vita quotidiana e alla dose di orrore che ad ogni ora investiva ebrei e internati di Auschwitz.

Il giorno della liberazione consentì la scoperta di 400 detenuti di età inferiore ai 14 anni ancora vivi nelle baracche del campo anche se stremati, spesso con gli arti congelati, ammalati di tubercolosi o debilitati (molti non pesavano più di 17 chilogrammi, alcuni non superavano i 5!).

Tra i bambini liberati, gli ebrei erano in maggior numero e come ricorda Primo Levi, il loro calvario di sofferenze non finì certo con l'arrivo delle armate sovietiche; «esaurimento nervoso, anemia, disturbi circolatori e di respirazione, nefriti questi gli effetti duraturi della loro permanenza nel lager». Inoltre, quelli che riuscivano a sopravvivere ai primi giorni di cure, non avevano più famiglia, spesso come Hurbinek non sapevano parlare o non ricordavano come si chiamassero. Eppure proprio grazie all'altruismo coraggioso di molte donne, non tutti i bambini di Auschwitz sono sommersi, non tutti si sono lasciati morire di inedia. Molti di loro, proprio da questo esempio trassero la forza per reinserirsi nella società degli esseri umani. «Hurbinek [prima di morire, libero ma non redento] aveva combattuto come un uomo, fino all'ultimo respiro, per conquistarsi l'entrata nel mondo degli uomini, da cui una potenza bestiale lo aveva bandito.»[21]

[21] P. Levi, *La tregua*, in *Opere*, cit., pag. 228.

8.

LO STERMINIO DEI PRIGIONIERI DI GUERRA RUSSI

Nell'inverno 1941-42 giunse ad Auschwitz un trasporto di 11.957 prigionieri di guerra russi tutti immatricolati nei registri, di cui 49 vennero trasferiti nel lager di Flossenbürg, e 29 riuscirono a evadere.[1] Al momento della liberazione del campo, il 17 gennaio 1945, durante l'ultimo appello prima dell'evacuazione definitiva, ad Auschwitz rimanevano 92 prigionieri russi. Forse i fuggitivi furono in numero maggiore, ma i documenti a disposizione ci consentono di considerarne solo 29. A questi dati si devono aggiungere 1.818 prigionieri che non vennero mai registrati e che furono eliminati poco dopo il loro arrivo, a mezzo gas o fucilazioni. In mezzo a loro c'erano 900 commissari politici sovietici. In totale, 13.775 prigionieri di guerra russi.

L'eliminazione massiccia della gran parte dei prigionieri si concluse entro il primo anno di internamento. Sulla facciata del loro *dossier* personale si poteva leggere una scritta, apposta con un timbro rosso che diceva: «*Vereinfachtes Verfahren! Sowjetische Arbeitskraft!*» [Procedura semplificata. Manodopera sovietica!]. In poche parole, si affermava che i russi non erano inter-

[1] I dati riferiti all'immatricolazione dei prigionieri di guerra russi e le loro vicissitudini sono meticolosamente registrati in D. Czech, *Kalendarium*, cit., a partire dalla pag. 127, corrispondente alle date 7/8 ottobre 1941, in cui viene registrato un convoglio in arrivo di 2.145 prigionieri di guerra.

nati di valore e si poteva sfruttarli con lavori pesanti e logoranti fino a provocarne una fine rapida. Spesso, gli uomini dell'Armata rossa, torturati dalla fame e dalle fatiche del lavoro, venivano colpiti da pazzia. Tutte le sere dal loro campo uscivano dei carretti pieni di cadaveri e non era infrequente vedere giovani soldati ancora vivi che, incapaci di sopportare le sofferenze indescrivibili cui venivano sottoposti con sadica regolarità, salivano ancora vivi sul carro diretto al crematorio.

«Un giorno – scrive l'SS Pery Broad – ho visto un russo disteso sopra un carretto sul mucchio dei cadaveri. Respirava ancora, anche se a malapena. La sua testa ciondolava appoggiata alla barra laterale. Un SS si avvicinò al carretto e con un manganello si scagliò con tutte le sue forze su quella testa pendente. Il russo, ricevette una spinta che gli fece cadere la testa sotto la barra. Un secondo colpo, dato con forza lo riportò nella posizione precedente. L'SS sembrò divertito. Anche quando il disgraziato fu morto, il soldato continuò a sferzargli dei colpi di manganello, finché faccia e testa non divennero una massa informe e sanguinante.»[2]

Un altro soldato SS si divertiva a rimanere in piedi sui corpi dei russi moribondi, stritolandogli l'esofago o la testa, con il calcio del fucile.

Migliaia di prigionieri russi vennero anche fucilati in un bosco nei pressi di Birkenau, dove furono sotterrati in fosse comuni lunghe e larghe dai 30 ai 60 metri e profonde 4.

Poiché in quello stesso periodo, sui giornali tedeschi e stranieri si faceva un gran parlare delle fosse di Katyn, l'amministrazione del KL di Auschwitz, decise con un certo imbarazzo di sottoporre a trattamento speciale anche quelle fosse comuni, che potevano dare motivo di polemica. Inoltre, molti pescatori polacchi

[2] P. Broad, in *Auschwitz vu par les SS*, cit., pag. 124.

cominciavano a lamentarsi perché dicevano che i pesci morivano avvelenati, nei grandi stagni vicini a Birkenau e a Harmeze. Gli esperti SS dissero che il fenomeno era indotto dall'avvelenamento della falda acquifera provocata dalla ptomaina: «Bisognava dunque, adottare provvedimenti convenienti e con la massima rapidità. [...] Era assolutamente folle consentire che dalle fosse comuni i corpi in decomposizione uscissero fuori dallo strato di terra che li ricopriva».[3] Allo scopo, il compito di esumare i cadaveri venne assegnato all'*SS-Oberstürmführer* Franz Hössler che si fece aiutare da 30 SS.

I prigionieri sovietici sono stati torturati in modo particolarmente barbaro nel lager di Auschwitz. Tra loro, la percentuale dei sopravvissuti allo sterminio è la più bassa di tutte le altre categorie di internati (vale a dire raggiunge a malapena lo 0,8%; mentre gli zingari hanno raggiunto una percentuale di sopravvivenza media pari al 6,5% e gli ebrei il 5, 6).[4]

Lo stesso Höss, nel suo memoriale scrive: «Morivano come le mosche, per l'eccessiva debolezza o la minima malattia che non erano in grado di superare. [...] Per un certo periodo, impiegai quasi giornalmente 5.000 russi a scaricare i trasporti di rape. [...] Niente da fare: i russi fisicamente non ce la facevano più. Si trascinavano apaticamente, senza senso, senza meta, o si acquattavano in qualche angolo riparato per inghiottire qualcosa di commestibile che avevano trovato, o per vomitare, o morire in pace. Più terribile di tutto fu il periodo di pioggia e fango dell'inverno 1941-42. I russi riuscivano a sopportare abbastanza bene il freddo, ma l'umidità, l'impossibilità di non essere mai asciutti, e per giunta la

[3] *Ibid.*, pag. 125.

[4] Dati in F. Piper, *Die Zahl der Opfer von Auschwitz*, Ed. Museo Statale Auschwiz-Birkenau, Oswiecim 1993, pag. 178.

KL Auschwitz I. Ingresso principale con la scritta «Il lavoro rende liberi».

KL Auschwitz I. Il blocco nr 11 dai detenuti detto «Blocco della Morte». Svolgeva varie funzioni, fra cui quella famigerata di prigione del Lager dove venivano reclusi fra l'altro i fuggiaschi e i membri della resistenza interna al campo e ad esso limitrofa.

Il KL Auschwitz I. Campo fondato dalle SS nel terreno e negli edifici di una preesistente caserma polacca.

Il KL Auschwitz II-Birkenau. L'ingresso principale detto «Portone della morte».

KL Auschwitz II-Birkenau. Donne e uomini sulla banchina prima della selezione.

KL Auschwitz II-Birkenau. Donne e bambini separati dagli uomini in attesa della selezione.

La famiglia dell'ex detenuta Lila Jacob, ebrea ungherese. Da sinistra: la zia Tauba insieme ai suoi quattro figli, che dopo la selezione sulla banchina ferroviaria di Birkenau furono mandati alla camera a gas. Il trasporto giunse al KL Auschwitz dal ghetto di Beregszasz (Ungheria) nel giugno 1944.

KL Auschwitz II-Birkenau. Interni di baracche per prigionieri in cui venivano stipate spesso fino ad alcune centinaia di persone.

KL Auschwitz II-Birkenau. La latrina del campo.

KL Auschwitz II-Birkenau. Prigionieri durante gli scavi dei canali di bonifica del campo.

KL Auschwitz II-Birkenau. Il lavoro dei prigionieri si svolgeva sempre sotto la sorveglianza delle SS.

KL Auschwitz II-Birkenau. Crematorio II. La costruzione dei forni nel 1943.

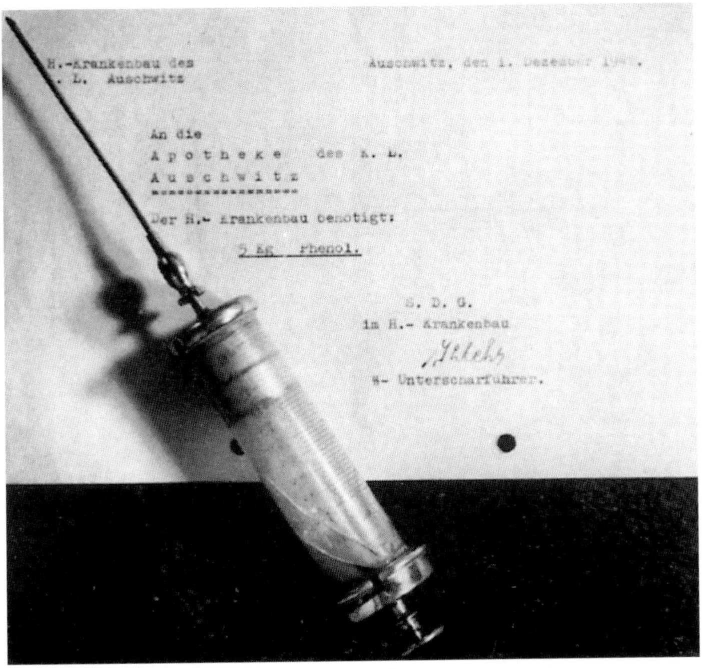

Sopra: Siringa con la quale si uccidevano i prigionieri con iniezioni di fenolo e la richiesta di 5 kg di fenolo firmata dall'infermiere delle SS Klehr.

A lato: KL Auschwitz I. La forca mobile sulla quale veniva eseguita la condanna a morte per impiccagione.

I resti degli averi delle vittime saccheggiati dalle SS e trovati nel campo liberato.

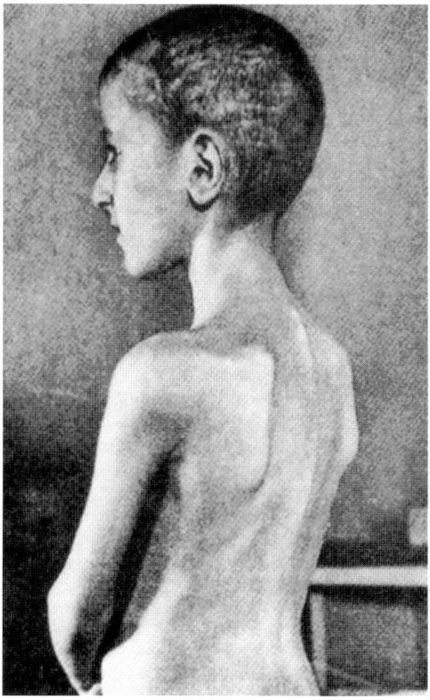

Gli effetti della fame – prigioniero fotografato dopo la liberazione del campo.

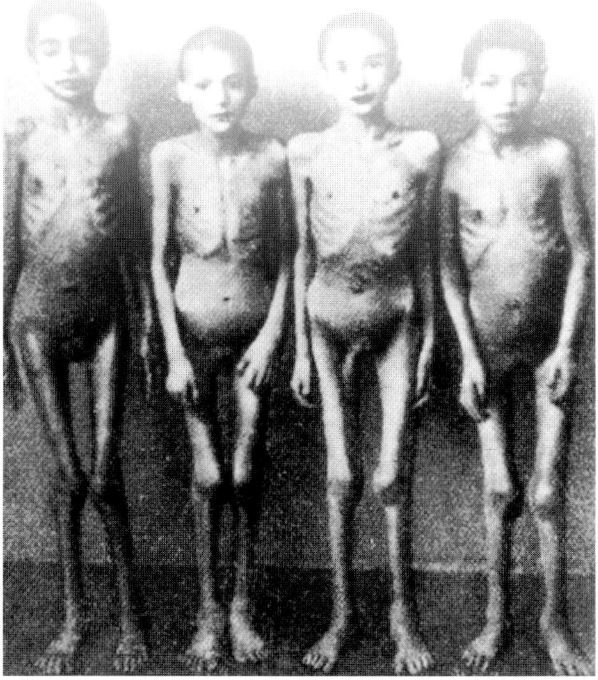

Bambine (probabilmente zingare). Fotografia scattata nel laboratorio fotografico della Gestapo del campo (Erkennungsdienst) su disposizione di Mengele.

Il 27 gennaio 1945 venne liberato il campo di Auschwitz. I sopravvissuti furono immediatamente soccorsi dal servizio sanitario militare sovietico e dalla Croce Rossa Polacca.

Gruppo di bambini che abbandona la baracca nr 2 del settore BIIe di Birkenau dopo la liberazione del campo avvenuta il 27 gennaio 1945.

Bimbi liberati nel KL Auschwitz. Foto scattata nella primavera del 1945 nell'ex campo base.

vita nelle primitive baracche di pietra ancora incompiute [a Birkenau dove i russi vennero trasferiti nel febbraio 1942], raffazzonate alla svelta [...], compirono il resto e fecero salire continuamente le cifre della mortalità. Anche il numero di quelli che fino ad allora avevano resistito, diminuì di giorno in giorno».[5]

Già nel novembre del 1941, giunse a Oswiecim una commissione di tre funzionari della Gestapo, provenienti da Katowice. Il loro compito era quello di classificare i prigionieri di guerra sovietici in quattro gruppi diversi in ragione della loro appartenenza all'esercito o al partito comunista.

L'essere iscritti nei primi due gruppi, equivaleva a un verdetto di morte. «Il primo gruppo di circa 300 detenuti [i commissari politici] venne fucilato nelle cave di ghiaia o nel cortile del Blocco 11 immediatamente [...] Coloro che appartenevano al secondo gruppo (circa 900) insieme ad altri, su iniziativa dell'*SS-Hauptsturmführer* Karl Fritzsch vennero assassinati con il Zyklon B negli scantinati del Blocco 11.»[6]

I prigionieri di guerra russi inseriti nelle altre due categorie vennero incorporati nella Compagnia penale o in gruppi di lavoro molto pesanti.

Da un registro che riporta i decessi di internati russi, avvenuti tra il 7 ottobre 1941 e il 28 febbraio 1942, vale a dire lo spazio di 144 giorni, risulta che le vittime ammontano a 8.320. Il numero più alto dei morti, per la precisione 352, viene registrato nella giornata del 4 novembre 1941. Tra l'altro, a fine registro, l'SS incaricato della sua tenuta, tenta una statistica del tutto imprecisa, moltiplicando il numero delle pagine (234) per il numero dei nomi contenuti in ciascuna pagina (36) e dividen-

[5] R. Höss, *Comandante ad Auschwitz*, cit., pag. 104.
[6] Jan Sehn, *Oswiecim-Brzezinka, Le camp de concentration*, Wydawnictwo Prawnicze, Varsavia 1962, pag. 105.

do il risultato così ottenuto per i giorni considerati (144). La sua matita propone una media giornaliera di 58 o 59 vittime.[7]

Dalle indicazioni riportate in questo registro, dove risultano trascritti, oltre al nome e al cognome con la matricola, il numero del Blocco, l'ora e la causa del decesso, appare chiaramente che per 137 giorni i prigionieri russi sono morti tra le 6 e le 10 della mattina (solo in 3 giornate diverse si sono avuti decessi durante la notte). Inoltre, in un lasso di tempo ancora più ristretto, vale a dire tra le 7 e le 10, ne sono morti 5.744. Le cause sarebbero: peritonite o polmonite. E tuttavia nessuno di loro risultava ricoverato in ospedale. Inoltre, 1.959 detenuti, sarebbero morti a causa di attacchi cardiaci o di disturbi circolatori; indicazioni assai dubbie come le altre, del resto, in elementi giovani, riconosciuti adatti al servizio militare nell'Armata rossa.

Scorrendo il registro poi, i dubbi circa le cause della fine degli internati russi, aumentano se si pensa, per esempio che il 7 novembre i prigionieri muoiono tutti a intervalli di 5 o 10 minuti l'uno dall'altro.

Ha dunque ragione lo storico Christian Streit, quando afferma che il destino dei prigionieri di guerra sovietici è molto simile a quello degli ebrei deportati nei lager.

Alla fine della guerra, dei 5.700.000 soldati dell'Armata rossa che furono fatti prigionieri dai tedeschi, 3.300.000 (vale a dire il 57,5%) erano periti. E i motivi «del decesso di massa dei prigionieri sovietici [erano] cinque: la fame, la sistemazione assolutamente inade-

[7] Ovviamente i calcoli risultano approssimativi, perché le ultime pagine non erano complete. A fronte del numero reale di morti registrati su questo quaderno (vale a dire 8.320) l'intento dell'SS sembra chiaro: tentare una ipotesi di media giornaliera, valida per tutto il periodo di detenzione dei russi. Forse, qualcuno gli aveva chiesto di fare una previsione sulla durata in vita al campo di questi internati. I dati sono in J. Sehn, *Le camp de concentration*, cit., pag. 106-9.

guata, le modalità di trasporto, il trattamento cui erano sottoposti, lo sterminio sistematico per ragioni politiche».[8]

«Il rapporto fra queste uccisioni di massa e il genocidio degli ebrei è palese» continua Streit. Ecco in proposito due nessi ulteriori. «I campi di sterminio di Auschwitz-Birkenau e di Majdanek furono orginariamente costruiti per sistemarvi quella quota di prigionieri di guerra sovietici che doveva essere consegnata a Himmler. Essi infatti dovevano essere impiegati come lavoratori schiavi nei giganteschi complessi industriali che le SS progettavano insieme con grandi gruppi come la I. G. Farben. Poiché nel gennaio del 1942 dei 10.000 prigionieri sovietici che erano stati messi originariamente a disposizione, ad Auschwitz se ne trovavano solo alcune centinaia e non erano previsti nuovi arrivi, Himmler ordinò – una settimana dopo la conferenza di Wannsee – di internare nei campi di concentramento 150.000 ebrei tedeschi.»[9]

Il secondo nesso è ancora più evidente e riguarda la procedura di messa a morte. I prigionieri sovietici venivano selezionati dalle unità speciali SS e i più «infidi» [vale a dire i commissari politici] erano mandati a morire non appena arrivati al campo. Inoltre, fu proprio su di loro che si sperimentò l'efficacia dello Zyklon B. Dunque, dopo le «gassazioni di prova» sui russi, nel 1942, le autorità del KL di Auschwitz cominciarono a uccidere con il gas gli ebrei.

[8] C. Streit, *La sorte dei prigionieri di guerra sovietici*, in *Fra sterminio e sfruttamento*, a cura di N. Labanca, Casa ed. Le lettere, Firenze, 1992, pag. 95. Il testo base di C. Streit è: *Keine Kameraden. Die Wehrmacht und die sowjetischen Kriegsgefangenen 1941-1945*, Stuttgart 1978/nuova edizione Bonn 1991.

[9] C. Streit, *La sorte dei prigionieri*, cit., pag. 100.

9.

IL GERGO DELLE SS E DEGLI INTERNATI

Chi entrava nel campo come internato, ben presto si trovava a fare i conti con una lingua in codice, che, solo se condivisa, consentiva la comunicazione delle informazioni e delle notizie tra detenuti o la decodificazione degli ordini che provenivano dalle SS e dai kapo. Tutto ciò a prescindere dagli altri problemi di lingua, già di per sé molto difficili da risolvere: ad Auschwitz, infatti le lingue prevalenti erano il tedesco e il polacco. Gli ordini invece venivano impartiti regolarmente in tedesco, lingua d'obbligo per gli appelli giornalieri e i rapporti ufficiali. A partire dal 1942, con l'arrivo di prigionieri da tutta l'Europa occupata, tra i detenuti regnava una vera e propria babele linguistica. Ecco in proposito quanto ne dice Primo Levi: «Chi giungeva ad Auschwitz si trovava non solo in un mondo ostile, ma in un mondo in cui non capiva nulla perché non c'era una lingua comune. Quando ci arrivai io, tra i detenuti le lingue correnti erano il polacco e lo yiddish. Poi ci fu l'ondata ungherese. Ma si parlava anche olandese, francese, russo. Nemmeno i kapo si esprimevano allo stesso modo; accanto alle SS tedesche c'erano guardiani di tutte le nazionalità presenti nel campo. Soprattutto per gli italiani era una situazione di accresciuta sofferenza. Ricordo la mia angoscia nel non riuscire a stabilire un dialogo, la mia consapevolezza che si voleva distruggerci come uomini anche imponendoci di restare muti per l'impossibilità di comunicare».[1]

Per poter sopravvivere e non subire torture o violenze più del consueto, i nuovi arrivati dovevano arrangiarsi a imparare un minimo di modi di dire di uso quotidiano, e tra questi le espressioni maggiormente usate dalle SS e dai loro aguzzini. Prima tra tutti, il numero (con il quale ogni internato selezionato per il lavoro veniva registrato), vale a dire il nuovo nome, che era letto in tedesco ad alta voce e doveva essere riconosciuto subito dall'interessato, obbligato a rispondere con sollecitudine. Spesso così il numero che precedeva, diveniva un vero e proprio campanello di allarme. C'è chi tra i sopravvissuti, ancora dopo cinquant'anni ne ricorda il suono, se non il significato.

Le incomprensioni provocate dalla differenza linguistica erano causa di punizioni e di botte fin dall'arrivo quando il deportato scendeva dal treno al grido di «*Alles raus!*» (Tutti fuori).

Parte del linguaggio del campo era costituito dalla serie di segni che differenziavano tra loro i detenuti (i triangoli rossi, verdi, neri ecc. con le loro combinazioni) comprese le fasce che portavano al braccio i kapo (chiamati appunto *Bindenträger*, vale a dire quelli che portano la fascia) e i gradi delle SS, anche se passando davanti a una qualsiasi divisa l'internato doveva togliersi il berretto e abbassare il capo. In questo caso, se si partecipava a un appello o si faceva parte di un kommando di lavoro il kapo impartiva l'ordine «*Mützen ab*» (giù il berretto) e il successivo «*Mützen auf*» (su il berretto).

Appel, *Arbeitskommando formieren!*, *Bewegung*, *Bettenbauen*, *Wstawac*, *Weg von hier!*, *Organisieren*, *Los los...*, *Laufschritt* ecc. (vedi tab. IX/I) sono soltanto alcu-

[1] G. Poli, G. Calcagno, *Echi di una voce perduta*, Mursia, Milano 1992, pag. 44.

ne delle espressioni gergali cui era legata la vita dell'internato.

Ad Auschwitz, il verbo «mangiare» si traduceva con *fressen* (pappare, divorare) usato per gli animali; per dire a un prigioniero «vattene» guardie e kapo usavano l'espressione *hau'ab*, imperativo del verbo *abbauen* (che significa «mozzare, tagliare» usato nel significato di «vai all'inferno»).

Come ricorda Primo Levi, i detenuti del campo non erano uomini e a loro non spettava la qualifica di *Mann*, ma quella di *Häftlinge* (internati). E questa espressione costituiva solo un esempio di quel non «essere parlati» che nella vita del lager aveva effetti devastanti sulla psiche e sulla salute fisica: essendo gli internati sottouomini o nemici, morivano anche per effetto di una insufficienza di comunicazione che, al contrario, se attivata, aiutava a orientarsi nel campo, a scansare il lavoro più duro, a evitare incontri spesso mortali con SS.

«Nella memoria di noi superstiti, e scarsamente poliglotti, i primi giorni del lager sono rimasti impressi nella forma di un film sfuocato e frenetico, pieno di fracasso e di furia e privo di significato: un tramestio di personaggi senza nome né volto, annegati in un continuo assordante rumore di fondo, su cui tuttavia la parola umana non affiorava.»[2]

Tra gli internati più decisi a resistere e a vivere, queste espressioni gergali si imprimevano nella memoria con il solo suono (significante acustico) e in modo meccanico. Ancora Primo Levi ricorda come molte espressioni che venivano usate in forma di intercalare, e che sembravano necessarie a comporre le frasi, in realtà (e lo scoprì dopo la guerra) significavano «fottuto», «colera», «figlio di puttana», «sangue di cane» eccetera.

[2] P. Levi, *I sommersi e i salvati*, in *Opere*, cit., pag. 724-25.

Tab. IX/I – Alcune espressioni tipiche del gergo del lager

Achtung: attenzione, ordine impartito dal kapo quando entravano nella baracca le SS e il detenuto doveva mettersi sull'attenti.

Alles raus!: tutti fuori, ordine impartito dalle SS per far uscire dai treni o dalle baracche i prigionieri. Abbreviazione di *Alles heraus.*

Alte Nummer: indica tra i detenuti colui che ha un numero basso di matricola e che si trova al campo da tempo.

Antreten: nei ranghi.

Appell: appello numerico degli internati.

Appell in die Zelte!: nelle baracche per l'appello.

Arbeitskommando formieren!: è un ordine: formare i commando di lavoro.

Arbeitsunfähige: inabile al lavoro. Viene decretato tale un prigioniero durante la selezione. Il giudizio prelude la morte.

Badeaktion: operazione bagno, espressione per indicare l'uccisione dei prigionieri nei locali destinati alle docce.

Bettenbauen: ordine, riordinare il giacilio.

Bewegung: avanti, in fretta.

Bialy domek: la casina bianca o bunker 2, una delle prime camere a gas di Birkenau.

Block: abitazione o baracca degli internati.

Blockreinigung: Pulizia delle baracche.

Bordellschein: buono per il bordello.

Bock: cavalletto, famoso tavolo in legno usato per le torture.

Brotappell: appello per il pane.

Bunker: camere a gas.

Czerwony domek: la cascina rossa o bunker 1, la prima camera a gas provvisoria di Birkenau.

Dicke Luft: aria pesante, espressione usata tra internati per indicare un pericolo imminente.

Dolmetscher: interprete.

Durchfall: diarrea.

Durchzählen: contare dal primo all'ultimo numero.

Effektenkammer: magazzino con gli oggetti degli internati.

Entwesungskammer: luogo dove veniva eseguita la disinfestazione.

Fünferreihe: in fila per cinque.

Geheimnisträger: iniziato, il prigioniero testimone dello sterminio.

GU *(Gesonderte Unterbringung)*: sigla che indicava l'eliminazione dei prigionieri.

Häftling: internato.

Hau ab: rompete le righe, espressione SS.

Heilbare und Unheilbare: guaribili e inguaribili, espressione SS.

Holzpantinen: zoccoli di legno.

Hundelstaffel: compagnia cinofila, reparto SS.

Incaricato: internato a cui venivano affidati vari incarichi.

segue →

Kanada (o Canada): depositi delle proprietà confiscate ai deportati.

Kapo: il detenuto con incarico di sorvegliante.

Kommando: squadra di lavoro.

Kriesgrube: cava di ghiaia in cui lavoravano i prigionieri.

Königsgraben: canale reale, scavato dai prigionieri, convogliava l'acqua all'esterno di Birkenau.

Kübel: secchio per la zuppa.

Lagerältester: anziano del campo.

Laufschritt: passo di corsa.

Lauskontrolle: controllo pidocchi.

Los los: incitamento per iniziare in fretta un lavoro (Avanti, avanti).

Meldung: Messaggio.

Muselmann: internato ridotto a una larva d'uomo e abbandonato a se stesso.

Mützen ab – Mützen auf: giù il berretto, su il berretto.

Organisieren: organizzare, espressione che indica il furto di viveri e vestiario.

Pass amol auf!: fai molta attenzione.

Prominenter: notabile, detenuti kapo o con privilegi.

Rampe e Judenrampe: banchina di arrivo degli ebrei. La prima fuori del campo, la seconda dalla primavera del 1944 nel campo di Birkenau.

Revier: infermeria, ospedale del campo.

Sauna: bagni del campo.

SB, Sonderbehandlung: trattamento speciale, uccisione di internati. La sigla era posta a fianco dei detenuti registrati che venivano mandati al gas.

Sonderkommando: squadra speciale di internati ebrei addetti alle camere a gas e ai forni crematori.

Washraum: lavabo, lavandino.

Wurst: salsiccia.

Wuestappell: appello per la salsiccia.

Warum bist du hier?: perché sei qui? Domanda che le SS facevano per malmenare i prigionieri politici. Ogni risposta era infatti errata.

Weg von hier!: via di qua. Ripetuto dai kapo per far posto a SS.

Wstawac: alzati, il comando dell'alba.

Zugangliste: elenco dei nuovi arrivati.

Zelte: baracche.

Ziegel: mattone.

La tabella indica solo alcune espressioni usate al campo, come esempio della complessità delle comunicazioni e delle difficoltà che potevano incontrare gli internati a ricordarle. Ogni errore di comprensione corrispondeva a una aggressione violenta da parte dei kapo o delle SS. A tutt'oggi non c'è uno studio sistematico sul gergo dei campi di concentramento nazisti.

Chi tra gli internati accettava senza più darsi da fare o ingegnarsi, l'eclissi della parola e della comunicazione, segnalava in realtà l'approssimarsi della sua fine per inedia, malattia o altro ancora.

C'era anche un linguaggio in codice di cui si servivano i nazisti per celare il più possibile al mondo e alle loro vittime i loro crimini. Si usavano infatti da tempo espressioni come «trattamento speciale», «evacuazione» «trasferimento a est», «reinsediamento», «soluzione finale», «azioni speciali», «massicce azioni di pulizia» ecc. in un significato assai diverso da quello d'origine.

Il 20 settembre 1939, prima ancora che si cominciasse la costruzione di Auschwitz, Reinhard Heydrich, capo della polizia e dei servizi di sicurezza, inviò a tutti gli uffici della Gestapo un telegramma sui «Principi da adottare per la sicurezza interna in tempo di guerra»:

«Per evitare ogni malinteso – si precisa – faccio presente i seguenti punti: [...] Si rende necessario operare una distinzione tra le questioni che possono essere regolate per la via fin qui abituale e quelle che esigono un *trattamento speciale*. In questo ultimo caso, si tratta di situazioni che, in ragione del loro carattere fortemente reprensibile e del pericolo che rappresentano o del loro effetto di propaganda, si prestano a essere represse, senza eccezione alcuna, mediante una procedura radicale, vale a dire l'esecuzione».[3]

Dunque fin da subito, l'espressione «trattamento speciale» dovrà significare un ordine di esecuzione, di assassinio. La burocrazia ligia alle disposizioni risponde con centinaia di relazioni in cui questa terminologia in codice viene diligentemente usata: «Il numero degli ebrei sottoposti a *trattamento speciale* è dell'ordine di

[3] Documento del processo di Norimberga, citato in: E. Kogon, H. Langbein, A. Rückerl, *Les chambres à gaz secret d'État*, Minuit, Parigi 1987, pag. 13-14.

tre migliaia», scrive il comandante di un *Einsatzkommando* (unità mobile di massacro) che opera in URSS all'ufficio centrale dell'RSHA. E ancora: «L'operazione di *trattamento speciale* di centomila ebrei che si trovano sul territorio del mio distretto, per cui mi avete autorizzato, in accordo con il capo della sicurezza del Reich [Heydrich], potrà essere condotta a termine in due o tre mesi».

Da qui, deriva anche il termine «kommando speciale» (*Sonderkommando*) che procedeva all'uccisione degli ebrei a Chelmno mediante il ricorso a un camion a gas, e che lavorava nelle camere a gas e nei crematori di Auschwitz.

Poiché nella primavera del 1943, l'uso di questa terminologia aveva svelato a molti, comprese le vittime dei nazisti, il suo significato, il 10 aprile 1943, dall'ufficio della sicurezza del Reich si propone di adottare un'altra espressione:

«In nessun modo si deve più parlare di *trattamento speciale* degli ebrei. Per cui bisognerà fare ricorso all'espressione: "Reinsediamento a est". Nessun altra formula deve essere utilizzata per indicare la "soluzione finale della questione ebraica"».

Anche quest'ultima frase, assume il suo più tragico significato (vale a dire, quello di un ordine di sterminio totale) molto tempo prima, vale a dire già a partire dal 31 luglio 1941. È in questa data che il maresciallo Hermann Göring scrive a Heydrich nei termini seguenti:

«A completamento delle disposizioni dello scorso 24 gennaio 1939, nelle quali la si incaricava di decidere per la questione ebraica la soluzione più favorevole a seconda delle circostanze, scegliendo tra l'emigrazione e l'evacuazione forzata; con la presente la autorizzo ad adottare le misure preparatorie necessarie, sul piano dell'organizzazione, della realizzazione e degli strumenti materiali, per ottenere una soluzione d'insieme della questione ebraica in tutta la zona d'influenza tedesca in Europa [...].

«Inoltre la incarico, di presentarmi a tal proposito un progetto d'insieme circa i provvedimenti preparatori da adottare, circa l'organizzazione, la realizzazione e i mezzi materiali per concretizzare al più presto la soluzione finale desiderata della questione ebraica».[4]

Sappiamo che Heydrich per dare seguito a questo ordine convocò la *conferenza di Wannsee* a Berlino. Essa doveva tenersi il 9 dicembre del 1941, ma a causa dell'entrata in guerra del Giappone e della dichiarazione di guerra da parte della Germania contro gli Stati Uniti, venne convocata il 20 gennaio 1942.

Nel resoconto redatto da Adolf Eichmann, incaricato presso l'ufficio centrale della sicurezza per gli affari ebraici, si legge:

«Con l'autorizzazione del Führer, l'evacuazione degli ebrei verso est sostituisce l'emigrazione come possibile soluzione. [...] Nel corso della soluzione finale, gli ebrei dovutamente inquadrati, devono essere sottoposti al lavoro coatto all'est nel modo più conveniente. Radunati in grandi squadre di lavoro, separati per sesso, gli ebrei adatti al lavoro saranno utilizzati nella costruzione di strade in quelle regioni. Una gran parte di loro, così spariranno senza alcun dubbio per eliminazione naturale [cioè a causa delle fatiche del lavoro].

«I sopravvissuti, vale a dire la frazione più resistente, dovranno essere trattati di conseguenza [...].

«Nel corso dell'applicazione pratica della soluzione finale, tutta l'Europa dell'est come dell'ovest deve essere passata al setaccio».[5]

Anche i termini «trasporto», «deportazione», «trasporto speciale» servono a camuffare esecuzioni o massacri di massa. Per fare un solo esempio, in un rapporto

[4] Documenti del Processo di Norimberga, PS-710.
[5] Documenti del Processo di Norimberga, NG-2586.

militare del 7 dicembre 1941, si legge: «Il trasporto degli ebrei, nel numero di circa 2.500 unità è stato completato». La parola «esecuzione» sostituita da «trasporto» è ancora leggibile.[6]

Anche ad Auschwitz, come in tutti i corpi che costituivano la burocrazia militare e civile dello sterminio sistematico degli ebrei e degli oppositori al regime, si adottarono frasi o termini che tendevano a evitare nei rapporti e nei resoconti le espressioni dirette come «uccidere» o «morte». I termini usati in tal modo celavano e giustificavano a un tempo i massacri: *Sonderaktionen* (azioni speciali), *Sonderbehandlung* (trattamento speciale) significavano invio nelle camere a gas (e *Sonderkommando* era di conseguenza la squadra speciale di detenuti addetti ai crematori e alle camere a gas); nei rapporti si leggeva: «sottoposto a trattamento speciale» (vale a dire gasato). *Sauberung*, la pulizia, era un'azione di sterminio a mezzo fucilazioni o impiccagioni, sul posto o mediante evacuazioni dal campo; mentre *Lösung der Judenfrage*, indicava la soluzione della questione ebraica.

In questo modo, le operazioni di massacro a mezzo lavoro, denutrizione, tortura e gas davano l'impressione di essere soltanto procedure burocratiche.

[6] E. Kogon, H. Langbein, A. Rückerl, *Les chambres a gaz*, cit., pag. 21.

SECONDA PARTE

LO STERMINIO DEGLI EBREI 1942-1945

1.

L'ARRIVO AD AUSCHWITZ-BIRKENAU

La selezione allo scalo merci

«Davanti a noi, quelle fiamme. Nell'aria, l'odore di carne bruciata. Doveva essere mezzanotte. Eravamo arrivati. [...] Gli oggetti cari che avevamo portato fin qui rimasero nel carro e con loro, alla fine, le nostre illusioni.»[1]

Le selezioni dei nuovi arrivati cominciarono soltanto a partire dal 4 luglio del 1942, con un trasporto di ebrei provenienti dalla Slovacchia, comprendente più di 1.000 deportati. 264 uomini e 108 donne furono considerati abili al lavoro e vennero registrati nei libri del campo; agli uni venne assegnato un numero dal 44.727 al 44.990, mentre alle donne vennero attribuiti i numeri dall'8.389 all'8.496. Gli altri (bambini, vecchi, ammalati, donne incinte) vennero condotti subito alle camere a gas e uccisi.[2]

Per esigenze di mimetizzazione, fu un medico delle SS che, dopo aver fatto schierare i nuovi arrivati, separando gli uomini dalle donne, provvide alla selezione, mentre alcune squadre di detenuti scaricavano dai vagoni i bagagli, gli inabili e i morti. La tecnica non era ancora perfettamente studiata e sperimentata, ma fin da subito si capì l'importanza della presenza dei medici

[1] Elie Wiesel, *La notte*, La Giuntina, Firenze 1980, pag. 34-35.
[2] D. Czech, *Kalendarium*, cit., pag. 242-243.

sulla banchina ferroviaria. In realtà la «componente tecnica» giocava un ruolo di scarso valore. Ad Auschwitz, la selezione si fondava esclusivamente sulla necessità numerica di manodopera per il campo o i sottocampi e si effettuava una sola distinzione fondamentale: destra o sinistra, morte o vita.

«Davanti a noi c'è un ufficiale delle SS, *Obersturmführer*. Così lo chiama la sentinella. Un dottore, probabilmente. Senza camice bianco. Senza stetoscopio. Con un teschio cucito sull'uniforme verde. Ci facciamo avanti uno alla volta. La sua voce è tranquilla, fin troppo. Chiede l'età, la professione, se si è sani. Ci domanda di mostrare le mani. Sento alcune risposte. "Fabbro", "... a sinistra", "Avvocato", "... a destra". "Medico", "... a sinistra". Operaio, a sinistra. Magazziniere della ditta Bata, a destra. Falegname, a sinistra. È il turno di mio padre. Manovale... lo mandano dal lato dell'avvocato e del magazziniere. Ha cinquantacinque anni. Poi tocca a me. Ventitré anni, sano, lavoratore esperto delle costruzioni stradali. Calli sulle mani. Come sono utili i calli! "... a sinistra".»[3]

Il primo convoglio di soli ebrei, secondo la documentazione presente al campo,[4] arriva il 30 marzo 1942, proveniente dal lager di transito di Compiègne (in Francia). I deportati, in tutto 1.112, ricevono un numero di matricola dal 27.533 al 28.644, senza passare nessuna selezione. In questo caso, le autorità del campo adottano una procedura abituale. L'eliminazione dei detenuti non sembra ancora lo scopo prioritario di Birkenau. La macchina della morte si mette in funzione, soltanto dopo avere sfruttato al limite del possibile le capacità di lavoro degli internati. E tuttavia la svolta è vicina. I tra-

[3] M. Mannheimer, *Theresienstadt, Auschwitz, Warschau, Dachau. Erinne-rungen*, in «Dachauer Hefte», 1, pag. 101.
[4] D. Czech, *Kalendarium*, cit., pag. 193.

sporti infatti si susseguono con una certa rapidità,[5] e tra il 17 e il 20 di giugno, un carico di circa 2.000 ebrei provenienti dal ghetto di Sosnowitz (uomini, donne e bambini) viene spedito alla camera a gas allestita nel bunker I.

«La portiera fu aperta con fragore, il buio echeggiò di ordini stranieri [...] Ci apparve una vasta banchina illuminata da riflettori. Poco oltre una fila di autocarri. Poi tutto tacque di nuovo. Qualcuno tradusse; bisognava scendere coi bagagli e depositare questi lungo il treno. In un momento la banchina fu brulicante di ombre: ma avevamo paura di rompere quel silenzio, tutti si affaccendavano intorno ai bagagli, si cercavano, si chiamavano, l'un l'altro ma timidamente, a mezza voce.»[6]

La tecnica è cambiata. Adesso si scende dai carri bestiame, con i bagagli. «E poi grida e fischi e "*Raus! Heraus! raus!*" [abbreviazione colloquiale che sta per *Heraus*, e significa fuori] ... e uomini in uniforme, SS con i cani, prigionieri che indossavano vestiti a righe "Buttate giù tutto. Allineatevi: immediatamente!". Ci separarono e ci fecero mettere in fila per cinque.»[7]

«Una decina di SS stavano in disparte, l'aria indifferente, piantati a gambe larghe. A un certo punto, penetrarono tra di noi, e, con voce sommessa, con visi di pietra, presero a interrogarci rapidamente, uno per uno, in cattivo italiano. Non interrogavano tutti, solo qualcuno. "Quanti anni? Sano o malato?" e in base alla risposta ci indicavano due diverse direzioni. Tutto era silenzioso come in un acquario [...]. Era sconcertante e disarmante. Qualcuno osò chiedere dei bagagli: risposero "baga-

[5] *Ibid.*, pag. 193-229.
[6] P. Levi, *Se questo è un uomo*, in *Opere*, vol. I, cit., pag. 13.
[7] Marianne F., testimonianza orale raccolta da R. J. Lifton, in *Medici nazisti*, cit., pag. 223.

gli dopo"; qualche altro non voleva lasciare la moglie: dissero "dopo di nuovo insieme"; molte madri non volevano separarsi dai figli: dissero "bene bene, stare con figlio". Sempre con la pacata sicurezza di chi non fa che il suo ufficio di ogni giorno.»[8]

Dobbiamo a Tadeusz Borowski, una delle più lucide descrizioni dell'arrivo alla banchina dello scalo merci dei primi convogli di ebrei. La scena è narrata dalla prospettiva di un detenuto addetto al servizio bagagli.

«Marciamo svelti, quasi di corsa. Molte sentinelle giovani con le mitragliatrici. Passiamo accanto a tutti i settori del campo IIb, il disabitato lager C [III, il Messico]; ci immergiamo tra i peri e i meli del *Truppenlazarett* [ospedale delle SS, che rimase incompiuto]; in mezzo a una vegetazione sconosciuta, quasi marziana, sviluppatasi stranamente rigogliosa con il sole di questi pochi giorni [probabilmente primavera 1943], aggiriamo ad arco alcune baracche, attraversiamo la linea della grande *Postenkette* [la cintura di sorveglianza che circonda il campo] e di corsa ci immettiamo nella strada maestra. Siamo sul posto. Ancora poche decine di metri e, fra gli alberi, lo scalo.

«È uno scalo bucolico, come se ne incontrano spesso nelle sperdute stazioni di provincia. La piazzola, contornata dal verde di alti alberi, è cosparsa di ghiaia. Su un lato, presso la strada, sta accoccolato un piccolo casotto di legno, più brutto e dozzinale delle più brutte e dozzinali catapecchie di stazione; più in là giacciono grandi mucchi di rotaie, traversine, cataste di tavole, pezzi di baracche, mattoni, pietre, rivestimenti prefabbricati per pozzi. È da qui che caricano le merci per Birkenau: materiale da costruzione per l'ampliamento del campo e gente per le camere a gas. Un normale

[8] P. Levi, *Se questo è un uomo*, cit., pag. 13.

giorno lavorativo: arrivano autocarri, prendono assi, cemento, gente, ebrei...

«Le sentinelle si dislocano sulle rotaie, sulle travi, sotto la verde ombra dei castani slesiani, circondano lo scalo in uno stretto cerchio [...].

«Intanto lo scalo si veniva facendo sempre più chiassoso e affollato. Gli aiutanti dei kapo si dividevano in gruppi, assegnati gli uni all'apertura dei vagoni che stavano per arrivare, gli altri alle scalette di legno [lunghe assi a forma di scale, che venivano appoggiate al vagone per consentire la discesa rapida dei deportati] e spiegavano loro il comportamento da tenere [...]. Stavano arrivando con fracasso le moto con sidecar, con a bordo i sottufficiali SS cosparsi d'argento, uomini robusti, obesi, con gli stivali lustrati e le luccicanti facce da cafoni. Alcuni erano venuti con le cartelle, altri avevano flessuosi bastoni di bambù. Conferivano loro un aspetto professionale ed energico. Entravano nello spaccio – quel misero casotto era il loro spaccio – dove d'estate bevevano acqua minerale marca *Sudetenquelle* e d'inverno si riscaldavano con vino bollente, si salutavano prima statualmente con il braccio proteso alla romana, e poi si stringevano calorosamente le destre, si sorridevano cordiali [...]. Alcuni passeggiavano maestosi per il piazzale, la ghiaia scricchiolava, gli stivali scricchiolavano, i rettangolini d'argento luccicavano sui colletti [...]. La folla variamente vestita a strisce giaceva contro le cataste di rotaie nelle strette fasce d'ombra, col respiro affannoso e irregolare, chiacchierava nelle diverse lingue, pigra e indifferente guardava gli altezzosi uomini in divisa verde, il verde degli alberi, vicino e irraggiungibile [...].

«– Arriva il trasporto – disse qualcuno e tutti si rizzarono in attesa. Da dietro la curva stavano spuntando i vagoni merci; il treno si muoveva a marcia indietro, il ferroviere che era sulla piattaforma si sporse fuori, fece segno con la mano, fischiò. La locomotiva emise di rimando un fischio lacerante, sbuffò, e il treno scivolò lentamente lungo la stazione. Fra le grate dei piccoli finestrini si vedevano facce pallide, sgualcite, come assonnate, scarmigliate – donne terrorizzate, uomini che, per noi fatto esotico, avevano i capelli [nel lager tutti erano rasati]. Sfilavano lentamente, fissavano lo scalo in silenzio. Allora, dentro i vagoni qualcosa cominciò a rimescolarsi e a tambureggiare alle pareti di legno. – Acqua! aria! – si levarono sorde, disperate le grida.

«Dai finestrini si sporgevano visi, abboccavano disperatamente aria. Attintone qualche sorso sparivano e al loro posto se ne incuneavano altri che subito scomparivano allo stesso modo. Le grida e i rantoli si facevano sempre più forti. Un uomo in divisa verde, più di altre costellata di argento, storse la bocca disgustato [...], fece un cenno a una sentinella. Questi [...] si mise in posizione e tirò una raffica lungo i vagoni. Si fece silenzio. Intanto arrivavano i camion [...] ci si disponeva con competenza presso i vagoni.»[9]

Lo schema delle selezioni allo scalo merci (la «rampa dei Giudei» esterna a Birkenau) è ormai consolidato. Per prima cosa si mettono in movimento il corpo di guardia e le squadre dei detenuti assegnati alla banchina. Poi viene informato il medico di turno e il parco dei camion.

I detenuti di servizio venivano suddivisi dai kapo in gruppi di lavoro e, in attesa del treno, la banchina si trasformava in un luogo di conversazione e di incontro tra camerati.

Il treno lentamente usciva dalla stazione passeggeri di Oswiecim e si dirigeva in retromarcia verso lo scalo merci. Quando il convoglio era pronto, gli addetti allo scarico e le SS erano tutti al loro posto di «manovra».

[9] T. Borowski, *Paesaggio dopo la battaglia*, cit., pag. 125-26.

Ecco ancora la voce di Borowski che racconta: «I paletti tintinnarono, furono aperti i vagoni. [...] Indescrivibilmente compressi, schiacciati da una mostruosa quantità di bagagli, valigioni, valigie, valigette, zaini, fagotti di ogni genere [...] si pigiavano in una spaventosa strettezza, svenivano per l'afa, si soffocavano e soffocavano gli altri. Ora si erano ammassati presso la porta aperta, ansimando come pesci rigettati sulla sabbia».[10]

Un altoparlante dà istruzioni: *Achtung, achtung!* «uscire dai vagoni con le proprie cose... Prendere tutto. Ammucchiare i bagagli vicino al treno...».

«Dal vagone si riversa un'ondata variopinta, stracarica, simile a un ottuso fiume cieco, che cerca un nuovo letto. Ma prima ancora che si siano riavuti, storditi dall'aria fresca e dal profumo del verde, già gli si strappano di mano i loro bagagli, gli si tolgono i cappotti, gli si portano via gli ombrelli [...]. Cresce la massa di roba, valigie, fagotti, zaini, coperte, vestiti, borsette che, cadendo, si aprono e sparpagliano banconote multicolori, oro, orologi; davanti alle porte dei vagoni si accumulano cataste di pane, si ammonticchiano barattoli variopinti di marmellata e confetture, si ingrossano mucchi di prosciutti e salsicce, si sparge fra la ghiaia lo zucchero. Gli autocarri zeppi di gente partono con un frastuono infernale fra i lamenti e il baccano delle donne che piangono con i loro bambini e l'attonito silenzio degli uomini improvvisamente soli. Quelli che si sono diretti verso destra – giovani e sani – andranno al lager. Il gas non li risparmierà, ma prima avranno tempo di lavorare.

«Gli autocarri vanno e vengono senza posa come su un mostruoso nastro mobile [...]. I trasporti crescono con le settimane, con i mesi, con gli anni. Quando finirà la guerra si conteranno i cremati.»[11]

[10] *Ibid.*, pag. 127.
[11] *Ibid.*, pag. 128.

Ora la banchina è tornata a essere il regno delle squadre di lavoro di internati e delle SS. Un ufficiale si rivolge ai kapo e grida un ordine: «*Rein!*» [Pulire]. Il treno deve ripartire al più presto per un altro carico e per lasciare posto a un altro convoglio di ebrei.

«Si salta dentro. Gettati alla rinfusa negli angoli, fra escrementi umani e orologi perduti, giacciono neonati asfissiati e calpestati, mostriciattoli nudi, dalle teste enormi e dai ventri gonfi. Li si porta fuori come polli, tenendone in una mano un paio per volta. [...] Davanti agli occhi sfilano i cadaveri portati giù dai vagoni, i bambini calpestati e gli storpi accatastati tutti insieme. [...] Ora la gente non c'è più. [...] Trasportiamo le pesanti valigie, voluminose e capienti, le gettiamo a fatica sugli autocarri [...], da dietro la curva si sente il fischietto del ferroviere. Lenti smisuratamente lenti, vengono rotolando i vagoni, la locomotiva risponde con un fischio lacerante, dai finestrini guardano facce sgualcite e pallide, piatte come ritagliate nella carta, con gli occhi enormi infiammati di febbre. Ci sono già gli autocarri [...]. Apriamo i vagoni. No, non ce la si fa più a controllarsi [...]. Uomini, donne, bambini. Alcuni di loro sanno.»

Giorno e notte un andirivieni di vagoni, di SS, di squadre di lavoro e autocarri alimentavano le camere a gas, i forni crematori e, per una minuta percentuale che andava dal 14 al 25% dei deportati, i kommando di lavoro, nei quali la maggior parte degli internati e delle internate, in quel periodo, non sappravviveva oltre i 4/5 mesi.

Ad Auschwitz, più che riferirsi, come accadeva in altri lager, a un criterio oggettivo che dipendeva dalla condizione dei deportati, nella selezione valeva un principio pragmatico: le SS sceglievano gli abili, in base alla situazione del momento. «La prassi della selezione era collegata al fabbisogno di manodopera e alla disponibilità di posti nel lager. Se si stava appena formando un distaccamento esterno o si stava organizzando un grande trasferimento, il numero dei sopravvissuti alla selezione cresceva per qualche giorno [...]. Quanta più gente moriva nel lager, tanto maggiore era la possibilità per un nuovo arrivato di sfuggire per un certo tempo alla camera a gas. La morte all'interno del lager, riduceva la morte sulla banchina.»[12]

Se si pensa attentamente alle procedure di eliminazione attuate nel complesso concentrazionario di Auschwitz, nel quale il rapporto tra la vita dell'uno e la morte dell'altro (un amico, un figlio, un familiare ecc.) erano inscindibilmente legate, si coglie tutta la disperazione di taluni testimoni, come Primo Levi, sopravvissuti alla distruzione. Dal momento del suo ingresso a Birkenau o a Monowitz, in qualità di forza lavoro, il deportato capisce di essere già un sopravvissuto, e tutto il suo internamento si svolgerà sullo sfondo del genocidio. Sopravvivere alla selezione, è come sopravvivere a una morte rubata, che per effetto di un tragico destino si è abbattuta (o si abbatte) su altri. Il legame che intercorre tra i sopravvissuti (privilegiati del campo) e i «sommersi», rende lo stesso sopravvissuto sospetto. Ecco quanto scrive in proposito Primo Levi: «Sopravvivevano di preferenza i peggiori, gli egoisti, i violenti, gli insensibili, i collaboratori della "zona grigia", le spie. Non era una regola certa (non c'erano, né ci sono nelle cose umane, regole certe), ma era pure una regola».[13] E più oltre, aggiunge: «Sopravvivevano i peggiori, cioè i più adatti; i migliori sono morti tutti [...]. Noi sopravvissuti siamo una minoranza anomala oltre che esigua; siamo quelli che per loro prevaricazione o abilità o fortuna, non hanno toccato il fondo».[14]

[12] W. Sofsky, *L'ordine del terrore*, cit., pag. 374.
[13] P. Levi, *I sommersi e i salvati*, Einaudi, Torino 1986, pag. 63.
[14] *Ibid.*, pag. 64.

Il modello organizzativo del sistema Auschwitz, fin da subito, vale a dire fin dal momento del loro arrivo, mette gli internati ebrei gli uni contro gli altri, vittime insieme della violenza dei carnefici nazisti e dello spirito vitale che alberga in ogni uomo e lo spinge a sopravvivere a ogni costo. Colui che si adopera per ottenere privilegi (cibo e vestiti) o condizioni di lavoro migliori, presto si accorge «con vergogna» che la sua vita, per la spietata legge dei numeri che governa il campo, corrisponde sempre alla morte di altri internati. Ancora una volta, nel racconto di questo dramma ci aiuta una lucida riflessione di Primo Levi: «Hai vergogna perché sei vivo al posto di un altro? [...] Ti esamini, passi in rassegna i tuoi ricordi, sperando di ritrovarli tutti, e che nessuno di loro si sia mascherato o travestito; no, non trovi trasgressioni palesi, non hai soppiantato nessuno, non hai picchiato (ma ne avresti avuto la forza?), non hai accettato cariche (ma non ti sono state offerte...), non hai rubato il pane di nessuno; tuttavia non lo puoi escludere. È solo una supposizione, anzi, l'ombra di un sospetto: che ognuno sia il Caino di suo fratello, che ognuno di noi (ma questa volta dico noi in senso molto ampio, anzi universale) abbia soppiantato il suo prossimo, e viva in vece sua. È una supposizione, ma rode; si è annidata profonda, come un tarlo; non si vede dal di fuori, ma rode e stride».[15]

Nella logica mortale e spietata del sistema Auschwitz, «era la coincidenza organizzativa che decideva sull'idoneità al lavoro di un individuo. Se questi arrivava per puro caso in un momento in cui nel lager era aumentata bruscamente la mortalità [epidemie, fucilazioni ecc.], la possibilità di essere ritenuto abile al lavoro s'innalzava».[16] Per contro, se il lager era già sovraffollato, le aspettative di salvezza dell'ebreo nuovo arrivato scendevano vicino allo zero.

[15] *Ibid.*, pag. 62-63.
[16] W. Sofsky, *L'ordine del terrore*, cit., pag. 376.

Quando nel maggio del 1944, giunsero i treni dall'Ungheria (vedi pag. 187 e 190), e proprio nel periodo in cui l'andamento della guerra richiedeva sempre più manodopera schiava, la direzione di Birkenau, decise l'allestimento di una zona per gli internati «di riserva» (il Messico), ai quali non veniva assegnato alcun numero di matricola nonostante non fossero destinati immediatamente alle camere a gas. Ovviamente, non tutti i detenuti di riserva erano destinati al lavoro: solo in presenza di una domanda specifica essi venivano trasferiti in altri settori del lager e registrati, sfuggendo in tal modo alle pessime condizioni igieniche e di vita del settore III, dove la mortalità era estremamente alta.

Fin dalla prima operazione di selezione, sulla banchina ferroviaria dello scalo merci di Oswiecim, in pratica, si scontravano due diverse esigenze, o se si vuole due divergenti calcoli di potere delle gerarchie SS. L'RSHA, il braccio poliziesco delle SS, che dirigeva tutte le deportazioni allo scopo di realizzare l'obiettivo di una Europa «*Judenfrei*» (libera dagli ebrei) aveva interesse a inviare alle camere a gas il maggior numero possibile di deportati; il WVHA, il braccio economico dell'organizzazione SS, il cui compito era quello di fornire manodopera per l'industria bellica, mirava invece a tenere in vita il numero più alto possibile di adatti al lavoro – deportati per i quali la morte sarebbe comunque sopraggiunta per le pessime condizioni di vita nel campo.

«Il conflitto all'interno delle SS non fu mai del tutto risolto. In un certo senso non doveva esserlo. I fautori dell'uccisione del maggior numero possibile di ebrei potevano prendersi la soddisfazione di mandare nelle camere a gas una quantità immensa di ebrei in arrivo; le selezioni fornivano ai fautori del lavoro coatto gli schiavi di cui avevano bisogno. E le raccomandazioni dei medici [che presiedevano ed eseguivano le selezioni alla banchina ferroviaria] venivano accolte dai fautori di entrambe le tendenze: le uccisioni di massa prevenivano il sovraffollamento [e quindi lo scatenarsi di epidemie], e le selezioni, fornendo prigionieri più sani e forti, facilitavano il compito dei medici di mantenere in buono stato di salute la popolazione dei prigionieri del lager.»[17]

I medici del lager divennero in tal modo i veri potenti della selezione. All'arrivo di ogni nuovo convoglio, concordavano la percentuale di invio nelle camere a gas con gli altri responsabili delle SS. Essi alla fine, all'interno della struttura burocratica del lager, divennero i primi esecutori dello sterminio. Con il tempo, la selezione divenne un'operazione tecnica sofisticata. E poiché sulla banchina ferroviaria si era sempre di fronte a una tipica situazione di massa (poche guardie sorvegliavano e comandavano anche 2.000/3.000 deportati) si arrivò a un trattamento che combinava in sé intimidazioni, violenze e una buona dose di rassicurazioni. Ben presto, invece di gridare e picchiare, si decise il ricorso alla violenza solo in caso di disordini. Così le SS si comportavano quasi amichevolmente, davano informazioni e promettevano cibo e lavoro, facendo in modo che i deportati, paralizzati dall'angoscia e dall'incertezza, potessero comunque aggrapparsi a una speranza. L'obiettivo era chiaro: confondere i nuovi arrivati e scoraggiarli dall'intraprendere azioni di rivolta.

I tempi allo scalo ferroviario erano frenetici e ciò non lasciava spazio né alla riflessione né all'attesa. La grande maggioranza degli ebrei, in tal modo non era in condizioni di decifrare la situazione in cui si trovava e ancor meno di reagire. Le parole delle SS sembravano

[17] R. J. Lifton, *Medici nazisti*, cit., pag. 236-37. Cfr. anche lo studio di E. Klee, *Auschwitz. Die Ns-Medizin und ihre Opfer*, S. Fisher Verlag Fracfort, 1992.

vere, tantopiù perché gli aguzzini svolgevano il loro compito con la massima tranquillità, in modo routinario. In meno di dieci minuti, come ricorda Primo Levi, la rampa dello scalo merci era sgombra. «Senza sapere come, mi trovai caricato su di un autocarro con una trentina di altri [...] Eravamo senza scorta?... buttarsi giù? Troppo tardi, troppo tardi.»[18]

La selezione allo scalo merci vista da un SS

Una sirena d'allarme rompe il silenzio della notte, scrive Pery Broad, SS ad Auschwitz, che ha consegnato i suoi «ricordi» agli inglesi, nel 1945, dopo l'arresto. Le SS del settore trasporti, della sezione registrazione e schedatura, del comparto vestiario e amministrazione dei beni dei prigionieri e della direzione del campo, come il personale addetto alla disinfestazione che nel corso di quella stessa notte (probabilmente del 24 ottobre 1943) ha già prestato servizio per altri convogli, saltano giù dal letto insonnoliti e bestemmiando «*Verdammt nochmal!*» [imprecazione]. «Questi maledetti treni arrivano come se fossero spinti da una catena di montaggio. Non si ha più un solo momento di riposo! E questo, da dove arriva?»[19] «Credo da Parigi. Ma ce n'è già un altro che aspetta in stazione e viene da Westerbork [campo di transito olandese]. E per domani all'alba, è già annunciato un lungo treno da Theresienstadt.»

«Che Dio li maledica, ma a Lublino che cosa fanno? Pensano forse di non fare più niente? [il riferimento è al campo di sterminio di Majdanek]. Ebbene, speriamo almeno che i francesi abbiano portato con sé un bel po' di sardine!»

[18] P. Levi, *Se questo è un uomo*, cit., pag. 14.

[19] Tutte le citazioni tra virgolette di questo paragrafo sono tratte da: P. Broad, *Déclaration*, in *Auschwitz vu pal le SS*, cit., pag. 102-148.

Nel frattempo le SS hanno indossato la divisa e acceso i motori delle motociclette e delle automobili. Subito si gettano a tutta velocità nella notte. Da un enorme deposito del servizio trasporti, escono sei grossi camion, diretti allo scalo merci. Gli addetti del servizio sanitario (medici e infermieri) sono saliti a bordo di un'ambulanza. A ogni buca o sasso che incontra sulla strada, la vettura sobbalza e fa cadere sul fondo alcune scatole di ferro con un'etichetta che porta la scritta Zyklon B. I medici sonnecchiano seduti sulle panche laterali. Sopra le loro teste dondolano le maschere antigas che si urtano e fanno fracasso. Sul sedile davanti, vicino all'autista è seduto l'*SS-Oberscharführer* Klehr. Il suo servizio regolare a questo tipo di operazione gli ha valso la Croce di merito. L'ambulanza si dirige verso quei fabbricati dall'aspetto inoffensivo, chiamati bunker, vale a dire le camere a gas, mentre i camion e le motociclette sono già alla rampa ferroviaria. Su un binario è in attesa «un lungo convoglio costituito da carri bestiame, con i portelloni scorrevoli, piombati». I fari inondano la rampa d'un fascio di luce accecante. Occhi spaventati guardano dalle feritoie dei vagoni, protette da filo spinato. Le SS in servizio hanno circondato il treno. Il comandante della squadra di guardia, riferisce all'SS responsabile delle operazioni, che i suoi uomini sono ai loro posti. Il treno può essere scaricato. «Il caposcorta del convoglio, che ha sorvegliato il treno lungo il tragitto (di solito un ufficiale di polizia, anziano), trasmette all'SS della sezione registrazione e schedatura il piano di viaggio, il numero del treno e la lista degli ebrei trasportati con nome, cognome e data di nascita.» Nel frattempo i funzionari della direzione del campo provvedono a dirigere le operazioni di scarico. Sulla rampa regna una confusione completa. «Dal treno scendono delle francesi molto eleganti con pellicce, calze di seta, vecchi malandati, uomini pieni di forza, bambini con boccoli d'oro, vecchiette, qualcuno vestito con eleganza, altri con abiti da operaio, e poi giovani madri con i loro figlioletti in braccio, e ammalati portati a braccia da altri.»

Subito si separano gli uomini dalle donne. «In questa occasione, si possono osservare scene drammatiche. Sposi che si separano con le lacrime, madri che lanciano l'ultimo addio ai figli.»

Le due colonne vengono messe in fila per cinque a una distanza di diversi metri l'una dall'altra. Se qualcuno tenta di correre verso un familiare, per un'ultima stretta di saluto o per portargli parole di conforto, un SS lo rigetta nella sua fila a colpi di scudiscio.

«Adesso un medico comincia la selezione degli adatti al lavoro, separandoli da quelli, che secondo lui, sono inabili. Le donne con figli piccoli sono sempre giudicate inadatte, come i più deboli, i vecchi, gli adolescenti. Gli ebrei selezionati dal medico devono salire su un camion. Le SS della sezione addetta alle schedature contano uno per uno tutti quelli che passano dalla rampa. Inoltre controllano il numero degli adatti al lavoro. A questi ultimi viene dato l'ordine di mettersi in marcia, maschi e femmine divisi, per i rispettivi settori del lager. Tutti i bagagli rimangono sulla banchina.»

A questo punto un ufficiale informa i deportati che i bagagli seguiranno su un camion. La cosa è vera di per sé, ma questi ebrei non vedranno più le loro valige, che finiranno nei magazzini dell'amministrazione del lager.

Dopo il trattamento nella Sauna, l'aspetto di coloro che sono destinati al lavoro diventa orribile. «Donne e ragazze eleganti e piene di vita adesso hanno la testa rasata e un numero di matricola tatuato sul braccio sinistro. Sono vestite con tuniche informi a strisce grigioblu. La maggior parte di loro distrutte dalla deprivazione e dalla sofferenza, moriranno di lì a poco. Intanto i camion di quelli che sono stati giudicati inabili al lavoro sono in viaggio. I loro passeggeri interrogano le SS per sapere cosa siano quei fuochi che si vedono in lontananza. I soldati borbottano qualche risposta evasiva.»

Ancora, sulla rampa, un kommando di internati raccoglie bagagli e fagotti. L'autista della locomotiva, si attarda sulla banchina il più possibile. Picchia il suo martello sulle ruote e sui giunti, ma in realtà cerca di rubare qualcosa di prezioso che si trova sul treno o nelle vicinanze. Le SS della sezione schedatura confrontano i documenti di viaggio con i loro conteggi. Le piccole differenze non vengono considerate. L'indomani mattina, Grabner (capo del dipartimento politico del campo) si troverà un breve appunto, sotto la porta a vetri del suo ufficio: «Arrivati gli ebrei di..., con il trasporto RSHA n. ...; 4.722 unità, delle quali 612 adatti al lavoro, 4.110 inadatti». Le SS che prendono parte alla selezione sulla rampa, per ogni trasporto, ricevono un buono per una razione supplementare e per 1/5 di litro di vodka [la razione è composta da cinque sigarette, 100 grammi di salsiccia e pane, oltre all'alcool]. «Non stupisca dunque se l'alcool cola a fiumi nelle vicinanze della *Kommandantur*. Gli ufficiali di rango delle SS, come la direzione del campo, ricevono i buoni automaticamente, senza bisogno di alzare un solo dito.»

In poco tempo la rampa dello scalo merci ritorna di nuovo deserta. «Per la maggior parte delle SS il servizio finisce quando tutte le vittime sono state rinchiuse nelle camere a gas.»

La selezione sulla rampa interna a Birkenau: *Judenrampe*

Nella primavera del 1944, il campo di Auschwitz raggiunse il massimo della sua capacità di sterminio. Cominciavano ad arrivare, i convogli con gli ebrei ungheresi che dovevano essere sterminati subito. «In media giungono a Birkeanu 10.000 persone al giorno – scrive Broad – Tutti i crematori lavorano al massimo.» Mai prima d'ora s'era visto uno sterminio di massa di queste proporzioni. Per facilitare le operazioni di selezione e abbreviare il tragitto tra la banchina ferroviaria e la camera a gas, viene costruita all'interno del lager di Birkenau una rampa a tre marciapiedi, che consente ai convogli di fermarsi a poche centinaia di metri dai bunker dei crematori.

Il 2 maggio 1944, giungono ad Auschwitz due trasporti dall'Ungheria; uno partito il 29 di aprile da Budapest con un carico di 1.800 ebrei e l'altro proveniente da Topoly con 2.000 deportati, sempre ebrei. 486 uomini e 616 donne vengono avviate al lager per il lavoro coatto, mentre 2.698 uomini e donne (comprendenti bambini, ragazzi e anziani) sono destinati alle camere a gas.[20]

Adesso l'espressione che si usa per registrare le vittime destinate al gas non è più *Sonderbehandlung* [trattamento speciale], ma *Gesonderte Unterbringung* [letteralmente soggiorno in isolamento in pratica, eliminazione].

L'8 maggio, torna ad Auschwitz l'ex comandante Rudolf Höss, trasferito nel novembre del 1943, per assumere il comando dell'operazione di sterminio degli ebrei ungheresi (quasi 400.000). Assume nell'occasione la carica di responsabile anziano del presidio SS. Himmler in persona gli ha delegato i pieni poteri per la realizzazione di una grande *Aktion*, preparata minuziosamente da Eichmann, e che prenderà il nome di «Azione Höss». Dalla metà del mese di maggio, a Birkenau arriveranno in media quattro convogli al giorno. Il procedimento della selezione viene fotografato completamente (dall'apertura dei vagoni, all'ingres-

[20] D. Czech, *Kalendarium*, cit., pag. 764 e seguenti.

so nelle camere a gas o nei lager di lavoro degli ebrei) da due SS.[21] Non si sa ancora per quale ragione venne concessa una deroga alla regola del campo che impediva a chiunque di fornire la prova di quanto accadeva, a mezzo fotografie, filmati o documenti scritti. Una cosa è certa: si tratta di un vero e proprio servizio fotografico costituito da 189 fotografie, alle quali oggi possiamo aggiungere poco di più (vale a dire alcune fotografie delle camere a gas in costruzione, che servivano alla sezione edilizia, e le famose fotografie della cremazione dei cadaveri ammucchiati, scattate da un membro interno della resistenza e fatte uscire miracolosamente dal campo).

La sequenza fotografica delle SS, si presta facilmente a essere raccontata.

Mattino; un convoglio è appena arrivato, mentre quello più vicino al settore BI (banchina n. 2) è stato svuotato completamente. Accanto ai binari, restano mucchi di bagagli, valige e sacchi che alcuni internati stanno caricando sui camion per il trasporto ai magazzini Canada II di Birkenau (il Canada I dipende dal campo principale).

Il personale SS addetto allo scarico del nuovo treno (sulla banchina 3) si posiziona vicino alle porte scorrevoli dei vagoni e si appresta a rispondere all'ordine di scarico.

Ora il treno sul binario 2 è ripartito (per un altro carico e la gente esce dai vagoni portando in mano o sulle spalle fagotti e bagagli. In mezzo a loro, SS e uomini

[21] *L'Album d'Auschwitz*, (a cura di Anne Freyer e Jean-Claude Pressac), Seuil, Parigi 1983. Probabilmente gli autori di queste fotografie, unico documento del genere pervenutoci, in quanto era vietato a chiunque fotografare o filmare ciò che accadeva nel campo di sterminio di Birkenau, sono: l'*SS-Hauptscharführer* Bernhard Walter, capo del servizio d'identifcazione del lager e il suo collaboratore l'*SS-Unterscharführer* Ernst Hofmann.

con la divisa a righe grigio-blu che lavorano per il Canada.

A ogni cambio di squadra, gli internati addetti al servizio in banchina erano perquisiti. Se avevano nascosto anche solo un pezzo di pane, rubato ai nuovi arrivati, venivano picchiati a morte.

Una donna in primo piano, parla con un internato: probabilmente gli chiede notizie sul luogo in cui sono arrivati. Il suo aspetto è giovanile e forte. Il viso carico d'angoscia. I membri delle squadre di lavoro Canada sapevano assai bene cosa sarebbe successo a quei deportati, ma era loro stato tassativamente vietato di rivelarglielo. Ai nuovi arrivati che facevano domande sul fuoco e sul fumo che usciva dai camini, si doveva rispondere che si trattava di fabbriche o di un grosso panificio.

Un «Canada» che è sopravvissuto racconta che uno dei suoi colleghi rispose a una deportata che presto sarebbe scomparsa, finendo in fumo con i suoi figli. La donna, allora si rivolse a un ufficiale delle SS e pretese di sapere la verità. Fu tranquillizzata. Finito il lavoro sulla banchina, l'uomo che aveva parlato, venne ammazzato di botte.

Le famiglie si radunano insieme con i bagagli, si stringono e parlano come per rassicurarsi. Arrivano i camion per le valige, i pacchi, i fagotti e gli inabili. Quando i deportati chiedevano perché questo destino fosse toccato anche ai bambini piccoli e ai vecchi o agli infermi, la risposta dei nazisti era rassicurante. I lavoratori avrebbero reso molto di più se avessero avuto con sé la famiglia. Così, sulla *Judenrampe* di Birkenau, molti credevano ancora all'esistenza di un «campo per le famiglie». In questo momento l'incubo del viaggio è finito e si ritrova una certa tranquillità. Sono rari coloro che prima di giungere al lager hanno sentito parlare di ciò che accade ad Auschwitz-Birkenau.

Le SS mettono ordine nella folla scesa dal treno: gli uomini da una parte, le donne dall'altra con i bambini e i ragazzi molto piccoli. Si dice a tutti che i bagagli molto voluminosi come il resto delle valige verrà trasportato al più presto nel quartiere residenziale per famiglie. Coloro che lo desiderassero, poiché si deve andare alla disinfezione, possono portare asciugamani, e altro. In rampa, le SS appaiono uomini gentili e corretti, limitando l'uso della forza ai ribelli. L'atteggiamento persuasivo non ha tuttavia niente di umanitario: più questa massa umana resta calma, più il compito delle SS sulla rampa sarà facilitato. Gli uomini e i giovani in età da lavoro adesso fanno parte di un'unica colonna (in fila per cinque). Ad Auschwitz non c'era un'età precisa per cui la sopravvivenza fosse certa; il caso, il bisogno di manodopera, il capriccio di un ufficiale responsabile della selezione decidevano più di ogni altro criterio. I bambini e gli adolescenti troppo minuti, tuttavia venivano spediti subito alla camera a gas. Se si dichiarava un'età superiore ai 15 anni si avevano comunque maggiori probabilità di sopravvivere. Le SS non si sognavano di controllare in quella situazione i documenti di identità. Per questa ragione, molte volte, gli internati del Canada, suggerivano ai ragazzi e alle ragazze scese dal treno di falsificare la loro età e la loro condizione lavorativa: non studenti, ma artigiani, manovali, sarte, operaie eccetera.

Spesso si procedeva anche a raggruppare i medici ebrei in una colonna a parte. Molti di loro arrivavano con al braccio sinistro la fascia della Croce rossa. Altri rispondevano all'appello e per il momento venivano salvati, perché estremamente utili nell'infermeria e nell'ospedale per internati del campo.

Poiché durante il viaggio fame e sete si facevano sentire e spesso si scendeva dai treni senza più capacità di resistere alla sete, le SS facevano credere ai deportati che se collaboravano a una rapida selezione, avrebbero raggiunto assai prima le fonti d'acqua, alle quali potevano riempire i loro recipienti e dissetarsi. Un altro stratagemma per evitare ribellioni che per la massa inerme si configuravano come inutili perdite di tempo il cui unico risultato era quello di ritardare l'approvvigionamento di acqua e cibo.

Una colonna di donne con bambini e giovani è pronta per la camera a gas. I volti sono sconvolti dal viaggio e rivolti verso la colonna di uomini poco lontana. Quando alcuni internati chiedevano se avrebbero visto ancora i loro famigliari, le SS rispondevano: «Il giorno delle visite al lager delle famiglie è la domenica».

Una volta incolonnati, gli uomini da una parte e le donne e i bambini dall'altra, la selezione ha inizio. La donna che è stata scelta per la colonna di destra (camera a gas) è giovane e forte, ma porta in braccio un bambino molto piccolo.

Quando la giovane Fannie Schwimmer, proveniente da Bilke, venne a trovarsi in una di queste colonne con in braccio il figlio di sua sorella Léah, un prigioniero della squadra Canada, intuendo che la ragazza non era né sposa né madre, gli suggerì di restituire il figlio alla sorella. Senza sapere quali conseguenze questo gesto comportasse, Fannie gli obbedì. Dopo la selezione lei finì tra i salvati e la sorella con il bambino fu avviata nella colonna di destra.

Il momento della selezione che queste fotografie ci restituiscono nella piena drammaticità, era anche il primo stadio del confronto tra deportato e personale SS del campo. Lo psicoanalista Viktor Frankl lo racconta con estrema lucidità. «Poi mi trovai di fronte a lui [il medico SS addetto alla selezione]; altro, magro, aitante, in un'uniforme perfetta e pulitissima, era un uomo elegante e curato, ben diverso da noi miserabili, segnati da notti insonni, sciatti. Stava in piedi con aria disinvolta, appoggiando il gomito destro sulla mano sinistra, la mano destra levata; con l'indice di questa mano compiva un piccolo, misuratissimo cenno – ora a destra, ora a sinistra – molto più spesso a destra... Venne il mio turno. L'SS mi guardò con occhio clinico, parve sospettoso, incerto, appoggiò le sue mani sulle mie spalle. Mi sforzai di avere un'aria risoluta, rigido e diritto.»[22]

Un medico internato, Miklos Nyiszli, scelto da Mengele come medico legale delle camere a gas, che abitava in una camera del crematorio II, aveva una finestra che dava sulla rampa. La prima mattina del suo soggiorno in quella stanza, venne svegliato dal fischio di un treno. Dalla finestra osservò la selezione. «Durò a malapena una mezz'ora [...] Gli occhi dei bambini erano pieni di sonno e camminavano attaccati alle sottane della madre.» Nel cortile del crematorio, le SS consentivano ai deportati di riempire le loro bottiglie con l'acqua e di dissetarsi. Durante questa pausa, il dottor Nyiszli, poteva sentire il rumore dei potenti ventilatori che attizzavano il fuoco delle ceneri dei crematori.

Vicino alle rotaie vi erano alcune carrozzelle. Una sopravvissuta del Canada, al processo di Norimberga disse che alla fine di ogni giornata, le carrozzelle portate al magazzino erano un centinaio, e «in alcuni giorni assai di più». Non è mai stato ritrovato alcun documento che attesti l'identità di chi è morto nelle camere a gas e tanto meno che indichi quanti bambini hanno subito la stessa sorte delle loro madri.

La selezione sulla *Judenrampe*, lo abbiamo detto, non seguiva regole precise e date una volta per sempre. Tra gli uomini destinati al lavoro appare la testa rasata di un bambino, poco più che adolescente. Certi bambini o adolescenti in giovane età erano destinati a esperimenti

[22] V. Frankl, *Uno psicologo nei lager*, Ed. Ares, Perugia 1996, pag. 38-39.

medici, mentre altri facevano parte di squadre di lavoro composte esclusivamente da ragazzini. Jehuda Bacon, per esempio, aveva solo dodici anni quando arrivò ad Auschwitz-Birkenau. Venne prescelto per far parte di un gruppo di venti ragazzi che trainavano un carretto: «Dovevamo raccogliere le ceneri dei forni crematori nel bunker II e spargerle sulle strade ghiacciate del campo. Quando nelle camere a gas non c'era nessuno, il kapo ci consentiva di entrare per scaldarci».

2.

NELLE CAMERE A GAS

L'uccisione dei prigionieri registrati, nelle camere a gas

«Nelle camere a gas e nei crematori venivano uccisi anche quei detenuti di diverse nazionalità, regolarmente registrati (fino all'aprile del 1943 non ebrei e poi in seguito solo ebrei) che per effetto dell'azione "eutanasia", in corso dal luglio 1941 erano stati considerati malati incurabili.»[1] Nei cosiddetti ospedali per internati, si compivano quotidiane e incessanti selezioni, per cui si può ben capire come un detenuto chiedesse il ricovero solo in casi estremi, per evitare di trovarsi da un momento all'altro selezionato per il gas.

La crudeltà dei nazisti e la terrificante regola del campo facevano sì che alle selezioni per il gas fossero scelti anche individui sani. All'inizio, l'incaricato era l'*SS-Rapportführer* Oswald Kadul, che operava le selezioni nei bagni, fra il Blocco 1 e il Blocco 2.[2] Dal lucido racconto di un testimone, possiamo sapere che cosa avveniva in quei frangenti:

«Le selezioni dei Blocchi dei malati erano all'ordine del giorno. Ma i prigionieri erano presi dal panico quando, dopo l'appello serale, veniva annunciato il *Lagersperre* [divieto per i detenuti di lasciare la piazza

[1] F. Piper, *I metodi di assassinio diretto dei prigionieri*, cit., pag. 143.
[2] Kadul fu condannato all'ergastolo per i suoi trascorsi di SS solo nel 1965, da un tribunale della Germania Federale.

dell'appello] o compariva nei bagni un gruppo di militi guidati dal *Lagerführer* Baer, dall'*Untersturmführer* Sell e da Kadul. [...] A un segno del kapo, cominciavano a trotterellare lentamente in modo che gli occhi degli SS potessero soffermarsi su ognuno di loro. Nei bagni bisognava fare molta attenzione, perché i ripiani sotto le docce erano allineati in modo ineguale ed era facile slogarsi una caviglia e cadere. Un inciampo o una caduta significavano entrare a far parte degli eletti alla morte. Gli SS ci divoravano. Cercavano prede. Il maggior numero possibile. Dopo la rassegna [...] ci allineammo tutti nel viale delle betulle, poco lontano dal filo spinato. Il kapo ci contò ancora una volta. Sei compagni del nostro Blocco erano rimasti nei bagni, destinati al gas o alle iniezioni di fenolo».[3]

Nel campo femminile, le selezioni abitualmente erano organizzate al ritorno dal lavoro o durante gli appelli generali. Si ordinava alle internate, che spesso portavano pesanti zoccoli di legno, di correre per un breve tratto. Quelle troppo lente o impacciate, venivano fatte uscire dalla fila con l'aiuto di bastoni insanguinati. Se le camere a gas erano occupate, le selezionate venivano messe nel Blocco 25, isolato dal resto del campo e con inferriate alle finestre e un cortile circondato da un muro costantemente sorvegliato [vedi pianta di Birkenau, settore BIa – Tab. VII/I].

«Le vittime che supplicavano di avere salva la vita venivano caricate sui camion in modo estremamente brutale. Quelle che cercavano disperatamente di sottrarsi alla morte erano afferrate per le braccia e per le gambe e gettate con forza sulla piattaforma dell'automezzo. Insieme ai vivi venivano caricati anche i morti.»[4]

Sempre a Birkenau, nel settore maschile dei non

[3] F. Stryj, *All'ombra dei crematori*, Katowice, 1960, pag. 225-26.
[4] F. Piper, *I metodi di assassinio*, cit., pag. 144.

ebrei (prigionieri russi, politici, religiosi) era il Blocco 7 che svolgeva una funzione simile al Blocco 25 delle donne. Una volta, fece un'enorme impressione la vista di un convoglio di detenute e di detenuti francesi che lungo la strada della camera a gas cantarono la Marsigliese (si trattava del convoglio di Charlotte Delbo e delle politiche francesi giunto ad Auschwitz il 27.1.43).

Il 29 agosto del 1942, il medico del campo, di nomina recente, Kurt Uhlenbrock, ordinò di gassare tutti i malati di tifo, compresi i convalescenti. In seguito a ciò vennero condotti nelle camere a gas 746 internati.

Le selezioni per il gas avvenivano anche nei sottocampi, dell'universo concentrazionario del lager di Auschwitz. A Monowitz, il più grande dei campi dipendenti, nel 1942-43 le selezioni avvenivano con regolarità ogni due settimane ed ebbero come effetto il trasferimento a Birkenau di circa 8.000 lavoratori internati, il cui posto venne preso da individui più sani e forti.

«A volte i rappresentanti delle aziende private partecipavano alle selezioni, indicando personalmente gli individui da portare via dal sottocampo e fornendo talora propri mezzi di trasporto.»[5]

Ecco, quanto scrive l'ex internato Juliusz Ganszer: «Un giorno ci portarono al campo [ospedale di Birkenau] un intero gruppo di prigionieri macilenti dai circostanti lager minerari. Furono rinchiusi nei bagni, dove vennero tenuti per tre notti e due giorni. Il capoblocco, senza badare al rischio che correva, con il mio aiuto, gli fece avere un pentolone di zuppa. Nel mio Blocco c'erano molti polacchi che ricevevano pacchi, per cui la zuppa restava. Entrando nella zona dei bagni, fummo assaliti dal tanfo e dalla puzza. I condannati nudi riscaldavano con il calore del corpo la gelida sala docce. Alcuni pregavano a voce alta, altri farneticavano. Tutti si

[5] In Atti della commissione d'inchiesta contro i crimini nazisti, Cracovia, Sygn. 18/67 (Akta Okregowej).

gettarono sulla zuppa. La sera del giorno dopo vennero mandati nelle camere a gas».[6]

Quando gli ebrei arrivarono massicciamente ad Auschwitz-Birkenau (primavera estate 1942) e rappresentarono la maggioranza schiacciante della popolazione degli internati, registrati per il lavoro, furono loro le vittime privilegiate. Allora, la ruota della vita girò a favore anche di quei prigionieri che erano stati i primi a subire i rigori e la violenza del lager: politici, polacchi e di varie nazioni, religiosi e oppositori d'ogni sorta, prigionieri di guerra che in precedenza pativano torture e vessazioni a non finire. Dunque, gli ebrei (con gli zingari, numericamente molto inferiori) furono le nuove vittime del gas e dei crematori di Birkenau.

In verità, le prove generali dell'uso del gas furono effettuate già nell'agosto del 1941 mentre il 3 settembre dello stesso anno, si sperimentò un trattamento di massa, le cui vittime furono un buon numero di prigionieri di guerra russi e 250 ammalati. La notte del giorno successivo, agli infermieri internati e ai membri della compagnia penale, venne ordinato di radunarsi nel cortile del Blocco 11 (campo base), dove Gerhard Palitzsch, *SS-Rapportführer*, disse loro che da quel momento sarebbero stati destinati a un compito «speciale» di cui, pena la morte immediata, era vietato far parola con chiunque. Muniti di maschere antigas, gli uomini vennero condotti nelle cantine del Blocco dove giacevano i cadaveri degli 850 gassati. Gli internati (che in tal modo costituirono la prima squadra di un *Sonderkommando*) vennero incaricati di portare i morti in cortile, di spogliarli, ripulirli di ogni oggetto di valore (denti d'oro compresi) ancora «residente» addosso a loro, e di portarli al crematorio. Poiché gli scantinati, dopo l'operazione di gassazione, andavano arieggiati e ciò comportava l'evacuazione del

[6] APMO, Zespol Wispomnienia, t. 2, k. 379.

Blocco, i successivi gruppi di prigionieri di guerra furono gassati nell'ampio locale adiacente al crematorio, fino ad allora obitorio del campo base.

Rudolf Höss, al processo, descrisse la liquidazione del secondo gruppo di 900 prigionieri di guerra, nell'obitorio: «Mentre ancora durava lo sbarco dal treno, nel soffitto di terra e cemento della camera mortuaria, vennero praticate delle aperture. I russi furono obbligati a spogliarsi nell'anticamera, e poi entrarono tutti tranquillamente nell'obitorio, dove era stato detto loro che sarebbero stati spidocchiati. Lo spazio conteneva giusto l'intero trasporto. La porta venne sbarrata e dalle aperture venne fatto entrare il gas. Non so quanto sia durata questa uccisione, ma per un certo tempo si intese come un ronzio. Al momento dell'immissione, alcuni urlarono: "il gas!" e si levò come un ruggito, mentre gli uomini cercarono di forzare le porte, che tuttavia non cedettero. Parecchie ore dopo, le porte vennero aperte e fu fatta entrare l'aria. [...] I cadaveri non mostravano affatto tracce di contrazione o di spasimi. Come mi spiegarono poi i medici, l'acido prussico [contenuto nello Zyklon B] agiva sui polmoni con un effetto paralizzante, ma talmente repentino e violento da non provocare fenomeni di vero soffocamento».[7]

Da quel momento, tutti i convogli dei prigionieri di guerra russi che giunsero al campo furono sottoposti a

[7] R. Höss, *Comandante ad Auschwitz*, cit., pag. 129. Il crematorio I del campo base era in funzione dal settembre del 1940. All'inizio era destinato a cremare i cadaveri degli internati morti a causa della vita nel campo o assassinati. All'epoca disponeva di due forni con doppia muffola. Quanto allo Zyklon B, della Degesch di Francoforte sul Meno, fornito al campo dal distributore per l'est, la ditta Tesch & Stabernow di Amburgo, fece la sua prima comparsa ad Auschwitz nella settimana tra il 5 e l'11 luglio come antiparassitario. Infatti l'edificio dove alloggiava la guardia SS brulicava di insetti e venne irrorato con il gas. Venduto in scatole di quattro diverse capienze (200 g., 500 g., 1 kg., e 1,5 kg.) all'apertura della confezione, lo Zyklon B che conteneva tra l'altro acido cianidrico, vaporizzava a una temperatura di 27°. Mentre il primo utilizzo del gas tossico sui prigionieri fu una trovata

questo «trattamento speciale». Nella stessa camera a gas del campo base, furono, probabilmente, «trattati» singoli trasporti di ebrei, fin dall'autunno del 1941,[8] ma lo sterminio di massa cominciò dopo la conferenza di Wannsee,[9] località nei pressi di Berlino.

di Karl Fritzsch, direttore del campo, che agì in occasione di un viaggio di Höss (egli stesso si considerò apertamente l'ideatore dello sterminio di massa ad Auschwitz – testimonianza dell'*SS-Hauptsturmführer* Kahr), a partire da ottobre e per un anno le questioni annesse «crematorie» vennero affidate all'SS Walter Urbanczyk, di origine ungherese, sergente della riserva proveniente dal KL di Buchenwald.

8. Si veda il materiale documentario citato in D. Czech, *Kalendarium*, cit., alle date di ottobre, novembre e dicembre 1941.

9. Il 20 gennaio 1942, in occasione della conferenza che fu tenuta nei pressi di Berlino a Wannsee, sotto la supervisione di Heydrich e di Eichmann, furono predisposti i piani per la «soluzione finale della questione ebraica» che prevedeva lo sterminio di 11 milioni di ebrei, ripartiti nei vari Paesi occupati o alleati d'Europa. La tabella seguente rappresenta assai bene la situazione così com'era delineata a Wannsee:

Paesi	Numero di ebrei	Paesi	Numero di ebrei
ZONA A		**ZONA B**	
Germania	131.800	Bulgaria	48.000
Austria	43.700	Gran Bretagna	330.000
Territori orientali	420.000	Finlandia	2.300
Governatorato generale	2.284.000	Irlanda	4.000
Bialystok	400.000	Italia (inclusa la Sardegna)	58.000
Protettorato di Boemia e Moravia	74.200	Albania	200
Estonia (senza ebrei)	–	Croazia	40.000
Lettonia	3.500	Portogallo	3.000
Lituania	34.000	Romania (inclusa la Bessarabia)	342.000
Belgio	43.000	Svezia	8.000
Danimarca	5.600	Serbia	10.000
Francia occupata	165.000	Slovacchia	88.000
Francia non occupata	700.000	Spagna	6.000
Grecia	69.600	Turchia (zona europea)	55.500
Olanda	160.800	Ungheria	742.800
Norvegia	1.300	Unione Sovietica	5.000.000
		Ucraina	2.994.684
		Russia bianca (escluso Bialystok)	446.484
TOTALE GENERALE			oltre 11.000.000

La decisione dello sterminio di massa degli ebrei

Per essere esatti, la conferenza di Wannsee non fu il luogo della decisione dello sterminio degli ebrei, ma quello della sua organizzazione concreta. Infatti, lo stesso Höss, nelle sue memorie scrive: «Nell'estate del 1941 – al momento non potrei citare la data esatta [in realtà 29 luglio] – venni improvvisamente convocato a Berlino presso il *Reichsführer*, tramite il suo aiutante. Contrariamente al solito Himmler mi ricevette senza che fosse presente nessuno e mi disse sostanzialmente quanto segue: "Il Führer ha ordinato la soluzione finale della questione ebraica e noi SS dobbiamo eseguire questo ordine. [...] Ho scelto Auschwitz, sia per la sua ottima posizione dal punto di vista delle comunicazioni, sia perché il territorio d'interesse del campo può essere facilmente isolato e camuffato"».[10] Istruzioni pratiche precise e particolari dell'operazione sono affidati a Eichmann. Alla fine di agosto, Höss ed Eichmann si incontrano a Berlino per discutere i dettagli tecnici dell'operazione: «Eichmann mi parlò dell'uccisione con gas da scappamento su autocarri. Ma era un metodo da scartare per Auschwitz dato i trasporti di massa previsti».[11] In seguito Eichmann si recò personalmente ad Auschwitz (la data non è mai stata precisata ma rientra ncl mese di agosto del 1941) e con il comandante del campo cercò il luogo adatto per mettere in atto il piano di sterminio: «Andammo a ispezionare il terreno per stabilire il posto più indicato e decidemmo che era senz'altro la fattoria situata nell'angolo nordoccidentale del futuro terzo settore di edifici a Birkenau. Era una località fuori mano, protetta da sguardi indiscreti grazie a boschi e siepi alte e non troppo lontana dalla ferrovia. I cadaveri avrebbero potuto essere interrati in lunghe e profonde fosse nel

[10] R. Höss, *Comandante*, cit., pag. 171.
[11] *Ibid.*, pag. 172-73.

prato contiguo. In quel momento non avevamo ancora pensato alla cremazione. Calcolammo che negli stanzoni già esistenti dopo averli resi a prova di gas, avremmo potuto uccidere contemporaneamente 800 ebrei, servendoci di un gas appropriato».[12] Höss conclude questa parte della sua confessione dicendo che Eichmann all'epoca non era in grado di dirgli quando sarebbero concretamente cominciate le operazioni di deportazione. E tuttavia, la macchina distruttiva del lager funzionava, tant'è vero che si poté constatare il basso rendimento del crematorio sito nel campo base che consentiva di bruciare 340 cadaveri in una giornata, ma con molto fumo e puzza che si espandevano per chilometri, rendendo difficile tenere segreta l'intera azione.

Per questo motivo, il fabbricato individuato da Eichmann venne confiscato al suo proprietario, già evacuato, e preparato adeguatamente, senza l'annesso forno di cremazione. La camera a gas che ne risultò fu chiamata bunker n. 1 (o casetta rossa).

Non sappiamo la data esatta in cui cominciò lo sterminio di massa degli ebrei. Dai documenti del campo, risulta che il 15 febbraio 1942 arrivò ad Auschwitz un primo convoglio di ebrei destinati allo sterminio. Il numero delle vittime rimane ancora imprecisato, ma è certo che furono uccisi tutti con lo Zyklon B nelle camere a gas del campo principale e poi inceneriti.[13]

Il 20 marzo, vengono gassati nella casetta rossa (bunker 1 di Birkenau) i primi ebrei deportati con convogli organizzati dalla Gestapo e provenienti dall'Alta Slesia. I cadaveri vengono subito ammassati in fosse comuni (solo successivamente verranno riesumati e bruciati all'aperto). Su questa operazione di sterminio ecco il resoconto di un SS:

«Venne un camerata SS, credo un caporale [*SS-Sturm-*

[12] *Ibid.*, pag. 173.
[13] D. Czech, *Kalendarium*, cit., pag. 174-175.

mann], e prelevò un barattolo di gas dal nostro magazzino. Si avvicinò a una scala a pioli appoggiata sul lato destro dell'edificio (visto dalla torre). Notai che nel salire la scala aveva messo una maschera antigas. Giunto alla sommità, aprì il coperchio rotondo del barattolo e scuotendolo ne versò l'intero contenuto all'interno di una finestrella aperta nel muro. Udivo bene il rumore del barattolo che urtava i bordi dell'apertura mentre lui lo vuotava. Contemporaneamente vidi salire una polvere scura. Non appena richiuse la finestrella, si alzò un urlo terribile dal locale. Il modo in cui quella gente urlava è indescrivibile. Un po' di tempo dopo, la porta venne aperta da alcuni prigionieri e potemmo vedere una nebbia bluastra ancora sospesa su un enorme groviglio di cadaveri. Erano così incastrati l'uno nell'altro che sembrava proprio impossibile decidere a chi appartenesse un braccio o una gamba o un'intera parte del tronco».[14]

In genere gli ebrei venivano trasportati al bunker 1 con i camion. Se il convoglio era troppo numeroso, una parte di loro doveva completare il tragitto che separava la banchina ferroviaria dalla casetta rossa a piedi, lungo i prati sui quali sarebbero sorte in seguito le baracche del III settore del campo (Messico). Le SS avevano l'ordine di tranquillizzare le vittime e di dissipare ogni loro timore. L'aspetto esteriore della fattoria, un casolare isolato di campagna, circondato da alberi (in fiore nel periodo primaverile) dava un senso di sollievo. Arrivati sul posto, si diceva a tutti di prepararsi per la disinfestazione e il bagno e di spogliarsi all'interno delle due baracche predisposte allo scopo. Subito dopo, gli ebrei, completamente nudi, venivano fatti entrare nella casa. Coloro che intuivano ciò che li aspettava, venivano allontanati dal gruppo senza violenza e uccisi con un colpo alla nuca in una località poco distante dal bunker. Poiché i locali del-

[14] *Ibid.*, pag. 187.

le due camere a gas contenevano un massimo di 800 ebrei, quelli che restavano venivano fucilati sul posto.

Le persone che si trovavano in prossimità delle finestrelle dalle quali veniva immesso lo Zyklon B morivano per prime. Seguivano i vecchi, gli ammalati, i bambini e tutti coloro che gridavano non sapendo che in tal modo respiravano dosi più alte del gas tossico. La porta, all'inizio, veniva aperta solo dopo mezz'ora, mentre nei periodi di maggiore affluenza, si era deciso che dieci minuti potevano bastare. I corpi dei defunti assumevano un colorito roseo. Dopo avere aerato le camere a gas, i cadaveri venivano caricati su carretti in ferro che scorrevano lungo i binari di una ferrovia a scartamento ridotto e che percorrevano un centinaio di metri, fino alle grandi fosse, in cui venivano sepolti.

«Ad azione di sterminio iniziata [dunque nell'aprile del 1942], Eichmann trasmise ad Auschwitz l'ordine di Himmler che intimava di tagliare i capelli ai cadaveri delle donne e di estrarre i denti d'oro a tutti coloro che ne fossero in possesso. I capelli venivano venduti a 1/2 Reichsmark al chilogrammo, come materia prima per la produzione di feltro da parte di varie imprese tedesche, fra le quali la Alex Zink di Roth, nei pressi di Norimberga.»[15] Ai morti venivano tolti anche anelli, bracciali, orecchini e catenine d'oro o argento.

Poiché il corso delle deportazioni aumentava e la percentuale dei selezionati per il lavoro non superava mai il 15-20% degli ebrei che giungevano al campo, ben presto si rese necessario adattare a camera a gas un'altra fattoria, denominata bunker 2 (casetta bianca). Più grande del bunker 1, la nuova installazione aveva una capienza di 1.200 persone (dai documenti attualmente disponibili risulta che il bunker 2 ha cominciato a funzionare il 30.06.1942).

[15] F. Piper, *Lo sterminio di massa*, cit., pag. 151.

Fu qui che si mostrò a Himmler l'intero processo di sterminio. Il 17 luglio, il *Reichsführer*, in visita per la seconda volta al campo, assistette personalmente alla selezione e poi all'uccisione degli ebrei. Quel giorno giunsero al lager 1.303 ebrei olandesi (provenienti da Westerborg e Amersfoort).[16] 499 di loro, tra cui 397 donne vennero trasferiti subito alla casetta bianca. Alla fine, scrive Höss, «Himmler non trovò critiche da muoverci, ma non mostrò neppure di voler discutere. Era in compagnia del *Gauleiter* Bracht [presidente dell'Alta Slesia] e dell'*SS-Obergruppenführer* Schmauser».[17] La sera stessa, ci fu un ricevimento con musica e balli in casa di Bracht a Katowitz.

Poco tempo dopo la visita del *Reichsführer*, arrivò ad Auschwitz l'*SS-Standartenführer* [colonnello] Paul Blobel, mandato da Eichmann con l'ordine di vuotare tutte le fosse comuni e di cremare i cadaveri. Blobel aveva ricevuto questo compito già dal giugno del 1942 e lo aveva attuato dove era stato possibile in territorio polacco e sovietico.[18]

Proprio per imparare la procedura di cremazione dei cadaveri all'aria aperta, il 16 settembre Höss e gli *SS-Untersturmführer* Franz Hössler e Walter Dejaco, andarono a Chelmno, un luogo di sterminio sul fiume Ner. Tra l'altro constatarono che in molti casi per distruggere i corpi, prima di bruciarli su grandi bracieri di legna e benzina all'aperto, si ricorreva all'esplosivo.

Così, alla fine di settembre del 1942 anche nel lager di Auschwitz si cominciò ad ardere i cadaveri su enormi

[16] D. Czech, *Kalendarium*, cit., pag. 250-51.
[17] R. Höss, *Comandante*, cit., pag. 176.
[18] Ci si riferisce alle azioni degli *Einsatzgruppen*, le unità mobili di massacro che operarono nei territori della Polonia e della Russia. Si veda in proposito: *Le livre noire* (a cura di I. Ehrenbourg e V. Grossman), Actes Sud, Parigi 1995; R. Hilberg, *La distruzione degli Ebrei*, cit., in particolare il cap. VII.

fuochi costituiti da legna a strati, alternata ai corpi delle vittime; cataste che erano composte anche di 2.000 morti. In breve tempo si bruciarono anche i resti e i cadaveri di coloro che in precedenza erano stati gettati nelle fosse comuni (prigionieri di guerra russi ed ebrei).

Il *Sonderkommando* e i racconti della morte nelle camere a gas

I sommersi, coloro che saranno per sempre senza voce e senza storia, sono quegli ebrei che, scesi dal treno, vennero inviati nel giro di poche ore, direttamente alla camera a gas, senza nemmeno che il loro nome fosse scritto sul registro d'ingresso del lager. Oggi, conosciamo l'identità di una piccola parte di loro, grazie a lunghe e difficili ricerche non ancora completate,[19] e perché alcune liste di viaggio, sulle quali era scritto il loro nome e cognome, l'età, il sesso e la provenienza (i tedeschi compilavano questi elenchi di trasporto perché ogni ebreo deportato – fosse anche un neonato – pagava un biglietto, il cui prezzo veniva calcolato anche in base alla percorrenza) sono state salvate dalla distruzione (come gli elenchi dei deportati ebrei trafugati nel settembre del 1944 dai membri della resistenza interna al lager). Tuttavia, una parte di informazioni che danno voce e storia a tutti coloro che sono stati inghiottiti nell'inferno di Birkenau, ci provengono anche dai manoscritti, sepolti e oggi ritrovati, di alcuni membri del *Sonderkommando* (letteralmente: squadra speciale) e dalle poche testimonianze orali che si conosco-

[19] Oltre agli elenchi disponibili oggi presso il Museo di Auschwitz, citiamo la ricerca conclusa da L. Picciotto Fargion, *Il libro della memoria*, Mursia 1991, che contiene gran parte dei nomi degli ebrei italiani deportati, il lavoro fondamentale di S. Klarsfeld, *Le Mémorial de la déportation des Juifs de France*, e il suo recente (1997) *Memoriale* che raccoglie i nomi dei bambini ebrei francesi morti nei lager nazisti.

no.[20] Del *Sonderkommando*, facevano parte prigionieri, in maggioranza ebrei, scelti per svolgere tutte le operazioni necessarie al funzionamento dello sterminio: sgombero dei cadaveri dalle camere a gas, taglio dei capelli alle donne, estrazione dei denti d'oro, trasporto dei corpi nei forni crematori e loro combustione.

Il numero dei membri della squadra speciale, variava di volta in volta anche in relazione alla quantità di ebrei da sterminare. Un'ordinanza apposita di Eichmann ne prevedeva la liquidazione dopo ogni azione, ma il comando del campo, per comodità organizzativa disponeva la loro uccisione a intervalli più lunghi, salvando sempre gli esperti: fuochisti, meccanici, kapo ecc. Per fare solo un esempio, il *Sonderkommando* di circa 80 detenuti utilizzati nelle prime operazioni di gassaggio di ebrei nei bunker 1 e 2 venne eliminato nell'agosto del 1942. I componenti del successivo *Sonderkommando*, circa 300 uomini, impiegati per lo sterminio degli ebrei tra il settembre e il novembre del 1942 e per la combustione di oltre 107.000 corpi, gettati in precedenza nelle fosse comuni, venne avviato alla camera a gas il 3 dicembre 1943.

«Il *Sonderkommando* raggiunse la massima consi-

[20] Alla fine della guerra, nei pressi dei crematori furono rinvenuti sei manoscritti di membri del *Sonderkommando* fra cui quello di Zalmen Gradowski, Zalmen Lewental, Chaim Hermann, di un prigioniero di nome Lejb, un altro di nome Nadzari e qualche testo di anonimo (questi scritti sono raccolti da F. Piper in un libro dal titolo *Inmitten des Grauenvolleu Verbrechens*, Museo di Auschwitz, 1996 – in Italia, a cura di Carlo Saletti, presso Marsilio con il titolo: *La voce dei sommersi,* Venezia 1998. Il libro contiene una bibliografia completa degli studi sui Sonder e degli scritti pubblicati fino a oggi). Inoltre tra le poche decine di sopravvissuti del *Sonderkommando*, alcuni hanno testimoniato. Tra essi, Filip Müller (testimonianza in *Shoah* di Claude Lanzmann, ed. Rizzoli 1987; inoltre il libro autobiografico: *Trois ans dans une chambre à gaz d'Auschwitz*, Pygmalion, Paris 1980), Szlama Dragon, Henryk Tauber, Alter Feinsilber, e la testimonianza dell'ebreo di origine greca che vive in Italia, Shlomo Venezia, raccolta dal CDEC di Milano e parzialmente pubblicata nel lungometraggio di Ruggero Gabai, *Memoria*, ed. Rai 1997.

stenza numerica – di circa 900 persone – all'inizio dell'estate del 1944, nel punto culminante dell'azione di sterminio degli ebrei ungheresi. Il 30 agosto 1944, nei due turni, diurno e notturno, nei quattro crematori di Birkenau, lavoravano 874 prigionieri.»[21]

Per evitare che questi uomini entrassero in contatto con gli altri internati, alla fine del lavoro, le SS li rinchiudevano nei sotterranei del Blocco 11 del campo base di Auschwitz (e in seguito, dalla metà del 1944, nei crematori a Birkenau).

Ecco ciò che racconta Filip Müller:[22] «Nel Blocco 11, ad Auschwitz I, nella cella n. 13, era rinchiuso il *Sonderkommando*. Quella cella era sotterranea, isolata. Noi eravamo portatori di segreti... dei morti in sospeso. Non dovevamo parlare con nessuno, neppure con le SS, salvo con coloro che avevano l'incarico dell'*Aktion* [vale a dire dello sterminio].

«[...] Ci hanno fatti uscire dalla nostra cella e ci hanno condotti al crematorio [di notte]; là ho visto, per la prima volta, come si svolgevano le cose con le persone ancora vive. Quanto a noi, ci hanno allineati contro un muro, [...] e all'improvviso la porta di legno del cortile del crematorio si è aperta su un corteo di duecentocinquanta o trecento persone, vecchi, donne. Portavano sacchi... la stella di David. Nonostante la distanza ho capito che si trattava di ebrei polacchi, probabilmente oriundi della Slesia, del ghetto di Sosnowitz, a circa trenta chilometri da Auschwitz. Coglievo al volo alcune delle loro parole. Udivo *fachowitz*, che significa "lavoratore specializzato", e anche *Malach-ha-Mawis*, che in yiddish è "l'Angelo della Morte", *harginnen*, "ci uccideranno". E attraverso quelle parole che afferravo capivo

[21] F. Piper, *Lo sterminio*, cit., pag. 154.

[22] Le citazioni da Filip Müller sono tratte tutte dal libro che raccoglie la sceneggiatura del lungometraggio di Claude Lanzmann, *Shoah*, Rizzoli 1987.

chiaramente quale lotta si svolgesse in loro [...] forse ancora speravano. [...] Allora, Aumeier [Hans, *SS-Lagerführer* dal gennaio 1942 al settembre del 1943] prese la parola e disse: "Siete venuti qui per lavorare per i nostri soldati che si battono al fronte. E per quelli che lavoreranno, tutto andrà bene". Si vedeva che quella gente riprendeva un po' di speranza. Lo si sentiva chiaramente... I carnefici avevano così superato il primo ostacolo. Allora, Grabner [Maximillian, direttore del dipartimento politico del lager, una cellula della Gestapo e della polizia di sicurezza, Sipo] parlò a sua volta: "Abbiamo bisogno di muratori, di elettricisti. Abbiamo bisogno di uomini capaci in tutti i mestieri". Poi Hössler [Franz, della direzione del campo], subentrò a Grabner. Indicò con il dito un ometto tra la folla... lo vedo ancora oggi... "Qual è il tuo mestiere?" L'uomo dice "Signor ufficiale, sono sarto". "Sarto? Come, sarto?" "Da uomo. No, da uomo e anche da donna." "Magnifico! Abbiamo bisogno di gente così nei nostri laboratori." Poi interroga una donna: "Qual è il suo mestiere?". "Infermiera." "Bene! Abbiamo bisogno di infermiere nei nostri ospedali, per i nostri soldati... Abbiamo bisogno di tutti voi. Ma anzitutto, spogliatevi... dovete passare alla disinfezione. Ci preoccupiamo della vostra salute."

«A quel punto, ho visto che sembravano più tranquilli, rasserenati da ciò che era stato detto loro, e hanno cominciato a spogliarsi. [...] Chi vuole vivere è condannato alla speranza! [...] Aumeier era raggiante, fierissimo del modo in cui aveva condotto le cose. Si voltò verso qualcuno dei suoi uomini e disse loro: "Ecco il sistema! Fate così."».

Müller racconta anche il momento in cui gli ebrei destinati allo sterminio si apprestavano a entrare negli spogliatoi dei crematori, prima di accedere alle camere a gas.

«Nei crematori II e III [a Birkenau], lo spogliatoio e

la camera a gas si trovavano nel sotterraneo. Un grande spogliatoio di circa 280 metri quadrati e una grande camera a gas dove si potevano gassare fino a tremila persone alla volta [...] Gli ebrei, mentre si avvicinavano al crematorio vedevano tutto... il terreno interamente circondato da SS in armi, i cani che abbaiavano, le mitragliatrici. [...] Quando entravano nello spogliatoio appariva loro come un vero e proprio centro internazionale di informazioni. Ai muri erano fissati dei ganci, ognuno dei quali portava un numero. Sotto c'erano delle panche di legno, perché la gente potesse spogliarsi "più comodamente", come dicevano le SS. E sui numerosi pilastri di sostegno del sotterraneo erano affissi degli slogan, in tutte le lingue: "Sii pulito", "Morte ai pidocchi", "Lavati", "Direzione, sala disinfestazione": scritte che avevano l'unico scopo di attirare verso la camera a gas le persone spogliate... E sulla sinistra, la camera a gas, munita di una porta massiccia.»

Il 23 o il 24 ottobre del 1943, vennero avviati allo sterminio gli ebrei giunti ad Auschwitz dal KL di Bergen-Belsen, 1.800 tra uomini, donne e bambini.[22] Gli uomini furono diretti al crematorio III, le donne e i bambini al II. Nello spogliatoio, una donna, resasi conto della sorte che l'aspettava, con estremo coraggio strappò di mano la pistola all'SS Josef Schillinger e sparò alcuni colpi contro di lui e contro un altro SS, Wilhelm Emmerich. Il gesto, rappresentò un segnale di ribellione per le altre donne che si gettarono contro tutti i soldati SS. In breve tempo, questa, rivolta spontanea fu sedata e tutto continuò a funzionare secondo il programma previsto. L'SS Schillinger, tuttavia, morì durante il trasporto in ospedale mentre Emmerich rimase zoppo.

Nel manoscritto di un membro del *Sonderkommando*, la cui identità è tuttora ignota, si legge, ancora: «Più

[23] D. Czech, *Kalendarium*, cit., pag. 637.

o meno, prima della fine del 1943, giunse un convoglio di 164 polacchi dei dintorni – fra cui 12 donne – membri di un'organizzazione clandestina di resistenza. Contemporaneamente, vennero condotte alcune centinaia di ebrei olandesi, già detenuti nel lager [e dunque sottoposti a una delle periodiche selezioni], destinati a essere gassati. Una giovane polacca, nella camera a gas tenne un discorso sui crimini nazisti e così concluse: "Noi adesso non moriamo, la storia della nostra nazione ci renderà immortali, la nostra capacità di resistenza e il nostro coraggio vivono e fioriscono, il popolo tedesco pagherà per il nostro sangue così caro come nemmeno riusciamo a immaginare, abbasso la barbarie della Germania di Hitler, viva la Polonia". Poi, rivolgendosi ai membri del *Sonderkommando*: "Ricordate che su di voi pesa il sacro dovere di vendicare noi innocenti. Raccontate ai nostri fratelli e al nostro popolo che siamo andati consapevolmente alla morte pieni di coraggio e orgoglio". I polacchi caddero in ginocchio e recitarono una preghiera in una posa che fece molta impressione, alla fine si alzarono e cantarono l'inno nazionale. Mentre gli ebrei intonarono l'Hatikva».[24]

«Un giorno, nel 1943 – mi trovavo già nel crematorio V» racconta Müller,[25] «è arrivato un trasporto da Bialystok, e un detenuto del *Sonderkommando* ha riconosciuto nello spogliatoio la moglie di un suo amico. Senza preamboli le disse: "Vi stermineranno. Fra tre ore, sarete cenere". La donna gli ha creduto perché lo conosceva. Si è messa a correre e ha avvertito le altre: "Ci ammazzeranno, ci gasseranno!". Le madri con i bambi-

[24] *Inmitten des Grauenvollen Verbrechens* (a cura di F. Piper), ed. Museo di Auschwitz-Birkenau, Oswiecim 1996, manoscritto di autore anonimo, pag. 177-189.

[25] Occorre precisare che Müller, ebreo cecoslovacco, è sopravvissuto alle cinque eliminazioni del *Sondekommando* di Auschwitz. Nel 1942, quando entra per la prima volta nel lager, ha vent'anni. In C. Lanzmann, *Shoah*, cit.

ni in grembo non volevano credere a quelle parole. Decisero che quella donna era pazza e la respinsero. [...] Ci siamo interrogati noi del *Sonderkommando* su come dire la verità alle persone... come informarle. Ma l'esperienza ci ha insegnato che è inutile. [...] Pensavamo che per gli ebrei polacchi o per quelli di Theresienstadt, che erano vissuti dei mesi a Birkenau [come forza lavoro], le nostre parole avrebbero potuto avere un senso. Ma per gli altri... gli ebrei della Grecia, dell'Ungheria, di Corfù, che avevano viaggiato per dieci dodici giorni, affamati, senza una goccia d'acqua, morti di sete. Al loro arrivo erano come pazzi. Le SS dicevano loro: "Spogliatevi e avrete subito una scodella di tè per ciascuno". E questi ebrei erano in un tale stato a causa dell'interminabile prova del viaggio, che tutta la loro mente era concentrata su quest'unico scopo: estinguere la sete. [...] I bambini... gridavano, supplicavano le loro madri: "Per pietà, mamma, acqua, acqua!". E anche gli adulti che non avevano bevuto da giorni, avevano la stessa ossessione. Parlare loro non avrebbe avuto alcun senso.»

La sopravvivenza dei membri del *Sonderkommando* era organizzata come la vita degli ebrei e degli internati da lavoro, registrati e destinati ad altre squadre: ma il rapporto con gli arrivi dei deportati e la speranza di vita era, nel loro caso, direttamente proporzionale. Più convogli giungevano ad Auschwitz, più il *Sonderkommando* doveva essere numeroso. Quando invece i trasporti diradavano, per gli uomini della squadra speciale, la morte era una certezza immediata. Non c'era dunque una regola precisa se non quella della quantità di lavoro da svolgere in una giornata o in un certo lasso di tempo.

Racconta Müller: «Si viveva in una situazione al limite nel *Sonderkommando*. Ogni giorno, sotto i nostri occhi, migliaia e migliaia di innocenti sparivano nei forni... uomini, donne, bambini, tutti innocenti... improvvisamente sparivano e il mondo restava muto. Ci sentivamo abbandonati dal mondo e dall'umanità».

Fu così, che nell'estate del 1944, poiché i convogli destinati al campo cominciavano a diminuire, si decise di sottoporre a «trattamento speciale» anche i membri del *Sonderkommando*. Un primo gruppo (circa 200), venne trasferito nel campo base e lì liquidato in un locale che non era mai stato adibito a camera a gas. Il 7 ottobre successivo mentre si cercava di eliminare un altro gruppo, scoppiò una rivolta, durante la quale perirono centinaia di prigionieri. Ai preparativi di questo atto di resistenza estremo avevano partecipato anche dei prigionieri di guerra sovietici giunti nel lager da Majdanek (Lublino) nell'aprile del 1944 e quasi subito incorporati nella squadra speciale.

«Secondo i piani [della rivolta], i crematori sarebbero stati fatti saltare in aria, le baracche incendiate e il filo spinato che circondava il lager reciso, per consentire la fuga. L'esplosivo con il quale i prigionieri costruirono le rozze granate, venne rubato [*organizzato*, secondo il gergo del lager] dalle internate della fabbrica d'armi Union-Werke e dai prigionieri della squadra *Zerlegebetriebe*, impiegati nello smantellamento di aerei fuori uso.»[26] La rivolta avrebbe dovuto scoppiare nel giugno del 1944, in concomitanza dell'auspicata offensiva sovietica (che invece arrivò ad Auschwitz con l'Armata rossa solo sei mesi dopo). A causa del gran numero di persone a conoscenza del piano, la rivolta venne scoperta dalle SS e ne seguì una feroce repressione. I membri del *Sonderkommando* che rimasero in vita, furono separati e alloggiati per gruppi nelle soffitte dei crematori I e III, e nello spogliatoio del crematorio IV.

[26] B. Jarosz, *I movimenti di resistenza*, in F. Piper, T. Swiebocka, *Auschwitz*, cit., pag. 208.

Ciò ne diminuì la forza e ne impedì contatti e capacità organizzativa.

Tuttavia ci si aspettava da un giorno all'altro una nuova eliminazione di internati della squadra speciale e si riuscì a far circolare l'informazione che il segnale d'inizio della rivolta, per tutti, doveva essere un incendio al crematorio IV. Quando verso mezzogiorno del 7 ottobre del 1944 le SS cercarono di «trasferire» (vale a dire mandare a morte) circa 300 detenuti del *Sonderkommando*, questi li attaccarono con asce e martelli e appiccarono il fuoco al forno. Una parte di loro riuscì a raggiungere l'uscita e a nascondersi in un bosco vicino. Il segnale tanto atteso era dato. Subito entrarono in azione anche gli internati della squadra speciale del crematorio II, che riuscirono a tagliare il filo spinato e a fuggire in direzione del sottocampo di Rajsko, dove si barricarono in una fattoria. Gli altri detenuti dei crematori III e V furono fermati dai rinforzi di soldati SS, sopraggiunti.

La direzione del campo organizzò l'inseguimento dei fuggiaschi, un massiccio bombardamento della fattoria e azioni di rastrellamento, che tuttavia non ebbero esito completamente positivo perché in quel momento si stava verificando un'incursione area degli alleati. Circa 200 membri dei *Sonderkommando* in rivolta vennero fucilati. «In tutto perirono 451 uomini e il numero della squadra passò da 663 effettivi a 251.»[27] Il 9 ottobre, il movimento interno di resistenza, spedì a Cracovia un rapporto completo sulla rivolta.[28] Gli ebrei organizzatori della rivolta perirono tutti, chi nel corso dei combattimenti, chi per torture nelle celle del Blocco 11. Ecco i loro nomi: Jankiel Handelsman, Josef Deresinski, Zalmen Gradowski, Josef Dorebus (detto Josef Wae-

[27] *Ibid.*, pag. 209.
[28] APMO, Mat. RO., t. III, k. 175.

szawski). Le SS ebbero tre morti e una quindicina di feriti.

«Le Squadre speciali erano costituite in massima parte da ebrei» commenta Primo Levi. «Per un verso, questo non può stupire, dal momento che lo scopo principale dei lager era quello di distruggere gli ebrei, e che la popolazione di Auschwitz, a partire dal 1943, era costituita da ebrei per il 90-95%; sotto un altro aspetto si rimane attoniti davanti a questo parossismo di perfidia e di odio: dovevano essere gli ebrei a mettere nei forni gli ebrei, si doveva dimostrare che essi, sotto-razza, sotto-uomini, si piegano a ogni umiliazione, perfino a distruggere se stessi. [...] Aver concepito e organizzato le Squadre speciali è stato il delitto più demoniaco del nazionalsocialismo. [...] Attraverso questa istituzione, si tentava di spostare su altri, e precisamente sulle vittime, il peso della colpa.»[29]

E tuttavia la situazione di questi uomini che lavoravano sull'«orlo dell'abisso» è stata spesso discussa e sottoposta a un giudizio morale di correità. Oggi sappiamo che i «corvi del crematorio», come qualcuno li chiamava, erano pur sempre vittime, anche se le SS avevano concesso loro un armistizio, grazie al quale, «alcuni individui di questo gruppo, con il passare del tempo, si erano totalmente lasciati andare, tanto che noi stessi – scrive Lewental – ce ne vergognavamo».[30]

Spesso, come racconta Langbein, ai membri dei *Sonderkommando* veniva impartito l'ordine: «Fuori i bastoni», che per molti di loro significava picchiare gli ebrei che rifiutavano di spogliarsi o di entrare nelle camere a gas. Anche Jehuda Bacon, un adolescente che apparteneva a un gruppo di ragazzi e bambini che tra-

[29] P. Levi, *I sommersi e i salvati*, cit., pag. 36-40.
[30] S. Lewental, *Gedekbuch*, in *Inmitten des Grauenvollern*, cit., pag. 202 e seg.

sportavano su un caretto le ceneri umane del crematorio e ne cospargevano le strade ghiacciate del lager, racconta di aberrazioni sessuali compiute sui cadaveri ancora caldi delle donne: «una donna morta da tre minuti è come una viva» si sentiva dire.

Dunque i membri del *Sonderkommando* erano carnefici e vittime insieme? Ciò che li muove all'azione suggerisce Primo Levi «mi pare, il vero *Befehlnotstand*, lo stato di "costrizione conseguente a un ordine": non certo quello sistematicamente e impudentemente invocato dai nazisti trascinati in tribunale». Su di loro, che furono capaci anche di episodi eroici e di resistenza, non può scatenarsi il nostro giudizio, per altro liberatorio. «La condizione di offeso non esclude la colpa e, spesso, questa è obiettivamente grave – scrive ancora Primo Levi – ma non conosco tribunale umano a cui delegarne la misura [...]. Lo sapeva bene il Manzoni: "I provocatori, i soverchiatori, tutti coloro che, in qualunque modo, fanno torto altrui, sono rei, non solo del male che commettono, ma del pervertimento ancora a cui portano l'animo degli offesi".»[31]

La procedura di avvio alla camera a gas raccontata dalle SS

«A nome dell'amministrazione del campo, vi auguro il benvenuto. Questa non è una stazione balneare, ma un lager di lavoro. Come i nostri soldati rischiano la loro vita al fronte, per condurre alla vittoria il Terzo Reich, voi qui vi apresterete a lavorare per il futuro benessere della nuova Europa. Questo compito poggia interamente sulle vostre spalle. Ciascuno di voi ha una sua possibilità. Noi veglieremo sulla vostra salute e vi offri-

[31] P. Levi, *I sommersi e i salvati*, cit., pag. 44 e 31.

remo un lavoro ben retribuito. Dopo la guerra ciascuno di voi verrà giudicato secondo i propri meriti e trattato di conseguenza. Ora, per cortesia, spogliatevi. Appendete i vostri abiti al gancio numerato che abbiamo predisposto e, ve ne prego, ricordatevene il numero. Dopo la doccia, per tutti ci sarà un piatto di zuppa, del caffè o del tè. Intanto, prima di entrare nella sala da bagno, preparate per cortesia i certificati, diplomi, libretti scolastici o altri documenti, perché possiamo collocarvi in ragione delle vostre esperienze e capacità. I diabetici, cui è vietato far uso dello zucchero, si presentino subito dopo il bagno alla squadra addetta al servizio medico.»[32]

Davanti a centinaia di future vittime della camera a gas, la procedura si consolida, e diventa una cortese forma di rassicurazione, che pur non nasconde lo scopo principale della Germania nazista: sfruttare il lavoro schiavo degli ebrei, per costruire la nuova Europa.

Dopo tante violenze e minacce, finalmente una voce amica che spiega come sia importante pensare a lavorare, a fare il proprio dovere, per vivere ed essere, poi, premiati.

Ci si è chiesti, molto spesso, come una così enorme quantità di esseri umani abbia potuto andare passivamente verso la morte. La ragione di questa passività risiede sia nella rassegnazione indotta dalle strategie attuate al momento della selezione, dall'amministrazione del lager, ma anche e soprattutto nella rapidità dell'azione del «trattamento speciale», che spiega la calma apparente degli uomini e delle donne che si avvicinano al crematorio.

Le donne e i bambini si incamminano sulla *Lagerstrasse* A, a circa settecento metri dai crematori IV e V.

[32] Discorso tenuto dall'*SS-Obersturmführer* Hössler, davanti all'ingresso delle camere a gas, a un gruppo di ebrei greci. In: *L'album d'Auschwitz*, cit., pag. 165.

Tra di loro alcune donne sono incinte. A volte, quando si aprivano le camere a gas, dopo il «trattamento» si scopriva che queste giovani madri avevano partorito morendo.

Il racconto dei fotografi del campo rappresenta una vittoria: per noi che lo guardiamo oggi è l'agghiacciante rappresentazione delle fasi dello sterminio, in cui una parte dei sommersi hanno un volto e forse un nome; per le SS è l'esempio evidente di una grande conquista, la dimostrazione che si poteva uccidere senza incorrere in alcuna forma di resistenza.

Gli ebrei che sono scesi dal treno attraversano la *Judenrampe* e percorrono alcuni chilometri a piedi per raggiungerlo. Nel bosco, nonostante le SS preferiscano che non vi siano momenti di attesa, i nuovi arrivati aspettano che le camere a gas siano libere. Pur spaventate dal lungo viaggio e da ciò che è accaduto durante la loro deportazione, queste famiglie sembrano ancora persuase che, dopo la disinfezione, verranno trasferite in un apposito campo.

«Questa gente – scrive un testimone anonimo – non poteva certo immaginare che le nuvole di fumo che coprivano il sole, i fuochi enormi che divampavano dietro quelle cortine fumogene, l'odore nauseante che impestava l'atmosfera provenissero dalla cremazione di migliaia di altri esseri umani assassinati, i quali soltanto poche ore prima avevano subito la loro stessa sorte.»

Ed eccoci posti di fronte a un frammento di storia pieno di orrore, da cui traspare tutto il dramma dei deportati destinati alle camere a gas. Una donna non più giovane, probabilmente già internata nel campo da tempo e ora considerata inadatta, a poche decine di metri dal crematorio V si rifiuta di procedere. Tre uomini cercano di trascinarla o di trattenere il suo moto di ribellione. La donna resiste, il suo viso è contratto dal terrore. Ma la decisione è inesorabile. Aveva capito tutto e doveva morire, trascinata lontano dal gruppo delle altre deportate destinate al gas. Furono in molti coloro che non si resero conto fino all'ultimo della sorte che li attendeva; ma altri seppero fin da subito che il loro destino aveva nome camera a gas.

Camere a gas e potenziale di sterminio

Le camere a gas in funzione a Birkenau nel 1942 (il bunker 1 e il bunker 2) non sarebbero mai bastate per condurre a termine la distruzione degli ebrei d'Europa decisa dai nazisti. Così, fin dall'estate del 1942 venne portata avanti a ritmo accelerato la costruzione di altri edifici che avrebbero dovuto contenere grandi sale per la spoliazione degli ebrei, camere a gas e forni crematori con potenti inceneritori. A tale scopo furono impiegati centinaia di detenuti, giorno e notte, che lavorarono sotto la direzione di alcune aziende esterne che avevano ottenuto l'appalto delle opere. Il primo crematorio con annessa camera a gas venne consegnato il 22 marzo 1943 (è quello che viene denominato crematorio IV); dieci giorni dopo, anche il crematorio II era completato. L'edificio del crematorio V venne finito il 4 di aprile, mentre il III fu pronto per il 25 di giugno.

«Ancora prima della consegna, all'inizio del marzo 1943, alla presenza di una commissione speciale composta da alti ufficiali SS, giunti da Berlino, rappresentanti delle autorità del campo, ingegneri e operai della ditta *Topf und Sohne*, venne collaudato il crematorio II.»[33] I membri del *Sonderkommando*, che avevano imparato il funzionamento delle nuove istallazioni dal kapo August Brück, proveniente dal crematorio del KL di Buchen-

[33] F. Piper, *Lo sterminio di massa degli ebrei*, in F. Piper, T. Swiebocka, *Auschwitz*, cit., pag. 152. Anche in J. C. Pressac, *Le macchine dello sterminio*, Feltrinelli, Milano 1995, in particolare cap. 8.

wald, misero in funzione i focolari fin dalle prime ore del mattino e verso le 16, inserirono tre corpi per ogni muffola. Forte di 5 forni con tre camere di incenerimento, il crematorio «ospitò» 45 cadaveri. Poiché la combustione, contrariamente alle previsioni, durò 40 minuti, venne ordinato di fare riscaldare i forni per quindici giorni di seguito.

Secondo una lettera spedita, il 28 giugno 1943, dal dipartimento di polizia di Auschwitz, all'ufficio C dell'SS-WVHA,[34] il rendimento giornaliero dei crematori, salvo incidenti nel loro funzionamento, era il seguente:

Crematorio I	**340 cadaveri**
Crematorio II	**1.440 cadaveri**
Crematorio III	**1.440 cadaveri**
Crematorio IV	**780 cadaveri**
Crematorio V	**780 cadaveri**
Rendimento totale 4.756 cadaveri al giorno	

Questo prospetto, si riferiva a un rendimento continuo dei forni, e non prevedeva eventuali riparazioni.

I membri del *Sonderkommando*, hanno sostenuto che il rendimento effettivo, in realtà, era doppio. Nei periodi di maggiore affluenza degli ebrei, i crematori II e III incenerivano fino a 5.000 corpi, mentre i crematori IV e V arrivavano fino a 3.000 cadaveri al giorno.[35]

Nella primavera del 1944, con l'afflusso al campo degli ebrei ungheresi, si rese necessario rimettere in funzione il bunker 2 (casetta bianca), disseppellire le vecchie fosse crematorie e scavarne cinque nuove (nei pressi del crematorio V), prolungando in tal modo il raccordo ferroviario a scartamento ridotto fino al crematorio stesso.

[34] APMO, BW 30/42/2.
[35] APMO, *Proces Hössa*, t. 11, k. 139.

«I forni crematori erano circondati da recinti di filo spinato, avevano un'entrata a parte, dal lato del campo, ed erano nascosti alla vista da una siepe. Aiuole ben tenute conferivano ai dintorni un aspetto del tutto innocente.»[36]

Le camere a gas dei crematori II e III erano sotterranee e potevano contenere fino a 2.000 ebrei. Nei crematori IV e V, le camere a gas, invece erano costituite da tre vani (in seguito quattro), con una capacità complessiva di circa 2.000 persone. Qui i fori di immissione dei granelli di Zyklon B erano praticati nella parete, mentre nei crematori II e III il gas veniva immesso da aperture praticate nel soffitto. Una volta avvenuta la gassazione, e provveduto ad aerare i locali dove era stato immesso il gas, i corpi venivano trascinati su un ascensore elettrico che li riportava al piano terra, dove funzionavano i forni.

In queste nuove installazioni, le SS trasferirono una «procedura» di lavoro già adottata nei bunker 1 e 2 (la casetta rossa e la casetta bianca)

I tempo	**II tempo**	**III tempo**
Le vittime si spogliano in una stanza apposita	*Gassazione nei locali a doccia con ventilazione*	*Cremazione nei forni*

Riletto in termini industriali il procedimento poteva essere descritto come segue:

I tempo	**II tempo**	**III tempo**
Ricevimento della materia prima	*Unità di trasformazione*	*Utilizzo*

[36] F. Piper, *Lo sterminio*, cit., pag. 153.

ed effettivamente, la logica dello sterminio degli ebrei ad Auschwitz era del tutto simile alla produzione industriale. Si puntava all'efficienza, al massimo rendimento e al minor dispendio di energie e di materiali per la combustione e la gassazione. Höss, al processo, disse che per dare la morte a 1.500 ebrei bastavano dai 5 ai 7 chili di Zyklon B. La ditta Tesch un Stabenov ne fornì al lager di Auschwitz, negli anni tra il 1942 e il 1943 19.652,69 chilogrammi (sufficienti a uccidere quasi 5 milioni di individui). Ci fu dunque spreco di «combustibile» per il «trattamento speciale» degli ebrei? I numeri delle vittime, assassinate nelle camere a gas, in nostro possesso oggi, ci farebbero concludere in termini affermativi. Ma se letto in altro modo, questo dato numerico alimenta il sospetto che il lager di Auschwitz-Birkenau inghiottì una quantità di ebrei e di altre vittime assai maggiore di quanto oggi non si possa dimostrare (vale a dire non meno di 1.500.000 esseri umani, tra i quali oltre 1.000.000 ebrei).[37]

[37] Per un'analisi dettagliata delle cifre e dei conteggi delle vittime del KL di Auschwitz, vedi II parte, pag. 319, con i relativi rimandi alle fonti.

3.

VITA E MORTE A BIRKENAU

«Mai dimenticherò quella notte, la prima notte nel campo, che ha fatto della mia vita una lunga notte [...]. Mai dimenticherò quel fumo. Mai dimenticherò i piccoli volti dei bambini di cui avevo visto i corpi trasformarsi in volute di fumo sotto un cielo muto. Mai dimenticherò quelle fiamme che consumarono per sempre la mia fede. Mai dimenticherò quel silenzio notturno che mi ha tolto per l'eternità il desiderio di vivere [...]. La baracca dove ci avevano fatto entrare era molto lunga. Sul tetto qualche lucernario azzurrato. Era quello l'aspetto che deve avere l'anticamera dell'inferno. Tanti uomini sconvolti, tante grida, tanta brutalità bestiale.»[1]

«Ci fecero mettere in fila per il tatuaggio. Qualcuna svenne, altre gridarono. Venne il mio turno. Sapevo che quel dolore era ridicolo in confronto a ciò che ci aspettava. [...] Una detenuta classificata come politica con un numero molto basso sopra al suo triangolo rosso, mi prese il braccio e cominciò a imprimervi il numero. Non era certo il mio braccio che feriva, ma il mio cuore. A partire da quel momento, non ero più un essere umano [...]. La mia libertà, mia madre, i miei amici, le case gli alberi, tutto aveva cessato di esistere.»[2]

[1] E. Wiesel, *La notte*, cit., pag. 39-40.
[2] K. Zywulska, *J'ai survécu à Auschwitz*, cit., pag. 21.

Auschwitz-Birkenau è l'esperienza della morte che rende morti anche i vivi. Tra la vita nel campo base, nei primi due anni del suo funzionamento e la vita nel lager di sterminio più grosso d'Europa, c'è una sorta di continuità e insieme un abisso incolmabile. Impossibile renderne conto con la sola scrittura. Impossibile non dimenticare fatti, situazioni, sofferenze, tormenti unici, destinati per sempre al silenzio.

Impossibile non provare vergogna ogni qual volta se ne parla: quella vergogna che «i tedeschi non conobbero, e che il giusto prova davanti a una colpa commessa da altrui, e gli rimorde che esista, che sia stata irrevocabilmente introdotta nel mondo».[3]

Auschwitz-Birkenau, rappresenta per ciascun testimone sopravvisuto e, tanto più per lo scrittore non testimone, l'inenarrabile. Vale il principio che ogni riduzione, semplificazione, dimenticanza, imprecisione aggiungono ingiustizia all'orrore più volte patito dalle vittime, prima e durante la loro morte. Ma il silenzio, consentirebbe di favorire quell'oblio sui crimini nazisti che era l'obiettivo stesso dei carnefici quando, travolti dagli eserciti Alleati, abbandonarono i campi di sterminio dell'Est, trascinando con sé gli ultimi sopravvissuti.

Percorriamo dunque, questo inferno di dolore, generato dall'uomo per l'uomo, con la consapevolezza che esso può essere raccontato solo in parte.

Il saccheggio dei beni ebrei e il Canada

Le disposizioni date dai nazisti al momento della deportazione, imponevano il trasporto di un bagaglio a mano di peso non superiore ai cinquanta chilogrammi, che spesso conteneva vestiti, oggetti di uso personale,

[3] P. Levi, *I sommersi e i salvati*, cit., pag. 55.

medicine, strumenti di lavoro, casalinghi e pentole, tappeti, lenzuola eccetera.

Il divieto di portare con sé denaro e oggetti di valore non veniva rispettato quasi mai e gli ebrei nascondevano un po' ovunque i loro preziosi che, nel pensiero di molti, sarebbero stati un'iniziale fonte di sostentamento, in caso nella località in cui venivano destinati non ci fosse stato lavoro.

Il primo saccheggio (dopo le espropriazioni subite nel Paese d'origine), di questi pochi resti di una vita di lavoro e fatiche, avveniva sulla banchina ferroviaria. Poi, prima di entrare nelle camere a gas, gli ebrei dovevano spogliarsi di tutto, lasciando vestiti, scarpe e utensili vari tascabili in appositi spogliatoi o all'aperto. Dopo la morte, e prima della cremazione, ogni cadavere veniva scrupolosamente controllato e derubato di oro o argento ancora presente sul corpo (i preziosi venivano cercati anche con ispezioni negli organi genitali e nel retto).

«Le tre regole di base della politica delle SS nei confronti degli ebrei deportati a Birkenau erano infatti: furto, asservimento totale ed eliminazione con il gas. La parola chiave che comprendeva tutte le fasi del primo di questi principi (il furto), era "Canada". Essa designava: le squadre di internati che toglievano dalla rampa i bagagli degli ebrei; l'area dei fabbricati dove venivano depositati; e infine il kommando che si occupava dello smistamento e della classificazione di questi beni.»[4]

Nei periodi in cui lo sterminio degli ebrei raggiungeva un'alta intensità, era frequente vedere gli oggetti confiscati accumulati all'aperto, davanti ai depositi. Enormi cataste di vestiti, scarpe, protesi, fagotti, pentole, valige ecc. ingombravano per settimane gli spiazzi antistanti i magazzini.

[4] *L'Album d'Auschwitz*, cit., pag. 145.

Nel 1944, durante la grande deportazione degli ebrei ungheresi, il Canada II venne traslocato interamente in una zona che comprendeva trenta baracche, sul lato estremo a nord-est di Birkenau. In questo stesso periodo il kommando dei «Canada» arrivò a essere costituito da quasi novecento internati.

In genere il carico e il trasporto dei bagagli, cominciava mentre era in corso l'operazione di selezione. Spesso, anche quando le colonne dei selezionati erano lontane (dirette alle camere a gas o ai sottocampi) i «Canada» continuavano per ore il loro lavoro. Il grosso del bottino, veniva poi trasportato ai due centri di raccolta: il Canada I o il Canada II.

«Il Canada I, alle dipendenze di Auschwitz I, si trovava a metà strada tra Birkenau e il campo base, oltre la stazione ferroviaria, alla quale era collegato con un binario. Si componeva di cinque baracche, simili alle scuderie, dove venivano immagazzinati gli effetti, di un edificio in mattoni nel quale venivano predisposte le spedizioni al Reich e di un altro fabbricato nel quale venivano stoccate le medicine, si teneva il deposito dello Zyklon B e c'era una camera a gas, che funzionava a base di Zyklon B per la disinfestazione degli abiti. Per un certo periodo, e a torto si ritenne che in questa camera a gas avessero luogo i trattamenti speciali dei prigionieri. In realtà essa fu utilizzata una sola volta a questo fine, e precisamente quando si decise lo sterminio di una parte degli uomini del *Sonderkommando*.»[5]

L'insieme degli edifici che costituivano il Canada I venne smantellato dopo la guerra e oggi non ne rimane traccia.

Il Canada II, dislocato all'interno del campo di Birkenau, era un complesso di tre file di dieci baracche, separate tra loro da due viali, chiamati gli *Effektenla-*

[5] *Ibid.*, pag. 146.

gerstrassen. Nonostante la capienza, e le spedizioni regolari verso la Germania, non era sufficiente a contenere tutti i beni sequestrati. Le SS gli appiccarono il fuoco al momento della evacuazione dal campo (gennaio 1945).

«Durante la cernita si verificava con molta cura che gli oggetti di valore non fossero nascosti nei vestiti, dai quali si provvedeva anche a scucire le stelle di David.»[6] Le cose più nuove e in miglior stato, venivano imballate in grossi pacchi, predisposti per la spedizione. Per la stessa ragione si scucivano le scarpe e si controllavano con estrema cura le valige.

Gli internati e gli uomini delle SS impiegati ai magazzini Canada, avevano maggiori possibilità di entrare in possesso (*organizzare*) di generi alimentari, vestiario, soldi e altri oggetti che potevano essere usati per aumentare le proprie possibilità di sopravvivenza o (per le SS) di benessere.

Otto Graf[7] che per un certo periodo prestò la sua opera nel reparto «valute» dell'amministrazione centrale del lager, nel 1972 davanti a un tribunale austriaco, descrisse quello che accadeva: «Il denaro degli ebrei arrivava pigiato da me con i piedi dentro delle valige». Poiché non era accompagnato da nessuna nota di accompagnamento, era assai facile impossessarsene per poi usarlo come moneta di scambio.

Ota Kraus ed Erich Kulka, internati di origine ceca e membri della resistenza interna del campo, descrivono con precisione il rapporto che esisteva tra il lager e i magazzini Canada: «Gli internati che avevano il compito di suddividere gli oggetti di valore, ne introducevano

[6] A. Strzelecki, *Il saccheggio dei beni degli ebrei*, in F. Piper, T. Swiebocka, *Auschwitz*, cit., pag. 158.

[7] Il processo contro Otto Graf e Franz Wunsch, funzionari del dipartimento IV, amministrativo-economico, si svolse a Vienna nel 1972. I due ex nazisti erano accusati di aver preso parte alle azioni di sterminio, ma la sentenza fu di assoluzione.

clandestinamente nel campo una gran quantità, ovviamente correndo gravi rischi. Grazie a questi oggetti, potevano poi comprarsi dagli uomini delle SS o dai lavoratori civili, vestiti, generi alimentari, scarpe, alcolici, sigarette che venivano contrabbandate nel lager. Un detenuto che sapeva come fare per "organizzare" si riconosceva a prima vista. Era vestito e nutrito meglio. Di questo approfittavano SS e kapo. Essi infatti perseguitavano gli internati che "organizzavano", li controllavano e li ricattavano. Così si era venuto a costituire un sistema di corruzione perfetto che si basava sul diritto del più forte. I kapo si tenevano nelle loro squadre di lavoro interi gruppi di prigionieri che dovevano "organizzare" per loro. Quando qualcuno degli internati veniva colto sul fatto, tuttavia, i kapo non prendevano le sue difese, al contrario negavano di essere mai stati in relazione con lui. Le SS allora, andavano da un Blocco all'altro e, per salvare le apparenze, effettuavano ispezioni. L'unico ed esclusivo scopo delle loro irruzioni era di ricattare i capiblocco che dovevano far avere loro tutto quello che volevano. Se un capoblocco aderiva a queste richieste, a sua volta doveva far pressione su quegli internati che potevano "organizzare" le cose richieste; a questo scopo assegnava loro un posto privilegiato nel Blocco, distribuiva loro razioni di cibo più consistenti e li trattava con modi migliori. [...] Le SS avevano uomini di fiducia tra gli internati, i quali si facevano corrompere per intervenire quando c'era di mezzo una minaccia. Questa forma di corruzione si spingeva a tal punto che una denuncia poteva essere bloccata anche quando fosse arrivata sul tavolo del *Lagerführer*, se solo si avevano i soldi e l'oro sufficienti per potersi pagare l'intermediazione».[8]

Nel processo contro i criminali nazisti che si svolse

[8] H. Langbein, *Uomini ad Auschwitz*, cit., pag. 149-50.

nella Germania federale tra il 20 dicembre del 1963 e il 20 agosto del 1965, nel quale salirono sul banco degli imputati 24 uomini (tra cui Emil Bednarek, capoblocco della compagnia penale), Stefan Baretzki, *SS-Blokführer*, dichiarò: «Come comandante del blocco, dovevo recarmi sulla rampa quando arrivava un carico di deportati. Io dovevo accompagnare gli internati che lavoravano nel kommando Canada e poi potevo anche andarmene via. In realtà non me ne sono mai andato, perché sulla rampa c'era la possibilità di "organizzare" qualcosa».

Secondo molti sopravvissuti, il Canada era una fonte di privilegi impensabili in altre zone del lager, in particolare a Birkenau, dove il «musulmano», vale a dire l'internato scheletrico e senza più forze, ammalato e infestato di parassiti, rappresentava la norma. Kitty Hart, che scrisse la relazione più nota sulle condizioni di lavoro e di vita all'interno del Canada,[9] dove arrivò dopo avere trascorso periodi durissimi in altre squadre di lavoro, racconta come trovarsi in quei magazzini fosse veramente la fonte di ogni benessere e ricchezza:

«Dopo essermi ambientata nella squadra del Canada, ero in condizioni di poter indossare ogni giorno biancheria pulita, abiti nuovi e scarpe comode. Dormivamo in camicie da notte in seta pura e potevamo portare nel nostro Blocco persino lenzuola di lino, il massimo del lusso ad Auschwitz. Quando la biancheria e gli abiti che indossavamo erano sporchi, li ributtavamo semplicemente nel mucchio da dove li avevamo presi. Dopo poche settimane, io ero tornata a essere me stessa. La mia pelle era ridiventata bianca, i miei ascessi erano guariti, così che ormai non si vedevano altro che le cicatrici. Le ossa delle ginocchia e di ogni altra parte del corpo non sporgevano più in fuori».

[9] K. Hart, *Return to Auschwitz. The remarkable story of girl who survived the Holocaust*, London 1981.

A non più di dieci metri di distanza, le camere a gas e i crematori funzionavano a pieno ritmo, eliminando dalla faccia della terra migliaia di ebrei e di vittime innocenti. Mentre le ragazze che lavoravano al Canada vivevano immerse in privilegi inimmaginabili.

«Noi che dovevamo fare il turno di notte [la cernita e l'imballaggio dei beni degli ebrei, come i crematori, erano sempre in funzione]» racconta ancora Kitty Hart «avevamo difficoltà a dormire durante il giorno. Di solito ci alzavamo alle prime ore del pomeriggio e, se il tempo era bello, ci sdraiavamo sull'erba davanti alla nostra baracca, prendevamo il sole e per rinfrescarci ci bagnavamo con l'acqua. Spesso ballavamo e cantavamo e avevamo formato anche una piccola orchestra. Passavo molte ore a leggere libri che si erano portati appresso i deportati prima di essere destinati alle camere a gas. La nostra situazione era senz'altro una delle più assurde immaginabili al mondo. Intorno a noi grida di morte, sterminio, camini che fumavano e che sporcavano e appestavano l'aria con la fuliggine e il lezzo dei cadaveri bruciati. Allora il problema principale per noi era quello di non perdere la ragione e per questo ridevamo e cantavamo anche avendo così vicino quell'inferno in fiamme.»

Seweryna Szmaglewska[10] nel suo libro di ricordi racconta fin dove le ragazze e le donne internate che lavoravano al Canada, potevano arrivare, riportando questo episodio: «Era appena arrivato un grosso convoglio di deportati. Nuvole di fumo nel cielo ci dicevano che i crematori erano in pieno funzionamento. Alla sera, dopo una lunga giornata di lavoro, la squadra addetta agli spogliatoi [che raccoglieva i vestiti degli ebrei sterminati nelle camere a gas] marciò verso il lager femminile. In questa circostanza udii questa conversazione: "Beh, Licy, chi erano quelli arrivati oggi?". "Un gruppo di ebrei molto ben

[10] S. Szmaglewska, *Smoke over Birkenau*, New York, Holt, 1947.

fornito. Ah, che abiti, che scarpe... e soprattutto la roba da mangiare! Si può soltanto dire: Canada!"». Sempre dalla Szmaglewska, sappiamo che Licy era una ragazza ebrea arrivata a Birkenau con i primi trasporti provenienti dalla Slovacchia. Licy aveva trascorso già tre anni nel lager, ma «godersi il momento presente», era una parola d'ordine che apparteneva a molti di questi internati privilegiati. Eppure, Seweryna Szmaglewska, osserva: «È più facile impadronirsi di un orologio svizzero con relativo cinturino d'oro massiccio che trovare un attimo di pace».

Afferma Langbein: «Il Canada era dunque una componente essenziale di Auschwitz, così come i morti viventi, i musulmani. All'ombra dei crematori, questi due estremi coesistevano in una vicinanza grottesca».[11]

Con i documenti ritrovati fino a questo momento (molti sono ancora negli archivi sovietici) non è stato possibile quantificare il valore complessivo del saccheggio operato dai nazisti ad Auschwitz. Tuttavia, basandoci in parte sugli atti della speciale commissione d'inchiesta che mise sotto accusa alcuni membri della direzione del lager per appropriazione indebita di beni (1943) e su quanto è emerso nel corso del processo contro Höss, si può affermare che i proventi ricavati dalle proprietà degli ebrei internati nel campo e sterminati nelle camere a gas di Birkenau, ammontarono ad alcune centinaia di milioni di Reichsmark.

La Sauna

La Sauna era il locale delle docce e della disinfezione, dove doveva passare ogni internato ebreo selezionato

[11] H. Langbein, *Uomini ad Auschwitz*, cit., pag. 155. Un film che va ricordato per la precisa e lucida ricostruzione della vita all'interno dei magazzini Canada II a Birkenau è quello del regista polacco Anddrzej Munk, girato nel 1963 e intitolato *La passeggera*.

per il lavoro. In questo locale, dopo essersi spogliati, uomini, donne e ragazzi venivano rasati e depilati, senza alcun rispetto. Ecco come racconta la cosa Elisa Springer, ebrea di origine austriaca, arrestata in Italia, in seguito a una delazione: «Costrette a spogliarci completamente nude, davanti ad alcune SS e alle guardiane armate di bastoni, donne dal viso cattivo e prive di qualsiasi sentimento, fummo fatte poi sdraiare su dei lettini, come quelli in dotazione ai medici, e fummo completamente rasate in tutte le parti del corpo. A questa mansione erano addetti alcuni detenuti in camice bianco, che fungevano da barbieri. [...] In un ultimo tentativo di difendermi da tanta violenza fisica e morale, serrai le gambe, cercando di comprimermi il seno con le braccia. Un nazista mi colpì con la canna del fucile e brutalmente gridò: "Spalanca le gambe, e fatti rasare". In quel momento persi tutta la mia dignità e il mio pudore».[12]

«In quanto *Zugang* [nuovo arrivato]» scrive Maria Oyrzynska, «oltrepassammo la soglia della Sauna. Lì a comandare erano detenute tedesche, prostitute di professione [...] vecchie, grasse, brutte, ispide, spettinate, simili alle streghe delle fiabe, il cui solo aspetto suscitava terrore e repulsione. [...] Ci accolsero imprecando e deridendoci volgarmente e spingendoci a spogliarci in tutta fretta. All'interno della Sauna, passeggiava un giovane soldato SS, dallo sguardo ottuso, il cosiddetto *Unterscharführer* [il capo della Sauna]. Come fare a spogliarsi nuda davanti a quel SS che andava su e giù e non aveva affatto intenzione di uscire? Non conoscevo ancora gli usi del lager. Stavamo tutte in piedi, imbarazzate, guardandoci l'una con l'al-

[12] E. Springer, *Il silenzio dei vivi*, Marsilio, Venezia 1996, pag. 71. Elisa Springer per oltre cinquant'anni ha taciuto la sua esperienza nel campo di Auschwitz. La sua testimonianza pubblica è forse uno dei pochi esempi che si conoscano di rottura del silenzio.

tra, aspettando che qualcuna si decidesse per prima a spogliarsi [...] Mi spogliai come le altre anch'io, ma subito sollevai da terra una coperta e me la misi indosso. Accorse allora una kapo che me la strappò e mi colpì con forza sul viso, gridando: "*Heilige Madonna*", vale a dire: "Guardatela che santa madonna". L'SS cominciò a ridere ad alta voce [...] poi, inaspettatamente mi si avvicinò e mi colpì con il bastone sulle natiche nude, ridendo stupidamente di questo suo atto di coraggio.»[13]

Le autorità tedesche, pensavano che gli ebrei, deportati a Birkenau da altri luoghi di detenzione e transito (campi, ghetti, prigioni ecc.) fossero comunque coperti di pulci e parassiti. Per questa ragione, prima di essere condotti nelle rispettive baracche, essi passavano alla disinfezione, nell'edificio detto Sauna, il cui nome era noto a tutti nel campo. Ma la causa di questa triste notorietà non era soltanto riconducibile al trauma della rasatura («Non sapevo che i capelli fossero così importanti per la nostra identità» scrive Krystyna Zywulska) o alla constatazione che non si poteva più godere di una propria intimità; nei locali delle docce avvenivano spesso le selezioni di coloro che, pur registrati per il lavoro coatto, dopo un breve tempo di permanenza al campo, o a causa di malattie, punizioni, violenze ecc., venivano considerati «pezzi» da eliminare nelle camere a gas.

«Ci hanno fatti entrare in una camera vasta e nuda, debolmente riscaldata [...]. Questo è l'inferno» scrive Primo Levi, ricordando la sua permanenza alla Sauna, al momento dell'arrivo al campo. «Oggi ai nostri giorni l'inferno deve essere così, una camera grande e vuota,

[13] Ricordi di Maria Oyrzynska, registrata nel campo con il cognome Slisz, in APMO, t. 63, k. 28.

e noi stanchi di stare in piedi, e c'è un rubinetto che gocciola e l'acqua non si può bere, e noi aspettiamo qualcosa di certamente terribile e non succede niente [...] Bisogna mettersi in fila per cinque, a intervalli di due metri tra uomo e uomo; poi bisogna spogliarsi e fare un fagotto degli abiti in un certo modo, gli indumenti di lana da una parte e tutto il resto dall'altra, togliersi le scarpe ma far molta attenzione a non farcele rubare. [...] Non avevo mai visto uomini anziani nudi. [...] [Dalla porta] entra un vento gelido e noi siamo nudi e ci copriamo il ventre con le braccia. [...] Adesso è il secondo atto. Entrano con violenza quattro con rasoi, pennelli e tosatrici, hanno pantaloni e giacche a righe. [...] Finalmente si apre un'altra porta: eccoci tutti chiusi, nudi tosati e in piedi, coi piedi nell'acqua, è una sala di docce.»[14]

Primo Levi conclude questa descrizione delle prime ore di vita a Birkenau con la consapevolezza che tutto ciò ha un solo scopo: «ridere di noi e vilipenderci, e poi è chiaro che ci uccidono, chi crede di vivere è pazzo, vuol dire che ci è cascato, io no».[15]

Nelle sue parole il senso che l'espressione «Sauna» avrà per tutti gli internati e per i nuovi arrivati: umiliazione e morte.

«I nostri indumenti furono accatastati su carrelli nel corridoio, mentre noi, costrette a passare in una grande sala attigua, fummo sottoposte a una doccia di gruppo: eravamo circa in trecento, pressate come le sardine. Durante la doccia, sentivo i corpi delle mie compagne soffocare il mio.»[16]

Così la Sauna è fin dall'inizio il luogo in cui da vivi, si fa l'esperienza dell'annullamento totale. «In pochi secondi» scrive Elie Wiesel, «abbiamo cessato di essere

[14] Primo Levi, *Se questo è un uomo*, in *Opere*, cit., pag. 15-16.
[15] *Ibid.*, pag. 17.
[16] E. Springer, *Il silenzio dei vivi*, cit., pag. 72.

degli uomini [...] Eravamo degli alberi secchi nel cuore di un deserto.»[17]

La Sauna è lo spazio in cui si coglie, definitivamente, dopo il viaggio (che per molti sembra un fatto momentaneo e contingente), che il destino dei viventi è quello di essere una massa di carne e ossa umane, che vivrà perennemente ammucchiata, utile soltanto per l'energia muscolare che sprigiona.

Ad Auschwitz I i locali della Sauna si trovavano nel Blocco 26, mentre a Birkenau c'era una Sauna centrale, ma esistevano locali con simili funzioni anche nei settori BI e BII. Se il convoglio giungeva a tarda ora i deportati trascorrevano la notte nei bagni o in qualche baracca vicina (come accadde a Wiesel che fu fatto entrare in una baracca del campo degli zingari) in attesa della registrazione.

In tutti gli altri casi, l'accettazione e la registrazione dello *Zugang* (il nuovo arrivato) seguiva il trattamento nella Sauna e per gli ebrei, a partire dal marzo 1942, venne attuata con il sistema del tatuaggio, eseguito con aghi della lunghezza di circa 1 centimetro, sulla parte interna del braccio sinistro. Questo sistema di registrazione, venne introdotto per favorire il veloce riconoscimento dei morti, che in tal modo potevano essere «scaricati» senza difficoltà burocratiche dai registri del campo. Per leggere il loro numero di matricola, bastava alzarne il braccio, e l'operazione risultava facile anche quando i cadaveri erano ammucchiati.

Gli ebrei, a differenza di altri prigionieri, salvo rare eccezioni, non vennero mai fotografati: in precedenza, le foto di rito erano tre, di fronte e di profilo, con l'iscrizione sul retro del numero di matricola, della categoria e della nazionalità di provenienza.

[17] E. Wiesel, *La notte*, cit., pag. 42.

Tab I/II – Il destino degli ebrei dopo l'arrivo ad Auschwitz-Birkenau

ARRIVO
sulla rampa dei Giudei (*Judenrampe*)

ESPROPRIAZIONE
del bagaglio a mano e dei preziosi

SELEZIONE
sulla banchina ferroviaria
a opera dei Medici SS

DESTINAZIONE CAMERE A GAS
(vecchi, bambini, inabili, madri con figli, donne gravide, adolescenti ecc.)

IN CAMION O A PIEDI VERSO I CREMATORI
(Sonderkommando e SS)

SPOGLIAZIONE

INGRESSO NELLA CAMERA A GAS

CREMAZIONE

DESTINAZIONE LAVORO
Tutti gli abili al lavoro, uomini e donne, ragazzi, operai specializzati

SAUNA E DISINFEZIONE
(kapo e SS)

REGISTRAZIONE

ASSEGNAZIONE DELLA BARACCA E DEL LAVORO

LAVORO COATTO

SELEZIONI PERIODICHE
(con invio nelle camere a gas)

CREMAZIONE

La registrazione degli ebrei adatti al lavoro

Gli internati selezionati come adatti per il lavoro, ricevevano dunque un numero di matricola che corrispondeva a una serie ben precisa. Ad Auschwitz, per ragioni di opportunità burocratica e politica vennero introdotte diverse «serie».

La prima, cominciata nel maggio del 1940, fu destinata agli uomini e venne utilizzata fino al gennaio del 1945, raggiungendo il numero 202.499. Fino alla metà di maggio del 1944, in questa prima serie, vennero registrati anche internati ebrei.

La seconda serie venne attivata in occasione dell'arrivo al campo dei prigionieri di guerra russi, a partire dall'ottobre del 1941 e raggiunse il numero 11.964.

La terza serie venne riferita ai «prigionieri da rieducare», in precedenza compresi sempre nella prima serie. Dal momento in cui fu attivata, vale a dire nel gennaio del 1942, vi vennero iscritti anche gli internati deportati con questo scopo ma deceduti al campo o liberati, i cui numeri vennero assegnati ad altri nuovi arrivati (è forse l'unico caso di numeri doppi che si può rilevare nella storia del lager). In totale raggiunse il numero 9.193.

La quarta serie fu assegnata alle donne internate ad Auschwitz a partire dal 26 marzo 1942. Raggiunse il numero 89.325 e venne utilizzata anche per la registrazione delle ebree selezionate per il lavoro, almeno fino al maggio 1944. Occorre sottolineare che nella categoria dei detenuti da rieducare vennero inserite anche delle donne con una serie a parte (potremmo denominarla terza serie femminile) che raggiunse il numero 1.993.

La quinta serie venne destinata agli zingari, deportati a Birkenau a cominciare dal febbraio 1943. Ogni registrato aveva un numero preceduto da una Z che arrivò fino a 10.094 per gli uomini e fino a 10.888 per donne (bambini e adolescenti venivano registrati divisi per sesso).

Dalla metà del maggio 1944, per ragioni politiche che tendevano a evitare numeri di matricola troppo elevati, vennero attivate due diverse serie, precedute rispettivamente dalla lettera A e B. La serie A raggiunse 20.000 registrati uomini e 29.354 registrati tra le donne; la serie B raggiunse i 14.897 registrati uomini. È evidente che per un errore burocratico le donne continuarono a essere inserite nella serie A, superando il tetto massimo di registrazioni che la direzione si era proposta (vale a dire da 1 a 20.000).

Le autorità SS in fuga dal lager nel gennaio del 1945 diedero ordine di distruggere tutti i documenti del campo, ed è per questa ragione che non sarà mai possibile stabilire con esattezza quali siano gli ultimi numeri di serie assegnati a deportati selezionati per il lavoro.

Complessivamente, senza contare circa 3.000 prigionieri del carcere di Myslowice, internati ad Auschwitz nel Blocco 2 e poi nel Blocco 11 (i cosiddetti prigionieri di polizia – *Polizeihäftlinge*), nel complesso concentrazionario di Auschwitz risultano registrati 400.207 internati.

Gli ebrei costituivano la maggioranza delle vittime non registrate, ma anche la maggioranza degli internati registrati così suddivisi per categorie (le cifre sono arrotondate): ebrei 205.000, polacchi 137.000, zingari 21.000, prigionieri di guerra russi 12.000, e i rimanenti delle altre nazionalità (cechi, bielorussi, ucraini, jugoslavi, francesi, italiani, austriaci, tedeschi e altri).

Che cosa rappresentava, per un deportato l'operazione di registrazione? Ecco quanto scrive in proposito Primo Levi: «Ho imparato che io sono un *Häftling*. Il mio nome è 174.517; siamo stati battezzati, porteremo finché vivremo il marchio tatuato sul braccio sinistro. L'operazione è stata lievemente dolorosa, e straordina-

Tab. II/II – I prigionieri registrati nel KL di Auschwitz[18]

Serie	**Uomini**	**Donne**	**Totale**
Generale (ebrei e non ebrei)	202.499	89.325	291.824
Internati da rieducare	9.193	1.993	11.186
Ebrei serie A	20.000	29.354	49.354
Ebrei serie B	14.897	14.897	
Prigionieri di guerra russi	11.964	11.964	
Zingari	10.094	10.888	20.982
Totale generale internati			400.207

riamente rapida [...] pare che questa sia l'iniziazione vera e propria; solo "mostrando il numero" si riceve il pane e la zuppa».[19]

La legge dei numeri nel lager è spietata. «Ai vecchi del campo il numero dice tutto: l'epoca d'ingresso, il convoglio di cui si faceva parte e di conseguenza la nazionalità.»

A questo punto, il testimone Primo Levi, con rammarico e dolore coglie una delle regole auree della sopravvivenza ad Auschwitz: il rispetto delle gerarchie che tra gli internati comuni sono visibili anche dai numeri di matricola e di serie. «Ognuno tratterà con rispetto i numeri dal 30.000 all'80.000: non sono più che qualche centinaio e contrassegnano i pochi superstiti dei ghetti polacchi. Conviene aprire bene gli occhi quando si entra in relazioni commerciali con un 116.000 o un 117.000:

[18] F. Piper, *Die Zahl der Opfer von Auschwitz*, Verlag Staatliches Museum in Oswiecim, 1993, pag. 102. Si veda anche a pag. 319, II parte: I dati dello sterminio.

[19] P. Levi, *Se questo è un uomo*, cit., pag. 21 e seg. Anche nelle citazioni seguenti senza nota.

sono ridotti ormai a una quarantina, ma si tratta dei greci di Salonicco, non bisogna lasciarsi mettere nel sacco. Quanto ai numeri grossi, comportano una nota di essenziale comicità come avviene per i termini "matricola" o "coscritto" nella vita normale; il grosso numero tipico è un individuo panciuto, docile e scemo, a cui puoi far credere che all'infermeria distribuiscono scarpe di cuoio per individui dai piedi delicati, e convincerlo a corrervi e a lasciarti la sua gamella di zuppa in custodia; gli puoi vendere un cucchiaio per tre razioni di pane; lo puoi mandare dal più feroce dei kapo, a chiedergli (è successo a me) se è vero che il suo è il *Kartofelschälkommando*, il Kommando Pelatura Patate, e se è possibile esservi arruolati.» Crudeltà dei numeri che sono il nuovo nome di uomini e donne abbruttiti dal dolore e dalla paura, capaci di ogni miseria pur di guadagnare in cibo e privilegi, per cercare di sopravvivere.

La quarantena

Nel 1943, a Birkenau venne destinato un apposito settore del campo maschile alla quarantena: il BIIa dove in 16 baracche concepite come stalle per cavalli, vennero sistemate a turno alcune migliaia di prigionieri. Un'area dello stesso tipo fu prevista nel settore femminile, mentre a Monowitz (Auschwitz III) la zona di quarantena era costituita da tende militari in cui venivano segregati centinaia di ebrei prima di essere destinati al lavoro in fabbrica.

«Nel campo BIIa erano sottoposti a quarantena in media da 4.000 a 6.000 ebrei. Dal settembre 1943 al novembre 1944 furono 4.023 i nuovi arrivati ammalati e trasferiti dalla quarantena all'ospedale. Oltre a ciò, nello stesso periodo vennero annotati 1.902 decessi, mentre 6.717 internati non più idonei al lavoro [dopo il periodo di segregazione in quarantena] vennero inviati da medici SS alle camere a gas.»[20]

Condizioni di esistenza difficili da sopportare, vessazioni d'ogni genere, sovraffollamento, torture, unite alla fame e alla depressione psichica indotta dalla violenta segregazione erano la causa di così tante morti tra uomini e donne che pur erano stati, poco prima, considerati abili al lavoro e forti.

La testimonianza di Giuliana Tedeschi sul suo periodo di quarantena è forse una delle più lucide e importanti:[21] «Nessuna aveva il permesso di uscire dal Blocco di quarantena [il 13 del settore BIa del campo femminile], né di muoversi dalle cuccette. Le ore passavano in attesa dei fatti più importanti della giornata: gli appelli prima dell'alba e al tramonto, la zuppa, il tè, l'uscita ai gabinetti, la distribuzione del pane».

La zuppa viene servita in una scodella comune («una brodaglia di rape gialle e stoppose») su cui si gettano come cuccioli le donne senza cucchiaio. «Due o tre boccate a turno e il disgusto per questo atto bestiale è superiore alla ripugnanza per il contenuto.» La distribuzione del pane e della margarina, mostra l'avidità e l'aggressività di stomaci ormai martoriati dalla fame, e insieme la prepotenza delle kapo, che speculano sulle razioni delle internate. Ma ecco uno dei traumi maggiori per una donna al campo: «Ai gabinetti si va non per necessità individuali ma in gruppi, accompagnate secondo il capriccio delle capoblocco». La baracca delle latrine è affollata. «Nel mezzo [corre] una lunga piattaforma in cemento rialzato con buchi regolari ai due lati. Sulla piattaforma erano sedute delle larve di donna, circondate di fianco e di dietro da altre donne nel medesimo atteggiamento, pressate e solleci-

[20] T. Iwaszko, *Le condizioni di vita dei prigionieri*, cit., pag. 63.

[21] G. Tedeschi, *C'è un punto della terra...*, Giuntina, Firenze 1988. Le citazioni sono tratte dal cap. II.

tate da donne in piedi e in attesa.» È l'incontro definitivo con la fine dell'intimità, ma insieme la scoperta dei morti viventi del campo: i musulmani. «Dalle vesti rialzate uscivano corpi scarniti, scheletri in cui la pelle si infossava in cavità paurose, gambe che non riuscivano a sorreggere dritte il peso del busto, piagate dai foruncoli e dalle esplosioni dell'avitaminosi e della scabbia. Quando, in quanto tempo ci saremmo anche noi ridotte così?!»

Nel settore BI le baracche con i servizi igienici vennero completate soltanto nel 1943 e contenevano 90 rubinetti, 58 fori che fungevano da water, praticati sopra un unico canale di scolo coperto da uno strato di cemento. Le internate potevano farne uso soltanto per alcuni minuti al giorno. Le condizioni non erano migliori nel settore BII dove vennero costruite soltanto sei baracche sanitarie. Come per il lager femminile anche nel settore maschile il tempo per usufruirne era pochissimo, se si pensa che il numero dei detenuti per sottocampo raggiungeva le 15.000 unità.

In queste condizioni di vita, «il vuoto ingrandisce in se stessi e sembra sommergere ogni desiderio di vivere, l'urlo che scaturisce dalle profondità dell'essere rimane nella gola e soffoca il respiro, le lacrime velano la vista, non si trova risposta ai perché della disperazione, e lo struggente desiderio del passato avvinghia l'animo con tentacoli possenti». In quel momento un comando, uno schiaffo, la rudezza di uno sguardo annientano il proprio mondo interiore.

Ad Auschwitz anche chi vive, muore lentamente, nell'animo, e si prepara a morire con il corpo. Lo spirito si dispera e la carne deperisce. L'iniziazione al lavoro è senza pietà: «Quando si hanno le reni dolenti, la *stubowa* a capo della camerata scaraventa in terra quattro o cinque secchi d'acqua: "Lava il pavimento!" e con lo straccio strisciando faticosamente devi raccoglierla fino all'ultima goccia».

«Ogni baracca, ogni angolo, ogni misterioso edificio, le docce, gli ospedali contenevano un'insidia. La morte era ovunque in agguato da un capo all'altro del campo, tra i fili spinati [...]. Una donna, colpita da un attacco epilettico, giace in terra di traverso. Nessuno la soccorre: il corpo nudo, anonimo, che conserva nella contrazioni qualcosa di miserevolmente osceno e di turpe. Nella bianchezza della carne spicca, sul braccio sinistro, il numero di matricola.»

Il *Revier*, l'infermeria-ospedale degli ebrei e i medici prigionieri

Al Canada, alla Sauna e alla zona di quarantena si aggiunge anche il cosiddetto *Revier*, l'infermeria-ospedale del lager per ebrei. Per la maggior parte degli internati, quasi sempre l'anticamera della morte.

Stanislawa Leszcynska, al proposito, riferisce che un gran numero di vittime fra le donne moriva per dissenteria: nelle baracche ospedale, «gli escrementi acquosi delle malate colavano dalle brande sovrapposte addosso alle internate che stavano sotto di loro». Secondo le informazioni raccolte dai medici prigionieri, la diarrea costringeva a defecare anche fino a 50 volte al giorno, come ebbe modo di affermare Désiré Haffner e per essa non si riusciva, se non raramente, a trovare un rimedio.

E tuttavia, la fame e la mancanza di spazio, l'assenza di condizioni igieniche e il clima (umido d'estate e molto rigido d'inverno) provocavano anche il rapido diffondersi di un'altra affezione molto diffusa: la tubercolosi. Ogni giorno a partire dal 1943 si portavano fuori dai blocchi dai 130 ai 140 ammalati di tubercolosi e da 4 a 10 cadaveri. Secondo Otto Wolken, medico assegnato al reparto maschile di quarantena di Birkenau, il 63% dei casi riguardava una forma di tubercolosi contratta dopo l'arrivo al campo.

Un altro flagello, temuto molto anche dalle SS, era la febbre petecchiale (trasmessa nel 1941 da prigionieri provenienti dalle carceri di Lublino). Nella seconda metà del 1943 si cominciò a verificare una riduzione di casi di febbre petecchiale nel lager maschile, mentre tra le internate del campo femminile assunse una virulenza mai vista proprio nell'inverno 1943-44.

In breve, le baracche e i Blocchi del lager di Birkenau destinati ad accogliere gli internati che si ammalavano erano luoghi nei quali si chiedeva il ricovero per tentare un'ultima carta e dove era ben difficile venire curati o trovare lenimento al dolore. Soltanto una sparuta minoranza di prigionieri poteva essere realmente soccorsa e aiutata.

Ecco come André Lettich ha descritto il *Revier* del lager maschile di Birkenau: «Già da lontano si sentiva un orribile tanfo di escrementi in decomposizione. Una volta attraversato il portone che si apriva sul cortile [...] si presentava agli occhi uno spettacolo veramente spaventoso: subito a sinistra del portone c'erano dei poveri disgraziati con membra spezzate, flemmoni, edemi e ogni altra immaginabile malattia da fame. Un po' più avanti, altri ammalati che sembravano essere un po' meno deboli e che riuscivano ancora a trascinarsi. E infine, in fondo al cortile degli orrori, giacevano per terra esseri ancora vivi ridotti a uno scheletro e confusi con i morti. Quando accedevamo a questo cortile nei primi mesi della costruzione di Birkenau [si tratta del settore BIa, e del Blocco 7, in seguito assegnato alle donne], si tendevano da tutte le parti verso di noi mani imploranti di persone che ci conoscevano e che gridavano in modo da far spezzare il cuore "Dottore aiutateci!". Ma noi eravamo completamenti impotenti. [...] Tre fosse al centro del cortile dovevano servire da latrine. Le fosse che erano svuotate solo di rado straripavano e quindi l'urina si spandeva in un raggio di circa due metri. Era uno spettacolo orrendo vedere cosa succedeva quando qualche essere completamente debilitato [...] si avvicinava a queste fosse trascinandosi da far pena. [...] Il Blocco poi, era una baracca di legno come le altre. Sopra la porta si poteva leggere la cinica scritta "Reparto infezioni". Se si entrava, la prima spontanea reazione era quella di tirarsi indietro e tapparsi il naso. L'aria era disgustosa, soffocante, irrespirabile. Il Blocco risuonava di urla e lamenti. Sulle brande, dove ci sarebbe stato posto a malapena per cinque malati, giacevano in otto o dieci persone».

Qualche volta, venivano distribuite dieci o quindici compresse di aspirina per 800 o 900 ammalati d'ogni genere.[22] Eppure, l'impulso dei medici ebrei prigionieri del lager di Birkenau era quello di cercare a tutti i costi di curare e guarire. «La maggior parte dei medici prigionieri si sforzava anche di cooperare. [...] Oltre alle "riunioni" per concordare linee comuni da adottare circa le selezioni, essi soffrivano la fame, la sete ed erano esposti, per quanto in modi diversi, alla minaccia di essere mandati a morte esattamente come tutti gli altri.»[23]

Tuttavia, proprio per salvare pochi ammalati, tra i molti che morivano, i medici internati erano costretti a collaborare attivamente anche con i loro colleghi SS e ciò determinava una sorta di legame professionale che spesso richiedeva anche a loro di entrare nel regno dell'ottundimento morale e della perdita di contatto con la realtà, in cui vivevano abitualmente e per scelta i dottori nazisti. «Il dottor Jacob R., il quale disse che i medici tedeschi erano talvolta "a un certo livello buoni colle-

[22] Citazioni tratte da H. Langbein, *Uomini ad Auschwitz*, cit., pag. 217-25.
[23] R. J. Lifton, *Medici nazisti*, cit., pag. 313.

ghi", mi spiegò anche che, per lui e per gli altri medici prigionieri, "era impossibile vivere ad Auschwitz, senza una sorta di anestesia affettiva" [...] Il dottor Erich G. parlò di una reazione immunitaria psichica in qualche misura simile al fatto di portare "una tuta d'amianto, cosicché se scoppia un incendio il fuoco non può arrecarti danno". Inoltre, "chi non riusciva a sviluppare questa reazione immunitaria, moriva".»[24] E tuttavia, nonostante questo legame un po' equivoco, sappiamo come la maggior parte dei medici internati considerasse assassini i loro colleghi nazisti, anche se a volte si instaurava un rapporto del tipo discepolo-allievo. Horst Fischer per esempio, dottore SS, impressionato dalle capacità chirurgiche del suo collega prigioniero Peter D., decise di trasferirlo al grande ospedale di Monowitz e di fornirgli tutto il necessario per i suoi interventi. Ovviamente, desiderava fare parte dell'équipe chirurgica a ogni operazione. Il dottor D, ricorda come Fischer fosse interessato a imparare e a conoscere tutto dei casi clinici in questione.

I medici prigionieri, comunque, svolsero un'azione particolarmente utile nel salvare vite proprio mantenendo un forte senso professionale, come carta di scambio per contrattare la sopravvivenza di alcuni loro pazienti con i responsabili nazisti. La dottoressa M. in proposito afferma: «Lavoravo come se mi trovassi in un normale ospedale, anche se sapevo che non era così. Ma... quando Mengele entrava nel Blocco, gli dicevo: "Posso mostrarle questa paziente?... Potrei portarla al campo degli uomini, per un'operazione chirurgica, dato che qui non abbiamo attrezzature, mentre il campo maschile le ha". Gli mostravo dieci di quelle pazienti. Lui diceva sì o no e se ne andava. E tutto questo aveva l'apparenza di una normale visita del medico primario».[25]

[24] *Ibid.*, pag. 303.
[25] *Ibid.*, pag. 311.

Tadeusz Borowski, lucido osservatore dell'essere umano rinchiuso ad Auschwitz (ebreo o prigioniero politico che fosse), scrive: «Il crematorio fa parte della nostra vita di tutti i giorni, ci sono migliaia di casi di flemmoni e di tubercolosi, sappiamo cos'è il vento e la pioggia, il sole e il pane, la zuppa di rape e il lavoro; noi sappiamo come si deve fare per non essere scoperti, sappiamo cos'è la mancanza di libertà e l'autorità, perché siamo, per così dire, buoni amici della belva».

Ogni baracca *Revier* del campo racchiude in una zona circoscritta le stesse dinamiche che governano la lotta estrema per la vita. Così capita che anche uomini come i medici o gli infermieri che hanno fatto voto di aiutare il loro prossimo, assumano su di loro il negativo della natura umana. Una testimone polacca, descrive una giovane infermiera internata con queste parole: «Purtroppo la vita nel lager ha sviluppato in lei tutte le caratteristiche peggiori che la natura umana può avere. Non era soltanto egoista, ma anche pazzamente avida e solo preoccupata del proprio vantaggio».[26] Questa donna, in concreto, si preoccupava di rubare cibo e scarpe e quant'altro poteva essere commerciato a qualunque detenuta che fosse stata assegnata al suo reparto, senza preoccuparsi di che cosa potesse significare quella privazione per le sue vittime. Le bastava avere la pancia piena.

Benché sia accaduto che qualche medico prigioniero sia stato aiutato e salvato per gratitudine da un detenuto riconoscente, capitava molto più spesso che i dottori internati si salvassero tra loro. Per esempio, gli elenchi dei selezionati per le camere a gas venivano compilati anche al *Revier*, ed era facile togliere qualcuno e inse-

[26] Testimonianza di Janina Zarebinska-Broniewska, in H. Langbein, *Uomini ad Auschwitz*, cit., pag. 226.

rirvi un altro detenuto ormai incurabile e senza più speranza di vita. Ma questa solidarietà, seppure destinata a pochi, usciva di frequente dalla cerchia di casta: «Michael Z., per esempio, disse che, mentre lavorava nel laboratorio batteriologico dell'Istituto d'Igiene del campo, spesso forniva risultati volutamente erronei "perché c'erano casi di bacilli di Koch... di tubercolosi... o di malaria". Se non avesse fornito risposte negative, l'invio alla camera a gas sarebbe stato automatico».[27]

Altre volte, i medici prigionieri «diagnosticavano autentici casi di tifo come influenza, sapendo che quei pazienti erano sporchi e pieni di ferite, di piaghe e che i loro colleghi SS non si sarebbero mai avvicinati a loro».[28]

Simili situazioni sono state frequenti e ogni medico sopravvissuto potrebbe raccontarne centinaia, tutte differenti. Una cosa rendeva costante il lavoro dei medici internati a favore dei prigionieri: essi sapevano bene, e lo imparavano assai presto, come sfruttare gli antagonismi e le rivalità che si innescavano tra i loro colleghi SS.

«La dottoressa J. ebbe una speciale opportunità di sfruttare la situazione quando, dopo un aborto al quarto mese di gravidanza, venne accettata al Blocco ospedale, con una tubercolosi all'anca, l'amante di Höss [Eleonore Hodys]. Subito, comunicò questa informazione a Wirths, "perché lavoravo sotto la sua autorità" e perché il movimento clandestino del campo (di cui la dottoressa J. faceva parte) viveva sull'odio tra Höss e Wirths. Così apprese dalla segretaria prigioniera di Wirths che il dottore avveva chiamato subito Berlino, servendosi dell'informazione.»[29]

[27] R. J. Lifton, *Medici nazisti*, cit., pag. 313.
[28] *Ibid.*, pag. 314.
[29] *Ibid.*

Le selezioni nel campo dei registrati per il lavoro

Anche le selezioni effettuate tra i prigionieri internati nel campo si inquadravano, come quelle sulla *Judenrampe*, nella logica del mantenimento (seppure casuale) di un equilibrio tra sterminio e produttività del lavoro coatto; vale a dire in quella che molti autori hanno chiamato «ecologia di Auschwitz». E benché gli indirizzi generali e i criteri per la selezione fossero impartiti dall'alto, c'era sempre uno spazio per variare gli ordini e introdurre un'improvvisazione creativa (in senso macabro o positivo) dal basso.

Le selezioni potevano aver luogo in qualunque parte del campo: dentro i Blocchi, sulla piazza dell'appello, nelle baracche del *Revier*, all'interno della zona di quarantena o tra le squadre di lavoro (al momento dell'uscita o del ritorno al campo) e, più in generale in ogni spazio di raduno del lager.

Il numero delle persone selezionate variava ogni volta, ma a Birkenau e negli oltre quaranta sottocampi di lavoro, i selezionati per la camera a gas erano sempre e solo ebrei.

Fu in seguito a una circolare del medico capo dei campi di concentramento, Enno Lolling, che ebbero inizio queste forme di uccisioni di massa dei prigionieri lavoratori.[30] E poiché l'eccesso di zelo nelle selezioni rischiava di mettere in ginocchio la produzione, alla fine del 1943 si resero necessarie direttive supplementari per garantire di mantenere in vita un numero sufficiente di ebrei destinati alla produzione.[31]

Le selezioni erano periodiche e venivano ordinate in forma ufficiale (scritta) o in modo del tutto informale

30. F. K. Kaul, *Ärzte in Auschwitz*, VEB Verlag Volk un Gesundheit, Ost-Berlin, 1968, pag. 160-161. L'ordine risale al marzo 1942.

31 R. Hilberg, *La distruzione degli Ebrei d'Europa*, cit., in particolare il cap. 9 sul funzionamento dei centri di sterminio.

dal direttore di un lager che si lamentava per l'eccessivo sovraffollamento (*Überlag*).

Se le selezioni avvenivano in un blocco, accadeva che l'ufficiale medico SS del campo, in meno di dieci minuti, riuscisse a controllare tutti gli internati, una media di 500 o 600 persone, e questo, secondo la testimonianza del dottor Otto Wolken, medico prigioniero che prese appunti sulla vita del lager, «può dare un'idea di come venissero fatte [...] Gli ebrei venivano fatti uscire dai Blocchi... e si controllava il loro numero mediante l'appello. Poi gli veniva ordinato di spogliarsi completamente, d'inverno come d'estate. Il medico SS passava davanti alla fila degli uomini o delle donne nudi, e tutti coloro che gli apparivano deboli o gracili, che avevano bende, che presentavano foruncoli o addirittura cicatrici o scabbia venivano spediti insieme a quelli che dovevano essere uccisi».[32]

Si può parlare in questo caso, di una macabra combinazione di efficienza e di estrema brutalità, il tutto legato alla estrema casualità della scelta.

«Quando il responsabile della selezione – scrive un sopravvissuto di nome Rebilas – arrivava davanti a noi, nessuno sapeva che cosa fare e come comportarsi. Avremmo dovuto contraccambiare sprezzanti quello sguardo omicida, facendogli intendere che non ce ne importava niente restare in vita, o dovevamo abbassare gli occhi? Oppure, ancora, avremmo dovuto chiedere pietà, implorando con lo sguardo la grazia? A volte fissare con sfrontatezza quelle facce da delinquenti, sortiva un effetto positivo, ma altre volte quel comportamento si rilevava sbagliato. Chi poteva davvero guardare dentro i loro occhi? Era un braccio di ferro tutto psicologico e io sapevo bene che il mio destino si sareb-

[32] R. J. Lifton, *Medici nazisti*, cit., pag. 244-45. Lifton ha raccolto molte testimonianze orali da medici internati sopravvissuti. Quella di Otto Wolken è una delle più precise.

be deciso in quell'attimo. All'improvviso, tutto cominciò improvvisamente a girarmi intorno; guardai per un istante quegli occhi, poi il suolo, ma subito alzai lo sguardo sugli uomini che mi stavano davanti. Sentii il loro sguardo penetrarmi dentro, i miei pensieri erano come paralizzati, e per un lungo momento non seppi più nulla di ciò che mi succedeva intorno, né se i loro occhi fossero ancora su di me e se mi stessero ancora davanti. Non so dire quel che mi passò per la testa. Soltanto più tardi, non ricordo quando, tornai in me.»[33]

Nel momento del confronto mortale, lo sguardo del medico SS sopraffaceva l'internato, qualunque fosse il suo proposito o lo spirito di vita e di resistenza che albergava in lui.

Il panico che prendeva in misura più o meno diffusa tutti, dipendeva dal fatto che i criteri per la selezione «non ebbero mai né capo né coda» dichiara Marianne F. «quando ebbi la febbre tifoide,[...] ero senza capelli e ridotta a uno scheletro, non fui selezionata. Furono prese invece persone che erano vicino a me, già guarite e che avevano un aspetto molto più normale. Non si poteva prevedere niente».[34]

Marianne partecipò a due selezioni tra il gennaio e il giugno del 1943 e così descrive ciò che ricorda: «La mattina ci si alzava alle quattro, ed era buio pesto [...] poi c'era l'appello, e si stava in piedi [...] a volte per due ore o più, in fila per cinque finché non era finita la conta. Ancora oggi non riesco a capire come i numeri potessero tornare, perché *mucchi* di ebrei morivano durante la notte [...]. Se l'appello non tornava, venivamo tenuti là in piedi anche fino alle sette, alle otto! Poi, si usciva marciando... A sinistra l'orchestra suonava moti-

[33] Z. Ryn, S. Klodzinski, *Tod und Sterben im Konzentrationslager*, in «Auschwitz Hefte» (Quaderni di Auschwitz), 1, Weinheim-Basel, 1987, pag. 310.

[34]. R. J. Lifton, *Medici nazisti*, cit., pag. 245.

vetti allegri. A destra c'era il medico e l'*Arbeitsführer* [il caposquadra del lavoro], per la selezione.

«A volte, a fare la selezione era Mengele[35] da solo, a volte uno degli altri medici, e altre volte ancora entrambi. Loro stavano semplicemente al cancello... faceva parte dei loro compiti. Si arrivava all'uscita del lager... e ci veniva intimato "Halt!". Lui [Mengele o un altro medico] guardava lungo la fila... osservava le facce. "Tu, tu, tu... fuori!" Quelli delle file di dietro dovevano portarsi avanti per ricostruire la riga... E trovavamo lo stesso comitato di benvenuto quando tornavamo al campo alle sei di sera... Allora, eravamo troppo dannatamente sfinite per poter reagire! Eppure dovevamo correre, per tutto il tempo, e loro sceglievano mentre entravamo nel lager correndo».[36]

Le selezioni avvenivano dunque, principalmente durante l'appello o all'interno del Blocco (Sauna o abitativo) secondo il doppio modello militare della sfilata degli ebrei davanti al tribunale delle SS o dell'«esercito» schierato in formazione completa; oppure all'uscita dal campo per andare al lavoro o al ritorno. In ogni caso, la condanna a morte era emessa sempre da un singolo individuo, e non consentiva possibilità di replica. C'erano ovviamente degli assistenti (i kapo, le SS, i capisquadra ecc.) e spesso molti internati che facevano da spettatori, oltre a quelli sottoposti alla selezione (perché passavano vicino per andare al lavoro o per spostarsi all'interno del lager) ma comunque l'operazione era in sé un'altra manifestazione del potere assoluto del carnefice sulla massa delle vittime. Inoltre, se quanto accadeva già al campo non fosse bastato, il momento della selezione rappresentava un'altra «lezione» che voleva dar

[35] A proposito del dottor Mengele, vedi a pag. 264.
[36] R. J. Lifton, *Medici nazisti*, cit., pag. 246.

prova agli ebrei della legge fondamentale di Auschwitz, per la quale la morte di qualcuno rappresentava una nuova occasione di vita per un altro internato. La selezione era un'operazione perversa poiché induceva i più a sperare di non venire prescelti; pensiero che spesso nascondeva la speranza, atroce, che il vicino fosse preso al proprio posto.

Forma di violenza assoluta, atto di umiliazione (spesso gli uomini e le donne dovevano denudarsi per passare la selezione) e di potere indiscriminato, la selezione tra ebrei registrati puntava non solo a riequilibrare il rapporto tra i vivi e i morti nel campo, ma ridurre in cenere quel poco di solidarietà che ancora restava tra internati.

C'erano poi le selezioni nelle infermerie o nelle strutture sanitarie del lager (*Revier*, Blocchi ospedale per esperimenti ecc.). Auschwitz-Birkenau ne aveva il primato. Tutti gli ebrei ricoverati con prognosi superiore alle quattro settimane, venivano eliminati automaticamente. In questo caso, l'operazione assumeva l'aspetto di una vera e propria visita medica in corsia. Per fare un esempio, basterà citare la ricostruzione che ne fa lo storico Stanislaw Klodzinski. Il mattino, il detenuto medico presentava ogni nuovo arrivato in base ai dati della cartella clinica. Il dottore SS responsabile del Blocco, osservava a distanza di tre metri l'ammalato e decideva se dovesse essere ricoverato o sottoposto a «trattamento speciale». Le cartelle cliniche degli ebrei erano tutte unite, e venivano tenute separate da quelle di altri internati, che avevano sempre maggiori possibilità di cavarsela. In corsia il medico SS adottava il metodo della visita silenziosa tra i letti o della parata di tutti i malati scheletriti. I selezionati venivano scaricati dal registro dell'ospedale e fatti sparire in poche ore. L'apparenza, in questo caso, veniva salvaguardata, ma la logica era sempre la stessa.

Secondo Wladyslaw Fejkiel, uno tra i principali medici di origine polacca internato ad Auschwitz, i Blocchi ospedalieri e infermieristici costituivano solo una copertura esterna del processo di sterminio di massa degli ebrei: «Per chi fosse venuto a sapere che nel campo esistevano queste istituzioni sanitarie, sarebbe stato impossibile credere che gli internati fossero sottoposti alla fame, al terrore o al massacro di massa».[37]

Nessuno era immune dalle selezioni. Ne venivano coinvolti i sottocampi esterni ma anche interi gruppi di internati, come accadde agli zingari o ai cecoslovacchi del ghetto di Terezin che vennero inviati collettivamente alle camere a gas in seguito a un ordine di eliminazione proveniente direttamente da Berlino.

Quanto ai sottocampi, basterà citare l'esempio del lager di Monowitz, associato alla I. G. Farben. L'azienda diede alla direzione del campo una motivazione economica alla selezione. Infatti, fin dal marzo 1941 concluse un contratto con le SS in cui si impegnava a pagare 3 Reichsmark per un operaio semplice, 4 per un operaio qualificato e mezzo marco al giorno per un ragazzo. L'accordo prevedeva il pagamento anche in caso di non utilizzo della manodopera per malattia. Per questo la I. G. Farben si vide costretta a espandere e a migliorare le proprie strutture sanitarie, protestando a volte contro la brutalità delle SS per l'eccesso di violenza sui prigionieri, il cui rendimento lavorativo veniva in tal modo ridotto o compromesso per intere giornate; non si fraintenda, spesso i massimi dirigenti dell'azienda chimica convenivano che «solo la forza bruta [potesse avere] qualche effetto su quelle persone» e molte volte si lamentavano con Berlino perché tra i deportati continuavano a esserci «un gran numero di donne e bambini, oltre che di vecchi ebrei», come a dichiarare esplicita-

[37] *Ibid.*, pag. 251.

mente che il loro destino non interessava all'azienda, attenta invece al numero sempre insufficiente di uomini adatti al lavoro.

Il ricovero nell'ospedale di Monowitz, così, non poteva superare le due settimane. Se a giudizio dei medici la prognosi era superiore, allora non rimaneva che il ricorso alla camera a gas. La direzione della I. G. Farben, sui documenti di trasferimento dei detenuti usava un eufemismo: *nach Birkenau* (vale a dire: a Birkenau). Questa sua politica di efficienza, a volte superava quella applicata a Birkenau e nel campo base di Auschwitz dove secondo un'ordinanza di Lolling il contingente dei prigionieri ricoverati in ospedale non doveva superare il 7% del totale in estate e il 10% in inverno. A Monowitz, la percentuale massima consentita di ricoveri era del 5%.[38]

Il campo degli ebrei cecoslovacchi[39] venne liquidato in due ondate successive. La prima ebbe luogo l'8 marzo del 1944 e riguardò 3.791 ebrei (uomini, donne e bambini).[40] Questa gente proveniva dal ghetto di Theresienstadt ed era stata usata spesso per campagne di propaganda false sulla vita nei ghetti e nei campi nazisti per ebrei. Poiché queste famiglie si trovavano al campo da molto tempo (erano arrivati nel settembre del 1943) le SS usarono con loro una particolare brutalità in quanto si trattava di ebrei che sapevano bene che cosa significasse l'espressione «trattamento speciale».

Ne racconta la fine un membro sopravvissuto del *Sonderkommando*:

[38] J. Borkin, *The Crime and Punishment of I. G. Farben*, Free Press, New York, 1978, in particolare alle pag. 117-126. Molto materiale sulla I. G. Farben si trova anche nello studio di P. Hayes, *Industry and Ideology. I. G. Farben in the Nazi era*, Cambridge University Press, London-NewYork 1987 (in particolare la IV parte).

[39] Al campo degli zingari è dedicato un capitolo a pag. 295.

[40] D. Czech, *Kalendarium*, cit., pag. 736-37.

«Le persone dalla testa e dalla faccia insanguinate e contuse, giunte nello spogliatoio del crematorio, dimostravano che quasi nessuno era riuscito a sottrarsi ai colpi di bastone che si erano abbattuti su di loro in cortile. I volti erano lividi per il timore e l'angoscia... Soltanto qualche giorno prima, l'*SS-Lagerführer* Johann Schwarzhuber aveva promesso loro, dando la sua parola d'onore come capo delle SS, che sarebbero stati tutti trasferiti con le famiglie a Heydebreck [dove c'era uno stabilimento della I. G. Farben]... Speranze e illusioni erano svanite. Quel che restava era delusione, disperazione e rabbia.

«Cominciarono a dirsi addio tra loro. I mariti abbracciavano le mogli e i figli. Tutti erano in lacrime. Le madri si volgevano ai loro figli e li accarezzavano con tenerezza. I piccoli... piangevano insieme alle madri e si aggrappavano a loro. Ma quando vari capi SS apparvero sulla soglia dello spogliatoio (tra essi il *Lagerführer* Schwarzhuber e il dottor Mengele), quelli più vicini divennero furiosi. La sofferenza e l'afflizione diedero sfogo a un odio sfrenato verso quegli uomini.

«Dopo un po' udii grida acute, colpi violenti battuti contro la porta e anche lamenti e pianti. Alcuni cominciarono a tossire. La loro tosse si fece sempre più convulsa, segno che il gas aveva iniziato la sua azione. Poi il clamore cominciò ad attenuarsi e a trasformarsi in una sorta di opaco parlottio a molte voci, soffocato qua e là dalla tosse...

«Mi sembrava che quel giorno la morte fosse stata più rapida del solito. Erano trascorsi appena dieci minuti dall'introduzione dei cristalli di Zyklon B quando nella camera a gas si fece un silenzio totale».[41] Il dottor Mengele, dallo spioncino della porta blindata della camera a gas, aveva seguito tutta l'operazione e fu sem-

[41] F. Müller, *Trois ans dans une chambre a gaz*, cit., pag. 108-16.

pre lui che ordinò agli uomini di servizio di azionare i ventilatori che dovevano svuotare dai fumi venefici la stanza, prima che venisse aperta.

I privilegiati

«Ormai non mi interessavo ad altro che alla mia scodella quotidiana di zuppa, al mio pezzo di pane raffermo. Il pane, la zuppa: tutta la mia vita. Ero un corpo. Forse ancora meno: uno stomaco affamato. Soltanto lo stomaco sentiva il tempo passare.»[42]

Auschwitz-Birkenau con l'inizio della deportazione di massa degli ebrei d'Europa diventò l'inferno. Nessuno sopravviveva da comune *Häftling* (internato) per più di due o tre mesi. La lotta per la vita era dunque senza remissione. Se un qualunque internato ebreo, ricorda Primo Levi, «vacilla, non troverà chi gli porga una mano, bensì qualcuno che lo abbatterà a lato». Nella storia e nell'esistenza, continua Levi, in queste occasioni sembra uscire dall'ombra una legge feroce, sempre in agguato nel cuore degli uomini: «a chi ha sarà dato; à chi non ha, sarà tolto». E così nel lager di Birkenau soltanto chi per un «miracolo di selvaggia pazienza e astuzia» riusciva a defilarsi da una situazione difficile, da un lavoro duro e a trovare la maniera di ottenere un po' di pane in più, diventava forte e perciò un prigioniero in qualche modo temuto, ma soltanto così «un candidato a sopravvivere».

«Nel lager, dove l'uomo è solo e la lotta per la vita si riduce al suo meccanismo primordiale, la legge iniqua» che toglie tutto a chi non ha è apertamente in vigore.

«Chi non sa diventare un *Organisator*, *Kombinator*,

[42] E. Wiesel, *La notte*, cit., pag. 56.

Prominent (truce eloquenza dei termini!) finisce in breve musulmano. Una terza via esiste nella vita, dove è anzi la norma; non esiste in campo di concentramento.»[43]

Perché stupirsi dunque se a Birkenau o a Monowitz i detenuti privilegiati con incarichi di comando e di collaborazione con le SS (*prominenten*) erano anche ebrei? In questi lager dell'universo concentrazionario di Auschwitz, come del resto in quasi tutti gli oltre quaranta sottocampi di lavoro associati a miniere, industrie, imprese agricole ecc., gli internati erano ebrei al 95 per cento.

Rudolf Vrba (Walter Rosenberg) e Alfred Wetzler, ebrei slovacchi, evasero dal KL di Auschwitz il 7 aprile 1944, dopo essere rimasti nascosti per tre giorni in un bunker scavato nel terreno, nell'area del Messico (il settore III del campo).[44] A Zylina (in Slovacchia) si incontrarono segretamente con i rappresentanti del Consiglio Ebraico e in base alla relazione che fecero su quanto accadeva nel lager, venne redatto un ampio rapporto, inviato poi, per vie clandestine a Ginevra.[45]

Sono loro che per primi affermano come, fino al mo-

[43] P. Levi. *Se questo è un uomo*, cit., capitolo dal tit. *I sommersi e i salvati*, in part. pag. 88-91.

[44] Sulla fuga da Auschwitz di Vrba e Wetzler, APMO, IZ 8/10. Akta Gestapo Lodz, k. 65-67 (contengono tra l'altro il telegramma sulla fuga dei due ebrei dal campo). Quanto alla loro relazione si veda APMO «Zespol Oswiadczenia», t. 40 k. 32-42. Inoltre, H. Swiebocki, il suo testo dal titolo *Auschwitz, durante la guerra il mondo conosceva la verità sul campo*? è oltre che in lingua polacca disponibile anche in tedesco nei «Quaderni di Auschwitz», editi dal Museo del lager, Oswiecim 1992.

[45] Nel loro rapporto segreto, tra l'altro, Wetzler e Vrba riferirono ai rappresentanti del Consiglio Ebraico di avere assistito ai preparativi per accogliere e sterminare gli ebrei ungheresi. Per questo chiesero che si facesse di tutto per avvertirli del pericolo. A fine aprile 1944, una copia del loro rapporto venne consegnata al dottor Rudolf Kastner, direttore del Comitato di soccorso degli ebrei di Budapest. Come sappiamo, fu tutto inutile.

mento della loro fuga, circa la metà dei capiblocco fossero ebrei.

Langbein, riporta a sua volta la testimonianza dell'ebreo Czeslaw Mordowicz, che in occasione della fuga dei due compagni ebrei perse il suo incarico di scrivano del Blocco; in essa si afferma come nei lager di lavoro che ruotavano intorno ad Auschwitz-Monowitz, i prigionieri ebrei con incarichi di potere fossero la maggioranza. Infatti, «affinché non venissero introdotte in questi lager epidemie, dato che gli internati che lavoravano nelle industrie belliche avevano contatti con i civili, le SS preferivano trasferire ai sottocampi i nuovi arrivati [selezionati per il lavoro] direttamente dalla rampa. Per questo motivo, i prigionieri ebrei, in via eccezionale, poterono salire anche fino al più alto grado della gerarchia degli internati».[46]

Dunque, ragioni di opportunità funzionale, da parte delle autorità del campo (le stesse che imponevano agli ebrei più forti che scendevano sulla *Judenrampe* di far parte del *Sonderkommando*) e ragioni legate alla condizione estrema in cui gli internati si trovavano, favorivano l'accesso ai posti di privilegio e di potere anche agli ebrei.

Come è accaduto per gli *Judenrat* (vale a dire i Consigli ebraici dei ghetti), per la Polizia ebraica e per le altre cariche di potere in cui era prevista una forma più o meno diretta di collaborazione degli ebrei con i loro carnefici e che, imponendo ai fratelli di uccidere i fratelli, in apparenza riduceva la colpa degli aguzzini, la presenza dei *prominenten* ebrei nel lager di Auschwitz ha spesso sollevato scandalo e discussioni ammantate di giudizi moralistici.

«I prominenti ebrei» scrive in proposito Levi «costi-

[46] H. Langbein, *Uomini ad Auschwitz*, cit., pag. 181.

tuiscono un triste e notevole fenomeno umano. In loro convergono le sofferenze presenti, passate e ataviche, e la tradizione e l'educazione di ostilità verso lo straniero, per farne mostri di asocialità e di insensibilità. Essi sono il tipico prodotto della struttura del lager tedesco: si offra ad alcuni individui in stato di schiavitù una posizione privilegiata, un certo agio e una buona probabilità di sopravvivere, esigendone in cambio il tradimento della naturale solidarietà coi loro compagni, e certamente vi sarà chi accetterà.»[47]

Alcuni privilegiati ebrei sono rimasti molto impressi nella memoria dei pochi sopravvissuti: un giovane lituano di nome Moshe che nella mano destra teneva sempre un bastone e aggrediva i suoi sottoposti senza freni. Il kapo di Monowitz ricordato da Wiesel mentre «bastona un vecchio che ha sollevato il berretto troppo lentamente». Della sua capoblocco, Ana Novac dice che «si sentiva viva solo quando picchiava [...]. La frusta sibilava mentre la scagliava in avanti e poi indietro con tutta forza». E, ancora, tra le internate del Blocco 25 e del lager femminile era diventata famosa una certa Cylka, deportata dalla Slovacchia e forse amante del famigerato *SS-Rapportführer* Tauber: era sempre pronta a picchiare e orrori d'ogni sorta: «aveva spinto sua madre su un autocarro che poi andò alla camera a gas».

Immagini che riaffiorano in un universo di terrore e contro le quali si è scagliata molta storiografia di parte ebraica, anche recentemente.[48] Per tutti, vale forse quanto scrive Wiesel:

«Mi meraviglio che in quel regno delle tenebre ci fossero così poche anime perdute e così pochi cuori avve-

[47] P. Levi, *Se questo è un uomo*, cit., pag. 92.

[48] Si veda a titolo di esempio la posizione di Aharon Appelfeld cit. in F. Sessi, *Il grande fronte interno della resistenza ebraica*, in *Il diario di Dawid Sierakowiak*, Einaudi 1997, pag. 309 e seg.

lenati, là dove un essere umano respirava intorno a sé soltanto odio, disprezzo e orrore. Che cosa sarebbe stato di me, se supponiamo, avessi dovuto rimanere nel lager più a lungo, diciamo cinque, sette o dodici anni?».

Inoltre, non si deve dimenticare che molti ebrei in posizione di privilegio seppero utilizzare la propria funzione nell'interesse dei propri compagni di sventura, anche se per loro era assai più difficile farlo che non per i *prominenten* «ariani» (a tal proposito vedi il capitolo sulla resistenza interna al campo e sul mutuo soccorso tra internati a pag. 303 e seg.). Nell'immediato dopoguerra, anche una parte di sopravvissuti allo sterminio chiese vendetta e processi contro i fratelli ebrei traditori. Ma certo essi agivano nel ricordo di una ferita senza precedenti, di un dolore che non trovava ragione e spiegazione (umana e divina); oggi, nonostante alcune polemiche ancora aperte,[49] sappiamo che nessuno (nemmeno i sopravvissuti) può permettersi di confondere vittime e carnefici.

I medici SS e gli esperimenti

Ad Auschwitz, il medico SS non svolgeva primariamente una funzione sanitaria; egli, dopo il 1942, doveva innanzitutto favorire lo scopo istituzionale del lager: vale a dire l'uccisione di ogni singolo ebreo che fosse giunto in quella sorta di «anus mundi», come definì Birkenau il dottor Heinz Thilo, medico nazista al campo.

La parola chiave di quello che può chiamarsi «rovesciamento di funzione», vale a dire del passaggio dalla guarigione come scopo, all'uccisione è *Sonderbehandlung* (trattamento speciale), dove nel linguaggio nazi-

[49] Esemplari in quanto a chiarezza sono i recenti saggi di Alain Parrau, *Écrire les camps*, Belin, Parigi 1995; e Jean-Michel Chaumont, *La concurrence des victimes*, La Découverte, Parigi 1997.

sta, «speciale» (*Sonder*) è l'opposto di «normale», ma non certo eccedente l'«ordinario»: i treni che conducevano gli ebrei ad Auschwitz erano «treni speciali», i tribunali che, nei primi anni condannavano gli ebrei e gli oppositori ai campi di lavoro, erano «tribunali speciali» eccetera. La parola serviva a nascondere l'implicazione negativa delle uccisioni e a inserirle in una normale attività di routine burocratica, che richiedeva soltanto qualche sforzo creativo per individuare, appunto, soluzioni «speciali» a problemi di ordinaria gestione dello stato e del suo funzionamento organizzativo, politico e ideologico.

Ad Auschwitz l'uccisione e tutte le altre pratiche mediche, che avallavano la violenza e lo sterminio di massa, assumevano in un certo senso la caratteristica di azioni necessarie, eseguite per il popolo e il futuro della Germania e del mondo. «La *Sonderbehandlung* faceva parte dell'imperativo mistico di uccidere tutti gli ebrei», scrive R. J. Lifton. Cosicché ogni ebreo che giungeva ad Auschwitz oltre a essere destinato a morire, per i medici SS era già morto.

Da un lato, il medico SS sorvegliava quella che abbiamo chiamato l'«ecologia del campo» che consentiva un costante equilibrio tra arrivi di ebrei e necessità di forza lavoro. Dall'altro, sviluppava a livello di pratica e di cultura il paradosso dell'uccisione come forma di terapia. In tal senso i medici SS erano particolarmente feroci nel non consentire forme di suicidio tra gli internati: il suicidio, infatti, violava la logica della professione medica ad Auschwitz ed era una estrema forma di resistenza al potere assoluto nazista.

Le autorità del lager e del partito, inscrivevano queste pratiche dei medici SS nel progetto, assai più ampio, di tutela e sviluppo della razza ariana promosse dal Terzo Reich.

Tab. III/II – Sintesi delle maggiori funzioni che i medici SS svolgevano ad Auschwitz

1. **Selezione iniziale** su vasta scala degli ebrei al loro arrivo.
2. **Presidio delle operazioni di gassaggio** (dalla decisione sulla quantità di Zyklon B da usare, al controllo della morte avvenuta).
3. **Selezioni periodiche nel campo** degli ebrei registrati per il lavoro.
4. **Selezioni nei blocchi medici e nel *Revier*.**
5. **Azioni di epidemiologia omicida** (invio nelle camere a gas di interi blocchi in cui era diffusa qualche epidemia – tifo, scabbia, scarlattina ecc. – si inviavano al gas anche gli internati sani).
6. **Uccisione con il fenolo** degli internati debilitati.
7. **Esperimenti medici mortali, e aborti coatti.**
8. **Esecuzioni occulte** (vale a dire l'uccisione di politici polacchi o tedeschi o di altra nazionalità, condannati a morte senza appello per varie ragioni).
9. **Redazione di certificati falsi di morte** (per i decessi dei prigionieri registrati non ebrei. I certificati di morte erano sempre falsi e riportavano: crisi cardiaca, respiratoria, malattia infettiva o altro ancora – vedi qui il caso dei prigionieri di guerra russi).
10. **Estrazione di denti d'oro** o sorveglianza delle squadre di prigionieri che eseguivano l'operazione sui cadaveri.
11. **Certificati di buona salute dei prigionieri registrati che dovevano essere sottoposti a tortura o punizione** (anche quando erano debilitati e all'estremo delle forze).
12. **Consigli tecnici per la cremazione dei corpi.**
13. **Consigli sul numero di persone da uccidere** in un certo periodo, per evitare sovraffollamento del campo o epidemie.
14. **Asservimento dei colleghi medici ebrei internati.**

Tra le atrocità compiute dai medici nazisti, un posto a parte è riservato agli **esperimenti** medici. I medici che li condussero agirono quasi sempre in due diverse e spesso convergenti direzioni: da un lato gli esperimenti compiuti in nome della politica razziale e degli scopi militari della Germania; dall'altro gli esperimenti che rispondevano a uno specifico scopo di ricerca «scientifica» del singolo medico.

Nella prima categoria, vanno collocati certamente gli esperimenti di sterilizzazione e di castrazione eseguiti ad Auschwitz da medici come Carl Clauberg e Horst Schumann; mentre gli studi del dottor Eduard Wirths, medico capo delle SS, e di suo fratello Helmut sul cancro della cervice uterina rientrano nella seconda categoria.

Una menzione a parte, meritano le ricerche e gli esperimenti di Mengele sui gemelli e gli esperimenti programmati sui prigionieri da alcuni medici su richiesta di industrie farmaceutiche o di Istituti di medicina.

Il via alle ricerche sulla **sterilizzazione di massa** dei popoli di nazioni considerate inferiori è attestato, tra l'altro da una lettera che il dottor Adolf Pokorny, medico militare di alto grado, scrisse a Himmler: «Se si riuscisse il più rapidamente possibile a trovare un modo per provocare in un tempo relativamente breve una sterilizzazione non visibile, avremmo una nuova arma formidabile».[50] In seguito, Viktor Brack, il funzionario della Cancelleria del Reich che si occupava del ruolo dei medici nello sterminio, scrisse a sua volta a Himmler, sostenendo che nel numero complessivo dei 10 milioni e più di ebrei europei da sterminare, a suo parere erano compresi «almeno 2-3 milioni di uomini e donne idonei

[50] Documento del processo di Norimberga, NO 035, citato anche in A. Mitscherlich, F. Mielke, *Medicina disumana*, Feltrinelli, Milano 1967.

al lavoro». E concludeva: «di fronte alle straordinarie difficoltà causateci dalla penuria di operai, ritengo che questi 2-3 milioni vadano selezionati e preservati. Tuttavia, ciò può avere luogo solo se nello stesso tempo li si sterilizzi».[51]

Durante la conferenza del 7-8 luglio del 1942, cui tra l'altro parteciparono Himmler e Richard Glücks, ispettore generale dei campi di concentramento, la ricerca di un sistema ottimale di sterilizzazione venne affidata al dottor Carl Clauberg, SS e specialista nella cura della sterilità femminile.

Egli cominciò a condurre esperimenti di sterilizzazione a partire dalla fine del 1942, nel campo femminile situato a Birkenau, baracca 30, settore BIa. Già nell'aprile del 1943, Höss gli mise a disposizione una parte del Blocco 10 nel campo base di Auschwitz, destinato da tempo agli esperimenti in genere. Al primo piano dello stabile, erano alloggiate da 150 a 400 donne ebree, provenienti come voleva il progetto di ricerca, da vari Paesi e registrate come *Häftlinge für Versuchszwecke* (prigioniere per scopi sperimentali).[52] Clauberg si servì soprattutto delle donne che avevano già avuto figli (perché sicuramente fertili) e di quelle che non avevano ancora perso le mestruazioni.

«Il metodo della sterilizzazione di massa senza ricorrere all'operazione chirurgica elaborato da Clauberg consisteva nell'introdurre durante una finta visita ginecologica (dopo aver constatato l'apertura delle tube) una sostanza chimica irritante che provocava una grave infezione, e nel giro di alcune settimane, provoca-

[51] Documento del processo di Norimberga, NO 205. Anche in Y. Ternon, S. Helman, *Histoire de la médicine SS: le mythe du nazisme biologique*, Tournai, Casterman 1969; Édouard Conte, Cornelia Essner, *La quête de la race. Une anthropologie du nazisme*, Hachette, Paris 1995 in particolare la terza parte, cap. V e VI.

[52] In APMO D-AuI-3a, sono contenuti gli elenchi mensili dei detenuti e delle detenute utilizzati a questo scopo nel KL di Auschwitz.

va la crescita di peli nelle tube e dunque la loro occlusione.»[53]

In una lettera del 7 giugno 1943, Clauberg scriveva a Himmler che il suo metodo di sterilizzazione femminile avrebbe presto consentito di eseguire anche 1.000 sterilizzazioni al giorno (in un reparto ben attrezzato, con medici opportunamente addestrati).

Nel maggio del 1944, il reparto del dottor Clauberg venne trasferito a Birkenau nel Blocco 1 del campo femminile e contemporaneamente agli esperimenti sulla sterilizzazione vennero introdotti quelli sulla fecondazione artificiale.

Quasi nello stesso periodo di Clauberg, anche il dottor Horst Schumann, *SS-Sturmbannführer*, nel novembre 1942 avviò altri esperimenti sulla sterilizzazione. Nella baracca 30 del campo femminile di Birkenau, settore BIa, il medico SS ebbe a sua disposizione una «stazione radiologica» con attrezzature per i raggi X fornite dalla ditta Siemens. Periodicamente detenuti e detenute ebrei venivano sottoposti a irradiazioni potenti di raggi X sulle ovaie e sui testicoli. Anche se le radiazioni provocavano su queste cavie umane gravi ustioni, all'inguine e sulle natiche, con lesioni ulcerative di vario genere, nel reparto di Schumann non era prevista degenza. Tutti tornavano a lavorare e spesso venivano considerati inadatti proprio a causa di quelle ferite e avviati alla camera a gas.

Una parte dei sottoposti a raggi X, che riusciva a guarire, veniva poi richiamato nel Blocco per essere fatta oggetto di un intervento chirurgico che aveva lo

[53] I. Strzelecka, *Gli esperimenti*, in F. Piper, T. Swiebocka, *Auschwitz*, cit., pag. 80. Collaboratori di Clauberg in questi esperimenti furono il chimico Johannes Göbel, in rappresentanza dell'industria Schering Werke, l'infermiere SS Binning, personale medico e paramedico del Blocco 10 di cui facevano parte anche alcune detenute ebree, tra le quali la ginecologa ebrea polacca Alina Bialostocka (chiamata Brewda nel lager).

scopo di verificare in laboratorio gli organi trattati e per ottenere materiale istologico comparativo.[54]

Schumann, nell'aprile del 1944, scrisse che il metodo da lui sperimentato con l'uso dei raggi X si poteva considerare insoddisfacente, e si dichiarò a favore della castrazione chirurgica. Nonostante ciò, egli continuò i suoi esperimenti nel lager di Ravensbrück, dove venne trasferito.

Molti prigionieri che subirono questi tipi di esperimenti hanno lasciato toccanti testimonianze: la più lucida è quella di Dora Akuniz, ebrea greca.

«Nell'estate del 1943, durante l'appello del mattino, la capoblocco chiamò un certo numero di prigioniere, me compresa [...]. Fummo condotte sotto sorveglianza al campo base di Auschwitz, nel Blocco 10, dove si trovavano già altre donne e giovani greche. [...] Un giorno apparve il dottor Schumann e ordinò a tutte di farsi avanti, poi ne indicò alcune, me compresa, e ne annotò il numero di matricola. Il giorno dopo ci portarono di nuovo a Birkenau, dove fummo sottoposte ai raggi X. [...] Un aiutante del dottor Schumann mi applicò sul corpo due lastre, una sul ventre e una sulle spalle. Il dottore si rifugiò in una cabina sicura e azionò l'attrezzatura cui erano collegate le lastre, pcr alcuni minuti, non ricordo quanti. In giornata facemmo ritorno al campo base. Lungo la strada vomitammo tutte. Non sapevamo cosa ci avevano fatto. Dopo alcuni giorni sul posto in cui erano state applicate le lastre comparvero ferite purulenti [...] Due mesi dopo, un giorno, durante l'appello del mattino venne chiamato il mio numero e quello delle altre ragazze sottoposte a raggi X. Ci por-

[54] Dai documenti del campo, risulta che tali operazioni venissero eseguite quasi sempre da medici internati polacchi, come il dottor Wladyslaw Dering. Tra essi c'era anche un medico ebreo, Maximilian Samuel. Nel registro del reparto chirurgico del campo base di Auschwitz si trovano circa 180 registrazioni di operazioni di castrazione effettuate nei Blocchi 21 e 28, tra il 10.IX.1942 e il 23.XI.1944.

tarono di nuovo al campo base di Auschwitz, nel Blocco 10, dove venimmo visitate dal dottor Samuel, il quale scelse Gilda e Bella per l'operazione. [...] Verso il novembre del 1943 portarono anche me ed altre 9 ragazze ebree nel Blocco 21 dove fummo operate.»[55]

Clauberg e Schumann, con i loro esperimenti, perseguivano uno scopo ben preciso: l'annientamento razziale biologico delle popolazioni «inferiori». Josef Mengele, invece, univa nel suo lavoro sui gemelli, esigenze di ricerca personale (vale a dire dimostrare che la superiorità della razza nordica era dovuta a fattori di ereditarietà e non a componenti ambientali) e ragioni strategiche del Terzo Reich, per le quali scoprire il segreto della gemellarità avrebbe significato trovare il modo per aumentare la popolazione di razza pura tedesca.

Mengele arrivò ad Auschwitz all'età di trentadue anni, il 30 maggio 1943. Per molti internati, egli incarnò subito il processo delle selezioni alla banchina ferroviaria, tanto che si tendeva a identificarlo come il capo di coloro che erano incaricati di presidiare la *Judenrampe*. «Mengele si comportava in modo estremamente disinvolto nella conduzione di selezioni su grande scala: uomo di bell'aspetto, con un frustino in mano, guardava corpi e facce solo un paio di secondi e diceva "*Links*" [sinistra] e "*Rechts*" [destra].»[56]

Uno dei suoi laboratori sperimentali si trovava nel lager degli zingari (nei bagni, situati vicino alla baracca 32), nel quale dalla fine di maggio del 1943, ricoprì la carica di medico del campo.

Nel novembre del 1943, al momento della riorganizzazione del complesso concentrazionario di Auschwitz, venne nominato medico primario di Birkenau. All'ini-

[55] In I. Strzelecka, *Gli esperimenti*, cit., pag. 83.
[56] R. J. Lifton, *Medici nazisti*, cit., pag. 446.

zio fece i suoi esperimenti su bambini zingari, ospiti del *Kindergarten*, nelle baracche 29 e 31.

Dopo la liquidazione del campo degli zingari, Mengele trasferì il suo reparto nella baracca 15 del campo ospedale maschile, nel settore BIIf, e nelle baracche del campo femminile, adibite a *Revier*.

All'inizio del suo lavoro, Mengele sottopose i gemelli che selezionava già all'arrivo, e le persone con particolari anomalie congenite, ad analisi antropometriche (quali la misurazione della larghezza e della lunghezza della testa, del naso, dei piedi ecc.), morfologiche (analisi del sangue, trasfusioni ecc.), a esami radiologici e a varie altre visite (oculistiche, stomatologiche ecc.). Le visite di Mengele duravano ore, e talvolta erano anche molto dolorose.

Disponiamo in proposito del racconto di una ex internata, Elzbieta Piekut-Warszawska, alla quale vennero affidati i gemelli ebrei di una delle baracche del campo femminile (precisamente nel luglio del 1944).

«I bambini venivano fatti spogliare e rimanevano nudi per tutta la durata delle misurazioni antropometriche (da due a cinque ore) [...] Una dura prova per quei piccoli che, spaventati, stanchi, affamati e intirizziti dal freddo, si alzavano alle sei di mattina, e percorrevano a piedi il chilometro e mezzo di distanza tra il loro Blocco e l'ambulatorio. Gli esami radiologici venivano fatti nelle stesse condizioni. [...] Faceva freddo e la stanza delle analisi non era riscaldata. I bambini restavano di fronte allo schermo radiologico per cinque o quindici minuti, perché durante la radioscopia si descriveva e si discuteva l'immagine che appariva sullo schermo. Gli effetti non si facevano aspettare: al ritorno ai bambini veniva la febbre, l'angina, forti tossi, sinusiti e non di rado polmoniti. [...] particolarmente drammatiche erano le analisi morfologiche. Ai piccoli veniva prelevato sangue prima da un dito e poi dalle vene, talora due, tre volte di seguito [...] Gli venivano anche iniettati liquidi negli occhi.»[57]

Quasi sempre, al termine degli esperimenti, i bambini venivano eliminati con un'iniezione di fenolo al cuore e ciò consentiva di passare alla fase successiva, che consisteva nell'analisi dei singoli organi, mediante la sezione dei cadaveri.

Mengele fece ricerche anche su una particolare forma di cancro, detta *noma,* diffusa in particolar modo nel campo degli zingari. La malattia provocava una distruzione progressiva del tessuto molle delle guance, rendendo così visibili i denti.

Il «dottor Morte» come spesso viene chiamato, rimase ad Auschwitz fino al giorno della sua evacuazione, il 17 gennaio 1945, e quando fuggì, dileguandosi per sempre, portò con sé tutti i risultati dei suoi esperimenti medici.[58]

Ad Auschwitz venivano fatte ricerche anche sui cambiamenti che subiva l'organismo umano per effetto della fame (in particolare sull'atrofia del fegato), in genere condotte dal dottor Eduard Wirths, capo dei servizi medici del lager e dal dottor Johann Paul Kremer, medico al campo per un breve periodo (dal 30 agosto al 18 novembre 1942).

L'ambulatorio in cui i due SS effettuavano le loro visite era nel Blocco 28, e certo non mancavano le cavie, visto che i «musulmani» erano la maggioranza degli abitanti ebrei e non del lager. Kremer li uccideva per sezionarli, ma poco prima di farli morire, chiedeva loro particolari che lo interessavano (il peso prima della de-

[57] In I. Strzelecka, *Gli esperimenti*, cit., pag. 85.

[58] A quanto si sa, Mengele è morto nel 1979 in Brasile, in conseguenza di un attacco cardiaco mentre stava nuotando ed è stato sepolto sotto falso nome. Per molti sopravvissuti, Mengele rappresentò l'incarnazione del male, del demoniaco di Auschwitz. In realtà egli fu un nazista piuttosto comune, per malvagità e crimini.

portazione, le medicine usate ecc.). Le vittime erano sempre fotografate, prima che venisse loro asportato il fegato, il pancreas e la milza.

Fra il 1941 e il 1944, molti medici di stanza ad Auschwitz[59] sperimentarono anche l'efficacia e la tolleranza di diversi farmaci non ancora in commercio. Lavoravano in tal senso per la I. G. Farben e per la Bayer. A volte per somministrare alcuni farmaci, iniettavano negli internati ebrei dosi di siero o di sangue infetti (di tifo, tubercolosi, difterite, tracoma ecc.). Questi esperimenti erano molto diffusi e avvenivano in tutti i Blocchi ospedale di Birkenau, di Monowitz e del campo base (non esclusi altri sottocampi più piccoli).

Wladyslaw Tondos, prima dell'arresto, primario dell'ospedale per tubercolitici di Zakopane, dopo la liberazione, dichiarò: «Detenuti sani venivano contagiati artificialmente tramite iniezioni endovenose di sangue di malati di tifo, al solo scopo di poter verificare su di loro l'efficacia di preparati sperimentali della ditta Bayer. Abbiamo potuto osservare che tali farmaci nel caso del tifo petecchiale non avevano alcun effetto curativo e la maggior parte dei malati moriva».[60]

Per concludere questa galleria degli orrori, bisognerebbe aggiungere molti altri esperimenti, come quelli

[59] Per esempio i dottori SS Friedrich Entress, Helmuth Vetter, i fratelli Wirths, Fritz Klein, Werner Rhode, Hans Wilhelm König, Victor Capesius (responsabile della farmacia del lager), Bruno Weber (direttore responsabile dell'Istituto di igiene SS di Rajsko).

[60] APMO, *Proces Hössa*, t. 7 k. 78-79. Occorre ricordare che la ditta Bayer, al fine di provare narcotici di recente produzione, comprò 150 ebree, pagandole 170 Reichsmark ognuna e ottenendo anche uno sconto di 30 marchi (il prezzo pattuito era infatti di 200). Nei documenti del campo, è conservata questa lettera che porta l'intestazione della Bayer: «Il trasporto delle 150 donne è giunto in buono stato. Tuttavia, essendo decedute nel corso degli esperimenti, non siamo in grado di trarre conclusioni. Vi preghiamo pertanto di spedirci lo stesso numero di donne allo stesso prezzo».

che condusse personalmente Entress con la collaborazione di Vetter, per stabilire il tempo di incubazione del tifo; o come quelli che i fratelli Wirths, dalla primavera del 1943, intrapresero per acquisire nuove conoscenze sul cancro del collo dell'utero.

Non va dimenticato nemmeno il nome del dottor Emil Kaschub, medico dell'esercito, che provocava ferite da guerra sul corpo degli internati ebrei e poi li sottoponeva a cure mediche per verificare il tempo esatto della guarigione (le sue ricerche gli avrebbero consentito di smascherare le simulazioni sempre più diffuse tra i soldati tedeschi al fronte).

Inoltre, il professor August Hirt, direttore dell'istituto di anatomia dell'università di Strasburgo che, intendendo creare una raccolta di scheletri ebrei, chiese e ottenne da Himmler il permesso di scegliere tra gli internati di Auschwitz i corpi che preferiva. Della scelta di 115 prigionieri (tra cui 109 ebrei – 79 maschi –, 2 polacchi e 4 asiatici) si occupò il dottor Bruno Berger.

Sono da considerare esperimenti anche le operazioni chirurgiche che molti medici condussero sugli ebrei di Birkenau (compresi donne gravide e bambini) e su altri detenuti a scopo di addestramento.

Nonostante tutto, questi esperimenti furono solo una piccola parte dell'esteso e sistematico programma di uccisioni condotte ad Auschwitz in nome della scienza medica, come del resto è attestato dal processo tenuto a Norimberga contro i medici nazisti.

Frammenti e testimonianze di vita e di morte

Ana Novac, ha quattordici anni quando viene deportata ad Auschwitz, nel 1944: «[Noi ebrei], apparteniamo senza dubbio a una nuova specie che la storia non ha ancora registrato. una scoperta tipicamente tedesca:

l'uomo-cosa. O meglio, una cosa sofferente, perché degli attributi umani resta solo la capacità di soffrire».

«E già lo scudiscio entra in azione, e con esso arrivano il tormento e l'assillo e le terribili parole: – *Los! Los!*. Piovono colpi che lasciano una traccia sulla mia fronte e sulla nuca di Sophie. Il nostro compito? Formare una catena e trasportare pietre tra due colline. Pietre, movimento, aria aperta: perfetto, no? A volte trasciniamo veri e propri massi che a stento riusciamo a sollevare, a volte ci passiamo a vicenda ciottoli ridicoli, poco più che pietruzze. Un kapo per venti detenute; non abbiamo avuto un momento di respiro, neanche quando il nostro drago guardava altrove: se la catena si fermava, un altro kapo si metteva a urlare. Dietro di loro erano appostati gli SS che continuavano a ripetere: *Der Kommandant kommt, halt fest die Hunde!* [Viene il comandante, tieni fermi i cani!].»[61]

Isabella Leitner, ebrea ungherese, viene deportata ad Auschwitz nel maggio del 1944. La madre e una sorella più piccola vengono uccise al loro arrivo. Lei con altre due sorelle, lotta per sopravvivere a tutti i costi: «Siamo nell'ottobre del 1944, sei mesi dopo il nostro arrivo [...] è domenica mattina e c'è un'improvvisa selezione; improvvisa come sempre. Rachel, la nostra piccola sorella, è troppo giovane, troppo fiaccata nello spirito e nel corpo [...] dobbiamo tenerla in vita. Mengele sta selezionando a breve distanza da noi. Sta selezionando le *Musulmann*, quelle che sono totalmente emaciate, quelle che non hanno possibilità di essere scelte per lavorare. [...] Improvvisamente, freneticamente cerchiamo di fare apparire Rachel più sana, più grande (ha solo quindici anni e mezzo). Mengele non deve averla vinta. La terremo in vita. Una di noi ha un pezzo di stoffa. Lo met-

[61] A. Novac, *I giorni della mia giovinezza*, cit.

tiamo sul capo di Rachel a mo' di fazzoletto. La facciamo stare in punta di piedi, mentre lei si lamenta di non avere sufficiente forza per queste fatiche sovrumane. Le pizzichiamo il viso fino a farlo diventare d'un rosso innaturale... Mengele passa oltre».[62]

Tadeusz Borowski, nel 1943 a soli ventuno anni venne deportato ad Auschwitz. Di origine ucraina, si era trasferito a Varsavia con il padre nel 1932. «È curiosa la storia della locale ditta Lenz. Questa ditta ci ha costruito il campo, le baracche, i Blocchi, i magazzini, i bunker, i camini. Il campo le prestava i prigionieri, e le SS mettevano i materiali. Fatti i calcoli, il conto presentato si rivelò così fantasticamente milionario che si mise le mani nei capelli non solo Auschwitz, ma la stessa Berlino. [...] Ha fatto ad Auschwitz affari giganteschi e aspetta la fine della guerra. Lo stesso per le ditte Wagner e Continental degli acquedotti, la ditta Richter dei pozzi, la Siemens delle illuminazioni ed elettrocondutture, i fornitori di mattoni, cemento, ferro e legno, i produttori di parti di baracche e di vestiti a strisce. Lo stesso colosso automobilistico Union e le imprese di demolizione D.A.W. Lo stesso i proprietari delle miniere a Myslowice, Gliwice, Janina, Jaworzno. Chi di noi sopravviverà dovrà un giorno rivendicare l'equivalente di questo lavoro.»[63]

Elie Wiesel, deportato a Birkenau nella primavera del 1944, numero di matricola A-7713, anni 16. «La sera, sdraiati sui nostri giacigli, cercavamo di cantare qualche

[62] I. Leitner, *Frammenti di Isabella. Memoria di Auschwitz*, Mursia, Milano 1996.

[63] T. Borowski, *Paesaggio dopo la battaglia*, cit. Uno studio accurato sulle industrie impiegate ad Auschwitz è contenuto nel saggio di F. Piper, *Arbeitseinsatz der Häftlinge aus dem KL Auschwitz*, cit. In lingua italiana è disponibile una recente ricerca di G. Ottolenghi, *Arbeit macht frei. Il lavoro forzato nei lager*, Sugarco, Milano 1995.

melodia chassidica, e Akiba Drumer ci spezzava il cuore con la sua voce grave e profonda. Alcuni parlavano di Dio, delle Sue vie misteriose, dei peccati del popolo ebraico e della liberazione futura. Io avevo smesso di pregare. [...] Non avevo negato l'esistenza [di Dio], ma dubitavo della Sua giustizia assoluta.»[64]

Jean Amery (Han Mayer) ebreo austriaco, viene arrestato in Belgio e poi torturato perché resistente. Nel 1943 è trasferito a Birkenau, all'età di trentuno anni e vi rimane fino alla liberazione del campo.

«Ad Auschwitz-Monowitz, coloro che esercitavano un lavoro manuale [...] abitualmente venivano inquadrati in base al loro mestiere. Un fabbro ad esempio era un privilegiato, poiché poteva tornare utile nella fabbrica della I. G. Farben, allora in costruzione, e aveva quindi possibilità di lavorare al chiuso in officina, non esposto alle intemperie. [...] Diversa la situazione per chi esercitava una professione dell'ingegno. Al pari del commerciante era del *Lumperproletariat* [sottoproletariato] del campo e ne condivideva il destino [...] Chi aveva un minimo di abilità pratiche, chi era magari capace di fare qualche lavoretto, si spacciava arditamente da operaio [...]. Ed era così che docenti universitari, avvocati, bibliotecari, storici dell'arte, economisti, matematici si ritrovavano a portare rotaie, tubi e legname per costruzione [...]. Non si doveva attendere a lungo prima che fossero eliminati dal processo produttivo e trasferiti dove vi erano le camere a gas e i forni crematori. [...] Ad Auschwitz, ogni spiritualità assumeva progressivamente una forma in duplice senso inedita: era da un lato, a livello psicologico, assolutamente irreale, e dall'altro, in termini direi sociali, una sorta di lusso vietato.»[65]

[64] E. Wiesel, *La notte*, cit.

[65] J. Améry, *Intellettuale ad Auschwitz*, Bollati Boringhieri, Torino 1987.

Krystyna Zywulska, internata ad Auschwitz il 25 agosto 1943 con il numero di matricola 55.908. «I nostro corpi sofferenti erano pieni di pidocchi e pulci. Impossibile dormire. Una notte, mi sedetti per la prima volta sul pagliericcio e cominciai a grattarmi, ero al limite della pazzia. Non riuscivo più a controllarmi. Sanguinavo, e il pus usciva dalle mie ferite. "Bene" pensavo "così mi verrà un'infezione molto grossa e ne morirò". Ma venne vicino a me una compagna di Blocco e medicò le mie ferite con mezzi di fortuna. Ancora una volta fui salva.»[66]

Primo Levi: «I giorni si somigliano tutti, e non è facile contarli. Da non so quanti giorni facciamo la spola, a coppie, dalla ferrovia al magazzino: un centinaio di metri di suolo in disgelo. Avanti sotto il carico, indietro con le braccia pendenti lungo i fianchi, senza parlare. Intorno tutto ci è nemico. Sopra di noi si rincorrono le nuvole maligne, per separarci dal sole; da ogni parte ci stringe lo squallore del ferro in travaglio. I suoi confini non li abbiamo mai visti, ma sentiamo, tutto intorno, la presenza cattiva del filo spinato che ci segrega dal mondo.

«Con tutte le nostre forze abbiamo lottato perché l'inverno non venisse. Ci siamo aggrappati a tutte le ore tiepide [...] Noi sappiamo che cosa vuol dire, perché eravamo qui l'inverno scorso, e gli altri lo impareranno presto. Vuol dire che, nel corso di questi mesi, dall'ottobre all'aprile, su dieci di noi, sette morranno».

Monowitz, 19 gennaio, il secondo giorno dalla liberazione: «Quando fu riparata la finestra sfondata, e la stufa cominciò a diffondere calore, parve che in ognuno qualcosa si distendesse, e allora avvenne che Towarowski (un franco-polacco di ventitré anni tifoso) propose

[66] K. Zywulska, *J'ai survécu à Auschwitz*, cit.

agli altri malati di offrire ciascuno una fetta di pane a noi tre che lavoravamo, e la cosa fu accettata. Soltanto un giorno prima un simile avvenimento non sarebbe stato concepibile. La legge del lager diceva: “mangia il tuo pane e, se puoi, quello del tuo vicino”, e non lasciava posto alla gratitudine. Voleva ben dire che il lager era morto».[67]

[67] P. Levi, *Se questo è un uomo*, Einaudi, Torino 1987.

4.

MONOWITZ E I SOTTOCAMPI DI LAVORO[1]

All'inizio della vita del campo, non c'era un vero e proprio piano di utilizzo dei prigionieri nel lavoro coatto e, fino al 1941, le autorità del lager ne disponevano a seconda delle esigenze del momento, legate sempre più ai progetti di ampliamento del sistema concentrazionario (I parte, pag. 23). Una parte di internati erano impiegati nelle diverse unità di gestione e amministrazione del campo e i lavori si differenziavano molto; anche a essi e alle mansioni che comportavano era affidata la possibilità e il tempo di sopravvivenza. Lavori pesanti e all'aperto non lasciavano scampo. Mansioni amministrative o in laboratori specializzati consentivano una maggiore speranza di vita.

Fin da subito, l'agricoltura fu uno dei settori più rilevanti dell'economia di Auschwitz. L'area di interesse del campo (*Interessengebiet*) raggiungeva infatti i 4.000 ettari, che vennero sfruttati in gran parte da 6 aziende agricole SS specializzate nelle quali si faceva uso solo di prigionieri. «A Harmeze venne allestito un grande allevamento di pollame, a Plawy un vivaio, mentre a Rajsko si diede impulso all'orticoltura, coltivando ortaggi e fiori su larga scala.»

[1] Le citazioni di questo capitolo quando non precisato diversamente sono tratte dal saggio di F. Piper, *Arbeitseinsatz der Häftlinge aus dem KL Auschwitz*, ed. del Museo di Auschwitz-Birkenau, Oświecim 1995.

Il lavoro nei campi che veniva assegnato quasi sempre alle donne, non era tra i più leggeri (semina, concimazione e raccolto si alternavano con opere di sterro, aratura e bonifica).

Dal 1941, molte industrie private cominciarono a interessarsi alla manodopera del campo. Tra le prime, la DAW (*Deutsche Ausrüstungswerke*) di proprietà delle SS, che utilizzava gli internati nella falegnameria e nella produzione di ferramenta. Anche la I. G. Farbenindustrie in questo fu all'avanguardia, «noleggiando» fin da subito operai per la costruzione dello stabilimento di Buna.

Gli internati, comunque, cominciarono a essere utilizzati su vasta scala solo quando, fallita la speranza di una guerra lampo con cui conquistare tutta l'Europa, si pensò bene di mobilitare tutte le riserve disponibili, lasciando in tal modo la produzione industriale e bellica a corto di manodopera.

La Weichel-Metal-Union (dal 1° ottobre del 1943) aprì uno stabilimento in un'area vicina al campo, seguito da un altro stabilimento industriale dove ci si occupava dello smantellamento degli aerei.

Tuttavia, constatato l'enorme dispendio di tempo nel trasferimento degli internati dal campo al luogo di lavoro (e viceversa), l'idea che ebbe maggiori sviluppi fu quella di costituire succursali o sottocampi all'interno o nei pressi delle industrie stesse; così già nel 1942 furono aperti 4 sottocampi nelle località di Goleszow, Jawiszowice, Monowice e Chelmek; nel 1943, se ne inaugurarono altri 5 e ben 17 un anno dopo. Tra il 1942 e il 1944, solo nell'Alta Slesia, furono istituite 26 filiali di Auschwitz presso miniere, fonderie e industrie d'interesse bellico. Al di fuori della Slesia, sorsero molte altre dipendenze: due aggregate ad aziende industriali, cinque che servivano imprese edili, sette associate ad aziende agricole di grossa dimensione, più il sottocampo penale di Budy e un campo mobile, i cui internati avevano il compito di sgomberare le macerie e riparare i danni prodotti dai bombardamenti.

Dal 21 novembre 1943, i sottocampi di lavoro dipesero tutti da Auschwitz III (Monowitz), a eccezione delle aziende agricole e dei vivai SS. Il comandante di questo complesso industriale concentrazionario fu dall'inizio alla fine l'*SS-Hauptsturmführer* Heinrich Schwarz, mentre l'*SS-Obersturmführer* Vinzenz Schöttl ne fu il direttore. Ovviamente i comandanti di Auschwitz III e di Auschwitz II (Birkenau) non agivano separatamente, ma erano in stretto contatto tra loro e con il comandante più anziano del campo base di Auschwitz I.

«Il comandante [di Auschwitz III] nominava i direttori dei sottocampi, coadiuvati, tra l'altro, da un *Rapportführer*, responsabile degli appelli, della consistenza numerica dei prigionieri e dell'organizzazione dei *Blockführer* e dell'infermiere, addetto alla sorveglianza della sala ricovero.» In quest'ultimo caso, gli addetti all'ospedale da campo erano soltanto sorveglianti in quanto non possedevano nessuna qualifica sanitaria. I medici SS, che ispezionavano i sottocampi periodicamente, del resto non si curavano di visitare o curare gli ammalati ma solo di selezionarli in base al loro aspetto esteriore, per poi inviarli nell'ospedale di Monowitz o nelle camere a gas di Birkenau. Dopo ogni selezione, il direttore del sottocampo provvedeva a segnalare al campo base le necessità di nuova manodopera.

Coloro che morivano stremati in questi sottocampi, quasi sempre, venivano trasportati ad Auschwitz-Birkenau per essere cremati. Nel 1944 i lager di Blechhammer e di Trzebinia, che avevano un tasso molto elevato di mortalità, ebbero il permesso di costruire un loro forno crematorio a nafta.

Tab. IV/II

Elenco dei sottocampi di Auschwitz

DENOMINAZIONE e collocazione geografica	**DESCRIZIONE ATTIVITÀ e gestione**	**DATE DI FUNZIONAMENTO**	**NUMERO INTERNATI se possibile numero uomini e donne**
1. ALDORF a Stara Wies, presso Pzsczyna	Attività di silvicultura, affittuario l'Ispettorato forestale di Pszczyna	1942-1943	**una quindicina**
2. ALTHAMMER a Stara Kuznia, nei pressi di Halemba	Costruzione di centrale termoelettrica (oggi Halemba)	settembre 1944-gennaio 1945	**486 internati**
3. BABITZ a Babice nei pressi di Auschwitz	Fattoria degli uomini del corpo SS con allevamento di animali e lavori pesanti agricoli – le donne trainavano l'aratro	marzo 1943-gennaio 1945	**159 uomini 180 donne**
4. BIRKENAU, fattoria SS nei pressi di Brzezinka vicino al campo di sterminio	Fattoria agricola delle SS	1943-gennaio 1945	**204 internati**
5.BISMARCKHUTTE a Chorzow	Gli internati lavoravano presso la fonderia Bismark (oggi Batory) nella produzione di cannoni, ditta appaltatrice: Berghutte-Konigs uns Bismarckhutte A.G.	settembre 1944-gennaio 1945	**192 internati**
6. BLECHHAMMER a Slawiecice, nei pressi di Blachownia Slaska	Costruzione di fabbriche chimiche (oggi Zaklady Koksochemiczne) per conto della ditta O/S Hydrierwerke A.G.	aprile 1944-gennaio 1945	**3.958 uomini 157 donne**

7. BOBREK nella omonima località vicino ad Auschwitz	Gli internati furono impiegati già dal dicembre del 1943 in lavoro di fabbrica per la produzione di apparecchiature elettriche per aerei e sottomarini: Ditta Siemens Schuckertwerke A.G.	aprile-maggio 1944-gennaio 45	**213 uomini** **38 donne**
8. BRUN nei pressi di Brno oggi Repubblica Ceca	Lavori di muratura dell'edificio dell'Accademia tecnica delle SS e della Polizia, ditta appaltatrice Ufficio C del WVHA SS	ottobre 1943-gennaio 1945	**250 internati** nell'ottobre e **36** nel gennaio
9. BUDY I nella omonima località vicino ad Auschwitz	Azienda agricola SS con lavori pesanti di sterro e pulizia e ampliamento vivai	aprile 1942-autunno 1944	**alcune centinaia di donne**
10. BUDY II come sopra	Azienda agricola SS – interruzione lavori autunno - inverno 1943	aprile 1942-gennaio 1945	**313 uomini**
11. BUDY III come sopra	Azienda agricola SS	giugno 1942-primavera 1943	**400 donne** della compagnia penale
12. CHARLOTTEGRUBE a Rydulto	Utilizzati nella miniera Charlotte (oggi Rydultowy) nell'estrazione del carbone e nel suo ampliamento: ditta appaltatrice Hermann Goring Werke	settembre 1944-gennaio 1945	**833 uomini**
13. CHELMEK nella omonima località	I detenuti eseguivano lavori per il calzaturificio (pulizia e scavo del bacino idrico) per la ditta Ota Schlesische Schulwerke, già BATA	ottobre 1942-dicembre 1942	**150 uomini**
14. EINTRACHTHUTTE a Swietochlowice	Fonderia Eintracht (oggi ZUT Zgoda), produzione di artiglieria contraerea per la ditta Berghutte-OSMAG e Ost-Maschinenbau	maggio 1943-gennaio 1945	**1.297 internati**

(segue →)

15. FREUDENTHAL a Bruntal oggi in Rep. Ceca	Lavoro nella ditta Emmerich Machold	1944- gennaio 1945	**301 donne**
16. FURSTENGRUBE a Wesola nei pressi di Mislowice	Miniere Fürsten, estrazione del carbone e costruzione di una nuova miniera. Ditta Fürstengrube GmB H.	settembre 1943- gennaio 1945	**1.238 internati**
17. GLEIWITZ I a Glewice	Riparazione di materiale ferroviario rotaie per la ditta Reichsbahausbesserungswerk	marzo 1944- gennaio 1945	**1.336 internati**
18 GLEIWITZ II come sopra	Produzione fuliggine (donne); riparazione, manutenzione macchine e ampliamento della fabbrica (uomini) per la ditta Deutche Gasrasswerke GmbH (oggi Gliwickie Zaklady Chemiczne Carbochem)	maggio 1944- gennaio 1945	**740 uomini** **371 donne**
19. GLEIWITZ III come sopra	Riparazione cannoni e in seguito produzione di armi, munizioni e rotaie, presso la ditta Zieleniewski-Maschinen und Waggonbau GmbH – Krakau	luglio 1944- gennaio 1945	**609 internati**
20. GLEIWITZ IV come sopra	Lavori di ampliamento della caserma e trasformazione di vetture militari per la Gleiwitzer Hutter (oggi Gliwickie Zaklady Urzadzen Technicznych)	giugno 1944- gennaio 1945	**444 internati**
21. GOLLESCHAU a Goleszow	Utilizzati nel cementificio delle SS, e in appalto da ditta Ostdeutsche Baustoffwerke GmbH-Golleschauer Portland Zement A.G.	luglio 1942- gennaio 1945	**1.008 internati**
22. GUNTHERGRUBE a Ledziny	Lavori nella miniera Piast, estrazione di carbone e costruzione della miniera Gunther (oggi Ziemowit) per la ditta Furstlich Plessische Bergswerk A.G.	febbraio 1944- gennaio 1945	**586 internati**

23. HARMENSE I ad Harmeze vicino al campo di Auschwitz	Lavoro nell'azienda agricola SS (allevamento pollame, conigli e pesci)	dicembre 1941-estate 1943	**70 internati**
24. HARMENSE II come sopra	Azienda agricola SS con allevamento di pollame e conigli	giugno 1942-gennaio 1945	**50 donne**
25. HINDEBURG a Zabrze	Lavori nella fonderia Donnersmark (oggi Zabrze), produzione di armamenti e munizioni per la ditta Verainigte Oberschlesische Huttenwerke A.G.	agosto 1944-gennaio 1945	**50 uomini** **470 donne**
26. HUBERTUSHUTTE a Lagiewniki	Lavori di fonderia presso la Hubertus (oggi Zygmunt), per la ditta Berghutte Konigs und Bismarckhutte A.G.	dicembre 1944-gennaio 1945	**202 internati**
27. JANINAGRUBE a Libiaz	Estrazione di carbone nella miniera Janina per conto della ditta Furstengrube GmbH	settembre 1943-gennaio 1945	**853 internati**
28. JAWISCHOWITZ a Jawischowice	Estrazione del carbone nella miniera di Brzeszcze-Jawischowitz e lavori di edilizia in superficie, per la ditta Reichswerke Hermann Goring	luglio 1942-gennaio 1945	**1.988 internati**
29. KOBIOR nella omonima località	Lavori di silvicultura per conto della ditta Oberforsramt Pless	1942-1943	**158 internati**
30.LEGISCHA a Lagisza	Costruzione della centrale termoelettrica Walter, per conto della ditta Energie-Versorgung Oberschlesien A.G.	settembre 1943-settembre 1944	**1.000 internati**
31. LAURAHUTTE a Siemianowicie	Lavori nella fonderia Laura (oggi Jednosc) per la produzione di artiglieria antiaerea, per la ditta Berghutte-Konigs und Bismarckutte	aprile 1944-gennaio 1945	**937 internati**

(segue →)

32. LICHTWERDEN a Svetla, Rep. Ceca	Lavoro nella fabbrica di filati per conto della ditta Buhl und Sohn A.G.	novembre 1944- gennaio 1945	**300 donne**
33. MONOWITZ (BUNA) a Monowicie vicino ad Auschwitz	Utilizzo a partire già da marzo-aprile 1941 nella costruzione del complesso chimico (oggi Zaklady Chemiczne Oswiecim), con andata e ritorno dal campo principale fino alla costruzione del campo interno, per conto della I. G. Farbenindustrie	il campo fu attivo da ottobre 1942- gennaio 1945	**10.233 internati reg.** (Primo Levi parla di 12.000)
34. NEU DACH a Jaworzno	Lavori nelle miniere di Jaworzno (oggi Komuna Paryska e Jaworzno), e nei lavori di costruzione della centrale elettrica «Wilhelm» (oggi Jaworzno), per conto della ditta Energie Versorgung Oberschlesien A.G.	giugno 1943- gennaio 1945	**3.664 internati**
35. NEUSTADT a Prudnik	Lavoro nella fabbrica tessile (oggi Prudnikie Zaklady Przemyslu Bawelnianego) per la ditta Schlesische Feinwerberei A.G.	settembre 1944- gennaio 1945	**399 donne**
36. PLAWY vicino ad Auschwitz	Azienda agricola degli uomini SS	1944?- gennaio 1945	**138 uomini** **200 donne circa**
37. RADOSTOWITZ a Radostowice nei pressi di Pszczyna	Lavori di silvicultura, con una pausa nell'inverno 1942-43, appalto della ditta Oberforstamt Pless	1942- 1943	**20 uomini circa**
38. RAISKO a Rajsko	Lavori nell'azienda agricola SS (giardinaggio, colture sperimentali della kok-sagiz)	giugno 1943- gennaio 1945	**300 donne circa**
39. SONDERKOMMANDO KATTOWITZ a Katowice	Lavori di costruzione del rifugio e della baracca per la Gestapo	gennaio 1944- gennaio 1945	**10 internati**

40. SOSNOWITZ I a Sosnowicie	Lavori di riparazione del blocco di uffici	agosto 1943-febbraio 1944	**100 internati**
41. SOSNOWITZ II come sopra	Lavori in fonderia (oggi Cedler), nella produzione di artiglieria antiaerea e proiettili per la ditta Berghutte-Ost Maschenbau GmbH	maggio 1944-gennaio1945	**863 internati**
42. SOSNICA presso Gliwice	Lavori di demolizione dell'ex campo per prigionieri di guerra	luglio e agosto del 1940	**30 internati**
43. SS HUTTE POROMBKA a Miedzybrodzie	Lavori di costruzione e successivamente di manutenzione della casa di riposo delle SS	autunno 1940-gennaio 1945	**10 uomini circa e alcune donne**
44. 2 SS BAUZUG a Karlsruhe	Sgombero macerie e riparazione della linea ferroviaria per conto dell'Ufficio C dell'SS WVHA. Tra i primi e i secondi dieci giorni di ottobre il sottocampo venne subordinato al Lager di Buchenwald e fu denominato 7 SS Eisenbahnbaubrigade e trasferito a Stoccarda	settembre 1944-ottobre 1944	**500 internati** circa alloggiati in vagoni merci
45. TRZEBINIA nella omonima località	Lavori di ampliamento della raffineria della ditta Erdol Raffinerie GmbH	agosto 1944-gennaio 1945	**641 internati**
46. TSCHECHOWITZ I Bombensucher-kommando a Czechowicie-Dziedzice	Lavori di disinnesco degli ordigni dal terreno della raffineria e dintorni appaltati dalla Vacuum Oil Company	agosto- settembre 1944	**100 internati**
47. TSCHECHOWITZ II VACUUM come sopra	Lavori di sgombero della macerie e protezione della raffineria eseguiti per la ditta Vacuum Oil Company	settembre 1944-gennaio 1945	**561 internati**

(I dati di questa tabella sono ricavati da: Franciszek Piper, *Il lavoro dei prigionieri*, ed. Museo Statale di Auschwitz-Birkenau, Oswiecim 1995, pag. 107-9.)

Nelle filiali addette a lavorazioni di interesse bellico, i sorveglianti non erano solo SS ma anche militari del settore dell'esercito a cui era destinata la produzione. Per esempio, le detenute utilizzate nella produzione di munizioni per la DonnersMark venivano sorvegliate dai soldati della Wehrmacht. Mentre l'osservanza dei tempi e della disciplina del lavoro era affidata, come sempre, ai kapo e ai caposquadra con l'intervento di civili che eseguivano controlli di tipo specialistico sui metodi di lavorazione e sui prodotti finali. A volte, quando la squadra di lavoro era composta da due o tre detenuti specializzati, il sorvegliante era un civile, cui gli internati erano stati assegnati come aiuto.

Spesso capitava anche che le imprese più grosse che stipulavano i contratti d'uso della manodopera ebrea rinchiusa nel lager, a loro volta, subaffittassero i detenuti a imprese minori, speculando sulla differenza di prezzo. Nei campi come Monowitz, le imprese che acquisivano appalti dalla I. G. Farben erano oltre una decina.

Proprio Monowitz era un lager predisposto per l'internamento di 7.000-8.000 prigionieri, mentre abitualmente ne conteneva da 10.000 a 12.000. Una esigua minoranza di loro, per lo più in posizione di privilegio con incarichi di comando, erano criminali tedeschi e polacchi. Oltre a una stragrande maggioranza di ebrei, c'erano anche alcuni politici e «sabotatori» del regime.

Come racconta anche Primo Levi «la Buna-Werke, destinata alla produzione su vasta scala della gomma sintetica, della benzina sintetica, di coloranti e di altri sottoprodotti del carbone, occupava un'area rettangolare di circa 35 chilometri quadrati. Uno degli ingressi di questa zona industriale, tutta cintata da alti reticolati di filo spinato, si trovava a poche centinaia di metri dal campo di concentramento degli ebrei, mentre a poca distanza da questo e adiacente alla periferia della zona industriale, sorgeva un campo di concentramento per prigionieri di guerra inglesi, e più lontano si trovavano altri campi per lavoratori civili di diverse nazionalità».[2]

La fabbrica venne quasi ultimata durante il periodo di vita del lager, ma il ciclo produttivo non venne mai avviato.

Il campo di Monowitz era dunque un tipico *Arbeitslager* e ogni mattina si potevano vedere gli internati sfilare in ordine militare, al suono di una banda, per raggiungere i posti di lavoro. La strada veniva percorsa sempre con passo svelto se non correndo.

«Il corredo dei prigionieri di Monowitz nella stagione invernale era composto di una giacca, di un paio di pantaloni, di un berretto e di un cappotto di panno a rigoni; di una camicia, di un paio di mutande di tela e di un paio di pezze da piedi; di un pullover e di un paio di scarponi a suola di legno.»[3]

Nell'autunno del 1944, poiché il vestiario invernale era in pessime condizioni, gli internati continuarono a usare gli abiti di tela leggera, previsti per i mesi estivi.

Nei Blocchi, nonostante un'apparenza di ordine e di pulizia (il legno ben verniciato, i pavimenti lavati e puliti, i cosiddetti castelli a tre piani ben ordinati con le coperte ben tirate) vivevano migliaia di cimici e di pulci che rendevano insonni le notti dei prigionieri. Inoltre, dove era prevista una capienza massima di 150-170 persone, se ne trovavano fino a 250. Il vitto, nonostante le dure condizioni di lavoro e l'interesse della fabbrica a

[2] P. Levi, *Opere*, vol. I, a cura di M. Belpoliti, *Rapporto sulla organizzazione igienico sanitaria del campo di concentramento per ebrei di Monowitz* (il saggio di Levi è scritto in collaborazione con Leonardo Debenedetti), Einaudi, Torino 1997 (Collana NUE), pag. 1341.

[3] *Ibid.*, pag. 1342.

ottenere il massimo da ogni operaio, era insufficiente e la maggior parte degli internati dimagriva a vista d'occhio. Sappiamo, tuttavia, che il fatto non costituiva un problema per la direzione aziendale che, in ogni modo, poteva richiedere la sostituzione dei detenuti quando lo si riteneva opportuno.

L'ultima grande selezione avvenne nell'ottobre del 1944 e provocò l'invio nelle camere a gas di 850 ebrei, tra cui 8 di origine italiana.[4]

Il lavoro dei detenuti si svolgeva sempre in condizioni di estrema fatica e disagio. Non c'erano sistemi protettivi, non c'erano quasi mai attrezzature e macchinari adeguati, prevaleva sempre il principio della rapidità nell'esecuzione. Nel lager di Gleiwitz II le detenute erano utilizzate nella produzione di fuliggine, con gravi danni alla respirazione. Negli stabilimenti della Deutsche Gasrusswerke si ricavavano zolfo e oli dall'antracite, a temperatura molto alta (fino a 70° C.). Di notte, con il terzo turno di lavoro, la situazione peggiorava, perché a causa dell'oscuramento antiaereo non si potevano aprire le finestre. Non meno pesante era il trasporto degli oli di scarto, la cui temperatura raggiungeva i 300°.

In alcuni campi (Czechowice e Trzebinia per esempio) gli internati erano chiamati a rimuovere ordigni inesplosi: «A un raggio di circa due metri dal punto in cui era sprofondata la bomba i prigionieri scavavano fino a formare un cratere in fondo al quale, ad alcuni metri di profondità, si trovava l'ordigno».

In molte fabbriche i detenuti lavoravano a turno unico (11 o dodici ore) e come accadeva a Gleiwitz II a doppio turno giornaliero di 12 ore. Ma spesso questi limiti venivano superati, quando ad esempio si trattava

4. *Ibid.*, pag. 1358.

di casi urgenti, come la riparazione di rotaie e di tratti ferroviari. Allora gli internati rimanevano sul posto di lavoro, dormendo in vagoni gelidi solo poche ore. Nella miniera di Brzeszcze-Jawiszowice, se non veniva terminato un lavoro, gli operai erano trattenuti finché l'obiettivo non fosse stato raggiunto. Questo sistema poteva produrre il raddoppio del turno, cosicché non appena avessero fatto ritorno al campo, gli internati dovevano prepararsi di nuovo al lavoro, senza un solo attimo di riposo.

I giorni di libertà erano una o due domeniche al mese, mentre durante le giornate lavorative, nel corso delle pause spesso le guardie o i civili assegnavano agli internati altre mansioni.

In pratica, nell'universo produttivo che ruotava attorno a Monowitz, considerando l'andata e il ritorno dalle baracche al posto di lavoro, gli appelli, il tempo destinato alla produzione e alle punizioni, il riposo si riduceva a poche ore di sonno notturno. Tuttavia, i comportamenti e le direttive dei responsabili dei campi di lavoro non erano sempre identici.

«Il trattamento dei prigionieri variava a seconda del sottocampo ed era indubbiamente influenzato dal tipo di lavoro che vi si svolgeva. Le mansioni all'aperto, sotto il costante controllo dei militi SS e dei kapo, offrivano più occasioni di maltrattamento che non il lavoro presso una macchina, con il ritmo e il tempo regolati dai processi tecnologici. Non meno importante era l'atteggiamento della sorveglianza civile. Di solito gli operai e i civili erano ben disposti verso i prigionieri, mentre i sorveglianti di grado medio e superiore gareggiavano con le SS e i kapo nei maltrattamenti.»

Da parte di alcune imprese appaltatrici venne introdotta in piena autonomia l'abitudine di premiare il lavoro ben fatto con razioni alimentari aggiuntive o con buoni che consentivano di acquistare cibo allo spaccio.

Ciò differenziava, a parità di ore di lavoro e di fatica, le possibilità di vita di un gruppo di internati rispetto a un altro.

Se adesso consideriamo la ripartizione della forza lavoro ebraica nei diversi settori di occupazione, alla luce dei dati di cui si dispone oggi, possiamo affermare che l'industria chimica rappresentava l'ambito in cui veniva impiegata la maggiore quantità di internati. Al secondo posto, si trovava l'industria mineraria, al terzo l'industria dell'energia elettrica e infine al quarto posto (a partire dal 1944) l'industria siderurgica e metallurgica.

Ovviamente i detenuti venivano utilizzati anche in altre attività: cementifici, laboratori artigianali e falegnamerie, industrie di produzione bellica, officine di manutenzione e fattorie agricole.

La forza lavoro del lager di Auschwitz era la meno costosa di tutta l'economia tedesca. Tale condizione di favore, poneva le ditte private e statali nella possibilità di produrre a costi più bassi delle concorrenti che non facevano ricorso al lavoro schiavo. Fatti tutti i calcoli (con l'aggiunta del costo medio per il mantenimento dell'internato pari a 1,34 Reichsmark al giorno per gli uomini e 1,22 per le donne) l'operaio schiavo veniva a costare un buon 50% in meno dell'operaio libero. Questo ci fa concludere che nel complesso concentrazionario di Auschwitz, per tutto il tempo del suo funzionamento, ebbe luogo un massiccio sfruttamento indiscriminato e drastico dei prigionieri la cui vita non ebbe mai un gran valore, nemmeno se messa in rapporto alle procedure di sterminio di massa.

La funzione principale del campo, per tutto il periodo della sua esistenza fu l'annientamento degli ebrei e delle altre vittime che vi erano deportate. Tutte le altre destinazioni, compresa quella del lavoro costituirono sempre finalità di secondo piano.

5.

IL CAMPO DEGLI ZINGARI

Il campo per famiglie zingare (*Familienzigeunerlager*) venne collocato nel settore BIIe di Auschwitz-Birkenau. Qualche mese dopo la sua apertura ufficiale (avvenuta nel febbraio/marzo 1943) venne circondato da filo spinato, attraversato da corrente elettrica ad alta tensione, per fare in modo che questi internati, classificati come asociali, fossero fin da subito separati dagli altri prigionieri. Lo *Zigeunerlager* comprendeva 32 baracche, due Blocchi destinati a cucina e quattro edifici in muratura con i bagni e le latrine. Fra il 1943 e il 1944, accolse 21.000 fra uomini, donne e bambini. Circa 2.000 zingari, sospettati di avere contratto il tifo petecchiale, non vennero mai registrati e, subito dopo il loro arrivo finirono nelle camere a gas.[1]

L'ordinanza di arresto e di deportazione era stata emessa da Himmler in data 16 dicembre 1942 e trasmessa a tutti i distaccamenti della Polizia criminale il

[1] D. Czech, *Kalendarium*, cit., pag. 423. I dati che si riferiscono alla presenza degli zingari nel campo di Auschwitz con maggiore esattezza sono i seguenti: registrati 20.982 (tra cui 10.094 uomini e 10.888 tra donne e bambini), deportati al campo e non registrati poco più di 2.000, per un totale di deportati pari a circa 23.000 individui. Su questo dato complessivo, le vittime sarebbero 21.000 (in F. Piper, *Die Zahl der Opfer von Auschwitz*, cit. pag. 200-2). Lo storico Georges Wellers, nel suo studio sulla determinazione dei deportati nel campo di Auschwitz-Birkenau, per parte sua, propone dati molto simili: 21.665 deportati, tra i quali 20.255 vittime (G. Wellers, *Essai de détermination du nombre de morts au camp d'Auschwitz*, in «Le Monde Juif» n. 112, Paris 1983.)

29 gennaio 1943. In essa era previsto il trasferimento immediato di «meticci zingari, zingari Rom e tribù zingare di origine balcanica i cui membri non hanno sangue tedesco», «senza tenere conto del grado di meticciato», «verso il lager di Auschwitz». E si aggiungeva:

«Per quanto possibile, si trasferiranno nel campo famiglie intere, compresi i figli non ancora autonomi economicamente [...]. Nel caso in cui i rapporti degli esperti su alcuni zingari non siano ancora disponibili, si verificherà sullo stato civile, con attenzione al modo di vivere e ai segni esteriori (lingua zingara e nome zingaro) se i soggetti interessati sono di origine zingara [...] e si ordinerà comunque l'arresto».[2] Solo nel Terzo Reich si censirono dai 34.000 ai 40.000 zingari. Coloro che vennero arrestati furono classificati nel seguente modo:

Z Zingari (*Zigeuner*)
ZM+ Meticci zigani (*Mischiling*) con predominante zingara
ZM Meticci zigani con sangue tedesco e zingaro in uguale proporzione
ZM– Meticci zigani con predominante tedesca
NZ Senza sangue zingaro (*Nicht Zigeuner*).

Come era accaduto per gli ebrei, vennero adottati anche provvedimenti speciali per i matrimoni misti degli zingari privilegiati (vale a dire che non appartenevano alle prime tre categorie).

All'arrivo al campo gli zingari, già muniti di un *dossier* nel quale erano schedati i componenti della famiglia prima ancora di salire sul treno, non venivano sottoposti ad alcuna selezione. Destinati subito alle loro baracche con «il necessario (quanto a biancheria e vestiti), per i bisogni quotidiani»[3] i prigionieri venivano rasati a

[2] Ufficio di sicurezza del Reich VA2 nr. 59/43g, datato Berlino, 29 gennaio 1943, Documento 17.02, Institut für Zeitgschichte, München.
[3] *Ibid.*

zero e poi registrati con l'assegnazione di un numero di serie preceduto dalla lettera Z (che stava per *Zigeuner*). In gran parte, si trattava di zingari tedeschi e boemi. Seguiva un numero piuttosto esiguo di zingari polacchi, russi, ungheresi, olandesi, norvegesi e lituani; infine, un piccolo gruppo di francesi. I più benestanti erano i tedeschi, spesso gente del circo o saltimbanchi. Nei primi tempi, questi potevano permettersi di comperare qualcosa da mangiare allo spaccio o di ottenere cibo supplementare, corrompendo guardie e kapo con oggetti d'oro.

Nel campo vennero rinchiusi anche i semizingari (gli *Zigeunermischiling*), arruolati nella Wehrmacht e spesso pluridecorati, per meriti conquistati nella prima guerra mondiale, arrestati e deportati mentre erano in licenza dal fronte. «Fra di essi, vi era persino un vecchio membro del partito nazista, il cui nonno era arrivato a Lipsia da vero zingaro. Famoso divenne il caso di una studentessa di Berlino. Nella capitale tedesca, dirigeva il *Bund der Mädchen* (vale a dire la Lega delle ragazze naziste).»[4]

«Le condizioni generali a Birkenau – riferisce Höss[5] – erano tutt'altro che adatte a un campo per famiglie. Mancavano le più elementari premesse, soprattutto se si aveva l'intenzione di tenervi questi zingari per tutta la durata della guerra. Così non era già più possibile nutrire in modo appropriato i bambini.»

[4] K. Wiernicki, *Nomadi per forza*, Rusconi, Milano 1997, pag. 66.

[5] R. Höss, *Comandante ad Auschwitz*, cit., pag. 107. A detta di Höss, «Himmler voleva che venissero assolutamente conservate le due grosse stirpi principali degli zingari [...]. Era sua opinione, infatti che queste discendessero in linea diretta dagli antichissimi popoli indogermanici e che si fossero conservate abbastanza pure come specie e come costumi. Questi zingari dovevano essere raccolti tutti insieme, a scopo di studio, esattamente catalogati e protetti come monumenti storici. In seguito si sarebbe dovuto raccoglierli in tutte le parti d'Europa e sistemarli in alcune zone residenziali loro assegnate», cit., pag. 106.

Lucie Adelsberger, un'ebrea internata, dal maggio del 1943 medico nel lager degli zingari, riferisce che il sovraffollamento delle baracche era impressionante. Soltanto nel periodo tra il marzo e il settembre, moriranno più di 7.000 zingari, a causa delle malattie e della fame.

Nel luglio del 1943 Himmler fece una visita al campo degli zingari (Höss fa risalire erroneamente la data a un anno prima, quando ancora non era attiva l'ordinanza di arresto). «Gli feci percorrere in lungo e in largo il campo zigano, ed egli esaminò attentamente ogni cosa: le baracche d'abitazione sovraffollate, i malati colpiti da epidemie, vide i bambini preda dell'epidemia infantile di noma, che io non potevo mai guardare senza orrore e che mi ricordavano i lebbrosi che avevo visto a suo tempo in Palestina: i loro piccoli corpi erano consunti, e nella pelle delle guance grossi buchi permettevano addirittura di guardare da parte a parte; vivi ancora, imputridivano lentamente. [Himmler] si fece dare le cifre della mortalità tra gli zingari, che tuttavia erano relativamente basse, rispetto alla media del campo, tranne appunto che per i bambini [...]. Dopo aver visto tutto questo ed essersi reso conto della realtà, diede l'ordine di annientarli.»[6]

Nonostante il breve periodo di vita del lager (circa un anno e mezzo)[7] e le condizioni di inabitabilità degli spazi, per scarsa igiene e affollamento eccessivo, le famiglie zingare rimasero unite e cercarono di vivere in modo accettabile. Il primo bambino nato nel lager degli zingari, venne alla luce l'11 marzo 1943. Da quel giorno

[6] *Ibid.*, pag. 108. L'errore di datazione, non è l'unico del genere compiuto da Höss nel suo memoriale.

[7] Il lager venne «ripulito» dagli zingari tra il 2 e il 4 agosto del 1944. In quell'occasione, furono condotti nelle camere a gas gli ultimi 2.897 zingari (uomini, donne e bambini), sopravvissuti alla fame, agli esperimenti, alla violenza e alle malattie. Fatta eccezione per pochi zingari liberati e per circa 2.000 trasferiti in altri lager, morirono tutti.

vennero registrate altre 378 nascite. Inoltre tra tutta la popolazione del lager zingaro, i bambini di età inferiore ai 14 anni erano 9.432.[8]

«Il Blocco dei bambini nel lager degli zingari, per la verità, non era molto diverso da quello degli adulti [nonostante quanto affermi Höss]. Ma vedere come essi fossero ridotti era una cosa che spezzava il cuore. Come gli adulti, anche i bambini erano ormai solo pelle e ossa, senza muscoli e senza grasso, la pelle sottile e increspata come una pergamena si screpolava dappertutto e si riempiva di ferite purulente. La scabbia ricopriva i corpicini denutriti da cima a fondo e toglieva loro le ultime forze. Molti avevano la bocca consumata dalle ulcere del noma. I corpicini si gonfiavano fino a diventare un grumo informe che non era in grado di muoversi. Per intere settimane erano preda della dissenteria che ne fiaccava ogni resistenza, finché di loro non rimaneva più nulla. Molti non essendo più abituati a mangiare non chiedevano nemmeno del cibo, ma tutti avevano sete. Anche coloro i cui corpi avevano immagazzinato acqua a sufficienza elemosinavano liquidi in continuazione. La sete, una sete inesauribile, era uno dei più grandi tormenti a Birkenau. L'acqua era vietata perché infetta. Le tre tinozze contenenti caffè o tè, una bevanda giallastra, erano una beffa per le migliaia di gole assetate. La fame annienta, la sete che non si spegne mai toglie il senno. Non c'erano minacce né preghiere che potessero trattenere i bambini dal bere. Essi scambiavano la loro ultima razione di pane per un bicchiere di acqua inquinata e quando non ce la facevano più a camminare, di notte strisciavano fuori dal loro lager e di nascosto andavano carponi [...] fino a raggiungere le tinozze contenenti l'acqua per lavare le stoviglie e la ingurgitavano tutta. Di giorno o di notte i bambini

[8] APMO, D-AuII-3/1/1, D-AuII-3/2/1, Registro del campo zingaro maschile e femminile.

zingari non avevano pace a causa della fame e della sete, del freddo e dei dolori.»[9]

Quanto scrive Langbein, conferma l'orrore espresso dalla precedente testimonianza di Lucie Adelsberger. «Dagli avvisi che pervenivano continuamente al direttore medico, avevo rilevato che la mortalità nel lager degli zingari, appena attrezzato, era altissima. Volevo capire quale ne fosse il motivo e con un pretesto mi recai là, insieme a una guardia SS. Nella mia relazione ho scritto, poi: "Su un pagliericcio giacciono sei bambini che hanno pochi giorni di vita. Che aspetto mostrano! Le membra sono secche e il ventre è gonfio. Nelle brande accanto, ci sono le madri; gli occhi esausti e ardenti di febbre. Una di loro canta piano la ninna-nanna. Mi dicono che a quella va meglio che a tutte perché ha perso la ragione. Estenuate, pelle e ossa, giacciono lì. Spesso nude. A quanto sembra non si rendono neanche più conto della loro nudità". L'infermiere polacco che ho conosciuto, mi porta fuori della baracca e mi dice che devo vedere tutto. Al muro sul retro è annessa una baracca più piccola in legno che lui stesso apre: è la stanza dei cadaveri. Ho già visto molti corpi di morti nel campo di concentramento, ma qui mi ritraggo spaventato. Una montagna di corpi alta più di due metri. Quasi tutti bambini, neonati, adolescenti. In cima scorrazzano i topi.»[10]

Per primi morivano i bambini. Anche coloro che erano nati nel campo non avevano lunga vita, poi c'erano gli adolescenti e le donne. Il campo zingaro era giovane per età media, se posto in rapporto con altri settori di Birkenau che comunque non facevano in tempo a invecchiare molto di più.

Tra i bambini sani, in età 5/12 anni, il dottor Mengele

[9] L. Adelsberger, *Auschwitz, ein Tatsachenbericht*, Berlino 1956, Ed. Lettner, pag. 176.
[10] H. Langbein, *Uomini ad Auschwitz*, cit., pag. 253.

sceglie i migliori soggetti per i suoi esperimenti. Medico del campo zingaro dall'estate del 1943, il «dottor morte» dispose l'apertura di un *Kindergaten*, una sorta di asilo nido e di scuola materna in cui venivano «inseriti» i bambini di età inferiore ai sei anni. Nei pressi della baracca 31, poi venne approntato uno spazio giochi, l'angolo di paradiso che la direzione del campo mostrava a tutti i visitatori (alti ufficiali SS o civili di passaggio).[11]

Sul braccio dei gemelli, che Mengele seguiva con particolare interesse (vedi II parte, pag. 271) venivano tatuate le lettere zw (*Zigeunerzwilling*), che stavano per gemello zingaro, e fu proprio su di loro che vennero eseguiti i più crudeli esperimenti. Con il passare del tempo anche questo paradiso si trasformò in un inferno: le migliori razioni alimentari vennero abolite, per i bambini come per le madri, scoppiò come in altre baracche del campo zingaro un'epidemia di tifo, e il tasso di mortalità ebbe un'impennata impensabile qualche settimana prima.

«Alla fine di maggio del 1944, si diede inizio alla liquidazione graduale del campo; una parte degli zingari tedeschi venne temporaneamente sistemata nel campo base, da dove il 2 agosto fu deportata in altri lager ubicati all'interno del Reich. I circa 2.900 rimasti a Birkenau vennero uccisi nello stesso giorno nella camera a gas del crematorio V, ponendo in tal modo completamente fine al campo degli zingari.»[12]

Ecco come Jerzay Ficowski, racconta gli eventi: «Il 1° agosto 1944, alle ore 20, i nazisti cominciarono l'azione di totale annientamento di tutta la popolazione zingara

[11] O. Kraus, E. Kulka, *Die Todesfabrik*, Berlino 1958, Ed. Kongress, pag. 169. Di questo saggio, ne esiste una edizione francese dal titolo *Usine del mort*, Praga, ed. Orbis, 1956 (la prima edizione è in polacco).

[12] APMO, *Proces Hössa*, deposizioni degli ex internati K. Smolen, B. Epstein e O.Wolken.

ancora presente nel lager. La gente venne caricata su dei camion e portata alle camere a gas. I camion, poi, tre ore più tardi passarono anche sotto le porte dell'ospedale per internati, per caricare gli ammalati, 50-60 zingari per ogni automezzo. Poco dopo la mezzanotte, l'azione venne portata a termine. Allo sterminio della popolazione zingara bastarono due forni crematori.

Le baracche degli zingari furono presto ripopolate dagli ebrei deportati dall'Ungheria, in particolare, nel settore BIIe vi si organizzò il lazzaretto femminile. Le parole di una canzone zingara dicono: "Ci hanno fatto entrare attraverso il portone, e ci fecero uscire dai comignoli"».[13]

Ad Auschwitz-Birkenau, arrivarono ancora bambini e ragazzi zingari qualche mese dopo, il 10 ottobre 1944. Si trattava di 800 giovani internati provenienti dal lager di Buchenwald che ebbero solo il tempo di percorrere la strada tra la *Judenrampe* e il crematorio V dove furono subito gassati. Fra di loro, c'erano sicuramente molti di quei bambini che avevano lasciato il campo zingaro, nell'agosto del 1944, poco prima della liquidazione, ed erano partiti con i loro genitori proprio per Buchenwald.

[13] J. Ficowski, *Cyganie Polski*, Varsavia 1963, ed. in lingua francese, pag. 140.

6.

LA RESISTENZA INTERNA E IL MUTUO SOCCORSO

Forme di resistenza

Il grande Male del lager contamina, lo abbiamo visto. L'inferno in terra perverte le sue vittime fino a farle sperare nella morte dell'altro come unica fonte di sopravvivenza. Eppure, anche in questa situazione estrema, non mancarono episodi e forme di resistenza, di solidarietà e di mutuo soccorso tra internati. [Sappiamo] scrive Primo Levi, «che nel lager siamo schiavi, privi di ogni diritto, esposti a ogni offesa, votati a morte certa», eppure, «una facoltà ci è rimasta: e dobbiamo difenderla con ogni vigore perché è l'ultima: la facoltà di negare il nostro consenso».[1]

Questo non smentisce quanto già scritto sulla diffusa corruzione dei sentimenti di fratellanza, amore e mutuo soccorso indotta dalle regole del lager; nel contempo non deve farci pensare che la lotta interna promossa da una minoranza di internati fosse paragonabile alle azioni di resistenza messe in atto da formazioni partigiane. Jerzy Zaborowski sostiene che si può parlare di resistenza nel lager di Auschwitz a proposito di «ogni atto, fosse anche compiuto nel segreto di un eroismo individuale, che avesse lo scopo di aiutare un compagno di sventura o di danneggiare solo un piccolo ingranaggio

[1] P. Levi, *Se questo è un uomo*, in *Opere*, cit., pag. 35.

della macchina di morte del campo; ogni contatto allacciato con il mondo al di là del filo spinato per trasmettere notizie o al fine di ricevere aiuto».[2]

È importante ricordare che potevano opporre resistenza solo gli ebrei o i deportati al campo, che venivano registrati. La grande maggioranza degli ebrei, selezionati per le camere a gas al loro arrivo, non poteva reagire e ribellarsi. Eppure, anche in questo caso, non mancarono forme di reazione spontanea contro le SS.[3]

Tab. V/II – Le più importanti manifestazioni di resistenza messe in atto nel complesso concentrazionario di Auschwitz

- **Le espressioni di resistenza spirituale**, con le quali si cercava a ogni costo, fin dentro la camera a gas di lottare per mantenere alta la dignità dell'uomo.
- **La diffusione clandestina** di attività culturale, politica e di forme di ritualità religiosa.
- **Gli atti di solidarietà** a rischio di vita (compreso la distribuzione di cibo e medicine ai detenuti più deboli).
- **L'azione di documentazione** (cartacea e fotografica) per smascherare i delitti compiuti dai nazisti (fu questa la forma più importante di resistenza anche quando si limitò a nascondere in luoghi protetti del campo scritti e copie di documenti come fecero i membri dei Sonderkommando).
- **Il sabotaggio interno**, qualunque fosse il suo risultato nel tempo.
- **Le rivolte spontanee od organizzate**.
- **Le evasioni**.
- **La lotta per far assegnare incarichi di kapo ai politici.**

[2] In H. Swiebocki, *La resistenza dei prigionieri*, in F. Piper, T. Swiebocka, *Auschwitz*, cit., pag. 179.

[3] Nella II parte, a pag. 213 abbiamo riportato il caso della donna che nel crematorio II uccise un SS e ne ferì gravemente un altro, incitando tutte le altre donne alla rivolta.

«Ricorreva la Pasqua ebraica del 1944» racconta un anonimo in un manoscritto rinvenuto nel 1952, nei pressi del crematorio III. «Giunse un trasporto da Vittel [Francia] con molte personalità ebraiche, fra le quali il rabbino di Bayonne, Moshe Friedman, sia benedetto, uno delle maggiori autorità scientifiche dell'ebraismo [...] Si spogliò insieme a tutti gli altri. Poi entrò un *SS-Obersturmführer*. Il rabbino gli si avvicinò e prendendolo per il colletto dell'uniforme gli disse in tedesco: "Voi, crudeli volgari assassini, non pensate di riuscire a sterminare il nostro popolo, che vivrà in eterno e non scomparirà certo dalla storia. Ma voi infami assassini, la pagherete cara, per ogni ebreo innocente pagheranno decine di tedeschi, scomparirete non solo come potenza, ma anche come popolo".»[4]

Alcuni detenuti del campo, di fronte alla morte, si comportavano in modo simile. Pery Broad, SS funzionario della Gestapo di stanza ad Auschwiz, nel suo diario raccontò anche del loro coraggio, quando venivano condotti davanti al Muro della morte. È noto, inoltre, l'atto di eroismo di padre Maksymilian Kolbe (internato n. 16.670) che chiese di morire al posto di un padre di famiglia, selezionato per rappresaglia tra un folto gruppo di prigionieri.

Meno noto è il rifiuto che la dottoressa Adelaide Hautval (numero di matricola 31.802) oppose al dottor Eduard Wirths, dichiarando che mai avrebbe collaborato con lui nei criminosi esperimenti che avevano luogo nel Blocco 10.

Il potere assoluto esercitato dai nazisti nel lager «lacera l'unità fisica dell'essere umano, devasta la sua anima e la sua psiche, annienta la sua capacità d'azione, consuma completamente la sua energia vitale. Prima di procedere allo sterminio "industriale" delle sue vittime

[4] *Inmitten des Grauenvollen Verbrechens*, cit., pag. 184 (manoscritto di autore ignoto membro del *Sonderkommando*).

esso consegue la trasformazione radicale della natura umana: la riduzione dell'uomo a semplice "materiale" e la costruzione del *Muselmann*».[5] Per questo anche a proposito di una ribellione interiore, di una forma di opposizione civile o esistenziale, si può parlare di resistenza. Chi oppone un diniego al carnefice, gli impedisce forse per un solo attimo, di realizzare appieno, e in totale libertà d'azione, il suo progetto di annientamento completo degli esseri umani; gli rivolge uno sguardo, parole, gesti che il tempo sapranno leggere e valorizzare e che anticipano la condanna della storia e del genere umano per le colpe commesse.

Un ruolo particolare nella resistenza ai crimini nazisti, ebbero gli atti di mutuo soccorso fra singoli internati e tra gruppi. Spesso erano i prigionieri di uno stesso convoglio che cercavano di sostenersi reciprocamente, ma anche i gruppi familiari e di amici avevano una certa importanza. Così i più deboli, perché fosse loro evitata la selezione, venivano protetti all'interno di una colonna, sostituiti in lavori pesanti, aiutati con razioni alimentari più ricche. Ma gli atti di mutuo soccorso assumevano importanza anche per i nuovi arrivati che ricevevano consigli dagli internati del Canada, addetti al trasporto bagagli, o dai «numeri piccoli» (i primi detenuti) che, sfidando la morte, si intrufolavano nelle baracche per fornire informazioni preziose a chi si trovava da poche ore nell'inferno di Auschwitz. Anche i prigionieri che avevano incarichi amministrativi, potevano cercare di imbrogliare le carte per favorire i deboli o gli ammalati, destinandoli per esempio a mansioni meno pesanti e da svolgere al coperto.

Certo tutte queste azioni di mutuo soccorso riuscivano a salvare la vita soltanto a qualcuno. Nel gennaio del

[5] W. Sofsky, *L'ordine del terrore*, cit., pag. 417.

1943, Benedykt Kautsky, ebreo internato da tempo nel lager, ebbe salva la vita perché gli vennero forniti i documenti di un prigioniero politico morto. Ciò si rese possibile grazie all'intervento diretto di Gustav Herzog, ebreo internato addetto a scrivere i rapporti del campo.

Grande importanza nelle forme di mutuo soccorso assumevano, invece, gli aiuti alimentari. L'ex internato francese Roger Abada (numero 45.157) racconta in proposito di Georges Varennes, un politico comunista, responsabile del gruppo che organizzava il soccorso per i francesi, il quale rinunciava alla sua razione alimentare per dare un esempio forte di solidarietà e spingere gli altri suoi compagni a lottare contro l'oppressione.

E tuttavia simili azioni di solidarietà non si limitavano a questo; alcune volte creavano vere e proprie catene umanitarie come nel caso raccontato dopo la guerra da Nina Gusieva (matricola n. 65.781). Membro della resistenza russa nel lager di Birkenau, Nina, dal Natale del 1944, fu messa a lavorare nella baracca dei bambini. Qui si accorse che le prigioniere che vi prestavano servizio avevano lanciato un appello a favore dei piccoli, internati in attesa di subire esperimenti. Dapprima risposero alcuni uomini, portando vestiario, scarpe, pane, zucchero, medicine, biancheria. Poi fu la volta delle dottoresse internate (Olga Klimienko, Lubov Alpatova e Zoja Taralina per fare solo alcuni nomi) che fecero i turni per visitare periodicamente i piccoli e curarli. Le detenute che lavoravano in squadre presso le aziende agricole portarono carote, rape e patate. Nonostante la miseria e la fame, c'erano donne che dividevano le proprie razioni di cibo, pur di aiutare quei bambini a sopravvivere.

Oggi gli studiosi che si occupano del campo di Auschwitz considerano le azioni di solidarietà e di mutuo soccorso una delle più efficaci forme di resistenza dentro il lager, perché tendevano a due precisi obiettivi in contrasto con il progetto nazista di annientamento degli ebrei:

– alimentare l'autodifesa,

– e allontanare la deportazione nelle camere a gas dei più deboli.

La solidarietà inoltre era un ottimo farmaco per combattere la prostrazione psichica e fisica. Ogni gesto di sostegno, dava una spinta in più a sopportare l'incubo del lager.

Quanto alle formazioni politiche di resistenza interna nel campo di Auschwitz, esse sorsero fin dalla seconda metà del 1940 a opera di internati che già appartenevano a organizzazioni contrarie al nazismo. All'inizio, poiché il maggior numero di prigionieri era di nazionalità polacca, fu proprio un nucleo segreto del Partito socialista polacco (PPS) che cercò di svolgere attività di resistenza. Molti dei suoi militanti, quando furono scoperti vennero fucilati, come Stanislaw Debski, assassinato il 21 agosto del 1942. Questo gruppo era molto compatto e organizzato e svolse in particolar modo azioni di soccorso a favore degli altri internati. Inoltre, collegandosi con nuclei clandestini esterni, facenti capo a organizzazioni di Varsavia e Cracovia, fece in modo di trasmettere notizie e informazioni sulla vita quotidiana all'interno del lager.

Sempre a partire dal 1940, venne fondata la ZOW (*Zawiazek Organizacij Wojskowej* – Unione dell'Organizzazione Militare) che era costituita da militari di professione internati. La loro attività si orientava soprattutto al furto di generi alimentari e vestiario invernale per i prigionieri, ma i suoi membri cercavano anche di divulgare le poche notizie che provenivano dal fronte sull'andamento della guerra. Anche questa organizzazione si preoccupò di far sapere al mondo quanto accadeva nel campo di Auschwitz, aiutando alcuni prigionieri a portare a buon fine progetti di fuga.

Il 16 maggio 1942, Wincenty Gawron e Stefan Bielecki, riuscirono a evadere e a raggiungere Varsavia. Stessa cosa il 29 giugno 1942 per Stanislaw Jaster, che fu aiutato ad allontanarsi in macchina con altri tre internati.

Simile a questa organizzazione fu l'Unione della Lotta armata (ZWZ – *Zwiazek Walki Zbrojnej*), fondata nel febbraio del 1941 da un colonnello dell'esercito polacco (Kazimierz Rawicz), trasferito in seguito a Mauthausen.

Quando cominciò a funzionare anche il campo di Birkenau, nel settore BIb il colonnello Jan Karcz fondò un gruppo clandestino che aveva come scopo di salvare dalla selezione gli internati ricoverati nell'ospedale. In realtà svolse anche altre attività, come quella di soccorrere i prigionieri della Compagnia penale e di «organizzare» generi alimentari aggiuntivi.

In genere queste cellule clandestine militari erano formate da gruppi di cinque internati e avevano un comando unico (Comando delle forze armate di resistenza riunite).

Nel 1943, le autorità del campo avviarono una feroce campagna di eliminazione dei resistenti. 51 internati sospettati di attività illegali e di sabotaggio vennero fucilati il 25 gennaio 1943 e altri 54 furono assassinati in ottobre.

Dopo questa ondata repressiva che comportò tortura e pene per molti altri detenuti, sorsero ancora due centri di resistenza interna. Uno nel campo di Birkenau, l'altro nel campo base.

La cellula cospirativa che operava nel lager di Birkenau aveva sede nel settore BIIf e di essa faceva parte anche lo scrittore Tadeusz Borowski. Il suo scopo era principalmente quello di aiutare gli ammalati, «organizzare» razioni di cibo e medicinali per i prigionieri, insegnare l'autodifesa personale in caso di insurrezione.

Poiché i membri di questa cellula avevano scelto di inserirsi in varie squadre di lavoro, essi avevano la possibilità di muoversi in diverse parti del campo, portando anche informazioni e notizie agli internati sull'attività cospirativa.

Nell'estate del 1943, nacque un'organizzazione di resistenza femminile, nella quale erano attive molte donne detenute che si tenevano in contatto con le cellule clandestine maschili.

Anche per questa cellula segreta, l'obiettivo immediato non era la rivolta, ma il soccorso e il sabotaggio.

Quando si intensificarono le deportazioni di ebrei dalle diverse nazioni d'Europa, occupate o alleate con la Germania, nel campo di Auschwitz e in particolare a Birkenau e a Monowitz sorsero nuclei di resistenza nazionali. Il primo venne costituito dagli austriaci e di esso fece parte anche Hermann Langbein (in seguito storico del lager di Auschwitz). Ci fu un gruppo francese, una cellula belga, e a essi si aggiunse l'organizzazione femminile di resistenza francese. Ma erano attivi anche tedeschi, russi, jugoslavi, italiani, olandesi eccetera.

Una cellula di resistenza particolarmente organizzata fu quella del *Sonderkommando*, capeggiata da Zalmen Gradowski (autore tra l'altro di uno dei più importanti manoscritti trovati sepolti nei pressi dei crematori), Jankiel Handelsman e Kaminski.

Si ha notizia, inoltre di organismi di resistenza attivi in quasi tutti i kommando di lavoro. Verso la primavera del 1943, si cercò di dare vita a un unico grande centro di coordinamento di tutte le formazioni clandestine, con a capo un comitato centrale di cui facevano parte Ernst Burger, Hermann Langbein, Jozef Cyrankiewicz, Tadeusz Holuj. Questa organizzazione (denominata GBO – *Grupa Bojowa Oswiecimska*) limitò il suo raggio di azione tra Birkenau e il campo base. A Monowitz esisteva un organismo autonomo con una propria direzione che cercava di rimanere in contatto con le altre formazioni clandestine.

Tra le attività più rilevanti dei movimenti di resistenza interna, oltre a quelle già segnalate (vedi tab. V/II, pag. 304), ricordiamo le iniziative che portarono l'invio di pacchi alimentari nominativi da parte della Croce rossa internazionale e l'attività di documentazione.

Far giungere all'estero nomi e indirizzi di internati nel lager di Auschwitz, non aveva solo lo scopo di ottenere degli aiuti, ma puntava piuttosto a convincere i nazisti che il mondo sapeva quanto avveniva in quell'inferno.

Ma l'azione più incisiva fu certo quella che riguardò la raccolta di documentazioni sui crimini compiuti. Dal campo, infatti, furono fatti uscire:

– copia dei registri del carcere (che aveva sede nel Blocco 11). In essi sono trascritti i nomi dei prigionieri rinchiusi nel bunker e viene descritta la loro sorte;

– copia dei registri dell'obitorio e i registri originali contenenti gli elenchi degli internati uccisi con iniezioni di fenolo o per fucilazione;

– gli elenchi di oltre 6.000 polacche morte o uccise nel campo;

– le planimetrie dei crematori e delle camere a gas, rubate nel 1944 a Birkenau da tre detenute: Valeria Valova, Vera Foltynova e Krystyna Horczak;

– copie delle analisi antropometriche e degli studi del dottor Mengele sui gemelli e sulle donne (eseguite da Martyna Puzyna);

– tre fotografie, scattate da uomini del *Sonderkommando*, nei pressi del crematorio V. Mostrano immagini raccapriccianti del massacro degli ebrei in atto;

– gli elenchi dei convogli degli ebrei deportati al campo e registrati con i numeri di serie A e B, trascritti dai detenuti impiegati all'ufficio accettazione del lager, tra i quali Kasimierz Smolen (che nel dopoguerra diventerà dirigente del Museo di Auschwitz-Birkenau). Contengono: date di arrivo dei trasporti, località di provenienza, nomi e cognomi dei deportati e numeri di matricola.

Questa attività molto preziosa, contemplò anche la spedizione di rapporti con denunce circostanziate dei «boia nazisti» del lager, di cui veniva fatta una descrizione puntuale.

«Come i messaggi segreti, anche i documenti e i rapporti venivano inoltrati all'esterno attraverso contatti collaudati. A fare da tramite tra l'organizzazione clandestina del campo e il territorio limitrofo [dove operavano alcuni nuclei di resistenza] erano spesso lavoratori civili impiegati in diverse aziende tedesche che operavano nell'area di interesse del lager.»[6]

Rivolte ed evasioni

L'espressione: «andarono come le pecore al macello» riferita agli ebrei che, a parere di molti storici, si lasciarono sterminare senza ribellarsi, è quanto mai imprecisa, sebbene sia vero che coloro che cercarono di resistere con la forza o in con altre modalità, furono numericamente pochi.

Da un lato, infatti, nemmeno i prigionieri russi o gli zingari internati ad Auschwitz, per non dire dei polacchi o degli altri detenuti politici che vi morirono, seppero realizzare un'insurrezione generale; la vita quotidiana nel lager fiaccava ogni energia e, lo abbiamo visto, pun-

[6] B. Jarosz, *I movimenti di resistenza*, in F. Piper, T. Swiebocka, *Auschwitz*, cit., pag. 204. Le notizie contenute in questo capitolo sono ricavate anche da un buon materiale documentario depositato all'archivio del museo, APMO, in cartelle contenenti relazioni di singoli ex internati. APMO, Mat. RO t. I k. 33, k. 5, k. 10; t. II k. 58, k. 164, k. 142, k. 87.

tava sull'annientamento dell'essere umano, sul suo totale abbrutimento, fino a trasformarlo in «musulmano».

In secondo luogo, oltre alle azioni di resistenza civile ed esistenziale che abbiamo rilevato, si ebbero episodi di ribellione ed evasioni che misero in difficoltà le autorità del campo e i sistemi di sicurezza.

Nel giugno del 1942, come forma di ritorsione per la fuga di una internata polacca, da Budy (un villaggio a 7 chilometri dal campo base di Auschwitz) venne istituita una Compagnia penale di 400 donne, tra cui 200 ebree francesi e ceche, costrette a lavori pesanti e a continue torture dalle loro sorveglianti, criminali e prostitute tedesche.

In ottobre, in seguito a un tentativo di rivolta, le sentinelle SS e le kapo massacrarono 90 ebree francesi, uccidendole con bastoni e asce e gettandole dalle finestre del Blocco in cui erano alloggiate.[7] Molte altre ebree ferite e sei delle kapo incaricate della sorveglianza furono in seguito assassinate con una iniezione di fenolo al cuore.[8]

Sempre nel 1942, a Birkenau, nel settore in cui erano internati i detenuti della Compagnia penale, in seguito a un tentativo di evasione, scoppiò una rivolta. All'epoca, la Compagnia penale era impegnata in lavori di scavo della gora (*Königsgraben*); ogni due settimane, dopo una sommaria selezione, una quindicina di detenuti venivano trasferiti al campo base per essere fucilati. In breve, tutti furono consapevoli che quello era il loro destino e per questa ragione, alcuni pensarono di organizzare una fuga in massa durante il lavoro.[9]

[7] APMO, *Proces Hössa*, t. 21, k. 42-43. Inoltre si veda anche il racconto di P. Broad, in *Auschwitz vu par les SS*, cit., pag. 119-22.

[8] L'esecuzione avvenne il 24 ottobre 1942, a opera del SS Josef Klehr.

[9] Relazione dell'ex detenuto Tadeusz Chroscicki, APMO, t. II, k. 4.

La fuga doveva avere inizio nel momento in cui il responsabile SS della Compagnia penale (Otto Moll) avesse dato l'ordine della fine dei lavori. Ognuno doveva dileguarsi per proprio conto, prendendo una direzione diversa da quella degli altri. Il giorno stabilito, pioveva a dirotto e per questo l'ordine di fine dei lavori fu dato prima del tempo. Il fatto fece sospettare a molti dei detenuti pronti all'evasione, che il loro piano fosse stato scoperto e per questo solo una parte di loro si diede alla fuga.

Nel corso dell'inseguimento, 13 di loro vennero uccisi e due catturati, rinchiusi nel Blocco 11 del campo base e poi impiccati.

Quattro giorni dopo, altri due evasi vennero rintracciati e impiccati. In breve, soltanto otto internati si salvarono.

Per tutti gli altri, la vita al campo si trasformò in un inferno di torture: il *Lagerführer* Hans Aumeier, infatti, pretendeva di sapere i nomi dei capi della rivolta: «Il sangue sgorgava a fiotti» racconta un sopravvissuto «ho visto giovani andare alla morte senza un lamento o un'imprecazione, senza urla o implorazioni, da eroi».[10]

Tuttavia, la rivolta di maggiori proporzioni fu quella organizzata il 7 ottobre del 1944 dagli ebrei dei *Sonderkommando*.[11] Una ribellione che riscatta questi «corvi neri» spesso considerati alla stregua dei carnefici.

Opporsi in un lager, come quello di Auschwitz, scrive Hermann Langbein, «significava difendere la vita. Come ciò fosse difficile, spesso inutile e come fosse facile essere indotti allo scoraggiamento» lo abbiamo visto più volte. «Come negli altri campi di concentramento nazionalsocialisti, anche ad Auschwitz si formarono gruppi che, in libertà, erano uniti dalla medesima concezione politica o da una simile. In un collettivo, dove ognuno era controllato da chi aveva idee affini alle sue,

[10] APMO, Mat. RO, t. VII, k. 450.
[11] Qui a pag. 216.

il singolo individuo, poteva resistere meglio a tutte le tentazioni di sprofondare nella palude della generale demoralizzazione»[12] che in breve tempo conduceva all'annientamento.

Anche le evasioni costituirono una forma di resistenza, sebbene in alcuni casi si trattò di azioni individuali provocate dalla disperazione indotta dalla vita nel lager. Più spesso gli internati evadevano per diffondere all'esterno documenti e informazioni su Auschwitz o per unirsi ai partigiani che combattevano contro i nazisti, ben consapevoli dunque del valore politico del loro gesto che, già dall'inizio del 1941, comportava crudeli ritorsioni su gruppi di detenuti della stessa baracca o appartenenti al loro gruppo di lavoro (e dunque gravi responsabilità).

Henryk Swiebocki,[13] nel suo studio statistico (Tab. VI/II) ha potuto censire 802 casi di fuga, escludendo da

Tab. VI/II
Tentativi di evasione dal KL di Auschwitz

Internati	**numero**	**Nazionalità**	
Uomini	757		
Donne	45		
Totale	**802**	Polacchi	396
		Russi	179
		Ebrei	115
		Zingari	38
		Altre naz.	74

12 H. Langbein, *Uomini ad Auschwitz*, cit., pag. 262.
13 H. Swiebocki, *Le evasioni dal KL di Auschwitz*, in F. Piper, T. Swiebocka, *Auschwitz*, cit., pag. 213. Inoltre un saggio dello stesso autore, edito dal Museo di Auschwitz-Birkenau nel 1988, sui movimenti di resistenza e sull'azione di soccorso nelle fughe dal campo, inserito nei «Quaderni di Auschwitz» cit. in bibliografia.

questo numero gli internati che hanno tentato di evadere durante le rivolte (quella del *Sonderkommando*, o dei membri della Compagnia penale e dei prigionieri sovietici) e le evasioni tentate nel corso delle marce di evacuazione nel gennaio 1945. In questi casi, non vi sono dati numerici precisi e comunque, alcuni tentativi di fuga andarono a buon fine.

Per 144 internati, il tentativo di fuga ebbe esito positivo e la maggior parte di loro sopravvisse alla fine della guerra; 327 furono catturati, talora anche a distanza di mesi. Per i rimanenti 331 mancano dati precisi, per cui non è possibile stabilire se siano stati ricondotti al campo o se la loro evasione sia riuscita.

Questi dati sono imprecisi e tuttavia rendono conto del fenomeno, assai ridotto se si pensa al numero degli ebrei e degli altri prigionieri internati nel complesso concentrazionario di Auschwitz dal momento del suo funzionamento (vedi a pag. 319).

Il lager disponeva di uno speciale sistema di difesa, perfezionato nel tempo. Ogni settore o sottocampo veniva recintato con filo spinato ad alta tensione; oltre il recinto una zona chiusa (*Sperrgebiet*) in cui poteva entrare solo chi era munito di permesso e, ancora, l'area sorvegliata a vista giorno e notte dalle SS e chiamata «zona di interesse del campo» (*Interessengebiet*) che si estendeva per 40 chilometri quadrati. Coloro che abitavano in questa zona (polacchi, tedeschi etnici, familiari di SS in servizio ecc.) erano poi ostili agli internati.

Un sistema di torrette di guardia dentro e fuori del lager, e le colonne motorizzate di SS con segugi ben addestrati, completavano il quadro delle barriere di sicurezza contro i tentativi di fuga. I prigionieri sapevano bene che per tre giorni e tre notti dopo una qualsiasi evasione tutta l'area di Auschwitz veniva rastrellata senza un solo minuto di tregua.

Le probabilità che un internato in fuga venisse ripreso erano dunque molto alte. Inoltre, la maggioranza dei prigionieri non conosceva il territorio polacco e la lingua, e ciò rendeva ancor più complicata la ricerca di un rifugio sicuro. Per questo furono in maggioranza politici ed ebrei polacchi a tentare la fuga.

C'erano, tuttavia, situazioni favorevoli legate molto spesso a circostanze di lavoro, fuori dai recinti del lager, e in cui diventava assai più semplice la possibilità di un'evasione. Inoltre, l'inizio dello sterminio degli ebrei, coincise con l'arrivo al lager di una enorme quantità di indumenti civili che venivano smistati da centinaia di prigionieri addetti al Canada. Chi aveva la possibilità di sbarazzarsi della divisa a righe grigio-blu, aveva qualche speranza in più di vedere riuscito il proprio tentativo di fuga. Nascondere i segni più evidenti della propria reclusione nel lager, e non solo all'interno della «zona di interesse», era molto importante.

Molti fuggiaschi, per evadere si servirono di uniformi delle SS, o come accadde all'ebreo Siegfried Lederer, dell'aiuto dell'SS Viktor Pestek, catturato dalla Gestapo del campo e condannato a morte per tradimento l'8 ottobre 1944.

Più spesso, gli evasi, in abiti civili si nascondevano per tre giorni e tre notti in rifugi precedentemente predisposti oltre la recinzione e ben attrezzati per non essere scoperti (si ricorreva anche al trinciato di tabacco e alla trementina da spargere sulla terra che ricopriva i bunker, perché i cani non scoprissero i prigionieri, sentendone l'odore).

Si ebbero anche casi di fuga attraverso gallerie sotterranee scavate per mesi dai prigionieri, come accadde nell'estate del 1944 nel sottocampo di Eintrachthütte. La notte del 3 luglio i detenuti cominciarono a scappare attraverso la galleria, in gruppi di tre per volta. Stessa vicenda, ma con epilogo tragico per circa 30 internati, si ebbe nel sottocampo in località Jaworzno, dove la galleria avrebbe dovuto collegare la baracca dei detenuti con il bosco vicino. Scoperti e denunciati da un kapo, i fuggitivi vennero inviati in parte a Birkenau, nella Compagnia penale e in parte nelle prigioni del Blocco 11 del campo base. Per 19 di loro, la condanna a morte a mezzo impiccagione, fu eseguita il 6 dicembre 1943.

Infine si ebbero casi di evasione all'interno dei campi costruiti nelle vicinanze delle industrie (come Monowitz). In questo caso, gli operai civili avevano un ruolo determinante. Racconta Swiebocki che «nel giugno del 1944, due ebrei (Max Drimmer ed Hermann Scheingesicht) fuggirono da Dwory [dove era operante un'industria chimica del consorzio I. G. Farben]. Essi vennero aiutati dal polacco Jozef Wrona, di Nowa Wies, una località poco lontana da Auschwitz, dove lavorava come operaio. Il 20 giugno del 1944, durante la pausa del pranzo, Wrona fece entrare i due ebrei in un nascondiglio, ricavato in uno dei magazzini, diede loro abiti civili e li portò a casa sua, ospitandoli fino al 15 novembre 1944, quando ormai, scoperto e ricercato dalla Gestapo, fu costretto a sua volta a nascondersi». Drimmer e Scheingesicht riuscirono a salvarsi.[14]

[14] H. Swiebocki, *Le evasioni*, cit., pag. 219. Jozef Wrona, per l'aiuto prestato agli ebrei rinchiusi nel KL di Auschwitz, nel 1990 è stato dichiarato dallo Stato di Israele «Giusto tra i popoli del mondo».

7.

I DATI DELLO STERMINIO NEL KL DI AUSCHWITZ

I nazisti in fuga da Auschwitz, nel gennaio del 1945 distrussero gran parte dei documenti che contenevano i dati riguardanti l'arrivo dei convogli degli ebrei, e il funzionamento della macchina dello sterminio del campo. Per questo motivo, fin da subito, la stima del numero delle vittime (morte nelle camere a gas o per altre ragioni) oscillò da un minimo di 1 milione di morti a un massimo di 4 milioni (in prevalenza ebrei).

Ancora oggi, con l'apertura degli archivi sovietici, l'interrogativo sul totale degli ebrei e degli altri detenuti che persero la vita ad Auschwitz rimane irrisolto.[1] Qui è importante dare conto di alcune ricerche e indagini che, in ogni modo, consentono di comprendere assai bene perché, in tutto il mondo, Auschwitz è diventato il nome simbolo del genocidio nazista.

I primi dati[2]

Fin da subito i membri dei vari movimenti interni di resistenza avevano tentato un calcolo approssimativo del-

[1] Vale la pena di ricordare che il saggio più completo sull'argomento è: F. Piper, *Die Zahl der Opfer von Auschwitz*, Staatliches Museum in Oswiecim 1993.

[2] Quando non precisato diversamente, la fonte dei dati citati è F. Piper, *Die Zahl der Opfer*, cit.

le vittime del lager, con lo scopo di far conoscere al mondo quando accadeva in quel nascosto villaggio della Polonia, chiamato Oswiecim.

Il 24 febbraio 1943, in un promemoria trasmesso al governo polacco in esilio a Londra si afferma che, al 15 dicembre 1942, le vittime di Auschwitz sono 640.000.

Qualche mese dopo, Jerzy Tabeau, che riuscì a evadere dal campo nel novembre del 1943, scrisse che fino a quel momento la cifra complessiva degli ebrei assassinati nel lager non era inferiore a 1,5 milioni.

Ancora, Alfred Wetzler e Walter Rosenberg, due detenuti ebrei che fuggirono da Auschwitz il 7 aprile 1944, prima dell'arrivo e dello sterminio degli ebrei ungheresi, nel loro rapporto parlano di 1.765.000 morti tra i soli ebrei.

Di milioni di vittime raccontano anche i manoscritti dei *Sonderkommando*, ritrovati dopo la guerra; mentre, tra le tante dichiarazioni, colpisce quella di Szlama Dragon che deponendo al processo contro Höss, disse: «Secondo le mie valutazioni, il numero dei gassati in ambedue i bunker e nei quattro crematori supera i 4 milioni».[3]

Simili dichiarazioni oggi sembrano eccessive eppure trovano riscontro in più deposizioni fornite da ex prigionieri che lavoravano in diversi uffici del lager e da ex SS che durante il processo contro Höss parlarono appunto di massacri che raggiungevano cifre tra i 3 e i 5 milioni.

Il medico SS Friedrich Entress, in servizio al campo tra il 1942 e il 1943, dichiarò che nel KL di Auschwitz erano stati sterminati non meno di 2,5 milioni di ebrei e altri internati.

Lo stesso comandante Höss, il 15 aprile 1946, davanti al Tribunale militare di Norimberga, affermò, tra l'al-

[3] APMO, *Proces Hössa*, t. II, k. 113.

tro: «Secondo i miei calcoli [nel KL di Auschwitz] sono stati sterminati e poi cremati almeno 2.500.000 di ebrei; inoltre, 500.000 altre vittime morirono di consunzione e di malattia, per un totale di 3.000.000 di individui»[4]. Quale interesse avrebbe avuto Höss a dichiarare il falso? Nella sua posizione di comandante del campo e, in seguito di responsabile dello sterminio degli ebrei ungheresi, doveva conoscere bene la «contabilità» degli assassinati.

Le varie dichiarazione del comandante di Auschwitz restano comunque un enigma. Dopo la sua estradizione in Polonia, Höss diede un'altra versione dei fatti e delle cifre: «Nei precedenti interrogatori, ho detto che il numero degli ebrei deportati ad Auschwitz, per esservi sterminati era di 2.500.000. È un dato citato da Eichmann, riferito al mio superiore, il *Gruppenführer* Glücks, poco prima dell'assedio di Berlino, quando venne chiamato a rapporto dal *Reichsführer* delle SS. Solo Eichmann, e il suo sostituto Günther, possedevano i dati sul numero complessivo delle vittime del massacro. Su ordine del *Reichsführer* delle SS, ad Auschwitz dopo ogni grossa azione si dovevano bruciare tutti i documenti che potevano costituire fonte di informazione sul numero dei morti. In qualità di capo dell'ufficio DI [dell'RSHA], ho distrutto personalmente tutti i documenti che si trovavano nel mio archivio. Altri hanno fatto lo stesso [...]. Solo gli atti scritti a mano potevano contenere ancora delle indicazioni. Seppure per incuria, in alcuni uffici sono stati conservati degli scritti o fonogrammi, ma questi non possono contenere informazioni sul numero complessivo delle vittime. Io non ho mai conosciuto né ho mai disposto di dati sulla base dei quali poterlo stabilire [?]. Mi sono rimaste impresse

[4] Tadeusz Cyprian, Herzy Sawicki, *Sprawy polskie w procesie norymberskin* [Le cause polacche al processo di Norimberga], Poznan 1956, pag. 438-39.

nella memoria, le cifre riguardanti le maggiori azioni contro gli ebrei, fornitemi dallo stesso Eichmann o dal suo plenipotenziario: Alta Slesia e Governatorato generale, 250.000; Germania e Theresienstadt, 100.000; Olanda, 95.000; Belgio, 20.000; Francia, 110.000; Grecia, 65.000; Ungheria, 400.000, Slovacchia, 90.000. Non ricordo i dati delle azioni minori [...]. Ritengo che due milioni e mezzo sia una cifra troppo elevata. La capacità di sterminio aveva dei limiti anche ad Auschwitz».

Sommando questi parziali, si raggiunge già un totale da capogiro: 1.130.000 ebrei. A questa cifra, poi andrebbero aggiunti tutti gli altri internati non ebrei morti prima e durante la grande azione di sterminio.

La Commissione d'inchiesta sovietica sui crimini commessi dai nazisti nel lager di Auschwitz, che giunse al campo il 4 febbraio 1945, una settimana dopo la liberazione, mise al lavoro i propri esperti, i quali conclusero che «i carnefici tedeschi avevano ucciso non meno di 4 milioni di ebrei e di altri cittadini dell'Europa».

Qualche tempo dopo, la Commissione d'inchiesta polacca accusò Höss di avere eliminato «circa 300.000 detenuti registrati nel campo [vale a dire destinati al lavoro e con il numero di matricola], circa 4.000.000 di persone, in maggioranza ebrei, deportati ad Auschwitz da diversi Paesi d'Europa, per esservi sterminati, e perciò non inclusi nei registri del campo [ma iscritti certamente nelle liste di trasporto], e 12.000 prigionieri di guerra sovietici».[5]

Per concludere, negli atti di accusa davanti ai tribunali militari degli Alleati si menziona una cifra che varia da 3 a 4 milioni di vittime, «in gran maggioranza ebrei».[6]

[5] APMO, *Proces Hössa*, t. 8, k. 28-29.

[6] Andrzej Pankowicz, *Oswiecim w swietle akt procesow norymberskich* [Auschwitz alla luce dei processi di Norimberga], «Zeszyty Oswiecimskie», 1985, n. 18, pag. 309-12.

Le ipotesi degli storici e i dati recenti

Gli storici della Shoah, in seguito, nelle loro ricerche fornirono altre cifre, tentando calcoli o inferendo dati dai materiali d'archivio sulle deportazioni che emergevano nei singoli Paesi d'Europa, grazie all'opera di vari ricercatori. Alcuni di loro, inoltre, hanno fornito solo il dato degli ebrei sterminati: Raul Hilberg, parla di 1.000.000 di ebrei vittime di Auschwitz;[7] Léon Poliakov scrive di 2.000.000;[8] Yehuda Bauer riporta la cifra di 2.500.000.[9]

Diversamente articolati sono i conteggi di Gerald Reitlinger che nel suo studio pubblicato nel 1960 ottenne il totale degli assassinati (meno di 1 milione di vittime, tra cui da 790.000 a 840.000 ebrei) sommando le cifre dei deportati conosciute all'epoca. I suoi dati sono risultati approssimativi per difetto.[10]

Georges Wellers, ebreo deportato ad Auschwitz e poi a Buchenwald, autore di numerose opere sull'antisemitismo, ha dedicato uno studio molto accurato ai dati sulle vittime del lager di sterminio polacco. Egli arriva a concludere che tra il 1940 e il 1945, all'interno dell'universo concentrazionario di Auschwitz vennero rinchiusi 1.613.455 deportati, di cui 1.433.405 ebrei, 146.605 altri prigionieri in prevalenza polacchi, 21.655 zingari e 11.780 prigionieri di guerra sovietici.[11]

Tutti questi dati, elaborati ricorrendo a fonti diverse, sono stati controllati dai lavori compiuti dagli esperti

[7] R. Hilberg, *La distruzione degli ebrei d'Europa*, cit.

[8] Léon Poliakov, *Il nazismo e lo sterminio degli ebrei*, Einaudi, Torino 1955.

[9] Yehuda Bauer, *Auschwitz*, in *Der Mord an den Juden zweiten Weltkrieg*, Stuttgart 1985 (nel suo saggio l'autore si riferisce anche agli storici polacchi).

[10] Gerald Reitlinger, *The final Solution*, London 1960 (trad. it. Il Saggiatore, Milano 1961).

[11] Georges Wellers, *Essai de détermination du nombre des morts au camp d'Auschwitz*, in «Le Monde Juif», n. 112 del 1983, Parigi.

del Museo di Auschwitz-Birkenau e in particolare da F. Piper.

Abbiamo visto come, nonostante la distruzione della maggior parte della documentazione relativa, sia stato possibile ricostruire la cifra complessiva dei detenuti registrati, nelle diverse «serie» emesse dall'inizio del funzionamento del lager (Tab. a pag. 242). Risulta così che furono 400.207 i deportati rimasti in vita e rinchiusi nel campo, dopo l'arrivo dei convogli (tra questi, 205.000 erano ebrei).[12]

Più difficile è stabilire il dato delle vittime non registrate, al 95% ebrei, sterminati dopo poche ore dal loro arrivo.

Piper dimostra che l'unica possibilità di risalire a questa cifra ci è data dall'esame dei documenti prodotti dalle SS per l'organizzazione dei trasporti, da elenchi nominali di deportati e da altri materiali statistici «la cui compilazione si rese necessaria in seguito alla creazione dei ghetti e dei campi di transito». Materiali simili si sono conservati per Paesi come: Francia, Belgio, Olanda, Norvegia, Cecoslovacchia, Italia, Germania e Austria. Il numero esatto degli ebrei ungheresi, invece «ci è noto grazie ai telegrammi spediti dal plenipotenziario tedesco in Ungheria Veesenmayer al Ministero degli esteri tedesco». Quanto ai trasporti provenienti dalla Polonia non ci sono simili dati, ma «sulla base di diverse fonti si può affermare oggi che nel campo di Auschwitz perirono circa 300.000 ebrei provenienti dai territori che costituivano la Polonia d'anteguerra».

Sempre secondo Franciszek Piper: «in totale nel KL di Auschwitz vennero deportati, come minimo, 1.100.000

[12] G. Wellers, nel suo studio, riporta una cifra inferiore, vale a dire 201.405 ebrei, ma secondo Piper e Iwaszko, ricercatori del Museo di Auschwitz-Birkenau, non calcola 1.079 ebrei deportati al campo tra il 21 maggio e il 22 dicembre 1941 e non considera che anche dopo l'introduzione delle serie A e B circa 3.000 ebrei continuarono a essere registrati nella serie generale.

[1.095.000] ebrei» (Tab. VII/II); di essi circa 205.000 vennero registrati mentre i restanti 900.000 perirono subito dopo il loro arrivo nelle camere a gas.

Tab. VII/II
Stima degli ebrei deportati ad Auschwitz dai diversi Paesi d'Europa. Dato fornito dagli esperti del campo (Piper) e di Wellers.

Paese di provenienza	**Stima Piper**	**Stima Wellers**
Ungheria	438.000	437.400
Polonia (e Russia)	300.000	622.935
Francia	69.000	69.030
Olanda	60.000	56.575
Grecia	55.000	55.655
Boemia e Moravia	46.000	52.220
Germania e Austria	23.000	27.555
Slovacchia	27.000	27.000
Belgio	25.000	25.260
Jugoslavia	10.000	7.460
Altri paesi	690	1.670
Altri campi	34.000	37.705

Ai dati stimati degli ebrei deportati nel lager, si possono aggiungere con certezza 147.000 polacchi (politici, intellettuali, resistenti ecc.), 23.000 zingari (provenienti soprattutto da Germania, Austria, Boemia e Moravia), 15.000 prigionieri di guerra russi (di cui 3.000 non registrati) e circa 25.000 internati di altre nazionalità e comunque non ebrei (francesi, jugoslavi, ucraini, tedeschi, italiani, austriaci, cechi, bielorussi eccetera).

Se sommiamo queste cifre arriviamo a un totale di 1.300.000 deportati e internati nel complesso concentrazionario di Auschwitz.

Tenendo conto che «sia il numero dei deportati sia quello delle vittime vanno considerati dati minimi, basati su fonti oggi accessibili», possiamo affermare che il totale effettivo può risultare maggiore (come è per l'ipotesi di Wellers). Infatti, per fare un solo esempio, la cifra considerata per alcuni trasporti di ebrei polacchi è stata dedotta dalle «previsioni di trasferimento» che molto spesso furono superate dalla realtà. Wellers per parte sua ne propone una molto più alta: 622.935. Egli fonda il suo calcolo sui 119 trasporti giunti al lager, moltiplicati per una media di 5.000 ebrei per convoglio, aggiungendo alla somma così ottenuta (595.000) gli oltre 20.000 deportati con altri mezzi. A tal proposito, molti ricercatori, oggi sono propensi a considerare questa ipotesi troppo elevata (si parla infatti di una media di ebrei per convoglio non superiore alle 2.500 unità, il che riporterebbe la stima al dato di 300.000)

Per concludere, allo stato attuale delle ricerche, i numeri dello sterminio compiuto ad Auschwitz possono essere così riassunti (Tab. VIII/II).

Lo sterminio degli ebrei fu massiccio. Nelle stime di Wellers come nelle stime degli storici del Museo di Auschwitz-Birkenau superò il 90% dei deportati ebrei

Tab. VIII/II
Stime delle vittime del KL di Auschwitz: secondo gli esperti del campo (Piper) e secondo lo studio di Wellers

Nazionalità	**Totale dei deportati**		**Morti**	
	Wellers	Piper	Wellers	Piper
Ebrei	1.433.405	1.100.000	1.352.980	1.000.000
Polacchi	146.605	147.000	86.675	74.000
Zingari	21.665	23.000	20.255	21.000
Russi	11.780	15.000	11.685	15.000
Altre nazioni		25.000		12.000
Totali	1.613.455	1.310.000	1.471.595	1.122.000

(stessa percentuale se non superiore, per gli zingari, mentre i prigionieri russi subirono uno sterminio quasi totale – i superstiti furono meno di 100).

Allo stato attuale delle ricerche, dunque la cifra complessiva delle vittime non sembra superare il dato di 1.500.000 morti. Restano perciò enigmatiche le affermazioni di Höss e degli altri testimoni, che ci fanno ipotizzare dimensioni ben più ampie di questo terribile genocidio.

Oggi, tuttavia, è realistico pensare che altri documenti, con dati quantitativi mancanti, siano scomparsi per sempre, distrutti dai roghi degli ultimi giorni di vita del lager.

8.

IL TERRIBILE SEGRETO

Che cosa si sapeva, durante la guerra, dell'universo concentrazionario di Auschwitz? Era possibile fermare lo sterminio?

Queste domande, oggi, non sono più senza una risposta e più che additare precise responsabilità storiche, rappresentano un monito per tutti gli uomini. Primo Levi diceva spesso: «È accaduto, può accadere ancora». Ciò vuol dire che dopo Auschwitz la speranza che l'orrore del lager non si ripeta è solo nelle mani del consorzio umano, di ciascun individuo che sappia vigilare su se stesso e sugli altri per riconoscere e denunciare le ingiustizie e le violenze perpetuate contro i propri simili.

Che cosa si sapeva?

Già nel 1942, a Varsavia, furono pubblicati tre libri, basati sulle testimonianze dei detenuti rilasciati al termine del loro periodo di internamento: *Auschwitz, diario di un prigioniero del lager*, della giornalista Halina Krahelska;[1] *Il campo della morte* di Natalia Zarembina;[2] e *Nel-*

[1] Titolo originale: *Oswiecim. Pamietnik wieznia*, Varsavia 1942 (disponibile in copia per la consultazione presso il Museo di Auschwitz-Birkenau).

[2] Titolo originale: *Oboz smierci*, Varsavia 1942. Il libro fu pubblicato anche a Londra, sede del Governo polacco in esilio, nel 1943; a Washington nel 1944 e in Messico.

l'Inferno, della scrittrice polacca Zofia Kossak[3] che non si limitava a descrivere le condizioni di vita dei prigionieri di Auschwitz, ma parlava anche di altri lager.

La stampa clandestina dei movimenti di resistenza che operavano in territorio polacco, già a partire dal 1940 pubblicò ampie notizie sul campo di concentramento e qui basterà ricordare il foglio diffuso tra la popolazione di lingua tedesca dal titolo *Die Zahne von Auschwitz* (I denti di Auschwitz) che conteneva ampie informazioni sullo sterminio degli ebrei nelle camere a gas e sull'uso dei loro denti d'oro per arricchire il patrimonio del Reich.[4]

Ancora, nel gennaio del 1942, il governo polacco in esilio a Londra, diede alle stampe un libro nero dal titolo *The German New Order in Poland* (Il nuovo ordine tedesco in Polonia),[5] in cui tra le altre cose si denunciavano i crimini nazisti perpetuati ad Auschwitz fino al giugno del 1941.

Secondo quanto attesta lo storico Martin Gilbert,[6] la rivista quindicinale «Polish Fortnightly Rewiew» riportò spesso notizie sul campo, compresa quella dell'uso del gas Zyklon B a danno dei prigionieri di guerra russi, scrivendo in seguito dei massacri di ebrei, dell'apertura di un settore femminile, di esperimenti medici, dell'alta mortalità tra gli internati eccetera.

Inoltre, in una nota del 10 dicembre 1942, il Ministro degli esteri polacco in esilio, Edward Raczynski, informò le Nazioni Unite del processo di sterminio in atto nel lager di Auschwitz contro gli ebrei, incitando i

[3] Titolo orginale: *W pielke*, Varsavia 1942, pubblicato anche in versione inglese nel 1944 con il titolo *In Hell*.

[4] Notizia e volantino (apparso nel 1944) sono riportati in S. Klodzinski, *Sullo sfruttamento economico dei cadaveri nella Germania nazista*, Oswiecim 1964, pag. 95.

[5] Pubblicazione del Ministero polacco dell'informazione, in esilio a Londra (senza data) in part. pag. 86-89, in APMO.

[6] Martin Gilbert, *Auschwitz und die Alliierten*, München 1982, pag. 51-58.

governi a ricercare «mezzi efficaci, in grado di fermare i nazisti nel loro continuo ricorso a metodi di sterminio di massa». L'iniziativa di Raczynski produsse una dichiarazione congiunta di dodici nazioni (resa pubblica il 17 dicembre 1942) in cui si condannava lo sterminio degli ebrei e si dichiarava che «i responsabili di tali crimini non avrebbero evitato la giusta punizione».[7]

Un anno dopo, il 22 marzo 1943, il «Los Angeles Times» diede ampio spazio a un rapporto sull'assassinio dei detenuti politici ed ebrei nel lager di Auschwitz sollevando una vasta eco, tanto che molti giornali ripresero la notizia (il «Washington Post», il «New York Herald Tribune» per fare un esempio).

All'inizio del 1944, i dati in possesso dei Governi in guerra contro la Germania, della Croce rossa internazionale, del Vaticano, dei Paesi neutrali e delle organizzazioni ebraiche erano piuttosto precisi. Si parlava di 850.000 ebrei gassati e di molti altri internati assassinati in vario modo.[8] L'inferno di Auschwitz non era un segreto e c'era chi cominciava a premere perché venissero bombardate le linee ferroviarie di accesso al campo, per impedire che altri deportati finissero nelle camere a gas del lager di sterminio.

Sempre nei primi mesi del 1944, vennero resi noti tre rapporti molto dettagliati, redatti da ex internati, appartenenti al movimento di resistenza interno al campo, da cui erano evasi con il preciso scopo di far conoscere al mondo la realtà di quell'inferno. Il primo resoconto è firmato dal polacco Jerzy Tabeau che, conosciu-

[7] Il Ministro informò anche la diplomazia del Vaticano e fece appello a Pio XII perché condannasse pubblicamente l'eccidio (in Vittorio Giuntella, *Il nazismo e i lager*, Studium, Roma 1980, pag. 158 e seg. Il saggio dedica ampio spazio allo studio dell'atteggiamento dei Governi e dell'opinione pubblica nei confronti dei crimini nazisti).

[8] M. Gilbert, *Auschwitz und die Alliierten*, cit., pag. 212, 419, nota 27. Sappiamo che i dati venivano forniti in base a calcoli sommari. Tuttavia, pur essendo imprecisi davano assai bene l'idea della portata del genocidio in atto.

to sotto il nome di «il maggiore», scrisse di 1.500.000 ebrei sterminati.

Il secondo rapporto, assai più ampio e articolato fu opera dei due ebrei Rudolf Vrba (alias Walter Rosenberg) e Alfred Wetzler. Costituito da oltre 60 pagine dattiloscritte, conteneva anche informazioni circa il previsto sterminio degli ebrei ungheresi. Secondo Vrba e Weltzer le vittime ebraiche del gas di Auschwitz avevano raggiunto la cifra di 1.765.000 morti.

Il terzo testo fu opera dell'ebreo Czeslaw Mordowicz che, ultimo in termini di tempo, cominciò a rendere conto dell'assassinio nelle camere a gas dei primi convogli di ebrei ungheresi.[9]

L'opinione pubblica sapeva, spesso in modo dettagliato, dello sterminio in atto; i Governi degli Alleati in guerra contro la Germania sapevano; Croce rossa internazionale, Vaticano e Congresso ebraico mondiale erano perfettamente informati di tutto.

Perché non si cercò di fermare i treni che portavano ad Auschwitz centinaia di migliaia di altri ebrei?

Fermare lo sterminio?

La campagna avviata sui mass media in seguito alle rilevazioni prodotte nel 1944 dai rapporti degli evasi dal lager di Auschwitz, e che videro sempre la BBC e

[9] M. Gilbert, *Auschwitz und*, cit., pag. 272 e seg. Nel maggio del 1944 il lungo testo di Vrba e Wetzler venne recapitato a monsignor Giuseppe Burzio, incaricato della Santa Sede a Bratislava, che si premurò di trasmetterlo al Pontefice. In seguito, i due ex internati ebrei ebbero un incontro segreto con monsignor Mario Martilotti, al quale fecero un'ampia relazione sulle condizioni di vita del lager di Auschwitz, rispondendo anche a molte domande. L'incontro segreto ebbe luogo nel convento dei Padri Scolopi a 14 chilometri da Bratislava. Del loro rapporto furono informati la Croce rossa internazionale e il Congresso ebraico mondiale, ma ci fu un'ampia divulgazione anche tramite radio e giornali.

Radio Londra in prima fila, diedero luogo ad alcune iniziative volte a fermare l'eccidio degli ebrei ungheresi, in via di deportazione al campo. Il bombardamento alleato su Budapest del 2 luglio 1944 ne fu un esempio.

In particolare, si avanzava da più parti la richiesta di bombardare gli impianti dello sterminio (crematori e camere a gas) di Auschwitz-Birkenau e le linee ferroviarie che collegavano il lager all'Ungheria e al resto dell'Europa. Queste richieste, soprattutto di parte ebraica, venivano rivolte in particolar modo al Governo degli Stati Uniti. Fra i destinatari delle proposte c'era il «War Refugee Board», istituito dal presidente Roosevelt nel gennaio 1944 che intervenne più volte presso il Dipartimento della Guerra USA, ottenendone sempre risposte negative. Il Dipartimento sosteneva che le azioni suggerite erano irrealizzabili, perché «prevedevano l'impiego di ingenti forze aeree, necessarie per condurre a buon fine le battaglie risolutive della guerra in altre zone». Inoltre, si poneva l'accento su varie difficoltà tecniche che ne avrebbero impedito l'esecuzione, non ultimo il rischio di far cadere ingenti quantità di bombe anche sugli internati. In conclusione, tra gli esperti del Dipartimento della Guerra prevaleva la convinzione che soltanto la vittoria degli Alleati avrebbe posto fine alla sofferenza delle vittime e degli ebrei sterminati ad Auschwitz, e questa imponeva un forte concentramento di tutti gli armamenti e le forze a disposizione su obiettivi strategici militari ben definiti, tra i quali non c'era il complesso concentrazionario in terra polacca.

Anche il Governo britannico fu spesso invitato, dall'Agenzia Ebraica Internazionale, a ordinare bombardamenti sulla rete ferroviaria che collegava Budapest ad Auschwitz e sugli impianti di sterminio del lager. Tali inviti trovavano il parere favorevole di Churchill e del

Ministro degli esteri Anthony Eden che il 7 luglio chiese al suo collega del dicastero dell'aviazione di pronunciarsi in merito. Archibald Sinclair rispose otto giorni dopo, affermando che il bombardamento inglese delle ferrovie e degli impianti di morte del campo di Auschwitz non era fattibile, affermando di essere convinto che gli internati non avrebbero tratto alcun vantaggio da questa operazione.

Dunque, per ragioni strategico-militari, ogni intervento alleato dal cielo, per fermare lo sterminio degli ebrei, venne escluso e Auschwitz non divenne mai oggetto di un bombardamento destinato a questo scopo specifico.[10]

Tuttavia, sappiamo che molti aerei ricognitori sorvolarono l'area del campo, a partire dall'aprile del 1944, e ancora che alcuni obiettivi strategici industriali furono bombardati. Ciò rende ancor più incomprensibile la posizione degli Alleati che, dall'aprile all'agosto del 1944, impiegarono molti «mezzi, bombe e aerei» in zona.

Ma andiamo per gradi: il 4 aprile vennero scattate fotografie aeree di molti insediamenti industriali che si trovavano nella zona di interesse del campo e in particolare si puntò l'obiettivo sugli stabilimenti destinati alla produzione della benzina sintetica della Buna-Werke a Monowitz. In quell'occasione, un aviatore americano scattò fotografie in cui era visibile anche tutta l'area del campo base e di Birkenau.

Il 25 agosto successivo, durante un ulteriore volo di ricognizione vennero scattate molte altre fotografie. In esse sono ben visibili i crematori con le camere a gas, la banchina ferroviaria e gruppi di deportati ebrei diretti agli impianti di morte. Si potrebbe affermare, osservando attentamente queste istantanee aeree, che attraver-

[10] M. Gilbert, *Auschwitz und die*, cit., pag. 289 e seg.

so di esse è ben visibile la vita che si conduceva al campo in una giornata tipo.[11]

Quanto ai bombardamenti in zona, il 7 luglio diverse squadriglie aeree bombardarono le fabbriche di carburanti sintetici con sede a Blechhammer (l'incursione si ripeté il 20 novembre); mentre il 7 di agosto gli americani attaccarono la raffineria di Trzebinia a soli 20 chilometri dal lager. Ma il bombardamento più forte è del 20 agosto 1944. 127 fortezze volanti, scortate da 100 caccia Mustang lanciarono sugli stabilimenti Buna-Werke di Monowitz 1.336 bombe del peso di due tonnellate l'una. Il 13 settembre 96 bombardieri americani lanciarono di nuovo sulla Buna-Werke 1.000 bombe da due tonnellate. Per errore, alcune di esse caddero su Birkenau, danneggiando il raccordo ferroviario che conduceva ai crematori e colpendo alcune aree di Auschwitz I.

Ecco in proposito quanto si scrive nel rapporto del 20 settembre 1944, redatto dal Comitato di soccorso ai prigionieri dei campi di concentramento di Cracovia: «Nell'ambito dell'incursione aerea americana del 13 settembre sugli stabilimenti industriali I. G. Farben [...] gli aviatori hanno colpito anche alcune installazioni del lager. Quanto ad Auschwitz I [...] hanno distrutto due baracche adibite ad abitazione SS, provocando la morte di 15 soldati e ferendone gravemente 28. Altri giacciono certamente sotto le rovine. Purtroppo è stata distrutta una baracca [...] dove hanno trovato la morte 40 internati tra i quali 23 ebrei. 65 sono i feriti tra i prigionieri, mentre probabilmente 13 persone vive si trovano ancora sepolte sotto le rovine. Ad Auschwitz II sono ca-

[11] *Ibid.*, pag. 225, 363. Le fotografie sono assai note e si possono vedere anche presso la sede del Museo di Auschwitz-Birkenau. Tra altro materiale fotografico e filmico sono disponibili in un CD su Auschwtiz, predisposto per l'Italia dal CDEC di Milano, a cura di Liliana Picciotto Fargion e Marcello Pezzetti.

dute solo due bombe [...] Una ha danneggiato i binari e il terrapieno del raccordo ferroviario che conduce al crematorio, un'altra ha distrutto il rifugio situato tra i binari, uccidendo circa 30 operai civili».[12]

I bombardamenti degli americani sullo stabilimento della Buna-Werke con sede a Monowitz ebbero luogo ancora due volte: il 18 dicembre e il 26, giorno di Santo Stefano[13]. E tuttavia, nemmeno dopo la liberazione del lager di Majdanek (nei pressi di Lublino) avvenuta nel luglio del 1944 a opera delle truppe dell'Armata rossa, si sentì l'urgenza di intervenire per fermare lo sterminio in corso ad Auschwitz. Majdanek era una fabbrica della morte che funzionava come il più grosso complesso concentrazionario di Auschwitz con tre camere a gas, la prima della quali era stata battezzata in modo ironico «Il campo delle rose».[14]

All'intervento militare, che secondo gli alti comandi doveva seguire il proprio corso naturale (fissato nei piani strategici), si preferì la denuncia a mezzo stampa e radio. Il 15 giugno 1944, la BBC diede ampio risalto alla fine tragica degli ebrei del ghetto di Theresienstadt, in un primo tempo collocati in un «campo per famiglie» nel lager di Auschwitz. Ancora, il 28 di luglio, Radio Londra diffuse molte notizie sui crimini nazisti in corso in Polonia e arrivò fino a fornire un primo elenco di SS in servizio nel lager di Auschwitz, ritenuti responsabili dei maggiori eccidi.

[12] APMO, Mat. RO t. VII k.459. Comunicato speciale del PWOK.

[13] M. Gilbert, *Auschwitz und*, cit., pag. 389-90.

[14] Jozef Marszalek, *Majdanek*, Ed. Interpress, Varsavia 1984. Il lager di Majdanek era concepito come il lager di Auschwitz; vale a dire era un campo di lavoro e di sterminio, c'erano le selezioni e gli internati morivano nelle camere a gas o per sfinimento. I morti assassinati a Majdanek sono più di 360.000 e quando le truppe sovietiche entrarono nel lager videro montagne di scarpe, capelli, vestiti, occhiali ecc.; il deposito dello Zyklon B, le fosse comuni, lo stato dei sopravvissuti. Quanto basta per decidere di fermare lo sterminio in corso ad Auschwitz di cui si sapeva già abbastanza, per capire la similitudine con Majdanek.

Il risultato di questi e altri interventi non fu certo la salvezza delle migliaia di internati e deportati ebrei destinati alla morte in quei mesi, prima della liberazione del campo. In tal modo, infatti, venne ostacolato soltanto il piano delle autorità SS di mantenere il segreto sui crimini commessi. Auschwitz, infatti, divenne famoso in tutto il mondo, come luogo di sterminio, prima ancora che la guerra finisse.

9.

PROCESSI E SENTENZE

Furono le autorità sovietiche a svolgere le prime indagini sui crimini commessi dai nazisti nel sistema concentrazionario di Auschwitz. Nel febbraio e nel marzo 1945, la Procura del primo fronte ucraino, al comando di D. I. Kudriavcev e di S. G. Kuzmin, con il contributo di alcuni esperti, di sei abitanti del luogo e di cinque ex detenuti, fra cui i membri sopravvissuti del Sonderkommando Szlama Dragon ed Henryk Tauber, condusse dettagliate indagini su quanto era accaduto, dall'apertura del lager. Inoltre, si misero all'opera anche i membri della Commissione giuridico-medica sovietica, sempre con l'aiuto di medici ex internati e di ex detenuti. Questi uomini avevano il compito di redigere un verbale, pubblicato poi l'8 maggio del 1945 con il titolo «Sui mostruosi delitti del governo tedesco ad Auschwitz».

Conosciamo le loro conclusioni, anche se oggi siamo propensi a credere che, quanto al numero delle vittime, non fossero troppo attendibili. Essi parlarono, infatti di «non meno di 4 milioni di ebrei e di altri esseri umani» sterminati dai «carnefici tedeschi»[1] (nel capitolo 7, abbiamo cercato di dimostrare la complessità del calcolo delle vittime, in assenza della documentazione completa distrutta in gran parte dai nazisti).

Nel 1945 (a cominciare dal mese di marzo) e nel

[1] APMO, *Proces Hössa*, t. 8, k. 28-29.

1946, il governo polacco a sua volta, affidò le indagini alla Commissione d'inchiesta sui crimini nazisti in Polonia e alla Commissione distrettuale d'inchiesta di Cracovia. Come era stato per gli esperti sovietici, anche i polacchi cercarono di raccogliere tutte le tracce tangibili dei crimini compiuti nel KL di Auschwitz.

Due anni dopo, i verbali e i documenti raccolti (tra cui gli appunti scritti da Zalmen Gradowski nel periodo in cui faceva parte del *Sonderkommando*, ritrovati nei pressi del crematorio III) vennero utilizzati come prove d'accusa dal Tribunale Supremo che processava Rudolf Höss e altri quaranta ex appartenenti alla guarnigione SS del lager.

I processi

Alla fine della guerra, a Norimberga, in zona di occupazione americana, tra il 1945 e il 1946, si svolsero dodici grandi processi in cui vennero giudicati molti dei crimini compiuti dalla Germania nel corso della dittatura nazista e della guerra.

Di questi, solo una parte, aveva a che fare con quanto era accaduto nel KL di Auschwitz:

– Il processo numero 1, in cui erano messi sotto accusa i medici SS e della Wehrmacht, colpevoli di avere compiuto esperimenti e atti criminosi a danno dei prigionieri di guerra e degli internati nei campi di concentramento.

– Il processo numero 4 nel quale il maggiore imputato era Oswald Pohl, capo del WVHA, l'ufficio centrale dell'economia al quale facevano capo le industrie SS e le imprese di guerra che utilizzavano manodopera ebraica e altri internati nei campi.

– Il processo numero 5 che prendeva in esame il sistema di deportazione della popolazione civile e il lavoro coatto degli internati nei lager.

– Il processo numero 6 contro i responsabili della I. G. Farbenindustrie che aveva impianti a Monowitz e che commissionò esperimenti medici per nuovi farmaci.

– Il processo numero 8 contro i responsabili dell'Ufficio centrale per le questioni razza e colonizzazioni (RSHA), in quanto responsabile dell'organizzazione delle azioni di deportazione e sterminio di ebrei, popolazioni slave e zingari.

– Il processo numero 10 contro le industrie del consorzio Krupp, per i crimini connessi allo sfruttamento della manodopera dei lager, compreso Auschwitz.

– Il processo numero 12, contro il comando supremo della Wehrmacht a cui venne attribuito, tra l'altro, lo sterminio dei prigionieri di guerra russi rinchiusi ad Auschwitz.[2]

Nel gennaio del 1946, fu istituito anche un Tribunale supremo del popolo polacco (*Najwyzszy Trybunal Narodowy*), costituito da tre giudici togati e da quattro giudici popolari, presso il quale si tennero sette processi contro i crimini commessi dai tedeschi in Polonia, due dei quali riguardarono in modo specifico Auschwitz.

Il primo si svolse dall'11 al 29 marzo 1947, contro Rudolf Franz Ferdinand Höss, comandante di Auschwitz, consegnato nel maggio del 1946 alla Polonia dalle truppe britanniche. Höss rispose ai giudici in modo conciso e sempre con sicurezza anche quando si passò a dibattere dello sterminio di massa. Ne parlò anzi «come di un processo produttivo, dando spesso l'im-

[2] Sui Processi di Norimberga oltre a numerose pubblicazioni anche in lingua italiana (il libro recente di G. Mayda, *Norimberga, processo al Terzo Reich*, Mursia 1996, contiene un ampia bibliografia) il riferimento di base è rappresentato dalla raccolta degli atti: *Trials of the Major War Criminals before the International Military Tribunal*, di cui esistono versioni in francese e in tedesco. I dodici processi a cui si fa riferimento invece, sono raccolti in 15 volumi: Nuremberg Military Tribunals, *Trials of War Criminals*, Washington 1947-49.

pressione di essere come un dirigente d'industria che giustifica alcune manchevolezze nel lavoro della sua fabbrica, cercando di attribuirle a difficoltà di natura obiettiva: i convogli troppo numerosi, il basso rendimento dei crematori, pause forzate dovute a guasti nelle installazioni».[3] A tutti i presenti, sembrò straordinaria la calma con cui raccontava delle azioni di sterminio. Anzi, «nella sua voce si avvertiva una leggera nota di orgoglio quando parlava delle difficoltà che era riuscito a superare e un senso di colpa e di vergogna quando diceva di non essere riuscito a svolgere fino in fondo i suoi compiti tradendo la fiducia dei superiori».[4]

La sentenza di morte contro Höss venne pronunciata il 2 aprile ed eseguita il 16 dello stesso mese all'interno del campo base di Auschwitz, dove venne eretta una forca tra la prima camera a gas e l'edificio che ospitò il comando del campo.

Il secondo processo del Tribunale supremo del popolo, fu intentato contro quaranta imputati che ricoprirono cariche diverse nel lager: tra essi il successore di Höss nella carica di comandante, Arthur Liebehnschel; Maximillian Grabner, comandante della Gestapo del lager; Han Aumeier, direttore; Maria Mandel direttrice responsabile del settore femminile di Birkenau; Johann Paul Kremer, medico; Erich Mushfeldt, direttore responsabile del crematorio; e molti infermieri, capiblocco, impiegati amministrativi, sottufficiali di collegamento eccetera.

Il processo si tenne a Cracovia tra il 25 novembre e il 16 dicembre 1947. La reazione degli imputati, in questo frangente fu molto diversa da quella di Höss. Essi, fin dall'inizio, si dichiararono innocenti, e cercarono di sca-

[3] Kazimierz Smolen, *La punizione dei criminali di guerra*, in F. Piper, T. Swiebocka, *Auschwitz*, cit., pag. 273.
[4] *Ibid.*

ricare le responsabilità delle azioni commesse sui loro superiori, in particolare su Höss, affermando dunque di essersi limitati a eseguire degli ordini. Spesso, mentirono e negarono con ostinazioni i fatti, cercando di minare la credibilità dei testimoni d'accusa. Alcuni di loro, come Grabner, temuto capo della Gestapo del campo, si dichiararono non colpevoli sostenendo di non avere avuto nessun potere dentro il lager. Altri come Liebehnschel cercarono di dimostrare che dopo il loro arrivo, le condizioni degli internati erano migliorate.

La sentenza venne pronunciata il 22 dicembre 1947. Ventitré imputati furono condannati a morte, sei all'ergastolo, sette a quindici anni di prigione e i rimanenti a pene minori.

Processi e sentenze contro le SS in servizio ad Auschwitz

Sebbene, secondo una stima molto dettagliata, i membri della guarnigione SS presenti ad Auschwitz non fossero meno di 7.200[5] e, dopo la guerra, ne rimanessero in vita almeno 6.500,[6] i sottoposti a processo furono solo 788. «Molti noti criminali del lager non sedettero mai sul banco degli imputati; fra gli altri, vanno ricordati almeno Hans Schurz (successore di Maximiliam Grabner alla guida della Gestapo del campo), Erich Wosnitza, Gerhard Lachmann e Anton Brose dell'ufficio politico; Johann Gorges, Hubert Busch, Ewald Kelm, Robert Seitz, Karl Steinberg e Peter Voss, direttori responsabili dei creamtori di Birkenau; Anton Taube e Georg Som-

[5] Aleksander Lasik, *I processi alle SS della guarnigione del KL di Auschwitz*, in F. Piper, T. Swiebocka, *Auschwitz*, cit., pag. 276-283.

[6] La maggioranza dei deceduti è caduta in combattimento, in prevalenza sul fronte russo, dove sembra siano stati destinati almeno 1.500 uomini delle SS che sono stati in servizio, per periodi più o meno lunghi, ad Auschwitz.

merer della direzione del lager; Richard Perschel, tra i responsabili del collocamento al lavoro coatto.»[7] Altri morirono al fronte, e tra questi alcuni criminali particolarmente noti: Gerhard Palitzsch, considerato fin troppo crudele anche da Höss; Karl Fritzsch, direttore del campo base e il dottor Eduard Wirths, medico primario della guarnigione SS. In altri casi non fu possibile sottoporre a un giusto processo criminali come Mengele o Horst Schumann che hanno vissuto il resto dei loro giorni in libertà.

Ciò che emerge con chiarezza dai processi, è tuttavia un dato sconcertante: i tribunali giudicarono allo stesso modo le sentinelle SS e gli ufficiali responsabili di settori o dipartimenti del lager, così che molti uomini che avevano commesso crimini efferati e su una gran massa di internati ottennero miti sentenze.

Dopo i processi del Tribunale supremo del popolo polacco (contro Höss e altri 40 imputati) in Polonia si svolsero diversi procedimenti giudiziari presso Corti distrettuali, o tribunali penali speciali come quello di Cracovia che portarono davanti ai giudici 636 responsabili, con il seguente risultato complessivo: 32 condanne a morte, 9 ergastoli e condanne da sei mesi a 15 anni di reclusione, otto assoluzioni.

Circa le funzioni svolte dagli imputati nel lager di Auschwitz, risulta che: 426 accusati erano SS del servizio di guardia; 174 erano impiegati nell'amministrazione del lager; 34 avevano incarichi in funzioni organizzative di minore importanza che non prevedevano il diretto coinvolgimento nelle operazioni di sterminio.

A 3 anni di reclusione, vennero condannati sia le sentinelle sia molti dei funzionari amministrativi; più pesanti, furono le sentenze contro le donne. Su un totale di 17, le condanne a morte furono 4.

[7] A. Lasik, *I processi*, cit., pag. 283.

Tra i processi che si svolsero in Germania, due rivestono una particolare importanza. Il primo si tenne a Francoforte sul Meno tra il 20 dicembre 1963 e il 20 agosto 1965. Sul banco degli imputati, 24 ex nazisti tra cui Richard Baer, l'ultimo comandante di Auschwitz, ed Emil Bednarek capo blocco SS della Compagnia penale. Alla fine del lungo dibattimento, soltanto a 6 di loro fu inflitto l'ergastolo, mentre gli altri 18 imputati vennero condannati a pene variabili tra i 3 anni di carcere e i 14.[8]

Sempre a Francoforte sul Meno, si svolse anche il secondo processo (tra il 14 dicembre 1965 e il 16 settembre 1966) che vide a giudizio solo tre imputati. Le condanne furono rispettivamente: 8 anni di prigione per il capo del dipartimento economico-amministrativo di Auschwitz, Wilhelm Burger; ergastolo per il funzionario della Gestapo Josef Houstek-Erber; 3 anni e sei mesi di reclusione per l'SS Gerhard Neubert.

In seguito si ebbero altri due procedimenti giudiziari di minore rilievo dal punto di vista quantitativo, ma non certo sul piano simbolico.

Il 30 agosto 1967, si aprì quello che si può chiamare il terzo processo di Francoforte (che si concluse il 14 giugno 1968). In esso furono sottoposti a giudizio solo due imputati SS, nonostante la procura tedesca volesse rinviarne a processo trentadue; in maggioranza, si trattava di autisti della colonna motorizzata.

Il quarto processo, contro due funzionari della direzione del lager (Alois Frey e Willi Sawatzki) ebbe luogo a partire dal 18 dicembre 1973 e sebbene si dovette aspettare fino al 3 febbraio 1976 per ottenere la sentenza, fu un fallimento.

Negli altri Paesi dell'Europa furono più sporadici i processi contro esponenti SS che avevano prestato servizio

[8] H. Langbein, *Der Auschwitz-Prozess. Eine Documentation*, Wien-Frankfurt, 1965.

ad Auschwitz. A Vienna, in Austria, nel 1972 si svolsero procedimenti giudiziari contro due ufficiali del settore edile e due funzionari del dipartimento economico-amministrativo del campo, ma si conclusero con una sentenza di assoluzione.

In Germania (Repubblica Democratica Tedesca) si rifugiarono molti SS della guarnigione di Auschwitz, ma ci fu un solo processo intentato nel 1966 contro un medico del campo Horst Fischer, in seguito condannato a morte (fino al momento della denuncia, egli aveva continuato a esercitare la sua professione).

Altri tribunali francesi, olandesi, britannici e americani emisero nel complesso una decina di sentenze nei confronti del personale SS che aveva operato ad Auschwitz e in altri campi.

La maggioranza dei responsabili, comunque, riuscì a dileguarsi e rimase impunita.

Lo sterminio perpetrato ad Auschwitz, nonostante le «scandalose assoluzioni o semi-assoluzioni» emesse dai tribunali austro-tedeschi,[9] non solo ha svelato un ulteriore aspetto della civiltà contemporanea, ma «ha anche convinto l'umanità che se un genocidio industriale e burocratico di tali proporzioni ha potuto mai avere luogo, esso potrà ripetersi non appena risulterà alla portata dell'uomo. Il timore che ciò avvenga non può farci dimenticare Auschwitz, né ci permette di minimizzarne il significato».[10]

«Ogni uomo civile – scrive Primo Levi – è tenuto a sapere che Auschwitz è esistito, e che cosa vi è stato perpetrato: se comprendere è impossibile, conoscere è necessario. [...] Auschwitz è fuori di noi, ma è intorno a

[9] L'espressione è di Primo Levi, in L. Poliakov, *Auschwitz*, cit., *Prefazione*, pag. 11.

[10] F. Piper, T. Swiebocka, *Auschwitz il campo nazista della morte*, cit., pag. 285.

noi, è nell'aria. La peste si è spenta, ma l'infezione serpeggia»[11] e ancora oggi ci spinge a vivere «con la sensazione greve, incombente, di un male irreparabile e definitivo, presente ovunque, annidato come una cancrena nelle viscere dell'Europa e del mondo, seme di danno futuro.»[12]

[11] P. Levi, in L. Poliakov, *Auschwitz*, cit., *Prefazione*, pag. 10.
[12] P. Levi, *La tregua*, in *Opere*, cit., pag. 389.

GLOSSARIO[1]

[1] In questo breve *Glossario* sono indicati solo i termini usati di frequente all'interno del testo e per i quali è possibile non ricordare il significato. Molti altri ne sono esclusi perché già inseriti in capitoli appositi o forniti di traduzione e spiegazione nel corso della trattazione. Inoltre dal *Glossario* sono escluse le biografie dei maggiori responsabili di Auschwitz o del nazismo che hanno avuto una funzione particolare rispetto al campo. Il lettore troverà le notizie bibliografiche in nota, nei capitoli dove si fa cenno per la prima volta ai personaggi in oggetto. Il testo fondamentale per un'informazione dettagliata circa fatti, luoghi, persone, organizzazioni ecc. è: Israel Gutman, *Encyclopaedia of the Holocaust*, McMillan New York, 1990, 4 volumi. Del lavoro curato da Gutman e che si avvale di molti specialisti esiste anche un'edizione tedesca: *Enzyklopädie des Holocaust*, Piper, Munchen-Zürich 1995 (4 volumi ed. tascabile). La stessa opera è in preparazione in edizione francese, presso l'editore Actes Sud, Parigi.

Arbeitskommando: squadra di internati destinati al lavoro. Era sorvegliata da alcuni *SS-Mann*, un *SS-Kommandoführer*, e uno o più *kapo*. A volte veniva anche affidata alla sorveglianza di lavoratori civili.

Area di interesse del campo di Auschwitz (*Interessengebiet*): una vasta zona di territorio di circa 40 chilometri quadrati, spopolata progressivamente a partire dal 18 giugno 1940, compresa nel triangolo formato dalla confluenza del fiume Sola nella Vistola e delimitata dal villaggio di Broszkowice e dal corso del Sola fino a Bielany e, da qui, dai villaggi di Leki, Skidzin, Wilczkowice, fino alla Vistola e ancora dal suo corso fino al punto in cui riceve l'affluente Sola. La zona era costantemente pattugliata da soldati del corpo SS (vedi anche pag. 12).

Bauabschnitt (abbreviato sempre con B): indica i settori del campo di Birkenau: BIa, BIb; BIIa, b, c, d, e, f, g; BIII (Messico). Erano organizzati come veri e propri lager nel lager e avevano diverse funzioni.

Blocco (*Block*): caseggiato in muratura del campo principale di Auschwitz che fungeva da baracca degli internati ma che veniva adibito anche ad altri usi: per es. il Blocco 10 agli esperimenti medici, il Blocco 11 a prigione e luogo di tortura, il Blocco 20 a ospedale e luogo di eliminazione dei selezionati con iniezione di fenolo al cuore ecc. Blocchi in muratura erano presenti anche nel settore BIa e BIb di Auschwitz-Birkenau. Il termine *Blocco* trova a volte un suo sinonimo in *Baracca*.

Campo (*Lager*) di quarantena: *vedi* **Lager, tipologia.**

Campo (*Lager*) di transito: *vedi* **Lager, tipologia.**

Campo (*Lager*) principale (o anche campo base *Stammlager*): denominazione assunta dal *Konzentrationslager* (sigla usata: KL) di Auschwitz I, quando venne costruito Birkenau (Auschwitz II) e Monowitz (Auschwitz III) con i suoi *Aussenlager* (sottocampi).

Complesso concentrazionario di Auschwitz: costituito da tutti i sottocampi che dipendevano dal campo principale (e in seguito da Auschwitz III). Di seguito, ne diamo l'elenco: **ALDORF** a Stara Wies, presso Pszczyna; **ALTHAMMER** a Stara Kuznia, nei pressi di Halemba; **BABITZ** a Babice nei pressi di Auschwitz; **BIRKENAU, fattoria SS** nei pressi di Brzezinka vicino al campo di sterminio; **BISMARCKHUTTE** a Chorzow; **BLECHHAMMER** a Slawiecice, nei pressi di Blachownia Slaska; **BOBREK** nella omonima località vicino ad Auschwitz; **BRUN** nei pressi di Brno oggi Rep. Ceca; **BUDY 1.** nella omonima località vicino ad Auschwitz; **BUDY 2.**; **BUDY 3.**; **CHARLOTTEGRUBE** a Rydulto; **CHELMEK** nella omonima località; **EINTRACHTHUTTE** a Swietochlowice; **FREUDENTHAL** a Bruntal oggi in Rep. Ceca; **FURSTENGRUBE** a Wesola nei pressi di Mislowice; **GLEIWITZ I** a Glewice; **GLEIWITZ II**; **GLEIWITZ III**; **GLEIWITZ IV**; **GOLLESCHAU** a Goleszow; **GUNTHERGRUBE** a Ledziny; **HARMENSE I** ad Harmeze vicino al campo di Auschwitz; **HARMENSE II**; **HINDEBURG** a Zabrze; **HUBERTUSHUTTE** a

Lagiewniki; **JANINAGRUBE** a Libiaz; **JAWISCHOWITZ** a Jawischowice; **KOBIOR** nella omonima località; **LEGISCHA** a Lagisza; **LAURAHUTTE** a Siemianowicie; **LICHTWERDEN** a Svetla, Rep. Ceca; **MONOWITZ (BUNA**) a Monowicie vicino ad Auschwitz; **NEU DACH** a Jaworzno; **NEUSTADT** a Prudnik; **PLAWY** vicino ad Auschwitz; **RADOSTOWITZ** a Radostowice nei pressi di Pszczyna; **RAISKO** a Rajsko; **SONDERKOMMANDO KATTOWITZ** a Katowice; **SOSNOWITZ I** a Sosnowicie; **SOSNOWITZ II**; **SOSNICA** Presso Gliwice; **SS HUTTE POROMBKA** a Miedzybrodzie; **2 SS BAUZUG** a Karlsruhe; **TRZEBINIA** nella omonima località; **TSCHECHOWITZ I** Bombensucher-kommando a Czechowicie-Dziedzice; **TSCHECHOWITZ II VACUUM**. (Fonte: Franciszek Piper, *Il lavoro dei prigionieri*, ed. Museo Statale di Auschwitz-Birkenau, Oswiecim 1995, pag. 107-9.) Nel cap. 4 della II parte, per ogni campo di lavoro vengono indicate le attività produttive svolte, le aziende implicate e il numero dei deportati che giornalmente vi lavoravano.

Effektenlager: indica i settori del campo dove vengono immagazzinati i beni di proprietà degli ebrei internati (**Canada I e Canada II**).

Gestapo (*Geheine Staatspolizei*): Polizia segreta di stato (*vedi* RSHA). Aveva sede presso il Dipartimento politico del lager (*Politishce Abteilung*).

Governatorato generale: dopo l'invasione della Polonia del settembre del 1939, parte del suo territorio fu diviso tra il Reich e l'URSS. Successivamente la Germania divise ancora la zona di occupazione in due aree: una detta Territorio incorporato direttamente dipendente dall'amministrazione del Reich e l'altra autonoma, denominata Governatorato generale della Polonia e affidata alla responsabilità di Hans Frank, governatore generale (dal 1939 al 1945), processato a Norimberga come grande criminale di guerra e impiccato nel 1946.

Gradi SS: di seguito diamo i gradi del sistema gerarchico militare delle SS e la corrispondente traduzione in italiano.

SS-Bewerber	Aspirante SS
SS-Mann	Soldato semplice
SS-Sturmmann	Caporale
SS-Rottenführer	Caporale maggiore
SS-Unterscharführer	Sergente
SS-Scharführer	Sergente maggiore
SS-Oberscharführer	Maresciallo
SS-Hauptscharführer	Maresciallo capo
SS-Untersturmführer	Sottotenente
SS-Obersturmführer	Tenente
SS-Hauptsturmführer	Capitano
SS-Sturmbannführer	Maggiore
SS-Obersturmbannführer	Tenente colonnello
SS-Standartenführer	Colonnello
SS-Oberführer	General Maggiore
SS-Brigaderführer	Generale di brigata
SS-Gruppenführer	Generale di divisione
SS-Obergruppenführer	Generale di corpo d'armata
SS-Reichsführer	Feldmaresciallo

Häftling: internato.

Incarichi di responsabilità: vale a dire incarichi che comportano funzioni e poteri all'interno dell'organizzazione del lager:

- attribuiti alle SS:

Aufseherin: sorvegliante donna della prigione;
Arbeitseinsatzführer: responsabile del collocamento al lavoro degli internati;
Blockführer: sorvegliante di un Blocco o di una barac-

ca di internati. Spesso erano al riparo in una *Blockführerstube*, vale a dire in una guardiola;
Kommandoführer: sorvegliante capo di una squadra di lavoro;
Lagerführer: direttore del campo;
Oberaufseherin: sorvegliante capo del campo femminile. SS donna;
Rapportführer: sottufficiale di collegamento, con incarichi di controllo di più blocchi, dell'appello ecc.;
Sanitädsdienstgrad (SDG): infermiere SS. L'incarico non prevedeva una specifica competenza;
Standortarzt: medico della guarnigione SS.
Per gli altri incarichi non citati e per i quali sono previste molte funzioni, vedi a pag. 76 *Struttura gerarchica e autorità*;

- attribuiti agli internati:

Blockätester: anziano del Blocco, incaricato della responsabilità del Blocco: kapo, o capoblocco (vedi anche voce: *kapo*).
Kalefator: prigioniero incaricato della sorveglianza della prigione nel Blocco 11;
Kapo: vedi voce a parte.
Lagerältester: anziano del campo (erano tali i prigionieri con i numeri di poche cifre);
Rapportschreiber: internato con l'incarico della stesura di rapporti;
Schreiber: detenuto scrivano. Spesso, gli internati con questo incarico, oltre a lavorare nei vari uffici del campo venivano riuniti in una *Schreibstube*, vale a dire sala per scrivani.

kapo (abbreviazione di *Kamarad Polizei*): un internato o una internata scelti dalle SS come *Prominenten* (privilegiati), per svolgere alcune funzioni di comando e responsabilità nei Blocchi o baracche del campo. Doveva rendere conto del suo operato sia al

Blockführer (l'SS responsabile del Blocco) sia all'*Oberkapo* un internato che aveva la responsabilità di un gruppo di Blocchi o baracche. Come si può notare la doppia struttura del comando cui gli internati erano sottoposti (SS e detenuti collaboratori) controllava ogni momento e fase della vita al campo e garantiva un vero e proprio regime arbitrario di terrore. Se il Blocco era molto affollato il *kapo* poteva servirsi di aiutanti che venivano chiamati *Unterkapo*.

Lager di custodia preventiva: *vedi* **Lager, tipologia**.

Lager, tipologia: in italiano, *campo*, è genericamente un luogo di detenzione. Secondo la classificazione stabilita dall'Ufficio centrale per la sicurezza del Reich (RSHA, *vedi*), nell'anno 1942, i luoghi di detenzione nazisti erano classificati in 5 diverse grandi categorie: *Hausen* (Case); *Anstalten* (Stabilimenti); *Ghettos* (Ghetti); *Gefängnisse* (Prigioni); *Lager* (Campi). I lager, in particolare costituivano la categoria più ampia con 50 tipi diversi, dal Campo di raccolta (*Anhaltslager*) al Campo di lavoro forzato per ebrei (*Zwangsarbeitslager für Juden*).
Uno dei maggiori studiosi dell'universo concentrazionario nazista, G. Schwarz ipotizza che i lager nazisti in territorio europeo furono 10.006 (in G. Schwarz, *Die nationalsozialistischen Lager*, Campus, Frankfurt 1990).

Quanto alle specifiche esigenze di questo saggio, ci interessa distinguere i seguenti tipi di campo:

- **Konzentrationslager** (sigla **KL** o **KZ**): campo di concentramento sotto la diretta giurisdizione del RSHA e delle SS, destinati a ogni tipo di prigionieri (ebrei, asociali, politici, prigionieri di guerra, zingari ecc.). In alcuni casi vi venivano rinchiusi anche i civili destinati a produzioni segrete (di armi per esempio); essi godevano di un trattamento diverso e di favore.

Il KL era luogo di lavoro coatto obbligatorio e divenne quasi subito luogo di eliminazione a mezzo il lavoro, la fame e le malattie.

• **Vernichtungslager** (sigla VL): campo di sterminio, concepito esclusivamente per lo sterminio razziale, come il precedente sotto la diretta giurisdizione del RSHA e delle SS. Auschwitz, come Majdanek, era una campo di concentramento e sterminio insieme. Meri luoghi di sterminio furono: Sobibor, Treblinka, Chelmno e la clinica medica di Hartheim.

• **Campo di transito** (della categoria dei **Durchgangslager** o dei **Ubergangslager**), come doveva essere nell'idea iniziale Auschwitz era di fatto un campo di internamento provvisorio in attesa di altra destinazione. Per questo a volte veniva chiamato anche **campo di quarantena** (*Quarantänelager* – il BIIa di Birkenau), in cui i prigionieri venivano sottoposti a un periodo di isolamento per prevenire la diffusione di malattie epidemiche. In seguito nei KL verranno istituiti Blocchi di quarantena. Anche i «prigionieri da educare», prima di essere rilasciati (cosa che accadeva all'inizio e in seguito sempre più raramente) dovevano sottoporsi a un periodo di *quarantena.*

• **Campo di lavoro** è invece un termine generico in uso tra storici e non specialisti che in molti casi indica il KL (Buchenwald, Bergen-Belsen, Dachau, Flossenburg, Mauthausen, Ravensbrück, Sachsenhausen, Gross Rosen, Gusen ecc.). Nella classificazione dei diversi tipi di lager, esistevano tuttavia diffenti tipologie di campi di lavoro: *Arbeitszuchtlager* (Campo di lavoro e correzione – AZ); *Arbeitslager* (Campo di lavoro – AL, riservato a detenuti con lunghe permanenze da scontare); *Gemeinschaftslager* (Campo di lavoro per civili – GS); *Staatliche-Besserungs-und Arbeit Lager* (Campo di rieducazione al lavoro – SBAL); *Zwangsarbeitslager* (Campo di lavori forzati – ZAL); *Zwangsarbeitslager für Juden* (Campo di lavoro forzato per ebrei – ZAL f.J.) ecc. Tutti campi indipendenti e svincolati dai KL e dai VL. In genere una volta usciti da questi campi, i prigionieri erano destinati a un KL o se ebrei o zingari a un VL.

• **Campo di custodia** (o dentenzione) **preventiva** (*Polizeihaftlager* – PL) o **campo speciale** (*Sonderlager* – SoL); in genere vi venivano rinchiusi coloro che costituivano un rischio per il Reich (come stranieri che si rifiutavano di lavorare o boicottavano la produzione industriale, asociali, criminali ecc.). Alla fine della detenzione in questi campi, il più delle volte, venivano trasferiti nei KL o nei VL.

Ospedali del campo (HKB, *Haftilngskrakenbau*): Blocco o serie di baracche per gli internati. Il ricovero in ospedale era molto temuto in quanto la procedura di ammissione si svolgeva quasi sempre in questo modo: chi si era dichiarato ammalato dopo l'appello del mattino, veniva portato in ambulatorio, qui era spogliato e doveva aspettare l'arrivo del **medico SS** (anche ore e ore al freddo) che con una occhiata rapida, dopo una breve presentazione del caso da parte del **medico internato** di servizio nel Blocco, indicava tre possibilità: ritorno nel lager del malato ritenuto sano, ricovero, oppure eliminazione se l'impressione data era quella che l'internato non sarebbe stato in grado di lavorare in breve tempo. Nel campo principale i Blocchi 11, 19, 20, 21 e 28 (nuova numerazione) erano destinati a infermeria, centro sperimentale e HKB; nel campo di Birkenau l'HKB era nei Blocchi 10, 11,

12, 16, 17, 18, 22, 24, 28, 29, 30 del settore BIa destinato alle donne, dall'agosto 1942 al gennaio 1945; nei Blocchi 7, 8, 9 del settore BIb dal luglio del 1943 al gennaio 1945 destinato alle donne; mentre tutto il settore BIIf attivato il 23 luglio del 1943 per gli uomini comprendeva 2.500 posti in 17 baracche più una per le latrine.
A Birkenau gli internati erano nella stragrande maggioranza ebrei e una minoranza di zingari.
Nel campo principale, gli internati erano politici, prigionieri russi, oppositori, cattolici e religiosi ed ebrei.
Gli ospedali erano l'anticamera del crematorio.
Spesso nelle memorie degli ex internati, l'ospedale viene anche chiamato **Revier** (infermeria).

Postenkette: denominazione del sistema di sorveglianza che circondava il campo. Si potevano distinguere due catene di sorveglianza:
- **Grosse Postenkette**: la catena di sorveglianza più estesa che circondava il campo e la zona di interesse del campo;
- **Kleine Postenkette** che era rappresentata dalla catena di sorveglianza del singolo campo (torrette di guardia, filo spinato ad alta tensione, cancelli, unità cinofile, guardie ecc.). Il reparto cinofilo SS con guardie e cani addestrati nella ricerca di prigionieri evasi era chiamato: **SS-Hundelstaffel**.

RSHA (*Reichssicherheitshauptamt*): Ufficio centrale per la sicurezza del Reich. Era una creazione di Reinhard Heydrich. Inglobava in sé la polizia di stato e la polizia di partito, così composte: Gestapo e Kripo, già comandate da Heydrich (Polizie di stato raggruppate in un primo momento nella Sipo – SP); e SD, rete informativa e di sicurezza del Partito nazista. La fusione delle diverse polizie avviene per ordine di Himmler il 27 gennaio 1939.

L'RSHA disponeva di una vasta ramificazione regionale, suddivisa in tre settori: il primo nel Reich e nei territori conquistati e incorporati che dovevano costituire la grande Germania; il secondo nei territori occupati; infine il terzo nelle zone di invasione. Dopo la morte di Heydrich, molte delle sue funzioni furono attribuite a Ernst Kaltenbrunner (fine 1942-1943), processato a Norimberga come grande criminale di guerra e impiccato nel 1946.

Sauna: i bagni del campo dove avveniva la prima disinfezione dei deportati destinati a essere registrati e poi avviati al lavoro coatto.

SD (*Sicherheitsdienst*): rete informativa del Partito nazista che veniva chiamata Servizio di sicurezza (*vedi* RSHA).

Sipo (*Sicherheitspolizei*): polizia di sicurezza (*vedi* RSHA). Organismo che inglobava la Polizia criminale di Stato (*Kripo – Kriminalpolizei*) e la Polizia segreta di Stato (*Gestapo – Geheime Staatpolizei*). Il capo della polizia di sicurezza era Reinhard Heydrich.

Sonderaktion: azione speciale, vale a dire eliminazione con il gas dei prigionieri o dei nuovi arrivati al campo non selezionati per il lavoro. Tutto ciò che conteneva l'aggettivo «speciale» aveva implicazioni dirette con lo sterminio degli ebrei: trasporto speciale, trattamento speciale, squadra speciale eccetera.

SS (*Schutzstaffeln*): sta per Squadre di protezione, vale a dire l'organizzazione militare del Partito nazista, cui venivano affidate tutte le operazioni di polizia. Il primo nucleo di SS sorse nella primavera del 1923. Il motto che venne affidato da Hitler a questi membri del Partito era: «Il mio onore si chiama fedeltà». Capo supremo delle SS è Heinrich Himmler (*SS-Reichsführer*), a partire dal 20 gennaio 1929.

Transport RSHA: denominazione di tutti i convogli di ebrei deportati ad Auschwitz, su ordine della Sezione IV B4 dell'RSHA.

Wehrmacht: forze armate, esercito della Germania. Si diceva che all'inizio vi fossero dei contrasti tra i vertici e gli ufficiali della Wehrmacht e la politica di sterminio attuata dagli alti gerarchi del Reich e dalle forze di polizia. Tuttavia, già con l'invasione dei territori sovietici e le prime operazioni di sterminio, affidate agli *Einsatzgruppen* (Unità mobili operative di massacro) – giugno 1941 – si realizza un accordo completo tra forze di polizia (RSHA) e Whermacht. Le forze armate comprendevano, oltre all'esercito di terra, la marina e l'aeronautica.

WVHA (*Wirtschafts und Verwaltungshauptamt der SS*): Ufficio centrale economico e amministrativo SS. Venne istituito dall'*SS-Obergruppenführer* (Generale di corpo d'armata SS) Oswald Pohl nel 1940. In seguito, Pohl assunse il controllo dell'apparato di ispezione dei campi di concentramento e, due anni dopo, seguendo l'esempio di Heydrich che costituì l'RSHA, diede vita a un unico organismo che gli consentiva il controllo completo della manodopera dei campi e delle imprese SS. Infine, Pohl entrò nei centri di sterminio assumendo il controllo dei beni confiscati agli ebrei.
La tabella che riportiamo indica in modo sintetico l'organizzazione del WVHA e i suoi ambiti di competenza e potere (qui a pag. 360).

Zugang: nuovo arrivato al campo. C'era anche una Zugangliste, vale a dire l'elenco dei nuovi arrivati che veniva consegnata dal responsabile del trasporto all'incaricato della direzione del campo, al momento dell'arrivo.

Organizzazione WVHA

A capo dell'organizzazione		Oswald Pohl
Comitato di direzione		Oswald Pohl Georg Lörner
Sezione A	**Amministrazione truppe**	
	A I Bilancio	
	A II Finanze	
	A III Uff. Giuridico	
	A IV Verifica conti	
	A V Personale	
Sezione B	**Economia delle truppe**	
	Ispettorato viveri	
	B I Viveri (esclusi i KL)	
	B II Abbigliamento (compreso internati)	
	B III Alloggi	
	B IV Materie prime (*nel marzo 1942 incluso in B II*)	
	B V Trasporti e armi	
Sezione C	**Costruzioni**	
	C I Costruzioni in generale (inclusi KL)	
	C II Costruzioni speciali	
	C III Servizi tecnici	
	C IV Servizi artistici	
	C V Ispezione centrale	
	C VI Servizi finanziari	
Sezione D	**Campi di concentramento (KZ o KL)**	
	D I Ufficio centrale	
	D II Assegnazione manodopera	
	D III Condizioni sanitarie	
	D IV Amministrazione	
Sezione W	**Imprese economiche SS**	
	W I Imprese sfrutt. terra e cave di pietra (DEST-Reich)	
	W II Imprese sfrutt. terra e cave di pietra (DEST-Est)	
	W III Imprese alimentari	
	W IV Imprese legno (compreso DAW)	
	W V Agricoltura	
	W VI Tessile e cuoio	
	W VII Libri, fotografie, edizioni varie	
	W VIII Compiti speciali (monumenti ecc.)	

(Fonte, R. Hilberg, *La distruzione degli Ebrei d'Europa*, Einaudi, Torino 1995, pag. 946-47, documenti NO-52 e NO-111 – documenti prodotti a Norimberga riguardanti l'organizzazione SS e del partito nazista.)

APPENDICE

GLI ANNI DEL NAZISMO
(cronologia)

1921. Hitler diventa il führer del partito nazionalsocialista (Nationalsozialistiche Deutsche Arbeiterpatei – NSDAP), fondato da Anton Drexler nel gennaio del 1919, con un programma in 25 punti nel quale, al punto 1 si afferma: «Noi chiediamo l'unione di tutti i tedeschi, in base al diritto dell'autodecisione dei popoli, per la formazione di una Grande Germania»; mentre al punto 4 si afferma: «Cittadino dello stato può essere solo chi appartiene alla comunità popolare [*Volksgenosse*]. Volksgenosse può essere solo chi è di sangue tedesco, senza alcun riguardo alla confessione religiosa. Nessun ebreo quindi può essere Volksgenosse».

1924. Hitler viene condannato (il 1° aprile) a 5 anni di reclusione per il putsch di Monaco avvenuto in data 8-9 novembre 1924. Viene rinchiuso nella fortezza di Landsberg. Sebbene la sua condanna sia a 5 anni, il 20 dicembre Hitler viene liberato. Dall'interrogatorio del 28 febbraio 1924: «Mi è stato chiesto ieri se noi ci sentivamo autorizzati a organizzare la sollevazione, se ritenevamo di avere dalla nostra parte la maggioranza. Signor procuratore, se il diritto di osare una simile azione a favore del popolo fosse fondato solo sulla maggioranza, lei non si troverebbe oggi al suo posto di procuratore dello stato tedesco. Questa patria tedesca infatti non è stata fondata da alcuna maggioranza, ma dalla forza e dalla risolutezza di singole personalità, anche troppo spesso in conflitto con le maggioranze; la Germania non è il prodotto di una maggioranza, ma il frutto di un eroe, il quale, con il solo sostegno della forza, ha imposto con battaglie inaudite la sua opera alle maggioranze».

1930. Il partito nazista entra per la prima volta nel governo di un Land, in Turingia. Dopo l'uscita dal carcere Hitler riorganizza il NSDAP ma alle elezioni del 1928 otterrà il 2,6% dei suffragi. Nelle successive elezioni per il Reichstag del 14 settembre 1930 il suo partito farà un grande balzo, ottenendo il 18,3% dei voti.

1932. Dopo la costituzione di un fronte dell'«opposizione nazionale» cui partecipa anche il partito nazista, alle nuove elezioni presidenziali Hitler ottiene nei due turni: il 30,1 e il 36,8% dei suffragi. In quell'occasione verrà eletto Hindenburg con il 49,6% di voti al primo turno e il 53% al secondo turno. Nei turni elettorali per il Reichstag, il partito nazista di Hitler il 31 luglio diventa il primo partito con il 37,4% dei voti. Qualche mese dopo, in novembre, alle nuove elezioni del Reichstag, il NSDAP registra una leggera flessione ottenendo il 33,1% di voti.

1933. Il 30 gennaio Hindenburg affida la guida del governo ad Adolf Hitler, nuovo cancelliere al posto di Schleicher che ha perso l'appoggio dei gruppi industriali e finanziari. È questo un anno cruciale: il 28 febbraio, dopo l'incendio del Reichstag, provocato da elementi nazisti, ma di cui vengono incolpati i comunisti, sono emanate le prime leggi speciali contro gli oppositori. Il 5 marzo nuove elezioni, in un clima di terrore: il partito nazista ottiene il 43,9% dei voti. Il

23 marzo, il parlamento vota i pieni poteri a Hitler. Il 1° aprile inizia il boicottaggio contro le attività degli ebrei tedeschi e il 7 aprile viene emanata la legge per l'epurazione della burocrazia statale che prevede licenziamenti e discriminazioni contro gli ebrei. In data 5 luglio, tutti i partiti sono sciolti e nove giorni dopo (il 14 luglio) il partito nazista di Hitler viene dichiarato il solo e unico consentito (Stato e partito si identificano). In questo clima di terrore Hitler non trascura di curare le alleanze con i grossi gruppi industriali e finanziari e con la Chiesa cattolica (il 20 luglio firma il concordato con la Santa Sede). In ottobre, infine, la Germania esce dalla Società delle Nazioni. In questo anno appare anche la legge sulla prevenzione delle tare ereditarie (14 luglio 1933). Art. 1: «Chi è affetto da malattia ereditaria può essere sterilizzato con intervento chirurgico [...]. Ai sensi di tale norma, è affetto da malattia ereditaria chi soffre di una delle seguenti infermità: cretinismo congenito, schizofrenia, psicosi maniaco-depressiva, epilessia, corea [ballo di S.Vito], cecità, sordità, gravi malformazioni fisiche. Inoltre, può essere sterilizzato chi soffre di alcolismo acuto».

1934. È l'anno della resa dei conti con Röhm e le sue SA, ed è l'anno dell'ascesa di Hitler alla presidenza del Reich.

1935. Leggi di Norimberga contro gli ebrei, «per la protezione del sangue e dell'onore tedesco» – 15 settembre. Art. 1: «Sono proibiti i matrimoni tra ebrei e cittadini dello stato di sangue tedesco o affine. I matrimoni già celebrati sono nulli anche se celebrati all'estero per sfuggire a questa legge». Nella «legge sulla cittadinanza del Reich» si legge invece: Art. 2: «Cittadino del Reich è soltanto l'appartenente allo stato di sangue tedesco o affine il quale con il suo comportamento dia prova di essere disposto ad adottare e servire fedelmente il popolo e il Reich tedesco. [...] Il cittadino del Reich è il solo depositario dei pieni diritti politici a norma di legge».

1936. Il 7 marzo, il Reich rioccupa la Renania. A settembre viene varato il piano quadriennale per l'economia di guerra e si preparano le alleanze: il 23 ottobre con il fascismo italiano (Asse Roma-Berlino) e il 25 novembre con il Giappone. Hitler il 5 novembre indice una conferenza con tutti i comandi militari e dà direttive per l'invasione dell'Austria e della Cecoslovacchia.

1938. È l'anno dell'*Anschluss* (annessione) con l'Austria (12 marzo). In settembre i Sudeti diventano territorio tedesco, il 9 di novembre viene organizzato il primo pogrom contro gli ebrei tedeschi: «Notte dei cristalli». I primi ebrei arrestati nel corso delle azioni delle SA e dei membri del partito nazista, vengono deportati nei campi di concentramento aperti già dal 1933 per «rieducare» gli oppositori (Dachau, Sachsenhausen, Buchenwald, Flossenbürg, in territorio tedesco e Mauthausen in territorio austriaco. Nel 1939, si aprirà il campo femminile di Ravensbrück).

1939. L'anno della guerra con l'invasione della Polonia (1° settembre 1939). Ma è l'anno del «progetto eutanasia», nel quale si sperimenta l'eliminazione a mezzo gas e veleno delle «bocche inutili da sfamare in vista dello sforzo bellico». Si calcola che siano stati uccisi 120.000 esseri umani con «tare ereditarie» e malati di mente. L'eutanasia come la sterilizzazione coatta degli impuri costituiscono prove generali del futuro sterminio degli ebrei, per altro non ancora previsto. Il 1939 è anche l'anno dell'invasione della Cecoslovacchia (15 marzo) della conclusione del patto d'acciaio con l'Italia (22 maggio) e della firma del trattato di non aggressione con l'URSS (23 agosto). Dalla metà di settembre prendono il via massicci trasferimenti di ebrei che verranno concentrati in grandi ghetti nelle città della Polonia occupata (Varsavia, Lodz, Bialystok ecc.).

1940. L'esercito tedesco entra a Parigi. Viene aperto il campo per prigionieri di guerra di Auschwitz.

1941. Invasione dell'Unione Sovietica (22 giugno) e inizio dello sterminio sistematico dei bolscevichi e degli ebrei (le stragi sono affidate agli *Einsatzgruppen* – unità mobili di massacro al seguito dell'esercito). Prime uccisioni in massa con il gas ad Auschwitz (settembre).

1942. Il 20 gennaio si apre la conferenza di Wannsee che organizza e coordina le direttive già emanate sulla «soluzione finale della questione ebraica». Inizia lo sterminio sistematico e organizzato degli ebrei, degli zingari, e di altri deportati nei campi di sterminio (Auschwitz-Birkenau, Majdanek, Chelmno, Treblinka, Sobibor, Belzec) allestiti nei territori occupati della Polonia.
L'Europa germanizzata raggiunge la sua massima estensione, prima della capitolazione delle forze tedesche a Stalingrado (31 gennaio 1943). Eccone un rapido quadro. Grande Germania (comprese le prime annessioni) allargata con i territori della Polonia (Danzica, Prussia occidentale e Warthegau), del Belgio, della Francia (Alsazia e Lorena), del Lussemburgo, della Slovenia. Territori soggetti alla dominazione diretta del Reich: Governatorato generale della Polonia, Protettorato di Moravia e Boemia, territori nord orientali della Francia occupata; Belgio occupato; Jugoslavia (spartita tra Germania e Italia) e Stati satel-

liti di Croazia e Serbia, Grecia e territori sovietici occupati. Territori (satelliti) di occupazione militare ma con un governo «autonomo» Danimarca, Norvegia, Olanda, Francia di Vichy (dal novembre 1942). Alleati: Italia (occupata dopo l'8 settembre del 1943), Finlandia, Romania, Bulgaria e Slovacchia, Ungheria (occupata nel marzo 1944).

1943. Capitolazione a Stalingrado della sesta armata tedesca. Inizio della disfatta. Goebbels, il 18 febbraio, proclama la «guerra totale». Inizia l'occupazione dell'Italia. Il processo di sterminio degli ebrei è avviato a pieno ritmo. Inizia la deportazione degli ebrei dall'Italia.

1944. 6 giugno, giorno dello sbarco degli Alleati in Normandia. Il 20 luglio Hitler subisce un attentato nel suo quartier generale. Si diffondono in modo massiccio le notizie sullo sterminio degli ebrei. Nessuno interviene per fermare i treni della morte che muovono da ogni parte d'Europa. (Liberazione del campo di lavoro e sterminio di Majdanek -Lublino.)

1945. 27 gennaio: liberazione di Auschwitz. Conferenza di Yalta (4-11 febbraio) tra Roosevelt, Churchill e Stalin in cui si decide l'occupazione quadripartita della Germania sconfitta. Il 30 aprile Hitler si suicida nel bunker della Cancelleria in una Berlino ormai assediata dall'Armata rossa. La capitolazione della Germania senza condizioni, è dell'8 maggio. L'occupazione quadripartita della Germania (America, Inghilterra, Francia e Unione Sovietica), sancita alla conferenza di Postdam (17 luglio-2 agosto), fu il primo passo che decretò il venir meno di una autorità centrale tedesca.
Il mondo scopre con orrore le vittime dei campi di sterminio e di concentramento nazista. Più di 12.000.000 di

morti tra ebrei (circa 5.300.000), oppositori, prigionieri di guerra eccetera. Il 19 novembre inizio, davanti a un tribunale internazionale militare, del processo di Norimberga, in cui vennero giudicati i principali responsabili del regime nazista, per i crimini di guerra e le atrocità commesse contro l'umanità.

LE TAPPE DELLA «SOLUZIONE FINALE»
(schemi e modelli interpretativi)

«Nel 1933, nessuno tra gli esecutori poteva prevedere le misure che sarebbero state prese nel 1938; né, nel 1938, quale forma avrebbe assunto l'impresa nel 1942. La distruzione [degli ebrei] fu un'operazione perseguita passo dopo passo; furono rari i casi in cui i funzionari poterono vedere più lontano rispetto allo scopo o alla tappa in corso. Gli stadi del processo non furono nemmeno preordinati in una successione precisa.» Così si esprime il più autorevole storico della Shoah, Raul Hilberg [in: *La distruzione degli Ebrei d'Europa*, Einaudi 1995, pag. 51).

Lo sterminio di massa degli ebrei, di cui Auschwitz era e resta il simbolo, fu dunque il risultato di un *processo*, scandito da due politiche differenti:

1. La soluzione dell'emigrazione che va dal 1933 al 1940.
2. La soluzione finale, vale a dire della logica dello sterminio, che va dal 1941 (a cominciare con le azioni degli *Einsatzgruppen* in URSS), al 1945.

Tra il primo e il secondo stadio del processo non ci furono rotture: le tre tappe percorse prima del 1941, infatti, rappresentarono ciascuna un nuovo passo verso lo sterminio.

Schema 1. Tappe del processo di distruzione dal 1933 al 1940.

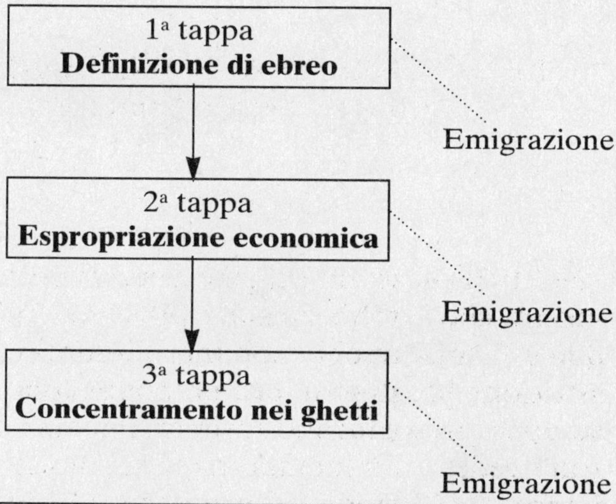

Occorre rilevare che l'operazione non fu opera di un unico agente (per esempio il partito nazista) ma fu sempre il prodotto di parti diverse. In particolare, vi contribuirono, all'interno della «ordinaria gestione» le quattro burocrazie che governavano lo Stato nazista di Hitler:

1. **La burocrazia civile** composta di impiegati e dirigenti dell'apparato statale, regionale e locale dello Stato, ma anche dai funzionari dei vari settori e servizi pubblici (dai rettori delle università ai ferrovieri). Non tutti erano necessariamente nazisti convinti, o iscritti al partito nazista. Tra essi anche i medici che diedero un contributo notevole alla scoperta e alla sperimentazione delle tecniche di sterminio.
2. **La burocrazia economica e finanziaria**. I proprietari di industrie, banche e assicurazioni, con i rispettivi manager che cercarono sempre di trarre profitto dalle sventure degli ebrei tedeschi e in, se-

guito, da quelle degli ebrei dei Paesi occupati (rilevazione a basso costo di imprese, attività finanziare, attività commerciali, libere professioni, proprietà eccetera).

3. **La burocrazia dell'esercito**, che all'inizio sembrò opporsi ai piani di sterminio degli *Einsatzgruppen* in territorio d'invasione sovietica.
4. **La burocrazia del partito nazista** che non elaborò fin da subito il progetto di sterminio. Sono noti infatti i tentativi di deportare tutti gli ebrei d'Europa sull'isola del Madagascar o nel deserto del Gobì.

Con il funzionamento «ordinario» di queste quattro burocrazie, «ci troviamo in presenza di una logica amministrativa che si preparava a diventare imperiosa» (Hilberg).

Schema 2. Le tappe del processo di distruzione dal 1941 al 1945

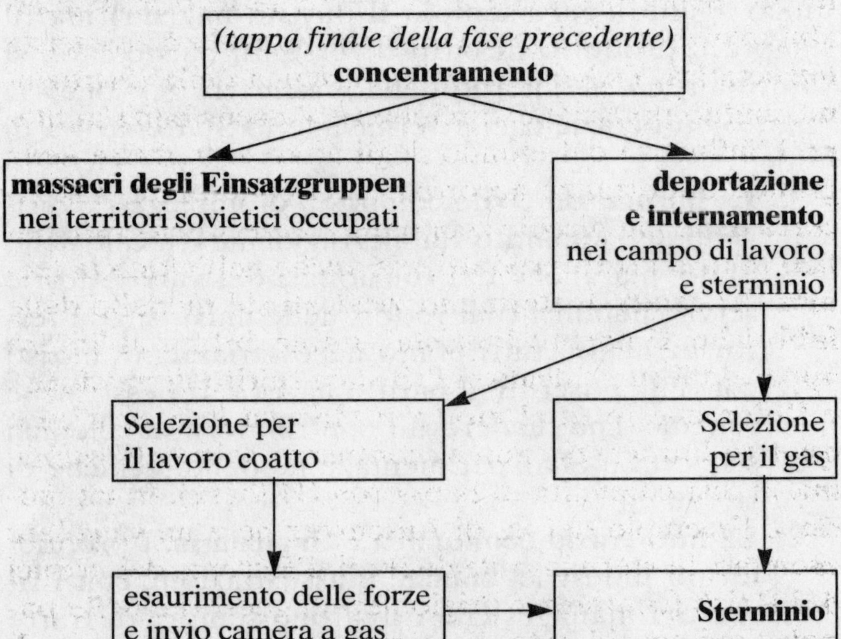

Dapprima si cominciò con leggi e decreti, poi si giunse a impartire direttive orali che sfociavano in decisioni operative ben definite, anche in assenza di ordini o circolari esplicative precisi.

Il contributo delle quattro burocrazie, organizzate per via gerarchica fu dunque in linea con le decisioni di Hitler, che per primo diede il semaforo rosso allo sterminio. Occorre rilevare che tra queste quattro colonne dello Stato tedesco la burocrazia del partito era la più recente. Nel 1933 non aveva ancora dieci anni di vita (a fronte di una lunga tradizione che guidava le altre), ma era certamente molto estesa e pronta a minacciare il potere di tutti gli altri apparati burocratici.

«Ciascuna delle gerarchie [burocratiche] contribuì alla realizzazione del processo non soltanto con le misure amministrative adottate, ma anche con metodi amministrativi appositamente introdotti. I funzionari civili fecero penetrare negli altri servizi le loro previdenti abitudini organizzative e la loro miracolosa coscienza burocratica. Dall'esercito, la macchina della distruzione, mutuò precisione, disciplina e l'insensibilità militare. L'influenza del mondo degli affari si tradusse nella grande importanza accordata alla contabilità, alla ricerca delle più piccole economie e al recupero sistematico di tutti i sottoprodotti, ma anche nell'efficacia tecnica dei centri di sterminio, ricalcati sul modello delle fabbriche. Il partito [nazista], infine, infuse all'intero apparato il suo "idealismo" il suo "spirito di missione" e l'idea che in quel modo si "faceva la Storia". Le quattro burocrazie non si confusero solo nell'azione, ma in una comunità di pensiero» (Hilberg). In tal modo, e l'esempio del KL di Auschwitz ne è un singolare esempio, lo sterminio degli ebrei d'Europa, dei nemici del Reich (compresi i prigionieri di guerra) e delle popolazioni considerate di «razza» inferiore fu opera di una vastissima macchina organizzativa, con a capo il suo Führer.

La gradualità con cui si definì il processo di sterminio rende conto del fatto che a esso vi contribuì, per la maggior parte dei casi, l'uomo comune in diverse e molteplici forme e gradi di collaborazione, dall'indifferenza passiva alla diretta implicazione nelle esecuzioni.

FONTI E BIBLIOGRAFIA

A) I libri e gli studi del Museo Statale di Auschwitz-Birkenau.

(La vita del campo è stata indagata a fondo da molti studiosi che hanno operato e che operano nel Museo, con ricerche e saggi spesso editi solo in lingua polacca. A fronte di questo limite, bisogna ricordare l'estrema disponibilità degli storici e del personale del Museo a favorire, con l'ausilio di traduttori, la consultazione dell'archivio, di opere e documenti da parte di studiosi di altre nazionalità).

- Archivio del Museo statale di Auschwitz-Birkenau (*Archivium Panstwowego Muzeum w Oswiecimiu* – sigla APMO) con sede nel campo base di Auschwitz (ul. Wiezniow Oswiecimia 20,32-603 Oswiecim 5, Polonia). L'archivio ha una casa editrice che in questi anni ha prodotto molte pubblicazioni e pubblicato studi in rivista, di cui diamo un elenco parziale.
- Czech D., *Kalendarz wydarzen w KL Auschwitz*, PMO (sigla che sta per Ed. Museo Statale di Auschwitz-Birkenau), Oswiecim 1992 (Calendario degli avvenimenti nel KL di Auschwitz). Il libro è disponibile in una edizione in lingua tedesca: *Kalendarium der Ereignisse im Konzentrationslager Auschwitz-Birkenau 1939-1945*, Rowohlt, Hamburg 1989. L'edizione in lingua polacca è la più aggiornata. È un testo fon-

damentale, nonostante le lacune non certo attribuibili all'autrice e contiene il resoconto, giorno per giorno, dei fatti documentali a tutt'oggi accaduti nel complesso concentrazionario di Auschwitz.

- Piper F., Swiebocka T. (a cura di), *Auschwitz, il campo nazista della morte*, Edizioni del Museo Statale di Auschwitz-Birkenau, Oswiecim 1995.
- Piper F., *Die Zahl der Opfer von Auschwitz*, PMO 1993.
- Piper F., *Arbeitseinsatz des Häftlinge aus dem KL Auschwitz*, PMO, Oswiecim 1995.
- Smolen L., *Auschwitz, 1940-1945. Guida del museo*, PMO Krajowa Agencja Wydawnicza, Katowice 1979.
- Strzelecki A., *Evacuazione, liquidazione e liberazione del KL Auschwitz*, Oswiecim, ed. del Museo Statale di Auschwitz-Birkenau 1982.
- Strzelecki A., *Endphase des KL Auschwitz*, PMO, Oswiecim 1995.
- *Auschwitz vu par les SS (Höss, Broad, Kremer)*, PMO, Oswiecim 1994, prefazione di J. Rawicz.
- *Inmitten des Grauenvollern Verbrechens*, (a cura di Piper F. e Czech D.), PMO, Oswiecim 1996. (Ed. it. a cura di Carlo Soletti, *La voce dei sommersi*, Marsilio, Venezia 1998.
- La rivista del Museo Statale di Auschwitz-Birkenau "Zeszyty Oswiecimskie" (Quaderni di Auschwitz, in edizione tedesca «Auschwitz-Hefte») dal 1957 ha pubblicato molti numeri speciali dedicati a ricerche monografiche. Di prossima edizione, nella serie completa in lingua inglese e in tedesco. Diamo di seguito alcune indicazioni di saggi:
  Brandhuber J. A., *Jency radzieccy w obozie koncentracyinym w Oswiecimiu* [I prigionieri di guerra russi nel campo di concentramento di Auschwitz], n. 4, Oswiecim 1962.
  Ceglowska T., *Karne Kompanie in KL Auschwitz* [La

Compagnia penale nel KL di Auschwitz], n. 17, Oswiecim 1975.
Mikulski J., *Eksperymenty farmacologiczne w obozie koncentracyinym Oswiecim-Brzezinka* [Gli esperimenti farmacologici nel KL di Auschwitz-Birkenau], n. 10, Oswicim 1967.
Pankowicz A., *KL Auschwitz w procesach norymberskich* [Il KL di Auschwitz nei processi di Norimberga], n. 18, Oswiecim 1983.
Ryn Z., Klodzinski S., *Tod und Sterben im Konzentrationslager* in «Auschwitz-Hefte» (Quaderni di Auschwitz) n. 1, Weinheim-Basel, 1987.

B) Opere bibliografiche

- Accurate bibliografie sono contenute in tutti gli studi citati a cura del Museo Statale di Auschwitz-Birkenau. Esse danno conto degli studi e delle ricerche (anche se pubblicate in rivista) che ruotano intorno al KL di Auschwitz.

- A esse aggiungiamo i due volumi della bibliografia di Andrea Devoto. *Bibliografia dell'oppressione nazista, fino al 1962*, Olschki, Firenze 1964; e *L'oppressione nazista, considerazioni e bibliografia 1963-1981*, Olschki 1983. Meno accurata ma utile è la recente pubblicazione a cura di Teo Ducci, *Bibliografia della deportazione nei campi nazisti*, Mursia, Milano 1997. Mentre i due volumi di Devoto riportano saggi, studi e testimonianze edite in tutto il mondo, il lavoro di Teo Ducci si limita alle opere uscite in edizione italiana.
- Per chiarezza espositiva, va segnalato lo studio di Giovanni Gozzini, *La strada per Auschwitz, documenti e interpretazioni sullo sterminio nazista*, Bruno Mondadori, Milano 1996.
- Annette Wiewiorka, *Déportation et génocide, entre la mémoire et l'oubli*, Plon, Pari 1992. Contiene una ras-

segna completa delle opere edite in Francia sulla deportazione e lo sterminio degli ebrei nei lager nazisti e ad Auschwitz. Il libro si segnala anche come saggio interpretativo.

– Il saggio generale di Enzo Collotti, *La Germania nazista*, Einaudi Torino 1994[2], oltre a fornire una lucida lettura del fenomeno nazista, contiene un'ampia e articolata bibliografia in particolare di opere di lingua tedesca.

C) Raccolte documentarie generali e centri di documentazione

Citiamo quelle edite in particolare dopo la guerra.

– *Procès des grands criminels de guerre devant le Tribunal Militaire International. Nuremberg 14 Novembre 1945-1° Octobre 1946*. Edité à Nuremberg, 1947 (si tratta della raccolta principale di materiale documentario sul nazismo – edita anche in inglese e in tedesco).
– *Trials of the War Criminals, Nuremberg Military Tribunals*, Washington 1947-49. È la raccolta dei 12 volumi dei processi specifici (contro i medici, l'esercito, le industrie ecc.).
– *Nazi Conspiracy and Aggression, office of United States Chief of Counsel for Prosecution of Axis Criminality*, 10 voll. Whashington 1946-48 (si tratta di una selezione di documenti e interrogatori emersi dai processi minori).
– Ovviamente, l'*Archivio storico del Museo di Auschwitz-Birkenau* dispone della più importante raccolta documentaria sul campo.
– Un'importante raccolta di documenti su Auschwitz e le deportazioni degli ebrei dall'Italia si trova presso il CDEC (*Centro di documentazione ebraica contemporanea* con sede a Milano, che dispone anche di una video teca completa sul materiale filmico prodotto in Europa e nel mondo).

– Altri centri di documentazione sono: il Museo di Gerusalemme *Yad Vashem*, il *Simon Wiesenthal Center*, il *Museo dell'Olocausto* di Whashington, e il *Centre de Documentations Juifs Contemporaine* CDJC, fondato a Parigi da Serge Klarsfeld.

D) Opere sul campo di Auschwitz-Birkenau

– Adelsberger L., *Auschwitz, ein Tatsachenbericht*, Lettner Verlag, Berlin 1956.
– Adler H. G., Langbein H., Lingens-Reiner E. (a cura di), *Auschwitz, Zeugnisse und Berichte*, Frankfurt 1984.
– Améry Jean, *Intellettuale ad Auschwitz*, Bollati Boringhieri, Torino 1987.
– *Auschwitz*, Julliard, Paris 1964.
– *Auschwitz. Camp hitlérien d'estermination*, ed. Interpress, Warszawa 1978.
– Bastian T., *Auschwitz e la menzogna su Auschwitz*, Bollati Boringhieri, Torino 1995.
– Bernadac C., *Sterminateli! Adolf Hitler contro i nomadi d'Europa*, Casa del libro, Roma 1989.
– Borowski T., *Paesaggio dopo la battaglia*, Il Quadrante ed., Torino 1988.
– Cyprian T., Sawicki H., *Sprawy polskie w procesie norymberskin* [Le cause polacche al processo di Norimberga], Poznan 1956.
– Delbo C., *Auschwitz et Aprés. Aucun de nous ne reviendra* (I) – *Une connaissance inutile* (II), Minuit, Paris 1970; *Le convoi du 24 jouvier*, Minuit, Paris 1965; *Auschwitz et Apres*: vol. I, *alcun de nous ne reviendra*; vol. II, *Une connaissance inutile*; vol. III, *Mesure de nos jours*, Minuit, Paris 1970.
– Favez J. C., *Un mission impossible? Le CICR, les déportations et les camps des concentrations nazis*, Payot, Losanna 1988.
– Ficowski J., *Cyganie Polski*, ed. in lingua francese, Varsavie 1963.

– Frankl V., *Uno psicologo nei lager*, Ed. Ares, Perugia 1996.
– *Fra sterminio e sfruttamento* (a cura di N. Labanca), Le lettere, Firenze 1992
– Friedrich O., *Auschwitz, storia del lager 1940-1945*, Baldini & Castoldi, Milano 1994.
– Gilbert M., *Auschwitz und die Alliierten*, München 1982.
– Ginsburg E., *Le ciel de la Kolyma*, Seuil, Paris 1980[2].
– Helman P., Meier L., *L'album d'Auschwitz*, Seuil, Paris 1983.
– Hart K., *Return to Auschwitz. The remarkable story of girl who survived the Holocaust*, London 1981.
– Höss R., *Comandante ad Auschwitz*, Einaudi, Torino 1997[2].
– Jani E., *Mi ha salvato la voce*, Ceschina, Milano 1961.
– Kaul F. K., *Ärzte in Auschwitz*, VEB Verlag Volk un Gesundheit, Ost-Berlin 1968.
– Kielar W., *Anus Mundi. Cinq ans à Auschwitz*, prefazione di D. Rousset, Laffont, Paris 1980.
– Klarsfeld S., *Le Mémorial de la déportation des Juifs de France* 1997.
– Klodzinski S., *Sullo sfruttamento economico dei cadaveri nella Germania nazista*, Oswiecim 1964.
– Kogon E., Langbein H., Rückerl A, *Les chambres à gaz secret d'État*, Minuit, Paris 1987.
– Kraus O., Kulka E., *Die Todesfabrik*, Ed. Kongress, Berlin 1958.
– Langbein H., *Der Auschwitz-Prozess. Eine Documentation*, Wien-Frankfurt 1965.
– Langbein H., *Uomini ad Auschwitz*, Mursia, Milano 1984.
– Lanzman C., *Un vivante qui passe*, Paris 1997 – testo e lungometraggio di 1 ora sulla visita al campo di Auschwitz di Maurice Rossel, delegato della Croce rossa internazionale a Berlino (di prossima pubblicazione).

– Lanzmann C., *Shoah*, Rizzoli, Milano 1987. Si tratta del testo del lungometraggio che porta lo stesso titolo, di 560 minuti, un vero e proprio capolavoro cinematografico sui campi di sterminio nazisti.
– Lasker-Wallfisch, *Inherit the Truth 1939-1945*, DLM London 1996.
– Leitner I, *Frammenti di Isabella. Memoria di Auschwitz*, Mursia, Milano 1996.
– Levi P., *Opere*, nuova edizione (a cura di M. Belpoliti), Einaudi, Torino 1997.
– Lévy-Hass H., *Vielleicht war das alles erst der Afgang*, Berlin 1979.
– Lewinska P., in Pozner V., *Abstieg in die Hölle. Zeugnisse über Auschwitz*, Berlin 1982.
– Lifton R. J., *Medici nazisti*, Rizzoli, Milano 1988.
– Mannheimer M., *Theresienstadt, Auschwitz, Warschau, Dachau. Erinne-rungen*, in «Dachauer Hefte», 1.
– Meyer A., *Die Kinder von Auschwitz*, Göttingen 1990.
– Millu L., *Il fumo di Birkenau*, La Giuntina, Firenze 1986[5].
– Mitscherlich A., Mielke F., *Medicina disumana*, Feltrinelli, Milano 1967.
– Müller F., *Trois ans dans une chambre à gaz d'Auschwitz*, Pygmalion, Paris 1980 (prefazione di C. Lanzmann).
– Naumann B., *Auschwitz: A Report on the Proceedings Against Robert Karl Ludwig Mulka and Others Before the Court at Frankfurt*, ed. Pantheon, New York 1966.
– Novac A., *I giorni della mia giovinezza*, Mondadori, Milano 1994.
– Nyiszli Miklos, *Medico ad Auschwitz. Memorie di un deportato assistente di Mengele*, Sugar, Milano 1962.
– Pankowicz A., *Oswiecim w swietle akt procesow norymberskich* [Auschwitz alla luce dei processi di Norimberga], «Zeszyty Oswiecimskie», 1985.

– Paulescu Quercioli M., *L'erba non cresceva ad Auschwitz*, Mursia, Milano 1994.
– *Pensare Auschwitz*, in «Pardes», Ed. Talassa de paz, Luca Gentili editore, Tranchida 1995.
– Poli G., Calcagno G., *Echi di una voce perduta*, Mursia, Milano 1992.
– Poliakov L., *Auschwitz*, Ed. Veutro, Roma 1968.
– Pressac J. C., *Le macchine dello sterminio*, Feltrinelli, Milano 1995.
– Sehn J., *Oswiecim-Brzezinka, le camp de concentration*, Wydawnictwo Prawnicze, Warszawa 1962.
– Shelley L. (a cura di), *Criminal Experiments on Human Beings in Auschwitz and War Research Laboratories*, San Francisco 1992.
– Sofsky W., *L'ordine del terrore*, Laterza, Bari 1995.
– Springer E., *Il silenzio dei vivi*, Marsilio, Venezia 1996[1].
– Streit C., *Keine Kameraden. Die Wehrmacht und die sowjetischen Kriegsgefangenen 1941-1945*, Deutsche Verlag Anstalt, Stuttgart 1978 (nuova edizione aggiornata 1991).
– Stryj F., *All'ombra dei crematori*, Katowice 1960.
– Szmaglewska S., *Smoke over Birkenau*, Holt, New York 1947.
– Tedeschi G. *C'è un punto della terra... Una donna nel lager di Birkenau*, La Giuntina, Firenze 1988.
– Tillion G., *Ravensbrück*, Seuil, Paris 1988.
– Todorov T., *Di fronte all'estremo*, Garzanti, Milano 1992.
– Tyrnauer G. *Gypsies and the Holocaust*, Montréal Institute for Genocides Studies, Montréal, 1991 (contiene più di 500 indicazioni bibliografiche sullo sterminio degli zingari).
– Vossen R., *Zigeuner*, Ullstein, Fankfurt-Berlin-Wien, 1983.
– Vrba R., Bestic A., *Je me suis évadé d'Auschwitz*, Ramsay, Paris 1988.

- Wellers G., *Essai de détermination du nombre des morts au camp d'Auschwitz*, in «Le Monde Juif», n. 112, Paris 1981.
- Wellers G., *Les chambres à gaz ont existées*, Gallimard, Paris 1981.
- Wiesel E., *La notte*, La Giuntina, Firenze 1980.
- Wiesel E., Lustiger J. M., Süssmuth R., Bartoszewski W., *Per non dimenticare Auschwitz*, Piemme, Alessandria 1993.
- *Zigeuner, lo sterminio dimenticato* (a cura di G. Boursier, M. Converso, F. Iacomini), Sinnos ed., Roma 1996.
- Zywulska K., *J'ai survécu à Auschwitz*, Polonia Editions, Varsavie 1957.

E) Studi e saggi di interesse generale

- Bauer Y., *Auschwitz*, in *Der Mord an den Juden zweiten Weltkrieg*, Stuttgart 1985.
- Bauman Z., *Modernità e olocausto*, Il Mulino, Bologna 1992.
- Bédarida F., *La politique nazie d'extermination*, Albin Mischel, Paris 1989.
- Borkin J., *The Crime and Punishment of I. G. Farben*, Free Press, New York 1978.
- Bracher K. D., *La dittatura tedesca*, Il Mulino, Bologna 1975.
- Broszát M., *Nazionalsozialistiche Polenpolitik 1939-1945*, Deutsche Verlag-Anstalt, Stuttgart 1961.
- Buber-Neuman M., *Prigioniera di Stalin e Hitler*, Il Mulino, Bologna 1994.
- Bucheim H., Broszát M., Jacobsen H. A., Krausnik H., *Anotomie des SS-Staates*, Walter, Freiung in B., 1965, due tomi.
- Burin F., *Hitler et les Juifs. Genèse d'un génocide*, Seuil, Paris 1989.
- Chaumont J. M., *La concurrence des victimes. Génocide, identité, reconnaissance*, La Découverte, Paris 1997.

- Collotti E., *La Germania nazista*, Einaudi, Torino 1962.
- Collotti E., *La soluzione finale*, Newton Compton, Roma 1995.
- Collotti E., *Nazismo e società tedesca 1933-1945*, Loescher, Torino 1982.
- Conte É., Essner C., *La quetête de la race. Une anthropologie du nazisme*, Hachette, Paris 1995.
- Erenbourg I., Grossman V., *Le livre noir. Textes et témoignages*, Actes Sud, Paris 1995.
- Forges J. F., *Éduquer contre Auschwitz*, ESF editeur, Paris 1997.
- Friedländer S., *Memory. History and the Extermination of the Jews of Europe*, Indiana University Press, Bloomington 1993.
- Giuntella V., *Il nazismo e i lager*, Studium, Roma 1980.
- Gutman I. (a cura di), *Enzyklopädie des Holocaust*, Piper, München-Zürich 1995².
- Hayes P., *Industry and Ideology: I. G. Farben in the Nazi era*, Cambridge University Press, London-New York 1987.
- Hilberg R., *Carnefici, vittime, spettatori*, Mondadori, Milano 1994.
- Hilberg R., *La distruzione degli Ebrei d'Europa*, Einaudi, Torino 1995.
- Jaeckel E., Rohwer J. (a cura di), *Der Mord an den Juden zweiten Weltkrieg*, Deutsche Verlag-Anstalt, Stuttgart 1985.
- Kaminski A., *I campi di concentramento dal 1896 a oggi*, Bollati Boringhieri, Torino 1997.
- Kershaw I., *Popular Opinion and Political Dissent in the Third Reich*, Clarendon Press, Oxford 1991.
- Kuna M., *Musik an der grenze des lebens*, Zweitausendeins, Frankfur am Main, 1993.
- Klee E., *Auschwitz. Die Ns-Medizin und ihre Opfer*, S. Fisher Verlag, Fracfort 1997.

– *Le livre noire* (a cura di I. Ehrenbourg e V. Grossman), Actes Sud, Paris 1995.
– Mantelli B., Cereja F., *La deportazione nei campi di sterminio nazisti*, Angeli, Milano 1992.
– Marrus M., *L'olocausto nella storia*, Il Mulino, Bologna 1994.
– Mayer A., *Soluzione finale. Lo sterminio degli Ebrei nella storia d'Europa*, Mondadori, Milano 1990.
– Marszalek J., *Majdanek*, Ed. Interpress, Varsavie 1984.
– Neumann E. Behemoth., *Struttura e pratica del nazionalsocialismo*, Feltrinelli, Milano 1977.
– Parrau A., *Écrire les camps*, Berlin, Paris 1995.
– Picciotto Fargion L., *Il libro della memoria*, Mursia, Milano 1991.
– Poliakov L., *Il nazismo e lo sterminio degli ebrei*, Einaudi, Torino 1955.
– Reitlinger G., *The final Solution*, London 1960 (trad. It. Il Saggiatore, Milano 1961).
– Richardi H. G., *Schule der Gewalt. Das Konzentrationslager Dachau 1933-1934*, Verlag C.H. Beck, München 1983.
– Schwarz G., *Die nationalsozialistischen Lager*, Fischer Taschenbuch Verlag, Frankfurt am Main 1996.
– Sessi F., *Il grande fronte interno della resistenza ebraica*, in *Il diario di Dawid Sierakowiak*, Einaudi, Torino 1997.
– Ternon Y., Helman S., *Histoire de la médicine SS: le mythe du nazisme biologique*, Tournai, Casterman 1969.
– Traverso E. (a cura di), *Insegnare Auschwitz*, Bollati Boringhieri, 1995
– Wiernicki K., *Nomadi per forza*, Rusconi, Milano 1997.
– Wieviorka A. *Déportation et Génocide. Entre la memoire et l'oubli*, Plon, Paris 1992.

INDICE DEI NOMI E DEI LUOGHI

(*Esclude luoghi e nomi citati nel glossario, in appendice e in bibliografia)*

SOMMARIO

BUR
Periodico settimanale: 8 settembre 1999
Direttore responsabile: Evaldo Violo
Registr. Trib. di Milano n. 68 del 1°-3-74
Spedizione in abbonamento postale TR edit.
Aut. n. 51804 del 30-7-46 della Direzione PP.TT. di Milano
Finito di stampare nell'agosto 1999 presso
Legatoria del Sud - via Cancelliera, 40 - Ariccia RM
Printed in Italy

ISBN 88-17-17296-0